le Nikon D80

CHEZ LE MÊME ÉDITEUR

Du même auteur
Maîtriser le Canon EOS 400D, 2007, 325 pages.
Maîtriser le Nikon D200, 2006, 352 pages.
Maîtriser le Nikon D50, 2006, 316 pages.
Maîtriser le Canon EOS 350D, 2006, 316 pages.

Appareils argentiques et numériques
P. Burian, *Sony Alpha 100*, 2007, 212 pages.
R. Sheppard, *Canon EOS 30D*, 2007, 160 pages.
R. Sheppard, *Canon EOS 20D*, 2005, 160 pages.
R. Sheppard, *Canon EOS 300D*, 2005, 160 pages.
R. Bouillot, *La pratique du reflex numérique*, 2006, 450 pages.
R. Bouillot, *Le langage de l'image* (avec B. Martinez), 2006, 200 pages.
R. Bouillot, *La pratique du reflex argentique et numérique*, 2004, 320 pages.

Techniques de la photo – Prise de vue
J. Dennis Thomas, *Système flash Nikon* (à paraître).
T. Seray, *Photo de mer et de voile – Guide pratique* (à paraître).
G. Blondeau, *Macrophoto – Guide pratique* (à paraître).
E. Balança, *Photographier les animaux – Guide pratique*, 2006, 180 pages.
I. Guillen, A. Guillen, *La photo numérique sous-marine – Guide pratique*, 2006, 194 pages + CD-Rom (2e édition).
I. Guillen, A. Guillen, *La photo numérique sous-marine – Guide expert*, 2005, 230 pages.
F. Chéhu, *Photographier bébé*, 2006, 120 pages.
P. Bachelier, *Noir & Blanc – De la prise de vue au tirage*, 2005, 232 pages (3e édition).
B. Peterson, *Pratique de l'exposition en photographie*, 2005, 160 pages.
H. Rossier, *Éclairer pour la prise de vue*, 2005, 116 pages.
M. de Ferrières, *Éléments pour comprendre la photographie – Argentique & Numérique*, 2004, 352 pages.
F. Chéhu, *La photo panoramique*, 2003, 176 pages.

AUX ÉDITIONS EYROLLES

Techniques de la photo – Prise de vue
T. Legault, *Astrophotographie*, 2006, 160 pages.
A. Frich, *La photographie panoramique*, 2004, 210 pages.
J. Enfield, *Procédés alternatifs*, 2004, 180 pages.
J. Evans, *La saga des sténopés*, 2004, 144 pages.

Photo numérique – Retouche avec Photoshop
J. Delmas, *La gestion des couleurs pour les photographes* (2e édition, à paraître).
M. Evening, *Photoshop Lightroom pour les photographes* (à paraître).
M. Evening, *Photoshop CS32 pour les photographes* (à paraître).
V. Gilbert, *Développer ses fichiers RAW*, 2007, 360 pages (2e édition).
S. Kelby, *Photoshop Elements 5 pour les photographes*, 2007, 440 pages.
B. Fraser, *Netteté et accentuation avec Photoshop CS2*, 2006, 278 pages.
B. Fraser, *Camera Raw et Photoshop CS2*, 2006, 336 pages.
C. Künne, *Gérer ses images avec Bridge*, 2007, 120 pages.
C. Künne, *Traitement RAW*, 2006, 120 pages.
C. Künne, *Correction des couleurs*, 2006, 120 pages.
C. Künne, *Retouche de portraits*, 2006, 120 pages.
D. Baumann, *Sélections et détourages*, 2006, 120 pages.
D. Baumann, *Netteté et flous*, 2006, 120 pages.
D. Baumann, *Retouche de perspectives*, 2006, 136 pages.
C. Bruneau, B. Richebé, *Cahiers n° 4 d'exercices Photoshop Elements – Spécial débutants*, 2007, 128 pages + CD-Rom.
C. Bruneau, T.-M. Le Thanh, B. Richebé, *Cahiers d'exercice Photoshop – Special débutants*, 2006, 134 pages + CD-Rom.
C. Bruneau, T.-M. Le Thanh, B. Richebé, *Cahiers d'exercice Photoshop – Retouches avancées*, 2006, 128 pages + CD-Rom.
C. Bruneau, B. Richebé, *Cahiers d'exercice Photoshop – Spécial photographes*, 2006, 120 pages + CD-Rom.

VINCENT

le Nikon D80

ÉDITIONS M

Éditions VM
Groupe Eyrolles
61, bd Saint-Germain
75240 Paris Cedex 05
www.editions-VM.com

Remerciements

Même s'il ne figure qu'un seul nom sur la couverture, l'écriture d'un livre, sa fabrication, sa publication et le soutien logistique ou moral de l'auteur résultent d'un travail d'équipe ; nombreux sont ceux qui œuvrent dans l'ombre et sans qui cet ouvrage n'aurait pu voir le jour.

Je tiens en premier lieu à remercier Stéphanie Poisson et Aude Decelle, éditrices chez Eyrolles, ainsi qu'Éric Sulpice, directeur éditorial, pour la confiance et la liberté qu'ils m'ont à nouveau accordées. Qu'ils soient vivement remerciés aussi de leurs conseils et de leur précieux travail de relecture sans lequel ce livre ne serait pas ce qu'il est. J'associe bien entendu à ces remerciements celles et ceux qui ont travaillé à la fabrication de l'ouvrage, à sa mise en pages et à son impression, notamment Isabelle de Robillard, chef de fabrication chez Eyrolles, et les équipes de Nord Compo et Chirat.

Merci à tous ceux qui ont pu m'aider, me faciliter l'obtention d'accessoires, de matériels, d'informations ou de conseils, souvent dans l'urgence. Merci à en particulier à Thomas Maquaire et Roland Serbielle de Nikon France, à Gregory Krumm de l'agence Éliotrope pour Nikon. Merci à Catherine Gautier de Manfrotto-Bogen, à Stéphanie Raymond de Piktus, à Mogens Reidl de ReidImaging. Merci aussi à Raymond et Benjamin Bonnardot d'Inter-Image, à Pierre Hugounet de l'agence Comme une Image pour Lexar, à Robert Raiola d'Adobe et à l'équipe de l'agence Ketchum. Merci aussi à Tom Moloney, à Laure Broyer de JCN, à Deborah Gallin, Cyrille de la Chesnay et Luc Marin de DxO Labs, à Alain Quintin de MMF-Pro, à Valérie Durfort de GMB, à Christophe Métairie de CMP. Merci encore à Arnaud Frich, Eliza Gapenne et Benjamin Effosse. Merci évidemment à l'équipe du magazine *Réponses Photo* et à tous les lecteurs qui, par la manifestation de leurs questions, doutes et attentes, nous aideront à faire évoluer cette collection d'ouvrages.

Et pour finir, un merci tout particulier à Olivier, mon frère, pour sa confiance et son soutien inconditionnel.

Avant-propos

Le livre que vous avez entre les mains n'entend en aucun cas se substituer au mode d'emploi du D80. Son objet est au contraire de le compléter, sous un angle plus pratique et plus concret.

Bien qu'estampillé « amateur », le D80 est un appareil ambitieux aux options et possibilités de personnalisation poussées, et sa parfaite maîtrise n'a rien d'évident. Cet ouvrage se propose donc de vous indiquer quand, comment et surtout pourquoi activer tel ou tel paramètre ou réglage en fonction de vos conditions de prise de vue et des sujets photographiés.

Nous avons pu disposer de l'appareil assez longtemps pour en avoir une solide expérience pratique, enrichie par les réactions de nombreux autres possesseurs du boîtier rencontrés sur des forums sur Internet. Ceci nous permet d'avoir aujourd'hui le recul nécessaire à une connaissance approfondie de l'appareil, de ses points forts et faiblesses. Abondamment illustré de photos essentiellement réalisées avec le boîtier et reposant sur des exemples d'utilisation concrets, ce livre pourra aussi vous guider pour la prise de vue en général et la gestion d'une production d'images numériques ; bien des habitudes sont en effet bouleversées par rapport à la photo argentique, parfois même sur des notions simples comme l'ouverture de diaphragme ou l'exposition.

Le volume et la densité de l'ouvrage peuvent effrayer, mais sachez que l'on peut envisager sa lecture de différentes façons, dans son intégralité, pas à pas, ou en allant piocher de-ci, de-là, une information pratique sur un thème donné grâce à l'index. Nous espérons que ce guide résolument orienté « problématiques de photographes » vous aidera à exploiter au mieux votre D80, notamment par la découverte d'astuces et d'accessoires qui vous permettront de mettre la technique au service de la prise de vue et de la créativité pour que vous puissiez réaliser, le plus simplement possible, des images toujours plus belles.

01 Appréhender simplement son D80

02 Maîtriser les notions photo

03 Exploiter les fonctions numériques

04 Découvrir les « trucs » de pros

05 Aller plus loin grâce aux logiciels

Annexes

Appréhender simplement son D80

Que le D80 soit votre premier reflex numérique ou que vous ayez déjà une expérience de ce type de matériel, cette partie se propose de vous aider à trouver vos marques avec le boîtier (son ergonomie), mais également avec l'utilisation et la sélection de certains accessoires, comme les indispensables cartes mémoire. L'entretien et le transport du matériel y sont aussi abordés préalablement à une description simple des fonctions de base de l'appareil. Le but de ces rubriques est de vous signaler les précautions à prendre et de vous indiquer le minimum de configurations à effectuer pour que vous puissiez réaliser, le plus aisément possible, vos toutes premières images avec le D80.

Découvrir son boîtier

Que l'on soit un amateur averti ou un néophyte à la découverte de son nouvel appareil, quelques précautions s'imposent à l'ouverture du carton. Même lorsqu'il est vendu « boîtier nu », le D80 est livré avec nombre d'accessoires et de CD qu'il est bon d'inventorier, ne serait-ce que pour vérifier que rien ne manque...

Boîtier et accessoires

Une fois listés les documents, accessoires et CD livrés avec le boîtier, il est conseillé de mettre immédiatement la batterie en charge (grâce au chargeur fourni) et de consacrer ce délai à une lecture attentive du mode d'emploi de l'appareil. Cette étape n'a rien de superflu, même si vous vous êtes procuré ce livre : dans la majorité des cas, les manipulations techniques du boîtier ne seront que sommairement décrites ici, au bénéfice d'explications concrètes sur l'utilisation des fonctions de l'appareil. Les renvois vers le manuel Nikon seront donc nombreux, d'autant plus que cet ouvrage n'entend pas s'y substituer mais le compléter.

Chacun pourra ensuite très facilement isoler les accessoires qu'il est bon d'avoir sous la main quand on part faire des photos et ceux que l'on peut laisser chez soi. Pour ma part, je vous conseille vivement de ne vous séparer du mode d'emploi que lorsque le boîtier n'aura plus de secret pour vous. Les options de réglage et de configuration sont particulièrement nombreuses puisque le D80 se destine aux utilisateurs avertis et experts ; en maîtriser toutes les particularités nécessite un véritable apprentissage et un temps d'acclimatation certain, notamment si ce boîtier est votre tout premier reflex numérique.

Découvrir les logiciels

Comme nous le verrons dans la rubrique qui lui est dédiée, PictureProject dispose d'un certain nombre de fonctions facilitant à la fois la sélection, le transfert, le tri, l'envoi par mail ou la retouche sommaire des images. Même si beaucoup de ses fonctions pourront paraître limitées pour les utilisateurs les plus chevronnés (la gestion des métadonnées notamment), l'installation de ce logiciel peut rendre quelques bons services. Il sera toujours possible ensuite de l'abandonner au bénéfice d'outils plus ambitieux au fur et à mesure que vous progresserez dans votre pratique : l'incontournable Photoshop pour la retouche des images, iView MediaPro pour le catalogage ou Photoshop Lightroom, à la fois pour l'édition, le catalogage et le partage des fichiers.

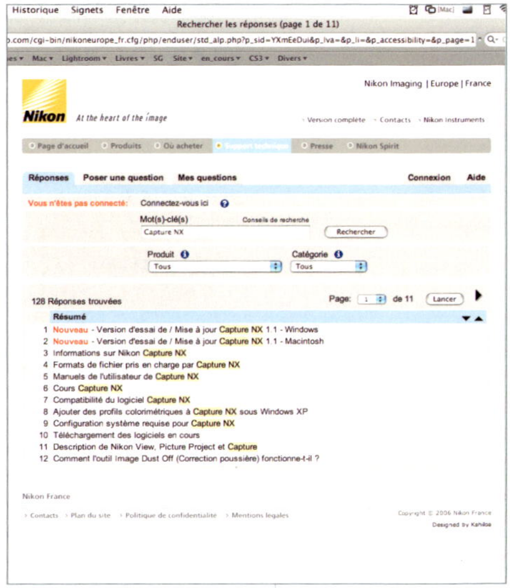

Pour essayer Capture NX, il suffit de s'enregistrer sur le site de Nikon France, puis de consulter la rubrique Support technique. Un champ de recherche dans lequel vous inscrivez le nom du logiciel vous permet ensuite de trouver le lien de téléchargement. Notez que l'enregistrement de votre boîtier sur le site de Nikon vous donne accès au téléchargement des mises à jour de firmware (voir annexes) ; il est donc conseillé de l'effectuer rapidement pour pouvoir profiter des améliorations du logiciel interne du boîtier.

Même si elle n'est pas directement disponible sur un CD livré avec l'appareil, notez que l'achat du D80 donne accès au téléchargement d'une version d'évaluation de Nikon Capture NX, le logiciel de développement des fichiers RAW de la marque. Ce format contenant les données brutes du capteur nécessite en effet un traitement particulier, voir « Développer ses fichiers RAW avec Capture NX » page 286.

Malheureusement, la version complète du logiciel est payante, alors que la grande majorité des fabricants concurrents livre ce type d'outils gratuitement avec ses boîtiers. Nikon tient en effet à le considérer comme un accessoire de son système à part entière, au même titre qu'un objectif ou un flash, et facture donc sa licence environ 200 €. On peut comprendre cette politique sur un boîtier d'entrée de gamme qui sera majoritairement utilisé en JPEG, mais moins sur un boîtier destiné aux experts qui privilégieront souvent l'enregistrement en RAW…

Nikon Capture n'est heureusement pas le seul outil pouvant développer les fichiers bruts du D80 : de nombreux utilisateurs se tournent vers des solutions alternatives, comme le module Camera Raw de Photoshop Elements 5 ou de Photoshop CS2 ou 3, ou encore DxO Optics Pro ou Photoshop Lightroom, pour ne citer qu'eux. Comme nous le verrons plus loin, chaque solution a ses avantages et ses inconvénients.

La batterie

Le D80 utilise une batterie lithium-ion EN-EL3e grise de 7,4 V, d'une capacité de 1 500 mA/h, celle-là même qui équipe le D200. En pratique, son autonomie n'atteint pas les valeurs annoncées par Nikon : on est plus proche des 400-500 photos en conditions « réelles » que des 2 700 annoncées à la page 146 du mode d'emploi… Bien que décevante, cette autonomie reste assez bonne et peut assurer une journée de prises de vue intensive. Mais comme le stipule le mode d'emploi, elle est difficile à estimer précisément, car de nombreux facteurs entrent en ligne de compte : l'utilisation du flash intégré, de l'écran arrière, de l'autofocus, d'objectifs dotés de stabilisateur optique, de même que le froid ou les longs

Durée de vie des batteries

Le cycle de vie des batteries est plus complexe qu'il n'y paraît. Un accumulateur neuf ne présente pas une capacité optimale : un peu comme une voiture, il a besoin d'un certain rodage et de passer par différents cycles de charge et décharge avant d'arriver au maximum de ses performances. Il est donc normal que le nombre de photos réalisable évolue avec l'âge de la batterie ; la fonction Infos accumulateur du menu Configuration du boîtier (voir mode d'emploi page 107) vous permettra si besoin est de réaliser des statistiques. Notez aussi que la durée de vie d'un accumulateur est limitée : certains spécialistes parlent de 3 ans avant que la capacité effective ne chute et que l'accumulateur ne « tienne plus la charge », selon l'expression consacrée.

L'accumulateur EN-EL3e autorise une autonomie raisonnable, mais sa capacité réelle évolue avec le temps selon une courbe non linéaire. Disposer d'une seconde batterie pour éviter la panne est raisonnable.

temps de pose peuvent la réduire considérablement. C'est d'ailleurs ce qu'ont remarqué nombre d'utilisateurs, à en juger par la récurrence du sujet sur les forums Internet. Selon votre type d'utilisation et en fonction du format d'enregistrement de vos fichiers (RAW ou JPEG), le nombre d'images enregistrable peut donc varier.

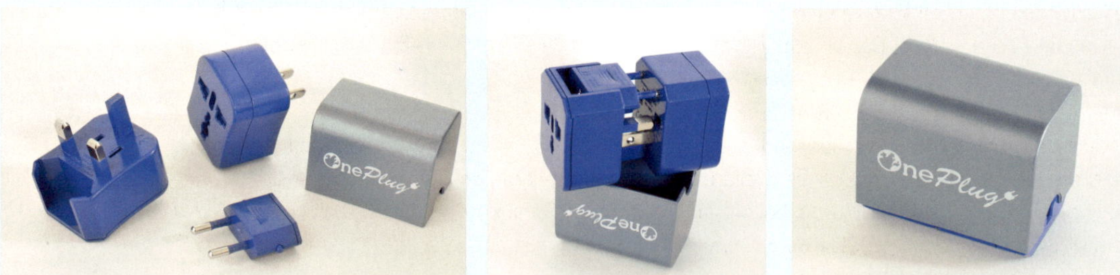

En cas de voyage à l'étranger, notez que le chargeur du D80 peut être utilisé dans tous les pays où la tension d'alimentation électrique est comprise entre 100 et 240 V et dont la fréquence est de 50/60 Hz. La seule précaution à prendre concerne les prises locales et impose d'utiliser un adaptateur idoine puisque le cordon livré par Nikon en France correspond aux seules prises européennes. Le One Plug dispose de différentes prises gigognes ; il est léger, peu encombrant, peu coûteux et très pratique.

Même s'il est toujours possible d'afficher assez précisément l'autonomie restante grâce à la puce intégrée dans les accumulateurs EN-EL3e, une panne d'alimentation peut arriver car, en photo numérique, la batterie est beaucoup plus sollicitée qu'en argentique où un seul jeu de piles suffit couramment à plusieurs mois de prises de vue. Conserver dans son sac le chargeur de batterie et investir dans un second accumulateur – voire dans un troisième – est donc recommandé. Avec deux batteries, et sous réserve que vous disposiez d'une prise de courant (il n'existe malheureusement pas d'adaptateur pour allume-cigare de voiture, comme c'est le cas pour d'autres appareils), vous pourrez toujours utiliser l'une pendant que l'autre est en charge.

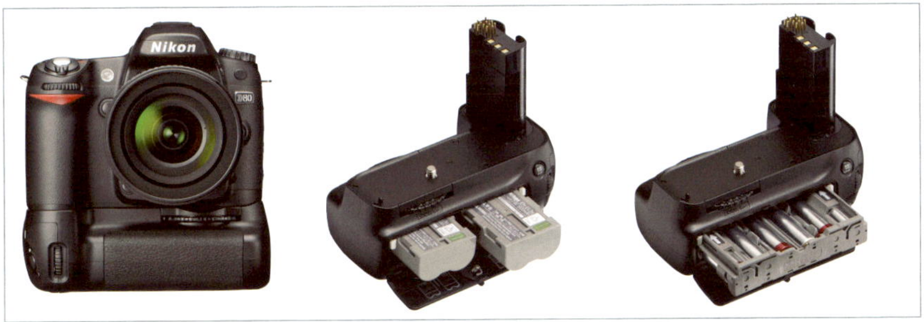

La poignée optionnelle MB-D80 autorise l'utilisation de deux batteries EN-EL3e fonctionnant successivement sur l'un puis sur l'autre accumulateur. Il est donc possible d'en utiliser un pendant la charge du second. Cette poignée permet aussi une alimentation par six éléments AA 1,5 V (batteries ou piles), dépannage pratique quand on ne peut pas recharger ses accumulateurs. La seule précaution à prendre est de renseigner le boîtier sur le type d'alimentation utilisé (voir mode d'emploi page 100).
(Documents Nikon)

Attention, même si leur format peut sembler identique, les batteries des précédents reflex numériques de Nikon ne sont pas utilisables dans le D80. Seul le D200 utilise les mêmes accumulateurs EN-EL3e (gris), qui disposent d'un contact supplémentaire pour la puce jouant aussi le rôle de détrompeur. Les modèles EN-EL3 (noirs) des Nikon D50, D70 ou D100 ne possèdent pas cette puce, ce qui les rend inutilisables dans le D80. Il en est de même pour les batteries EN-EL3e (noires) des D70s. Cette particularité ne gênera pas ceux pour qui ce boîtier est le premier reflex numérique Nikon, mais elle imposera aux autres d'investir dans de nouveaux accumulateurs dédiés. Les batteries du D80 peuvent en revanche être utilisées dans les D50, D70, D70s et D100.

Notez que Nikon déconseille l'utilisation de batteries compatibles et ne garantit ni le bon fonctionnement, ni la sécurité du boîtier avec des accumulateurs d'autres marques. En effet, les batteries compatibles ne sont pas soumises aux mêmes tests de sécurité et peuvent présenter des risques de surchauffe, voire d'explosion ou d'incendie. Même si les cas avérés sont assez rares, le risque existe et impose une certaine prudence.

Mauvaise nouvelle pour ceux qui souhaitaient réutiliser les batteries EN-EL3 (noires) des D50, D70 et D100 sur le D80 : elles ne sont pas compatibles avec le boîtier qui impose l'achat de nouveaux accus spécifiques EN-EL3e (gris).

Configurer simplement son appareil

Une fois les premiers paramétrages effectués (sélection de la langue, de la date et de l'heure, réglage personnalisé du signal sonore témoin de la mise au point, etc.) et la carte mémoire introduite dans son logement, l'appareil est en théorie prêt à réaliser des images. Mais un certain nombre de réglages propres au numérique, et ayant une influence non négligeable sur la qualité des photos, ne sont pas optimaux avec la configuration par défaut. Ainsi, les réglages Balance des blancs, Optimisation des images, de format d'enregistrement ou de compression JPEG, configurés en usine, ne sont pas toujours ceux qui donnent les meilleurs résultats. Si un ou plusieurs de ces paramètres ne sont pas adaptés à la scène et à son éclairage, le rendu peut être décevant : apparition de dominantes colorées, contraste excessif ou au contraire trop faible, etc.

Réinitialiser la configuration du boîtier

À l'instar du menu des Réglages personnalisés, le menu Configuration est personnalisable. Avant toute chose, nous vous conseillons de vérifier que le mode d'affichage des menus est bien le mode Complet. En effet, les modes Simple et Personnalisé désactivent l'accès à certaines fonctions pour simplifier l'utilisation de l'appareil, qui se trouve alors bridé. Une fois la configuration effectuée, il sera toujours temps de personnaliser l'affichage de ces menus pour ne conserver à l'affichage que les fonctions dont on a le plus souvent besoin, sans encombrer l'interface de l'appareil avec les autres (voir mode d'emploi page 101).

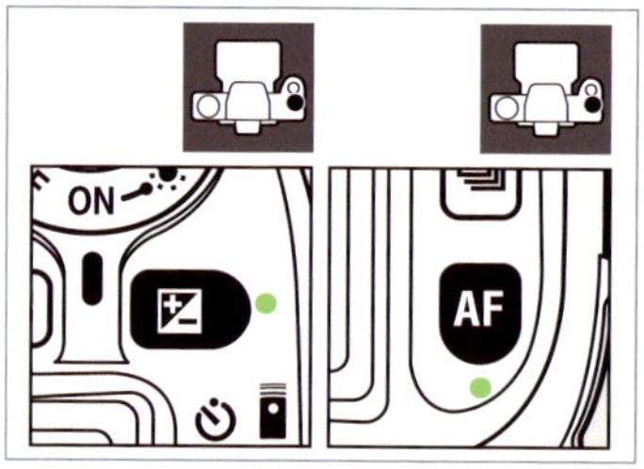

Si vous avez acheté le boîtier d'occasion, il se peut que certaines fonctions avancées soient activées sans que vous en ayez connaissance. Il est alors judicieux de réinitialiser ces commandes. Ceci se fait en plusieurs temps : procédez d'abord à une réinitialisation globale des commandes en pressant simultanément les touches accompagnées d'un point vert, puis du menu Prise de vue et enfin du menu des Réglages personnalisés (voir mode d'emploi pages 44 et 86 respectivement). (D'après document Nikon)

Configuration généraliste				
Intitulé de l'option du menu Prise de vue	Réglage conseillé	Rubrique associée au réglage	Voir mode d'emploi page	Remarques
Optimisation images	Portrait	Exploiter l'optimisation des images	79	Bien qu'appelé « Normal », le réglage par défaut cache en réalité un mode automatique dont les résultats sont aléatoires. Préférez dans un premier temps l'optimisation type Portrait.
Qualité des images	JPEG fine ou NEF (RAW)	Maîtriser définition et compression	81	La compression par défaut est excessive ; privilégiez le mode JPEG Fine dans un premier temps. Les experts choisiront l'enregistrement en RAW.
Taille des images	Large 3872 × 2595/10 M	Maîtriser définition et compression	81	La taille des images et leur définition autorisent ici les meilleures possibilité d'agrandissement.
Balance des blancs	Ensoleillé	Utiliser simplement la balance des blancs ; Personnaliser la balance des blancs	82	Évitez le mode Automatique, trop instable et privilégiez des réglages types en fonction de l'illuminant de la scène.
Sensibilité ISO	400	Modifier la sensibilité	83	La sensibilité de 400 ISO est « passe-partout » et autorise une bonne qualité d'image. Attention au réglage ISO auto qui n'autorise pas un contrôle assez précis de ce paramètre.
Réduction du bruit	Activée	Limiter le bruit numérique	83	Cette option permet de réduire le bruit des images réalisées avec des temps de pose supérieurs à 8 secondes ; elle est très utile pour la photo de nuit.
Réduction du bruit ISO	Faible	Limiter le bruit numérique	83	Cette option permet de réduire le niveau de bruit quand la sensibilité excède 400 ISO. Attention, une réduction de bruit Elevée nuit à la netteté de l'image, préférez Normale ou Faible.
Surimpression	OFF		84	L'option est d'un intérêt très limité sur l'appareil ; on préfèrera généralement réaliser des montages dans un logiciel de retouche pour plus de confort et de précision.

Configurer le menu Prise de vue

Nous ne rentrerons pas ici dans les détails de chaque paramètre : notre but est de conseiller une configuration « généraliste » assurant le meilleur compromis entre polyvalence, efficacité et qualité des images, afin de réaliser ses premières photos sans être déçu du résultat. Aussi, même si certaines options et leur influence sur la qualité des images peuvent encore vous sembler obscures, nous vous conseillons tout de même de les modifier comme suit. Chacun de ces paramètres sera expliqué dans le déroulé du livre.

En vous aidant du mode d'emploi du boîtier page 79 et suivantes, appliquez ensuite paramètre par paramètre la configuration décrite dans le tableau de la page précédente.

Vérifier la numérotation des images

Parmi les fonctions dites « avancées » qu'il est bon de vérifier rapidement, se trouve le mode de numérotation des images (Séquence num. images). Chaque photo enregistrée se voit attribuer un nom de fichier comportant un préfixe, un numéro et une extension (en fonction du format d'enregistrement choisi).

Assurez-vous que la numérotation séquentielle est activée (voir mode d'emploi page 106). Sans cette précaution, le numéro des fichiers reprend à 0001 à chaque nouveau dossier, à chaque formatage ou lorsqu'une nouvelle carte est insérée dans le boîtier. Par conséquent, il se peut que plusieurs images réalisées à des moments différents portent le même numéro, donc le même nom de fichier. Au moment de les transférer sur son ordinateur, si les photos sont copiées dans le même dossier, le système identifiera les fichiers homonymes comme deux versions d'un seul et proposera alors de remplacer l'élément le plus ancien par le plus récent. Le risque de perdre des images existe donc. Copier les nouveaux fichiers dans un dossier différent est une solution mais, lors de l'archivage, disposer de plusieurs photos portant le même nom ne facilite ni leur classement ni leur recherche.

Pour ou contre la rotation automatique des images ?

Le menu Configuration offre la possibilité d'appliquer automatiquement une rotation aux images réalisées en cadrage vertical (voir mode d'emploi page 108). Si cette option est activée, les images verticales apparaissent correctement orientées sur l'écran arrière du boîtier (ce qui réduit malheureusement la taille d'affichage) et lors de leur ouverture dans un logiciel de retouche ou de catalogage. Pour ma part, je laisse cette option désactivée afin de profiter de toute la surface d'affichage de l'écran du boîtier (en tournant ce dernier pour regarder la photo dans le bon sens !) et je n'applique la rotation qu'après coup. Cette fonction pouvant la plupart du temps être appliquée à un lot d'images, la perte de temps est négligeable en regard du confort de visualisation offert sur le boîtier. De plus, il arrive que le système soit perturbé par des cadrages en plongée ou contre-plongée dont l'orientation automatique est souvent erronée.

1. *Paysage (large)* **2.** *Rotation à 90° dans le sens des aiguilles d'une montre* **3.** *Rotation à 90° dans le sens inverse des aiguilles d'une montre.*
(D'après document Nikon)

Choisir et utiliser ses cartes mémoire

Souvent négligé lors de l'achat du boîtier, le choix de la carte mémoire (plus exactement des cartes mémoire, car on a tout intérêt à en utiliser plusieurs) est des plus importants. C'est en effet sur ce support que seront stockées les images après la prise de vue. De plus, c'est de la rapidité des cartes que dépendent (en partie) la réactivité de l'appareil et la vitesse de transfert des fichiers sur l'ordinateur. Et même si elles sont assez fiables, quelques précautions d'achat et d'usage réduisent les risques de « plantage » et de perte des images. En effet, toutes les cartes ne se valent pas. Les prix à format et capacité comparables peuvent varier du simple au double, et il est parfois difficile de s'y retrouver.

Garantie

Une carte mémoire est destinée à subir un grand nombre de cycles d'écriture/lecture/effacement qui n'a rien à voir avec l'utilisation unique d'un film argentique. Les constructeurs se veulent pour la plupart rassurants ; ainsi, certaines marques garantissent leurs cartes 2 ans, d'autres 5 ans, et d'autres encore à vie… Préférez toujours une carte d'une grande marque (Sandisk, Lexar, DaneElec, Delkin, PNY…) à une carte moins chère, souvent moins rapide et surtout moins fiable.

Les cartes SD

Une carte utilise une mémoire type « flash » basée sur des éléments semi-conducteurs. Cette mémoire est réinscriptible et non volatile : la carte peut subir de nombreux cycles de lecture/écriture (entre 10 000 et 100 000 selon certaines études et selon les cartes) ; de plus, ses informations ne disparaissent pas si la carte est mise hors tension.

Tous les appareils ne stockent pas les images sur le même type de carte mémoire. La majorité des reflex utilise encore le format CompactFlash, mais de plus en plus d'appareils adoptent les standards SD ou xD, très répandus sur les compacts. Tous ces formats sont incompatibles entre eux et si l'on trouve des lecteurs de cartes universels (dotés de plusieurs connecteurs adaptés chacun à un type de carte), rares sont les appareils autorisant l'emploi de différents formats de cartes mémoire. Le D80 n'accepte que les cartes au format SD, un standard heureusement fort répandu qui ne cesse de se démocratiser.

Les cartes SD *(Secure Digital)* ont la particularité d'autoriser la sécurisation physique des données qu'elle contiennent grâce à un petit loquet qui interdit l'écriture et l'effacement lorsqu'il

Les cartes SD ont un format proche de celui d'un timbre poste et ne pèsent que 2 g environ. Après des débuts un peu difficiles, rapidité d'écriture et de lecture et capacité (voir plus loin) ont largement progressé, permettant d'atteindre des performances proches (voire parfois meilleures) que les cartes CompactFlash, très appréciées par les pros.

est activé (voir mode d'emploi page 15). Ce détail n'a l'air de rien, mais il permettra d'éviter certaines déconvenues aux photographes étourdis qui partent en voyage avec plusieurs cartes… Il suffit de s'astreindre à activer cette protection dès qu'une carte est pleine et que son contenu n'a pas encore été dupliqué sur un autre support (disque dur, CD/DVD…). Ainsi, si par mégarde on installe une de ces cartes dans son D80, la sécurisation permet de ne pas en effacer le contenu.

Une carte bloquée ?

Attention, le loquet de protection des cartes SD peut aussi être un faux ami. Il arrive en effet que l'insertion de la carte dans le boîtier active la sécurisation et bloque ainsi la carte. Le cas est certes rare, mais il peut arriver. Si remettre en place le loquet dans sa position originale ne suffit pas à faire disparaître le message d'erreur sur le boîtier, il peut s'avérer nécessaire de limer précautionneusement le loquet pour éviter tout frottement avec le corps du boîtier. La meilleure solution reste cependant de négocier le remplacement de la carte avec un revendeur conciliant.

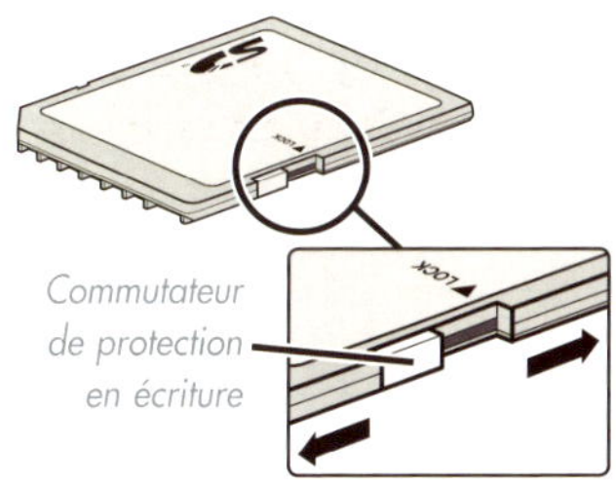

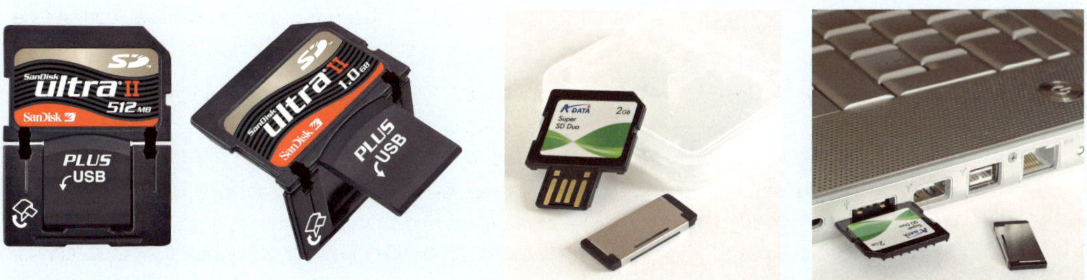

Certaines cartes SD proposent un fonctionnement astucieux : une partie de la carte est mobile et, une fois ouverte, elle laisse apparaître un connecteur USB. Ces cartes se branchent donc directement sur un Mac ou un PC et ne nécessitent pas de lecteur.

Cartes mémoire et rayons X

Les films argentiques sont sensibles aux rayons X utilisés lors du contrôle des bagages dans les aéroports et les pellicules voyageant en soute sont souvent voilées. Il est donc impératif de les conserver en bagage à main et de réclamer un contrôle manuel pour les sensibilités de 800 ISO et plus. En numérique, une étude américaine menée conjointement par Sandisk, l'International Imaging Industry Association et l'US Transportation Security Administration a prouvé fin 2004 que ni les cartes mémoire, ni les images qu'elles pouvaient contenir n'étaient mises à mal par les contrôles des aéroports, en bagage à main comme en soute. Ces résultats (en anglais) sont publiés sur le site www.i3a.org/itip.html.

Les cartes SDHC

Il existe deux types de cartes SD, les cartes SD « tout court » et les cartes SD dites « HC » (*High Capacity*). Cette évolution du standard permet à ces dernières de dépasser 2 Go de capacité (voir plus loin). Les lecteurs les plus curieux pourront consulter le site Internet de la SD Card Association (www.sdcard.org), les autres se contenteront de noter que le D80 est compatible avec les deux types de support qui restent physiquement identiques. Mais attention, le système de table d'allocation qui régit l'enregistrement des données sur la carte est de type FAT 32 sur les cartes SDHC (qui sont régies par la version 2.0 de la norme SD). Tous les appareils photo, PDA et téléphones ne peuvent donc pas en tirer parti car ils sont le plus souvent en FAT 16 ou FAT 12 et donc majoritairement incompatibles avec le standard plus récent. Il est donc impératif, si vous souhaitez utiliser une carte SDHC dans un autre appareil que le D80, de vérifier que l'accessoire autorise l'emploi de ce type de carte.

Si le D80 est compatible SDHC, ce n'est pas le cas de tous les périphériques. Il arrive donc qu'un lecteur un peu ancien ne puisse pas lire le contenu de la carte. Si connecter directement le D80 à un ordinateur est toujours possible pour récupérer ses images, la solution est moins confortable que l'emploi d'un lecteur de cartes adapté. Certains constructeurs comme Sandisk en commercialisent d'ailleurs un avec certaines de leurs cartes.

Attention aux cartes MMC

Les cartes MMC sont d'un format pratiquement identique à celui des SD et SDHC, mais leur utilisation dans un appareil photo est déconseillée par Nikon. On distingue facilement les deux standards : seules les cartes SD disposent du petit loquet de verrouillage, les MMC en sont dépourvues. Ces dernières sont aussi plus lentes et leur capacité est moindre (128 Mo). De plus, leur boîtier légèrement moins épais (1,4 mm contre 2,1 sur une SD) les rend plus sensibles aux décharges électrostatiques et moins fiables. Ces cartes sont surtout destinées aux PDA et aux téléphones, mais elles tendent à être remplacées par les cartes SD.

Quelle capacité choisir ?

Sandisk a annoncé, lors de la PMA 2007, une carte SDHC de 8 Go ! Si une telle capacité permet d'enregistrer un nombre impressionnant d'images, on préfèrera toujours utiliser plusieurs cartes d'une capacité plus raisonnable pour limiter les risques car bien que fiable, le support n'est pas infaillible. (Document Sandisk)

La capacité de la carte détermine (en grande partie) son autonomie, autrement dit le nombre de photos enregistrables avant qu'il ne faille les transférer sur un autre support. Cette capacité s'exprime en octets ou kilo-octets (1 Ko = 1 024 octets), mégaoctets (1 Mo = 1 024 Ko) ou gigaoctets (1 Go = 1 024 Mo). Il va sans dire que plus la capacité de la carte est importante, plus on pourra enregistrer d'images (dans une configuration d'enregistrement donnée).

La capacité n'est pas pour autant le seul critère intervenant dans l'évaluation de cette autonomie, aussi est-il difficile de répondre à la question : « Combien d'images puis-je enregistrer sur ma carte mémoire ? » Comme nous allons le voir dans la rubrique « Maîtriser définition et compression » (page 156), la définition et le format d'enregistrement choisis, l'éventuelle compression des informations et la nature même des images modifient l'espace nécessaire à leur stockage (le poids de fichier), donc l'autonomie d'une carte. On peut cependant réaliser des estimations comme celles qui sont présentées dans le tableau de la page suivante, issu de mesures moyennes réalisées sur des images variées. On notera que ces valeurs sont assez éloignées de celles annoncées par Nikon page 138 du mode d'emploi.

Capacité annoncée et capacité réelle

Sur une carte mémoire comme sur un disque dur, la capacité annoncée et la capacité réelle sont toujours différentes. Par exemple, une carte annoncée pour 512 Mo ne présente souvent qu'une capacité exploitable de 488 Mo. Les raisons de ce décalage sont multiples et peuvent être assez surprenantes.

Deux systèmes cohabitent. Le premier, le système décimal, est connu de tous : un kilo-octet y vaut 1 000 octets (de même qu'un kilogramme équivaut à 1 000 grammes). Le second est le système binaire, où les calculs s'effectuent en base 2 ; un kilo-octet vaut 1 024 octets, car 2^{10} = 1 024, ce qui est considéré comme suffisamment proche de 1 000 pour permettre l'approximation. La norme industrielle veut en effet que la capacité de stockage soit exprimée en système décimal alors qu'en pratique, les fichiers stockés sur les cartes mémoire et les disques durs sont codés en système numérique binaire. Cette approximation est amplifiée par les capacités toujours croissantes des supports de stockage. Le décalage entre les capacités annoncée et réelle est donc plus important sur une carte de 4 Go que sur une carte de quelques mégaoctets puisque 1 Mo correspond à 2^{20} = 1 048 572 octets et 1 Go à 2^{30} = 1 073 741 824 octets, pour des capacités annoncées respectives de 1 000 000 et 1 000 000 000 octets.

Notez aussi qu'une petite partie de la capacité de la carte est toujours réservée au stockage des informations relatives à son formatage, notamment la table d'allocation des données, la FAT (voir plus loin).

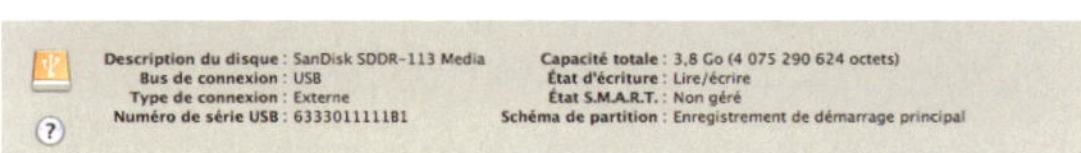
Description du disque : SanDisk SDDR-113 Media
Bus de connexion : USB
Type de connexion : Externe
Numéro de série USB : 63330111111B1
Capacité totale : 3,8 Go (4 075 290 624 octets)
État d'écriture : Lire/écrire
État S.M.A.R.T. : Non géré
Schéma de partition : Enregistrement de démarrage principal

Cette capture affiche les informations relatives à une carte SDHC Sandisk annoncée pour 4 Go. On voit clairement la capacité en octets (4 075 290 624 en système décimal, soit 4 Go « théoriques »), mais aussi en système binaire (où la capacité réelle n'est « que » de 3,88 Go).

Mode d'enregistrement en définition maximale (3 872 × 2 592 pixels)	Poids de fichier approximatif (en Mo)	Capacité approx. d'une carte de 512 Mo (nbre d'images)	Capacité approx. d'une carte de 1 Go (nbre d'images)	Capacité d'une carte de 2 Go (nbre d'images)
JPEG Large (compression Fine)	4,3	113	224	439
RAW	9,8	49	96	18
RAW + JPEG Large (compression Fine)	(9,8 + 4,3) = 14,1	34	66	126

Nombre approximatif d'images que l'on peut enregistrer sur une carte en fonction de sa capacité, pour les principaux modes d'enregistrement du D80.

Importance du formatage

Sur une carte mémoire, les données sont organisées et hiérarchisées selon une architecture assez complexe, semblable à celle d'un entrepôt de marchandises. L'entrepôt représente la carte ; à chacun de ses box correspond un cluster de la carte, c'est-à-dire un espace de stockage dont la taille est fixe. Les données de chaque image sont réparties sur plusieurs clusters, qui ne peuvent en aucun cas contenir des éléments appartenant à différentes photos (mais qui, en revanche, peuvent n'être que partiellement remplis).

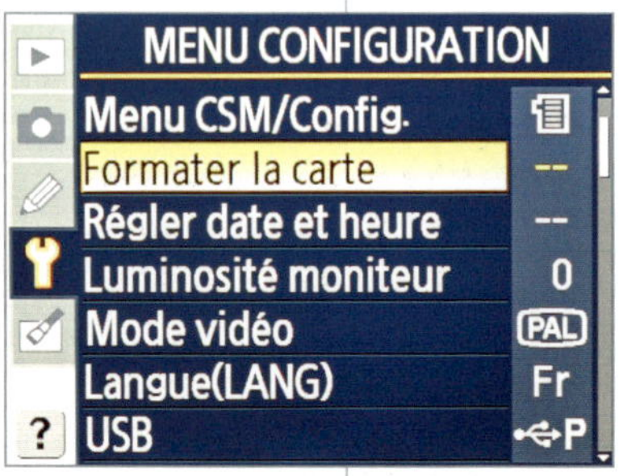

Pour qu'un support soit reconnu et utilisé par le D80 ou l'ordinateur, il doit être formaté. Ce formatage crée une table d'allocation des données (la FAT, *File Allocation Table*) qui indique à l'appareil ou à l'ordinateur où et comment sont codées et ordonnées les informations. Cette FAT détermine à la fois le nombre maximal et l'emplacement des clusters, la hiérarchisation et le rangement des données sur la carte mémoire.

À chaque lecture/écriture, l'ordinateur ou l'appareil interroge cette FAT par l'intermédiaire du contrôleur pour connaître l'état d'occupation de la carte. Si la carte n'est pas reconnue par l'appareil, ou si la FAT est « corrompue » (selon l'expression consacrée), son contenu n'est pas accessible. Le boîtier propose alors son formatage et la mention « for » clignote sur l'écran externe. Attention, le formatage (en pressant simultanément sur les touches Corbeille et Mesure , voir mode d'emploi page 102) rend inaccessible le contenu de la carte ; autrement dit, les images et les fichiers

Avant chaque série d'images, et une fois que les photos précédentes ont été sauvegardées, il est vivement conseillé de formater les cartes mémoire dans l'appareil. La table d'allocation des données sur la carte est alors réinitialisée ; on limite ainsi les risques de corruption du fichier et de plantage de la carte.

qu'elle contient sont perdus. Pour essayer de récupérer les données, la seule solution est alors de tenter un accès forcé grâce à des logiciels spéciaux, comme RescuePro ou Image Rescue (voir « Récupérer des photos effacées » page 260). Les résultats ne sont pas garantis, mais même si la FAT est affectée, sachez que les images sont souvent encore présentes sur la carte et que l'on peut parfois les sauver.

Les cartes sont vendues préformatés, mais comme tous les appareils n'utilisent pas exactement les mêmes standards, il peut arriver qu'une carte formatée dans un appareil ancien ou dans un compact ne soit pas reconnue dans un autre, ou qu'elle « plante » sans raison apparente – d'où l'importance de formater régulièrement ses cartes dans son propre appareil. Notez que, à moins d'utiliser le logiciel dédié mis à disposition des utilisateurs par la SD Card Association (voir encadré), il est souvent déconseillé de formater ses cartes dans l'ordinateur. Il peut en effet arriver que le formatage de celui-ci (ou celui de certains appareils) ne soit pas parfaitement conforme au standard SD en vigueur, ce qui augmente les risques de « corruption » de la carte.

Pour un formatage idéal des cartes SD et SDHC

Le formatage des cartes est souvent considéré comme une opération anodine. Il est vrai qu'il ne nécessite pas de compétences particulières, mais tous les outils ne sont pas équivalents ; attention notamment à certains logiciels édités avant la norme SDHC. Un formatage « non idéal » n'est pas dangereux pour la carte, mais il peut augmenter les risques de corruption de la FAT et éventuellement poser problème à terme. Sachez que la SD Card Association propose sur son site Internet le téléchargement d'un logiciel gratuit, autorisant un formatage idéal des cartes SD et SDHC (http://www.sdcard.org rubrique Downloads).

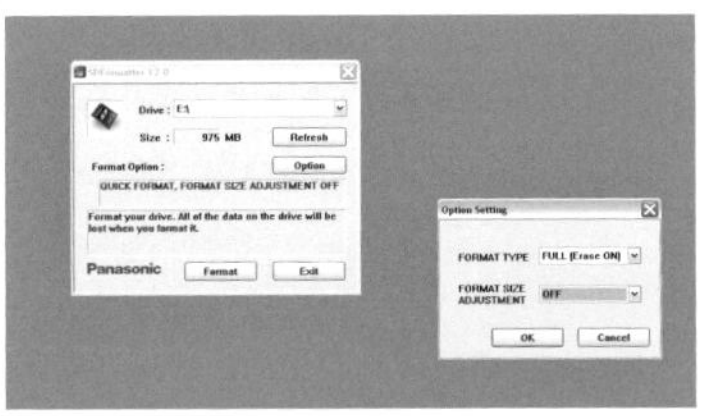

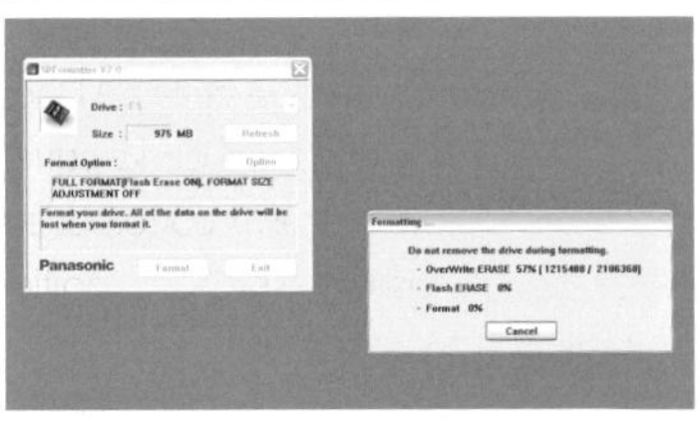

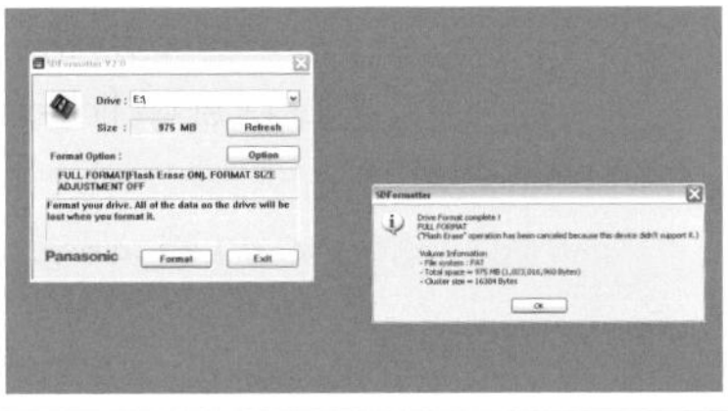

SD Memory Card Formatting Software assure une parfaite conformité avec les normes et spécifications du standard. Le fichier à télécharger ne pèse que 1,2 Mo et le fonctionnement du logiciel est très intuitif, malgré le fait qu'il soit en anglais. Notez qu'il est accompagné d'un mode d'emploi lui aussi assez simple et clair, mais attention, le logiciel ne fonctionne que sur Windows et n'est destiné qu'au formatage des cartes SD et SDHC à l'exclusion des autres formats (xD, CompactFlash, etc.) dont vous disposez peut-être dans d'autres appareils ou périphériques. L'utilisation de cet outil n'a rien d'indispensable, mais elle est conseillée préventivement, notamment quand on partage une même carte dans différents appareils, que l'on utilise son support comme clé USB ou encore après l'application d'un logiciel de récupération des données en cas de « plantage » de la carte (voir « Récupérer des photos effacées » page 260. En effet, il autorise un effacement complet de la FAT et du contenu de la carte en parfaite conformité avec le standard SD. Ce formatage dit « bas niveau » ré-initialise totalement la carte et permet donc d'en éliminer efficacement les fichiers ou éléments éventuellement corrompus ou « vérolés ».

La FAT 16, appelée simplement FAT, a longtemps été un standard que supplante aujourd'hui la FAT 32. Bien que les phénomènes soient assez complexes, on peut résumer la différence pratique entre ces deux systèmes par le nombre maximal de clusters (leur taille étant fixe) qu'elle peut adresser. Ainsi, la capacité d'une carte mémoire formatée en FAT 16 ne peut pas dépasser 2 Go. Pour profiter de la capacité maximale (tout en tenant compte du décalage précédemment décrit entre capacité annoncée et capacité utile), il faut disposer d'une carte SDHC et la formater en FAT 32, comme l'autorise par défaut le D80.

Notez que l'appareil réclame parfois le formatage de la carte insérée. C'est souvent le cas lorsqu'on utilise une carte formatée sur un autre reflex ou un compact, notamment si ce n'est pas un Nikon. Cela peut aussi arriver si l'on se sert de ses cartes comme de clés USB pour assurer le transfert de certains fichiers d'ordinateur à ordinateur, ou que l'on crée une partition dessus. Il est alors vivement conseillé (voire indispensable) de formater la carte dans l'appareil avant de la réutiliser.

Compatibilité des cartes

Une fois formatées dans le boîtier, toutes les cartes SD et SDHC sont *a priori* compatibles avec le D80, et aucune de celles que nous avons pu essayer n'a posé de problème. Cependant, le bon fonctionnement de toutes les cartes ne peut pas être garanti. Nikon a réalisé des tests avec nombre de modèles des principaux constructeurs et a « approuvé » la plupart d'entre elles. Une liste de ces cartes conseillées figure dans le mode d'emploi du boîtier (page 122) ; une autre, réactualisée, est disponible dans la partie « Support technique » du site Internet de Nikon France.

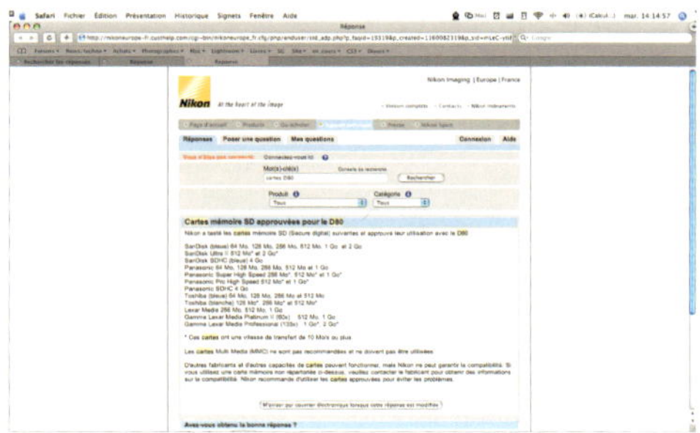

Pourquoi une carte rapide ?

En plus de la capacité, l'un des arguments de vente des cartes mémoire est la rapidité : plus la carte est « rapide », plus la durée d'enregistrement d'une image ou d'une série d'images sera courte. Et inversement.

Cependant, même la carte la plus rapide n'améliorera pas les performances mécaniques du D80. Ainsi, quelle que soit la carte utilisée, l'appareil n'enregistrera jamais plus de 3 images par seconde en mode rafale. La durée de la rafale (autrement dit le nombre d'images réalisable) est déterminée par la capacité de la mémoire tampon (le buffer) et par la rapidité du calculateur qui traite les données. Une fois le buffer saturé, le déclenchement est impossible avant que cette mémoire ne soit au moins partiellement vidée par l'enregistrement d'une ou de plusieurs images sur la carte. Les bénéfices d'une carte rapide n'interviennent donc qu'en fin de chaîne (lors de l'enregistrement des images) : une carte rapide réduit le temps d'immobilisation de l'appareil entre deux rafales. Il arrive souvent que cette immobilisation soit tellement réduite que le déclenchement n'est pas interrompu, ou alors très légèrement, si la vitesse réelle d'écriture et le couple capacité d'acquisition et de traitement s'équilibrent. Une carte rapide restreint aussi le temps de latence en lecture entre la pression sur le bouton du boîtier et l'apparition de l'image à l'écran ; il en va de même lors de la navigation d'une image à une autre et du transfert des fichiers sur ordinateur (voir « Visualiser et transférer ses images » page 34).

La rapidité des cartes est généralement exprimée en multiples d'une vitesse initiale (qui correspondrait à une carte ×1), exactement comme celle des lecteurs/graveurs de CD/DVD. On trouve donc des cartes annoncées à 40× ou à 80×, par exemple. Ce « × » qui sert d'unité de mesure correspond à une capacité de lecture/écriture théorique de 150 Ko/s. Une carte estampillée « 80× » a donc une capacité de lecture/écriture théorique de (150 Ko/s × 80) = 12 000 Ko/s, soit environ 12 Mo/s. En théorie donc, l'écriture ou la lecture d'un fichier de 12 Mo sur cette carte ne dure qu'une seconde.

La rapidité des cartes SDHC est exprimée par un système de « classes ». On trouve donc des cartes SDHC « Class 2 », « Class 4 » et « Class 6 » aux débits respectifs minimums de 2, 4 et 6 Mo/s en lecture et écriture. (Document Toshiba)

Si la majorité des constructeurs utilise l'échelle « × », Sandisk communique la vitesse de ses cartes directement en Mo/s. La gamme actuelle comprend quatre grands types de cartes CF : les Extreme IV (40 Mo/s, soit 266×), les Extreme III (20 Mo/s, soit 133×), les Ultra II (9 Mo/s, soit 60×) et les cartes standard (dont la vitesse n'est pas communiquée mais s'approche de 1 Mo/s, soit 6×). Chez Sandisk, ce débit est annoncé en lecture et en écriture mais sur une base de calcul décimale qui veut que 1 Mo = 1 000 000 octets, celle-là même qui sert au calcul des capacités des cartes (voir encadré page 20). En pratique, la vitesse des cartes (en système numérique binaire) est donc légèrement moindre.

L'appareil utilisé pour la lecture et l'écriture sur la carte (le boîtier ou un lecteur de cartes par exemple) intervient pour beaucoup dans le débit réel. En effet, tous les appareils ne sont pas capables de tirer parti des cartes les plus rapides qui sont alors bridées par les performances du dispositif d'écriture ou de lecture. Ce dernier, que l'on appelle « contrôleur », ordonne les informations de la mémoire tampon de l'appareil vers la carte. C'est lui qui impose son débit à l'ensemble de la chaîne. Si les appareils amateurs sont souvent très limités, Nikon a tout de même équipé le D80 d'un contrôleur rapide et d'un buffer d'assez grande capacité. Le débit annoncé par la marque est de 9,5 Mo/s en écriture et de 12 Mo/s environ en lecture.

Faut-il investir dans une carte rapide avec le D80 ?

Les essais que nous avons pu mener avec différentes cartes mémoire ne prétendent pas à faire autorité ; faute d'une réelle norme de test, les nôtres restent en effet issus d'un protocole personnel. Ils visent cependant à vérifier les apports concrets d'une carte rapide en utilisation quotidienne du D80 et à aider chacun à choisir le compromis qui lui correspond le mieux, d'où leur intérêt. En effet, selon le type d'images pratiqué (paysage, photo de sport) et son format d'enregistrement de prédilection (RAW ou JPEG), on a plus ou moins besoin d'une carte rapide.

Nos essais ont été réalisés comme suit : le boîtier a été utilisé en situation classique de prise de vue, les paramètres d'exposition, le sujet et la lumière étant identiques pour chacune des cartes. Les mesures figurent dans les deux tableaux suivants. Tous ces tests de rapidité ont été effectués avec un firmware de boîtier en version A : 1.01 et B : 1.01 ; il est donc possible que les résultats diffèrent avec des versions ultérieures, mais ces variations ne seront certainement pas de nature à remettre ces conclusions en cause. Notez aussi que les options de réduction de bruit ont ici été employées afin de tenir compte du ralentissement qu'elles imposent et d'obtenir des résultats les plus proches possibles des conditions d'utilisation courantes du D80.

Temps d'écriture d'une image sur la carte

Mode d'enregistrement	Carte standard	Carte 80×	Carte 133×
JPEG Large (compression Fine)	1 s	< 1 s	< 1 s
RAW	3 s	2,5 s	< 2 s
RAW + JPEG Large (compression Fine)	4 s	3 s	2 s

Le D80 dispose d'un système de traitement/enregistrement des données très rapide qui offre de bonnes performances, même avec une carte dite « lente ». Avec une carte plus rapide, on réduit encore la durée d'enregistrement des images sur la carte.

Capacité du buffer avant saturation (en nombre d'images)/ Latence inter-image après saturation (en secondes)

Mode d'enregistrement	Carte standard	Carte 80×	Carte 133×
JPEG Large (compression Fine)	Déclenchement en continu	Déclenchement en continu	Déclenchement en continu
RAW	5/2 s	5/1 s	7/1 s
RAW + JPEG Large (compression Fine)	5/2 s	5/2 s	6/1 s

La capacité du buffer du D80 permet d'enregistrer une centaine d'images JPEG, en qualité maximale, avant saturation. Les bénéfices d'une carte rapide ne sont vraiment significatifs qu'en RAW et en RAW + JPEG où le poids élevé des fichiers rend l'enregistrement assez lent. La taille de la mémoire tampon apporte cependant une sérénité et un confort de travail non négligeables, même avec une carte lente – ce qui n'est pas le cas avec d'autres appareils au buffer classique qui, eux, nécessiteront une carte performante. Une carte rapide offre néanmoins des transferts plus rapides (voir page 39).

Pour connaître les performances des cartes mémoire, boîtier par boîtier (une page est dédiée au D80), le site Internet de Rob Galbraith est incontournable (www.robgalbraith.com). On y trouve une base de données constamment entretenue (CF/SD Data Base) et des tests parmi les plus sérieux et les plus complets qui soient.

Toujours plus d'images

À l'approche des vacances ou d'un événement important (mariage, reportage, etc.), on peut avoir envie ou besoin d'augmenter cette autonomie potentielle pour ne pas se limiter. Mais, s'il est assez facile de se dépanner d'un ou deux films négatif couleur dans la première grande surface venue, trouver une carte SD en cas d'urgence n'est pas aussi simple : mieux vaut donc prévoir.

Stocker ses images sur une carte mémoire est la solution la plus simple et la plus pratique. Le support est léger et peu encombrant. Par précaution, on préfèrera toujours utiliser plusieurs cartes de capacité moyenne plutôt qu'une unique carte de grande capacité. Bien que fiables, ces supports ne sont pas infaillibles et l'on est jamais à l'abri d'une mauvaise manipulation, d'une perte, d'un vol, d'un formatage accidentel ou parfois d'un caprice informatique... Il est donc vivement recommandé d'utiliser au minimum 2, 3, 4 cartes (voire plus) de capacité moyenne : 512 Mo si vous privilégiez l'enregistrement en JPEG, 1 Go minimum si vous travaillez en RAW.

Pour ceux qui privilégient le format RAW, la problématique est un peu différente : en un mois de voyage, il est courant de réaliser plusieurs dizaines de gigaoctets d'images. Heureusement, de plus en plus de disques durs nomades sont aujourd'hui disponibles. Alimentés par piles ou par batterie, ces mini disques durs sont équipés d'un lecteur de cartes grâce auquel on peut facilement récupérer les images avant de les effacer de la carte pour continuer à photographier. D'autres permettent tout aussi simplement de connecter directement l'appareil en USB pour copier le contenu de la carte.

La récupération des images après le voyage est des plus simples : une fois ces disques connectés au Mac ou au PC (en USB 2.0 ou en FireWire selon les modèles), ils apparaissent sur le Bureau du Mac ou dans le Poste de travail du PC aussi simplement qu'une clé USB.

En plus d'être grand (10,1 cm), l'écran du P-5000 d'Epson est aussi très lumineux et très bien défini. Copier des images sur ce disque dur de 80 Go est simple ; en voyage, son autonomie et sa polyvalence font merveille, mais attention à la forte consommation de la batterie...
(Document Epson)

La solution du disque dur nomade est très pratique en voyage. Léger et peu encombrant, le Coolwalker de Nikon permet de stocker jusqu'à 30 Go de photos et de visualiser les images sur l'écran intégré. (Document Nikon)

Et pourquoi pas un ordinateur portable ?

Les prix en baisse des ordinateurs portables se rapprochent de plus en plus de ceux des disques durs nomades haut de gamme. Si l'encombrement n'est pas à leur avantage, ils offrent la polyvalence en plus. L'espace de stockage est excellent et le confort de visualisation des images à l'écran est sans comparaison, même avec les meilleurs disques nomades. L'ordinateur portable permet aussi de commencer une édition des images, de les annoter, de les cataloguer et de les retoucher sommairement. Certains experts iront même jusqu'à corriger les photos de la journée avec DxO Optics Pro en laissant l'ordinateur travailler pendant la nuit, ou à convertir chaque soir les fichiers RAW en DNG – ce sera toujours cela de moins à faire en rentrant de voyage... Il est aussi facile, si l'on peut de temps à autre disposer d'une connexion Internet, d'envoyer des images par e-mail ou de tenir un photoblog de vacances.

Maîtriser l'ergonomie du boîtier

Ergonomie avant

1. Commande de mode AF 2. Commande de cadence de prise de vue 3. Œillet de fixation de la courroie 4. Commande de correction d'exposition 5. Trappe d'accès à la carte mémoire 6. Déclencheur 7. Interrupteur de mise sous/hors tension et de rétroéclairage de l'écran secondaire 8. Molette avant 9. Touche FUNC 10. Test de profondeur de champ 11. Baïonnette de fixation de l'objectif 12. Bouton de déverrouillage de l'objectif 13. Repère de montage de l'objectif 14. Œillet de fixation de la courroie 15. Couronne de sélection du mode de prise de vue 16. Griffe porte-accessoires et contacts flash externe 17. Illuminateur d'assistance AF/Témoin d'activation du retardateur/Illuminateur anti-yeux rouges 18. Commande de réglage du correcteur dioptrique intégré au viseur 19. Écran secondaire 20. Commande de sélection du mode de mesure de la lumière.

Ergonomie arrière

1. Commande d'effacement de l'image 2. Œillet de fixation de la courroie 3. Accès à la connectique (USB/Alimentation externe/Sortie vidéo) 4. Commande de bracketing 5. Bouton de déverrouillage de l'objectif 6. Sélecteur de mode de mise au point (AF/Manuel) 7. Prise pour télécommande filaire optionnelle 8. Filetage pour trépied 9. Trappe d'accès à la batterie 10. Témoin d'écriture/lecture sur la carte mémoire 11. Touche de validation des commandes (OK) 12. Loquet de verrouillage du sélecteur de mise au point 13. Sélecteur de mise au point/Pad multidirectionnel et multifonction 14. Molette arrière 15. Commande de mémorisation d'exposition/mise au point 16. Protège écran amovible 17. Oculaire de visée 18. Boutons multifonctions (de haut en bas, le premier intitulé correspond à la fonction accessible en mode Lecture, le second à celui accessible en mode Prise de vue) Lecture ; Menu ; Balance des blancs/Aide ; Loupe -/Sensibilité ISO ; Loupe +/Mode d'enregistrement.

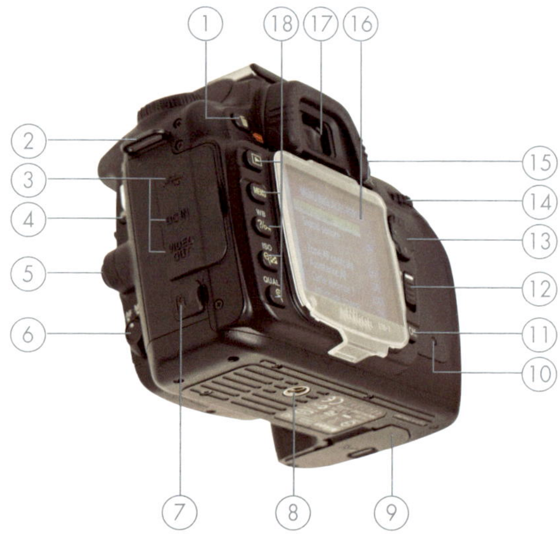

Écran de rappel

Outre la disposition des touches et des fonctions, il est bon de se familiariser avec la configuration des nombreuses options du boîtier. En argentique, il suffisait de se souvenir si l'on avait chargé du noir et blanc ou de la couleur, de la diapo ou du négatif, un film très sensible ou non… En numérique, les réglages sont plus abondants et leur maîtrise n'est pas toujours intuitive.

Les réglages croisés sont tellement nombreux et faciles à modifier d'une prise de vue à une autre qu'il est difficile de savoir, à un instant donné, quelles sont toutes les fonctions actives. L'écran noir et blanc du capot du boîtier est alors d'une aide précieuse puisqu'il reporte bon nombre des réglages adoptés. C'est bien utile, notamment quand on récupère son appareil après l'avoir prêté à quelqu'un qui a adapté ces paramètres à ses goûts ou ses habitudes, ou simplement quand on a un doute sur la configuration active.

Si l'on est un peu étourdi, on aura vite fait de rater des images à cause de réglages non adaptés. Pouvoir modifier la sensibilité d'une image à l'autre, par exemple, est un changement auquel on a du mal à se faire après des années de photo argentique. Une fois familiarisé avec les pictogrammes, ces rappels des fonctions actives sont simples et pratiques.

Notez qu'en réalité, l'écran n'est pas autant surchargé que sur cet exemple qui présente toutes les possibilités d'affichage. En pratique, seuls les réglages actifs sont apparents et la lecture de l'écran est plus aisée. Ici, pour plus de lisibilité, l'écran est présenté en deux fois.

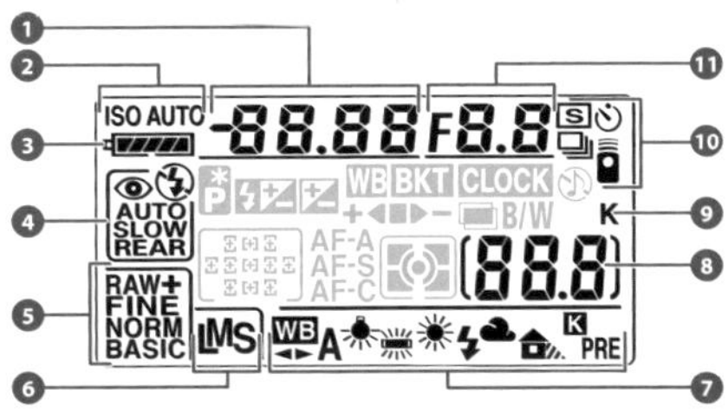

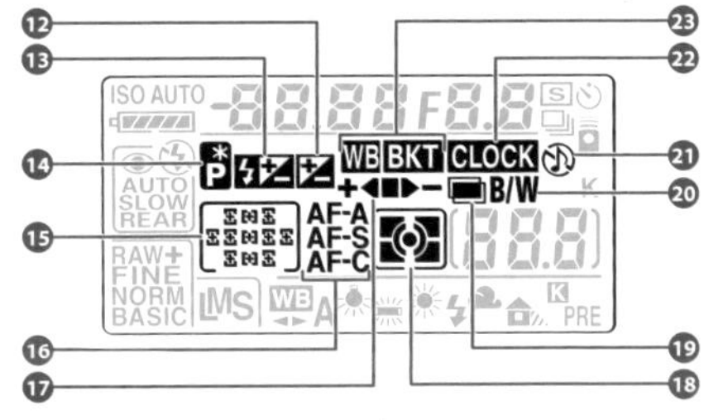

1. *Vitesse d'obturation/Valeur de correction de l'exposition/Valeur de correction du flash/Sensibilité ISO/Réglage précis de la balance des blancs ou de la température de couleur/Nombre de vues de la séquence de bracketing* **2.** *Indicateur de sensibilité ISO/Indicateur ISO AUTO* **3.** *Indicateur de l'accumulateur* **4.** *Mode de synchronisation du flash* **5.** *Qualité des images* **6.** *Taille d'image* **7.** *Mode de balance des blancs* **8.** *Nombre d'expositions restantes/Nombre d'expositions restantes avant remplissage de la mémoire tampon/Indicateur de mode PC (connexion du boîtier à l'ordinateur)/Indicateur d'enregistrement de la balance des blancs prédéfinie (blanc mesuré)* **9.** *K (apparaît quand la mémoire est suffisante pour contenir plus de 999 vues)* **10.** *Mode de prise de vue* **11.** *Ouverture du diaphragme/Incrément du bracketing/ Indicateur de connexion PC.*

12. *Indicateur de correction d'exposition* **13.** *Indicateur de correction du flash* **14.** *Indicateur de décalage de programme* **15.** *Zone de mise au point/Mode de zone AF* **16.** *Mode AF* **17.** *Indicateur d'avancement du bracketing* **18.** *Mode de mesure* **19.** *Indicateur de surimpression* **20.** *Indicateur noir et blanc* **21.** *Indicateur sonore* **22.** *Indicateur « horloge non réglée »* **23.** *Indicateur de bracketing.*

Transporter, protéger et entretenir son matériel

La question peut sembler anodine, elle ne l'est pas. Choisir un « mode de transport » conditionne différents paramètres tels que la sécurité de l'appareil, sa protection contre les convoitises et les chocs, son confort de portage et votre rapidité de réaction face à un sujet – donc votre efficacité en prise de vue.

Si l'on exclut les sacs TP (trop peu pratiques), on distingue trois grands types de solutions de portage du matériel : les sacs d'épaule (en bandoulière), les sacs à dos et les valises. Autant le dire clairement, aucune n'est universelle et chaque photographe a sa ou ses solutions de prédilection selon sa pratique de la photo… Il existe de nombreuses marques et modèles de sacs. Notre but n'est pas d'en dresser ici une liste exhaustive, mais plutôt de vous aider à choisir l'accessoire qui vous conviendra le mieux et qui sera pour vous le meilleur des compromis.

Type de sac	Avantages	Inconvénients
Sac d'épaule	- Accès facile au matériel/réactivité - Bon rapport encombrement/contenance (un boîtier, 2 à 3 optiques, un flash) Modularité des cloisons intérieures - Idéal pour équipement léger	- Confort de portage (une épaule seulement) - Transport de certains accessoires difficile (ordinateur, trépied) - Manque parfois de discrétion
Sac à dos	- Confort de portage - Contenance souvent élevée (2 boîtiers, 3 à 5 optiques, flash, accessoires) - Transport facile d'accessoires comme ordinateur portable et trépied - Modularité des cloisons intérieures - Discrétion - Souvent proposé avec une housse imperméable - Existe en version totalement étanche (Lowepro Dryzone)	- Accès parfois difficile au matériel imposant de poser le sac à plat avant de l'ouvrir - Parfois trop volumineux pour être considéré comme bagage à main en avion
Valise	- Excellente protection du matériel - Idéal pour les conditions difficiles (anti-choc, insubmersible, facile à nettoyer au jet d'eau) - Empilable sans risque - Harnais « sac à dos » disponible - Existe en format IATA pour être considéré comme bagage à main - Peut facilement servir de marchepied ou de siège d'appoint	- Confort de portage - Accès au matériel assez peu pratique - Manque de modularité des mousses intérieures

Comparatif des trois grandes familles de modes de portage.

Les sacs d'épaule sont très bien pensés et protègent efficacement le matériel tout en étant pratiques et séduisants.
(Document Crumpler)

Le prix d'un bon sac à dos est souvent très élevé. Certaines marques compensent cela par une garantie de plusieurs années (ou à vie) après enregistrement sur Internet.
(Document Lowepro)

Les valises protègent parfaitement le matériel qui peut voyager en soute d'avion ou dans des conditions difficiles. L'aménagement intérieur est souvent réalisable sur mesure et peut abriter en plus un ordinateur portable.
(Documents Piktus)

Avant tout achat, il est bon de vérifier certains points précis, notamment la qualité des matériaux employés. Si les grandes marques (Domke, Mekko, Billingham, Lowepro, Tamrac, Yellow Moon, Crumpler, Kata...) emploient des matériaux souvent irréprochables, les sacs bas de gamme n'offrent pas toujours une protection suffisante faute de mousses assez denses, de coutures suffisamment renforcées ou de fermetures Éclair assez solides. Ce sont pourtant autant d'éléments soumis à rude épreuve.

Le sac idéal n'existe pas ; comme de nombreux photographes, il est possible que vous en changiez en fonction du matériel emporté et de votre destination ou des images que vous avez à réaliser. À titre personnel, j'utilise alternativement deux types de sacs : une besace discrète pour partir léger et être réactif (un boîtier avec 2 ou 3 optiques et quelques accessoires), et un sac à dos dès que j'ai besoin de plus de matériel (un ordinateur portable notamment) et/ou qu'un certain confort de portage est nécessaire.

Photographier sous la pluie

Contrairement au D200, le D80 n'est pas « tropicalisé » et ne possède pas tous les joints de protection nécessaires à son utilisation sereine en milieu humide. De plus, il ne faut pas perdre de vue que même si vous disposiez d'un boîtier tropicalisé, votre ou vos objectifs ne le seraient pas nécessairement... Cependant, photographier avec le D80 sous une légère pluie ou dans une brume matinale ne pose pas trop de problèmes... une aubaine tant ces conditions météo peuvent donner de belles images. Mais attention, exposer l'appareil aux embruns marins représente un réel danger en raison de leur caractère corrosif.

Notez aussi qu'une exposition prolongée à l'humidité peut favoriser l'introduction d'eau dans le boîtier et sur ses circuits électroniques. On devra protéger le boîtier et les optiques avec un parapluie. Il peut alors être sage d'emmailloter le matériel dans un sachet plastique ou dans du film alimentaire transparent (en particulier si l'on utilise des optiques qui ne disposent pas de protection pro) en laissant des ouvertures au niveau de l'objectif et de l'oculaire de visée, quitte à maintenir l'ensemble avec des élastiques – et à avoir l'air un peu ridicule ! Sur l'objectif, un filtre neutre anti-UV et un pare-soleil sont aussi de mise pour assurer une bonne protection de la lentille frontale. Si le ruissellement de l'eau sur la lentille n'est pas grave (bien qu'il puisse considérablement réduire la netteté de l'image en créant localement des zones de flou), son infiltration dans l'objectif peut s'avérer catastrophique et impose un nettoyage interne en SAV.

Si d'aventure votre boîtier prenait l'eau malgré vos précautions, enlevez la batterie et passez l'appareil sous un sèche-cheveux (trappes carte et batterie ouvertes pour faciliter l'évacuation de l'humidité de l'intérieur du boîtier). Ne le rallumez qu'une fois sec. Si le boîtier a été exposé aux embruns, il est vivement conseillé de le nettoyer rapidement avec un chiffon doux imbibé d'eau claire.

Pour les conditions difficiles (intempéries, sorties en bateau, tempête de sable ou de neige, etc.), Kata fabrique des housses et des manchons de protection qui permettent d'utiliser confortablement et sereinement le matériel. Ces manchons sont réglables et assurent une manipulation facile de l'équipement, tandis que les parties transparentes laissent voir la position des boutons, molettes et écrans de rappel du boîtier. Ces accessoires sont utilisables à main levée comme sur trépied ; seule l'utilisation du flash s'avère délicate. Avec eux, il est possible de réaliser des images étonnantes qu'il est impensable de faire sinon sans mettre à mal son matériel. (Documents Kata/Bogen Imaging)

Sous la pluie, même le matériel protégé dans une sacoche n'est pas totalement à l'abri de l'humidité. Certains fournisseurs vendent des sachets de matière hydrophile à placer dans le sac pour absorber l'humidité, laquelle ne se déposera donc pas sur les objectifs (ce qui limite le risque de moisissures et autres champignons). Leur efficacité est réelle, mais leur prix est souvent assez élevé.

Prévenir les chocs thermiques

Veillez à éviter au maximum les grands écarts thermiques qui sont propices à l'apparition de condensation. Quand vous passez du chaud au froid et inversement, laissez le matériel dans son sac une petite demi-heure pour qu'il se mette doucement à température ; à défaut, laissez-le dans un sachet plastique. Sans cette précaution, de la buée peut se former sur les objectifs, avec le risque que, lors de l'évaporation, quelques gouttelettes créent des taches qui seront visibles sur les images.

Attention aussi au froid en hiver : l'autonomie de la batterie baisse avec la température. Il est donc conseillé de conserver une batterie chargée au chaud, dans sa poche, pendant que l'on travaille avec une autre. Quand la première vient à s'épuiser, il suffit de passer à la seconde et de la laisser se réchauffer dans la poche pour récupérer de l'énergie. En plus du désagrément évident lié à la panne, sachez que si celle-ci intervient pendant que l'appareil est en train d'écrire sur la carte, la coupure d'alimentation peut endommager cette dernière. Mieux vaut donc changer de batterie avant qu'elle ne soit épuisée.

Plages et déserts ne sont pas non plus très hospitaliers pour le matériel. Le sable peut s'incruster dans de petits interstices du boîtier ou des optiques et créer de sérieux dégâts. Après un après-midi en bord de mer, il est bon de passer par précaution un coup de pinceau doux ou de bombe à air comprimé sur l'extérieur de son boîtier et sur les bagues et fûts des objectifs. Là encore, les housses Kata peuvent assurer une très bonne protection du matériel.

Nettoyer ses optiques

Même le meilleur des objectifs donnera une image floue ou manquant de piqué s'il est sale. On voit très distinctement ce même phénomène quand une goutte de pluie vient se déposer sur la lentille frontale ou sur le filtre. Rassurez-vous toutefois, ce n'est pas parce qu'une petite poussière (ou une petite rayure superficielle) est visible sur la lentille frontale de l'objectif qu'elle le sera systématiquement sur l'image, mais elle engendrera une perte de piqué local plus ou moins facile à percevoir.

Nettoyer ses objectifs (et ses filtres) est simple à condition d'éviter certaines erreurs, comme l'utilisation d'un nettoyant pour lunettes : il n'est jamais adapté au traitement des surfaces des lentilles des objectifs et risque de les altérer irrémédiablement. Un nettoyant dédié est donc indispensable – cet investissement est très raisonnable car, sauf à renverser le flacon ou à le laisser s'éventer, on le garde assez longtemps.

Évitez l'emploi de lingettes, de mouchoirs en papier ou, pire encore, d'essuie-tout de cuisine. En effet, ils ont une forte tendance à se désagréger et à pelucher au contact de l'humidité, ce qui laisse des traces difficiles à enlever sur l'objectif. Le remède est alors pire que le mal. Choisissez toujours des chiffons optiques spécialisés, à usage unique, qui sont réalisés dans des matières non abrasives.

Le kit de nettoyage commercialisé par Reidl Imaging est très pratique. Dans une unique trousse que l'on peut accrocher sur son sac ou glisser dans une des poches, ce kit contient tout le nécessaire de nettoyage du boîtier, des optiques, mais aussi du capteur de l'appareil. Le prix est élevé, mais les produits fournis sont parmi les meilleurs du marché et la solution a été approuvée et éprouvée par bien des pros.

Ne commencez jamais un nettoyage avant d'avoir enlevé les poussières de la surface de l'objectif. Les bombes d'air comprimé ont leurs partisans, mais elles ont tendance à chasser les poussières dans des endroits encore plus inaccessibles… Préférez-leur un pinceau doux et une poire soufflante que vous utiliserez non pas en soufflant mais en aspirant. Il suffit ensuite de se munir d'un chiffon de nettoyage, de l'enrouler délicatement autour de son doigt et d'y déposer une petite goutte de nettoyant : effleurez la surface de l'objectif dans un mouvement de spirale du centre vers la périphérie, sans frotter trop fort. Si certains produits hautement volatiles s'évaporent instantanément, d'autres imposeront un second passage avec un linge propre pour essuyer l'objectif.

N'oubliez pas les filtres et la lentille arrière car, contrairement à l'idée reçue, c'est surtout sur elle que les poussières et les taches sont le plus gênantes (en effet, elles sont dans ce cas très proches du capteur).

La pluie ne doit pas être prétexte à ranger son matériel, au contraire, les intempéries peuvent être un sujet intéressant pour peu que l'on en protège son matériel et que l'on adopte un regard « graphique » sur les choses. Ici, abrité de la pluie, j'ai inclus des reflets lumineux pour profiter du point de vue sur la Tour Eiffel malgré un temps peu clément.

La propreté des objectifs est très importante pour la netteté de l'image. Une tache sur une lentille a des conséquences qu'il n'est pas toujours facile de percevoir aux formats de tirages usuels, mais la perte de netteté locale peut être criante sur un agrandissement, comme le montre cet exemple réalisé sous la pluie.

Découvrir les programmes Résultat

Imaginez qu'avant chaque déclenchement, un pro prenne en charge les réglages de votre appareil et les adapte au mieux selon que vous réalisiez un paysage, un portrait ou au contraire la photo d'un sujet en mouvement ; ainsi libéré des contraintes techniques, vous avez tout loisir de vous consacrer au sujet, à la lumière, à la composition et au cadrage, sans vous soucier davantage des autres paramètres. Cet expert est en quelque sorte intégré à votre D80 dans ce que Nikon appelle les modes « Viser et photographier » ou « Vari-programmes », aussi appelés communément « programmes Résultat ». Avant de devenir un expert vous-même et régler manuellement la vitesse d'obturation, le diaphragme, le mode AF, la balance des blancs et le mode de mesure de lumière, il est rassurant de pouvoir se reposer sur ces automatismes pour vous concentrer sur l'essentiel. Ce mode de fonctionnement est aussi très pratique quand on partage son appareil, en famille par exemple : chacun pourra ainsi obtenir de bonnes images quel que soit son niveau technique.

Le choix du mode d'exposition du D80 se fait via la couronne de sélection. Si l'on considère la position Auto comme repère, les modes Vari-programmes (Portrait, Paysage, Sport, Gros plan, Paysage de nuit et Portrait de nuit) sont rassemblés d'un même côté à l'opposé des modes Personnalisés ou modes Expert (P, S, A et M), que nous détaillerons plus loin.

Le principe est simple : vous indiquez à l'appareil le type de photo que vous souhaitez réaliser grâce aux pictogrammes de la couronne de sélection des modes de prise de vue (Paysage, Portrait, Gros plan, etc.). Il adapte alors ses réglages au mieux, tout en laissant quelques possibilités d'intervention sur certains paramètres (en fonction du mode choisi).

Pour simplifier l'utilisation de l'appareil, certaines options sont purement et simplement désactivées. C'est une bonne chose pour éviter des erreurs, on peut néanmoins regretter que le mode Noir et blanc fasse partie de ces options inaccessibles, même en version simplifiée sans les filtres (c'est l'une des premières bonnes raisons de s'intéresser ensuite aux modes Expert). En Vari-programmes, le menu Prise de vue ne laisse accès qu'au réglage de la qualité d'image (taille, format et compression), à la sensibilité (automatique par défaut) ou à l'option de réduction du niveau de bruit (voir « Limiter le bruit numérique » page 176). Le menu de configuration est lui aussi réduit avec des options qui diffèrent selon le programme Résultat choisi (voir mode d'emploi page 134).

Les Vari-programmes interviennent également dans le rendu général, sur la netteté, la saturation ou le contraste. En effet, selon le type de prise de vue, nos attentes ne sont pas identiques. Les paysages par exemple s'accommodent bien d'un renforcement de contraste, de netteté et de saturation des couleurs, réglages qui ne sont en revanche pas adaptés au portrait. L'option Optimisation images est inaccessible dans les Vari-programmes, c'est l'appareil qui prend les différents réglages en charge.

Attention

La couronne de sélection des modes est crantée, mais la résistance de ce crantage est assez faible. Il arrive souvent que le mode de prise de vue change accidentellement, quand on sort l'appareil de son sac par exemple… Pour éviter certaines déconvenues, je vous conseille de bien surveiller ce paramètre avant de porter l'œil au viseur.

Dans un premier temps, disposer de cette configuration de base du D80 et utiliser les Vari-programmes permet de s'initier à la photo avec un appareil reflex sans sacrifier à la simplicité ni à la qualité du résultat. Au fur et à mesure de votre pratique, les possibilités d'évolution de ces programmes et de modification des options vous permettront de reprendre en douceur la main sur l'appareil avant de passer aux modes d'exposition dits « experts » (P, S, A et M). Ces derniers sont bien plus simples d'accès qu'on ne le croit, et ils autorisent bien plus de liberté et de maîtrise de l'image (voir partie 2 et suivantes).

Programme Automatique

Comme son nom l'indique, c'est le mode automatique par excellence. L'appareil détermine lui-même les paramètres optimaux pour garantir les meilleures images possibles en termes d'exposition, de couleur et de netteté.

Ce mode peut sembler limité, mais lorsque l'on se perd dans les fonctions plus avancées et les paramétrages personnalisés, le côté généraliste de ses réglages est bien pratique. C'est le mode à utiliser en cas de doute ou en cas de panique quand il faut faire très vite. C'est aussi celui qui est conseillé si vous prêtez votre boîtier à un enfant ou à un néophyte. L'utilisation de l'appareil est alors on ne peut plus simple : il suffit d'appuyer à mi-course sur le déclencheur pour qu'il calcule l'exposition adéquate, qu'il réalise la mise au point et adapte la balance des blancs au type de lumière qui éclaire le sujet.

En cas de panique ou quand il faut réagir vite, le Vari-programme Auto permet l'obtention d'une photo correcte sans avoir à se soucier de la technique. Le D80 est alors aussi facile à utiliser qu'un appareil compact, il suffit de cadrer et de déclencher pour obtenir un résultat harmonieux et flatteur.

Programme Portrait

Quand on fait un portrait, on aime généralement isoler un visage bien net sur un fond flou. C'est la première mission de ce mode qui non seulement adapte l'ouverture de diaphragme en conséquence, mais choisit également des réglages couleur plus subtils, avec un contraste, une saturation et une netteté modérés. Cela permet de ne pas accentuer les imperfections de peau du sujet. Le D80 réalise par ailleurs la mise au point sur l'élément situé le plus en avant du cadrage et extrait le flash intégré si la quantité de lumière est insuffisante. Il ne vous reste qu'à détendre votre modèle et vous concentrer sur son regard, qui est l'élément le plus important d'un portrait – c'est en effet par lui que passe l'émotion.

Évitez autant que possible les images surchargées : les beaux portraits sont souvent les plus simples. Enfin, sauf effet spécial, proscrivez l'objectif grand-angle qui impose de travailler de très près : cela entraîne souvent des déformations qui vous attireront, à n'en pas douter, les foudres de votre sujet. Privilégiez un 50 mm ou un petit téléobjectif et placez-vous à un mètre au moins de la personne à photographier.

Programme Paysage

Que ce soit en ville ou à la campagne, le mode Paysage garantit une profondeur de champ optimale. Ici, il assure un rendu très flatteur, contrasté et saturé, même en plein soleil. Un autre mode aurait donné une photo plus fade et moins « claquante ».

On pense à la montagne, à la nature, à l'océan, aux forêts... Mais en ville aussi, les paysages (que l'on dit alors « urbains ») sont des sujets abondamment photographiés et intéressants. En général, on utilise un objectif grand-angle pour cadrer large. Le programme Paysage se charge d'assurer la plus grande profondeur de champ possible pour que chaque élément soit net, du premier plan à l'infini. Attention à la stabilité de l'appareil, car les temps de pose descendent parfois assez bas ; les risques de flou de bougé existent donc, le trépied est souvent bien utile. Le D80 va aussi adopter des réglages de couleur adaptés à un rendu d'image flatteur, à la fois contrasté, avec des couleurs bien saturées et une grande netteté ; le flash intégré sera automatiquement désactivé.

Programme Sport

Malgré son nom, ce mode n'est bien sûr pas cantonné à la prise de vue d'événements sportifs. C'est lui qu'il faut sélectionner dès que le sujet est en mouvement et que l'on veut (dans la mesure du possible) figer ce mouvement. L'appareil utilise pour cela la vitesse d'obturation la plus brève possible et se place dans le mode AF Dynamique en privilégiant de capteur central (voir « Sélectionner le mode AF » page 84). Le flash intégré et l'illuminateur AF sont, eux, déconnectés.

Programme Portrait de nuit

Le mode Portrait de nuit permet de réaliser des portraits au flash sans que l'arrière-plan soit noir. Les temps d'obturation sont suffisamment longs pour saisir au mieux le peu de lumière ambiante disponible ; le trépied est une fois encore d'une aide précieuse (voire indispensable) pour éviter les flous de bougé. Le flash, dont la portée réelle est limitée, ne sert ici qu'à éclairer le premier plan, zone sur laquelle le D80 réalisera la mise au point.

Ce mode est aussi utile en intérieur, là encore pour éviter que l'arrière-plan d'une photo au flash soit complètement bouché. C'est ce que l'on appelle « la synchro lente » (voir « Maîtriser le flash intégré » page 136).

Programme Gros plan

Ce mode de prise de vue concerne bien entendu les inévitables fleurs et insectes, mais s'utilise plus généralement dès lors que l'on photographie de près (petits objets, nature morte, etc.). Attention, sauf emploi d'un objectif spécial, l'appellation « macro » est abusive : ce mode ne modifie en rien la distance minimale de mise au point de votre objectif. Il assure seulement le meilleur compromis possible entre la vitesse d'obturation (suffisamment élevée pour éviter les flous de bougé) et la zone de netteté (dont l'étendue est, pour une ouverture donnée, d'autant plus petite que l'on se rapproche du sujet).

Notez que le D80 effectue par défaut la mise au point sur le capteur central et renforce assez fortement la netteté de l'image.

Si l'on prend la peine de déconnecter le flash du D80, le programme Gros plan permet de réaliser des détails intéressants. Attention, les ouvertures réduites peuvent requérir des temps de pose assez lents qui augmentent les risques de flou de bougé. Un appui stable ou un trépied évite bien des déconvenues.

Programme Paysage de nuit

Ce mode autorise l'accès à des temps de pose assez longs sans déclencher le flash, il est donc parfaitement adapté à la photo de nuit sur trépied. Cependant, on peut le détourner de cet usage. En effet, comme le flash est systématiquement désactivé, le programme peut être intéressant quand on veut préserver l'ambiance lumineuse d'une scène d'intérieur ou réaliser des images dans un lieux où le flash est interdit, comme souvent dans les musées. Mais attention, les temps de pose pouvant être longs, le risque de flou de bougé est prononcé et un appui stable voire un trépied seront souvent indispensables.

Si l'on dispose d'un appui stable, le programme Paysage de nuit permet de réaliser facilement des images nocturnes grâce à l'exploitation de temps de pose assez longs, comme face à ce clair de lune où l'exposition a duré une seconde à 400 ISO.

Visualiser et transférer ses images

Avant d'aller porter sa carte mémoire ou un CD d'images au labo, ou avant de transférer ces dernières sur ordinateur, on peut visualiser ses photos sur l'écran du boîtier, les effacer ou au contraire les protéger d'une suppression accidentelle.

Visualiser ses images

Le mode Lecture est accessible dès lors que le boîtier est sous tension et qu'on presse le bouton *ad hoc* ▶. Il se peut d'ailleurs que cette prévisualisation soit automatique dès qu'une image est enregistrée sur la carte. S'il est parfois rassurant de voir tout de suite sa photo, nous vous conseillons de désactiver cette option du Réglage personnalisé 6 *Affichage image* (voir mode d'emploi page 88), ne serait-ce que pour économiser la batterie – l'utilisation de l'écran étant particulièrement gourmande en énergie.

Une fois une première photo à l'écran, la navigation d'image en image est des plus simples puisqu'il suffit d'utiliser les touches latérales du pad multidirectionnel : la touche de gauche affiche la photo précédente, la touche de droite appelle la suivante. Il est aussi possible d'afficher les images sous forme de vignettes par planches de 4 ou de 9 vues en pressant la touche Imagette (voir mode d'emploi page 63).

Le D80 permet de créer différents dossiers sur sa carte mémoire, dossiers dans lesquels seront stockées les images réalisées (voir « Bien organiser l'archivage des fichiers » page 262). En mode Lecture, c'est le contenu du dossier actif qui est affiché par défaut ; pour atteindre les images d'un autre dossier, il suffit d'explorer le menu Visualisation et de sélectionner l'élément désiré avec la commande Dossier de visualisation. Notez qu'il est possible de visualiser toutes les images de la carte sans que le mode Lecture tienne compte des différents dossiers créés. On peut aussi réaliser des diaporamas avec tout ou partie du contenu de la carte, ce qui explique pourquoi une fonction Cacher les images est disponible dans l'interface (voir mode d'emploi page 78). Si ces fonctions seront considérées comme des gadgets pour nombre d'utilisateurs, d'autres options du mode Lecture sont indispensables.

C'est le cas de l'histogramme et de l'affichage en surbrillance des zones « cramées », dont nous détaillerons l'utilisation et l'interprétation dans la rubrique « Lire et interpréter l'histogramme » (page 198) et qui constituent de réels outils de diagnostic de l'image. Bien qu'il

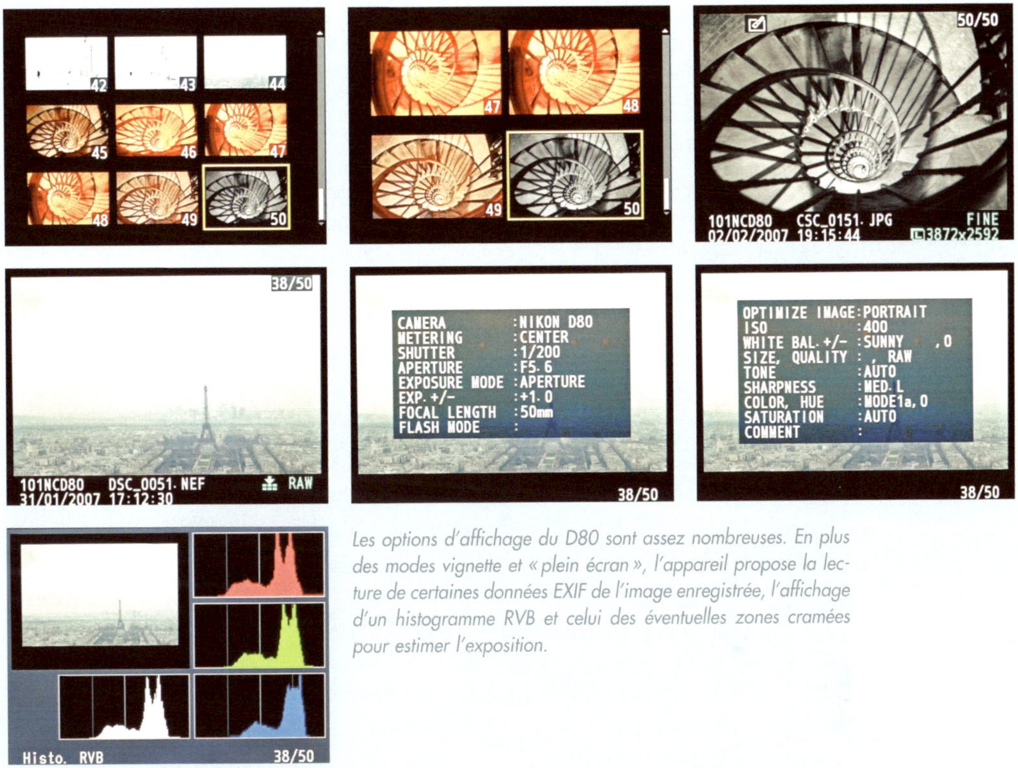

Les options d'affichage du D80 sont assez nombreuses. En plus des modes vignette et « plein écran », l'appareil propose la lecture de certaines données EXIF de l'image enregistrée, l'affichage d'un histogramme RVB et celui des éventuelles zones cramées pour estimer l'exposition.

soit assez lisible, l'écran arrière ne reflète en effet que très approximativement ce que sera la photo. Il est illusoire de juger de l'exposition avec ce seul outil ; même avec sa fonction Loupe (voir mode d'emploi page 64), il est assez difficile de vérifier la netteté de l'image.

Le mode Lecture du D80 permet l'affichage d'une partie des métadonnées EXIF enregistrées avec la photo (voir « Utiliser les informations EXIF » (page 204). Il est ainsi possible, en pressant les touches haut et bas du pad mutidirectionnel, de vérifier le nom du dossier dans lequel l'image est sauvegardée, le réglage de qualité, le nom du fichier, son format d'enregistrement, le mode de mesure de l'exposition, la vitesse d'obturation, le diaphragme utilisé, la focale de l'objectif, la correction d'exposition, etc. (Voir mode d'emploi page 62.)

Effacer ou protéger une image

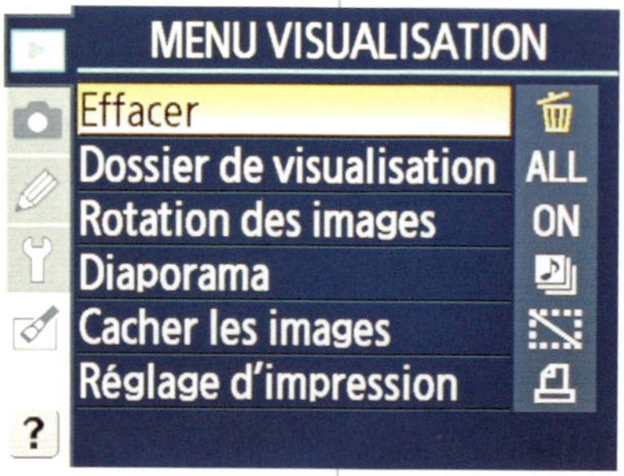

Il est possible de supprimer un lot d'images (voir mode d'emploi page 74), soit en effaçant le contenu d'un dossier complet, soit en sélectionnant une à une les images à éliminer.

Les fonctions de visualisation permettent aussi d'effacer une ou plusieurs images ou, au contraire, de les protéger contre une suppression accidentelle. S'il est toujours possible de désactiver cette protection, on ne peut revenir en arrière une fois qu'une image a été effacée. On peut parfois récupérer des fichiers sur ordinateur grâce à des logiciels adaptés (voir « Récupérer des photos effacées » page 260), mais les résultats ne sont pas garantis. Mieux vaut donc se méfier d'un jugement trop hâtif quand on visionne ses photos à l'écran.

Pour effacer une image, il suffit, alors qu'elle est à l'écran, de presser une fois sur la corbeille pour appeler la commande d'effacement, puis une seconde fois pour confirmer (voir mode d'emploi page 65).

Une ou plusieurs images peuvent être protégées. Elles sont marquées d'une clé et resteront lisibles sur la carte, même en cas d'effacement de celle-ci (notez tout de même que cette fonction n'est plus efficace en cas de formatage de la carte). Les photos ainsi protégées sont affichées avec l'icône d'une clé en haut à gauche.

Visualiser/effacer ses images, un choix « philosophique » ?

Ne soyez pas obnubilé par la visualisation des photos sitôt réalisées, ni par leur effacement si vous les trouvez décevantes. Pouvoir vérifier ses images est précieux dans certains cas, mais en abuser peut être néfaste. Pour ma part, je n'utilise que très peu cette visualisation, ou seulement dans le cadre d'une production professionnelle pour vérifier l'histogramme de certains clichés « sensibles ». Non seulement l'allumage de l'écran malmène la batterie qui voit son autonomie baisser, mais en plus il est difficile de maintenir un niveau de concentration correct si l'on alterne prise de vue et visualisation à outrance – sans parler des occasions de déclenchement manquées… En argentique, les délais de développement permettent d'oublier un peu les prises de vue avant d'avoir à les sélectionner : on redécouvre ses clichés sans en chercher un en particulier (celui que l'on pense avoir réussi), en évitant ainsi de passer à côté de certains autres. En effet, ce n'est pas parce qu'une image n'a pas retenu notre attention au moment de la prise de vue qu'elle est moins bonne ; c'est même assez souvent le contraire ! Je ne prétends pas que cette méthode soit la meilleure (à chacun de trouver celle qui lui convient le mieux), mais dès que j'en ai la possibilité, je laisse « dormir » mes photos quelques jours – et même quelques semaines – afin de les sélectionner ensuite avec un œil neuf.

Dans le même ordre d'idée, je ne supprime presque jamais de photos. Avec le temps, les goûts et les exigences se modifient et parfois les images estimées « ratées » peuvent acquérir une certaine valeur (esthétique ou documentaire). Imaginez qu'avec un appareil numérique Robert Capa ait effacé la photo de son soldat espagnol parce qu'elle était floue ou que les hautes lumière étaient cramées… ou qu'Alberto Korda ait détruit son célèbre cliché de Che Guevara sous prétexte que le cadrage était mauvais et que la netteté était approximative, ou tout simplement parce qu'il n'en était pas satisfait… Il est toujours intéressant de visualiser périodiquement ses photos, même anciennes : on peut parfois y retrouver de bonnes images. La capacité croissante des cartes fait que l'on peut quasiment photographier sans compter ; celle des disques durs combinée à un peu d'organisation (voir « Bien organiser l'archivage des fichiers » page 262), permet quant à elle de stocker un grand volume d'archives.

Transférer ses fichiers

Il est toujours préférable de transférer ses images sur son ordinateur ou sur un disque dur nomade assez rapidement après la prise de vue, même si la carte n'est pas pleine (et ce sera souvent le cas avec une carte de grande capacité). Un appareil photo est fréquemment sujet à convoitise, et si en argentique on ne perdait en cas de vol ou de problème technique qu'une trentaine d'images, en numérique les pertes peuvent actuellement se chiffrer en centaines voire en milliers de photos. Il arrive aussi (assez rarement, certes, mais le risque existe) que les cartes plantent, souvent sans raison apparente d'ailleurs…

Il existe deux grandes méthodes pour transférer des photos sur un Mac ou sur un PC : soit on connecte directement l'appareil à l'ordinateur, soit on utilise un lecteur de cartes mémoire, lui-même connecté à l'ordinateur (ou directement intégré dans la tour de certains PC). Dans tous les cas, il est toujours vivement conseillé de vérifier que le transfert s'est correctement effectué en vérifiant que tous les fichiers ont bien été copiés et en en ouvrant quelques-uns. Il est aussi sécurisant de dupliquer les fichiers sur un CD, un DVD ou un disque dur externe avant de les effacer de la carte, car si les images numériques peuvent virtuellement être dupliquées à l'infini sans perte de qualité, on peut aussi facilement les détruire ou les effacer par mégarde. Un archivage et un stockage raisonnés sont de mise dès vos toutes premières images.

Connecter l'appareil

La connexion de l'appareil sur un Mac ou un PC se fait aussi simplement que celle d'une clé de stockage ou d'un lecteur MP3, mais si le boîtier est rapide en prise de vue, sa vitesse de transfert est assez lente (malgré l'interface USB 2.0, voir tableau ci-contre) ; on préférera donc utiliser un lecteur de cartes, même si la connexion directe du boîtier peut toujours dépanner.

L'USB 2.0 est une connexion très utilisée qui reste compatible avec l'USB de première génération. Il est donc possible de connecter son D80 sur un ordinateur ancien qui ne dispose pas de carte USB 2.0. La différence entre les deux versions du standard concerne juste le débit de transfert : 12 Mbits/s en USB 1 contre 480 Mbits/s en USB 2.0. Aussi, si votre ordinateur ne dispose que d'une connexion USB 1, elle fera office de goulot d'étranglement et imposera son faible débit au reste de la chaîne. S'il est équipé de connexions USB 2.0 en revanche, vous disposerez du maximum de débit possible avec le D80, mais il restera inférieur à celui d'un bon lecteur de cartes.

Le câble de transfert est livré avec le boîtier qui doit être allumé pour que la connexion s'établisse le temps de copier les fichiers, ce qui, là encore, sollicite sa batterie. Ne serait-ce que pour cette raison, il vaut mieux utiliser un lecteur de cartes. Quoi qu'il en soit, lecteur ou connexion directe, l'utilisation du logiciel PictureProject est parfaitement envisageable (voir « Transférer ses images avec PictureProject » page 258). Si vous avez l'habitude d'autres outils facilitant l'annotation ou la sélection des images dès leur transfert (iView MediaPro, Photoshop Lightroom, etc.), ils devraient reconnaître sans problème les deux méthodes de transfert.

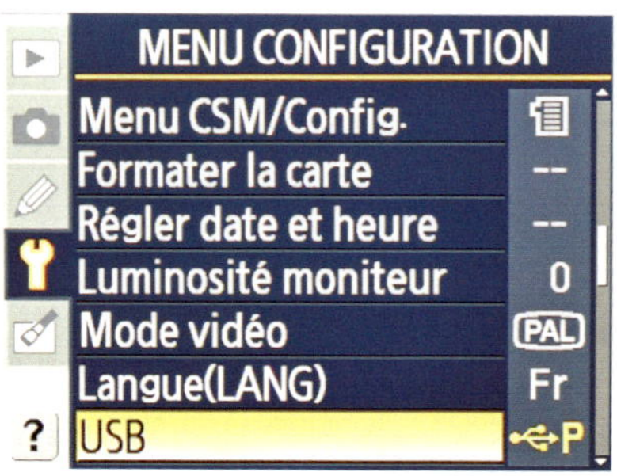

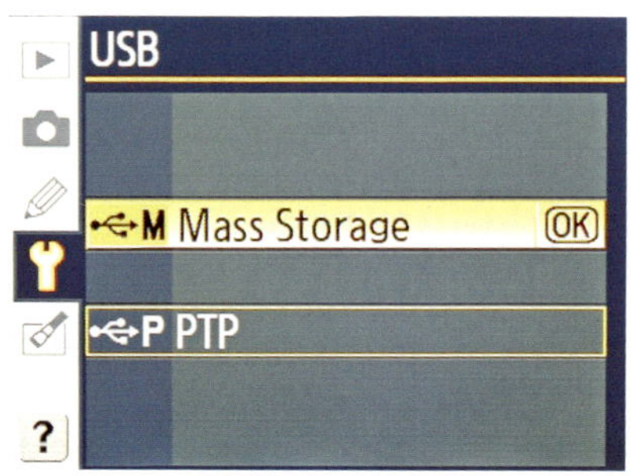

Selon votre système d'exploitation, le choix du protocole de communication sera différent (voir mode d'emploi page 67). Sur un Mac récent ou un PC sous Windows Vista ou XP (édition familiale ou pro), les deux modes (PTP ou Stockage de masse) sont valables, mais sous Windows 2000, ME ou 98 SE, seul le protocole Stockage de masse assurera la connexion. Notez que Mac OS 9 n'est pas pris en charge ; l'utilisation d'un lecteur de cartes est alors indispensable.

Attention

Si malgré vos précautions, la connexion du D80 s'avère impossible sur un ordinateur d'entreprise, tentez de contacter l'administrateur du réseau informatique. En effet, les postes en réseau sont souvent configurés de façon à ce que les utilisateurs ne puissent pas connecter de volume de stockage externe ; or l'appareil est reconnu par l'ordinateur comme un disque dur...

Utiliser un lecteur de cartes

Passer par un lecteur de cartes présente des avantages, notamment en termes de confort et parce qu'il ne sollicite ni l'appareil ni sa batterie pendant la copie des fichiers. Vous pouvez donc continuer à prendre des photos sur une carte pendant qu'un assistant assure la récupération du contenu d'une seconde. Dans la grande majorité des cas, ces lecteurs ne nécessitent pas de logiciel pilote avec les systèmes d'exploitation actuels (Mac OS X et Windows Vista) : le transfert des fichiers se fait par simple copier/coller, mais on peut aussi choisir de faire appel à un logiciel comme PictureProject qui permet de sélectionner et d'annoter en partie ses images pour en faciliter l'archivage.

Le prix du lecteur est raisonnable, et son volume et son poids plutôt faibles (le câble qui l'accompagne est souvent plus lourd) permettent de le conserver en permanence dans une poche du sac photo, au cas où. Notez qu'avec les logiciels de récupération de données, l'utilisation d'un lecteur de cartes est souvent indispensable. Préférez toujours un lecteur doté d'une interface rapide type USB 2.0 ou FireWire. Privilégiez aussi les accessoires de marque : on peut trouver des lecteurs de cartes multiformats pour une dizaine d'euros, mais leur débit est souvent bien plus faible. (Document Sandisk)

Lecteur/interface	**Temps de transfert d'une carte de 2 Go débit moyen mesuré (Apple Macintosh MacBook Pro 2,33 GHz, 3 Go de RAM)**		
	Carte d'entrée de gamme sans marque	Carte A-Data Super SD Duo (80×)	Carte Sandisk Extreme III (133×)
Connexion directe en D80 en USB 2.0 (firmware A et B en version 1.01)	5 min 06 s/ 6,6 Mo/s	4 min 10 s/ 8,1 Mo/s	2 min 52 s/ 11,8 Mo/s
Lecteur standard USB 2.0 sans marque	6 min 34 s/5,1 Mo/s	6 min 06 s/5,5 Mo/s	6 min 04 s/5,5 Mo/s
Lecteur Sandisk ImageMate multiformat en USB 2.0	4 min 24 s/ 7,7 Mo/s	3 min 29 s/ 9,7 Mo/s	2 min 10 s/ 15,8 Mo/s
Lecteur Sandisk MicroMate en USB 2.0	4 min 26 s/ 7,7 Mo/s	2 min 44 s/ 12,4 Mo/s	2 min 08 s/ 15,9 Mo/s
Connexion directe de la carte en USB 2.0	Ø	2 min 48 s/ 12,4 Mo/s	Ø

La rapidité des cartes est importante en prise de vue, mais aussi (et surtout) en lecture. Celle du lecteur l'est tout autant. On remarque d'après ces tests (dont les valeurs ne sont données qu'à titre de comparaison et peuvent varier légèrement d'un modèle d'ordinateur ou de carte à un autre) que tous ne sont pas aussi véloces et que le boîtier comme le lecteur d'entrée de gamme ne permettent pas des transferts aussi rapides que des accessoires de marque. Notez aussi que les meilleures performances s'obtiennent avec un lecteur de la marque de la carte et que l'utilisation d'un hub (même USB 2.0) peut considérablement ralentir les transferts.

Découvrir le menu Retouche

La conversion en noir et blanc offerte par le menu Retouche est séduisante, mais elle ne permet pas de gérer le contraste : le rendu reste un peu trop doux, voire « mou ». Il faudra retoucher l'image dans un logiciel dédié, car l'éventuelle personnalisation de la fonction Optimisation images en mode Noir et blanc n'est pas prise en compte ici.

Développé à l'origine pour simplifier l'utilisation des appareils compacts, le menu Retouche a fait son apparition sur le D80. En effet, la retouche des images effraie souvent le grand public et impose bien évidemment l'utilisation d'un ordinateur. En intégrant quelques outils de correction des photos dans l'appareil, on peut ainsi s'en affranchir et effectuer directement certaines modifications, comme la correction des yeux rouges ou un recadrage (voir mode d'emploi page 109).

Un intérêt limité

L'intérêt de ces corrections reste assez limité : les outils sont peu nombreux, leur application est assez peu pratique et les résultats manqueront toujours de subtilité pour les utilisateurs avertis et experts. Les réglages sont en effet plutôt grossiers et l'écran arrière du D80 ne permet pas d'en visualiser correctement les effets, notamment lors de l'emploi des fonctions Filtres.

Malgré tout, ces retouches peuvent être intéressantes en cas d'impression directe. Il est en effet possible de connecter directement le D80 à une imprimante dotée de la fonction PictBridge et de réaliser des tirages 10 × 15 cm, par exemple, que l'on peut facilement et rapidement partager (voir mode d'emploi page 69). Comme le D80 n'écrase pas le fichier original par sa version modifiée (il en enregistre systématiquement une copie en JPEG Fine), on dispose toujours de l'image de départ : on pourra lui appliquer des corrections plus subtiles dans un second temps, dans un logiciel de retouche, ou la développer correctement s'il s'agit d'un fichier RAW.

La fonction D-Lighting est intéressante, mais ses résultats manquent de finesse. On préférera dans la mesure du possible appliquer les corrections dans un logiciel de retouche, les fonctions proposées par l'appareil étant encore trop limitées et trop peu pratiques à utiliser.

Ci-contre, tableau descriptif du menu Retouche. Ce menu est accessible en enregistrement JPEG ou RAW, mais seules les options Recadrage, Mini-photo et Superposition sont disponibles si la fonction Optimisation images est calée sur Noir et blanc.

Intitulé de la fonction	**Description**	**Options**	**Voir mode d'emploi page**	**Remarques**
D-Lighting 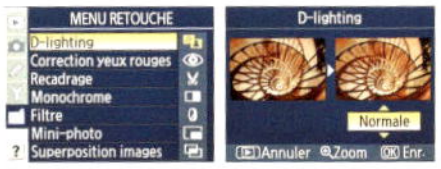	Ré-éclaircit les ombres et permet de réduire le contraste en cas de contre-jour ou de sous-exposition	- Faible - Normale - Élevée	110	Si la fonction est intéressante en soi, les résultats manquent de subtilité et le niveau de bruit se trouve très amplifié, surtout en JPEG.
Correction des yeux rouges 	Réduit l'effet des yeux rouges en neutralisant la couleur très localement	(Néant, la fonction n'est logiquement accessible que sur les photos réalisées au flash)	111	La correction est assez efficace, mais il arrive que l'appareil corrige d'autres zones rouges de petite taille, dans l'image !
Recadrage 	Autorise de recadrer l'image pour éliminer un détail gênant ou allonger artificiellement la focale de l'objectif	Choix du cadrage et de la définition de l'image recadrée : 2 560 × 1 920, 1 920 × 1 440, 1 280 × 960, 960 × 640, 640 × 480 pixels	111	Les proportions offertes ne sont pas homothétiques au format d'origine de l'image qui se trouve donc recadrée dans un format « un peu plus carré ». Il est de plus impossible de modifier l'orientation (recadrage vertical d'une image horizontale). Sauf correction dans une mise à jour de firmware, cette fonction est inintéressante.
Monochrome 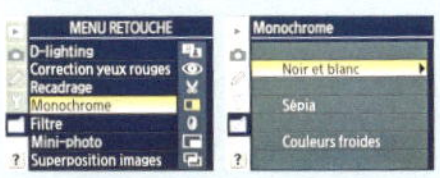	Enregistre une copie monochrome de l'image RAW ou JPEG, avec ou sans effet coloré	- Noir et blanc - Sépia - Couleurs froides (avec choix de la saturation en modes Sépia et Couleurs froides)	112	Les résultats sont convenables mais on regrettera de ne pas pouvoir corriger le contraste ou jouer sur les filtres comme avec l'option Noir et blanc du menu Optimisation images.
Filtre 	Permet de modifier l'équilibre des couleurs de l'image	- Skylight (prédéfini) - Filtre chaud (prédéfini) - Équilibre colorimétrique (manuel)	112	La petitesse de l'écran et son manque de fidélité rendent difficile l'appréciation des corrections ; à éviter.
Mini-photo 	Crée une copie basse définition de l'image	Choix de la définition : 640 × 480, 320 × 240, 160 × 120 pixels	112	Comme pour la fonction Recadrage en ce qui concerne le choix de la définition.
Superposition images 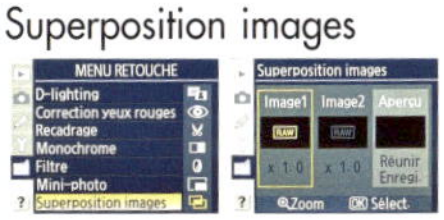	Permet de fusionner deux images en les superposant (fonction accessible uniquement en RAW)	Paramétrage de l'exposition des deux images indépendamment, par un réglage nommé « Gain »	114	Bien que délicate à utiliser, cette fonction permet d'augmenter la dynamique de l'image si on l'applique sur deux photos issues d'un bracketing ou pour réaliser des montages ludiques.

Maîtriser les notions photo

Même si les paramètres purement « numériques » ont une grande influence sur la qualité des images, celle-ci reste avant tout liée à une bonne connaissance des notions photo : lumière, cadrage, point de vue, focale de l'objectif, modes autofocus, vitesse d'exposition, ouverture de diaphragme... Leur maîtrise permet d'envisager la photo comme un moyen d'expression à part entière. Certains réglages du boîtier peuvent sembler complexes, en raison du nombre d'options disponibles, mais ils vous permettront de faire face à n'importe quel type de situation. Une fois ces notions acquises, le D80 deviendra le prolongement de votre œil et un outil créatif.

Cadrer et composer ses images

Cadrer, c'est faire un choix subjectif, isoler une partie d'une scène en fonction de ce que l'on veut montrer et de la façon dont on veut le montrer. Le cadrage est difficile à enseigner : subjectivité, créativité, culture viennent influencer ces partis pris qui évoluent aussi au fur et à mesure de la pratique. Des livres entiers ne suffiraient pas à faire le tour de la question ; ces quelques pages n'ont donc pas la prétention de vous dire comment cadrer tel ou tel sujet, surtout qu'il y a autant d'interprétations possibles d'un sujet qu'il y a de photographes… Leur vocation est plutôt de vous sensibiliser au cadrage, à la composition et aux lignes afin de vous donner envie, comme tout bon photographe, de tourner autour de votre sujet pour trouver le meilleur angle de prise de vue et de ne pas vous contenter d'une seule et unique photo. Le sens du cadrage ne s'acquiert qu'en éduquant l'œil et en s'entraînant ; n'hésitez donc pas à vous inspirer des tableaux de maîtres, des œuvres des photographes de renom mais aussi de celles des dessinateurs… Les bandes dessinées sont bien souvent de vrais manuels de composition.

La règle dite « des tiers » consiste à diviser virtuellement chaque dimension de l'image en trois pour aboutir à un quadrillage. Il suffit bien souvent de placer un (ou plusieurs) point(s) fort(s) de l'image sur les intersections de ces lignes virtuelles pour que la composition soit harmonieuse. Reste que, comme nombre de règles (dans le domaine artistique du moins), celle-ci est aussi faite pour être enfreinte.

Cadrez-moi

Apprenez à cadrer en vous amusant : « Cadrez-moi » est un cours de cadrage en ligne, ludique et très bien réalisé. Vous le trouverez sur le site www.rendezvouscreation.org (rubrique Connaissances/Outils pédagogiques). Après un rappel d'une des règles de composition, le jeu permet de mettre cette dernière en pratique grâce à différentes images que le joueur doit cadrer au mieux pour passer au niveau supérieur et (re)découvrir un nouveau précepte de composition.

Il est toujours intéressant de tourner autour de son sujet et de ne pas se contenter de sa première vision. Ici, face à un simple taxi jaune, j'ai pu réaliser différentes images, en jouant avec le graphisme des lignes, les reflets et les transparences. Ce n'est qu'en observant son sujet sous différents angles que l'on peut sortir des sentiers battus et réaliser des photos plus originales. J'ai aussi simplifié une des vues en la recadrant en carré pour une composition plus graphique.

Utiliser le quadrillage du viseur

Visualiser mentalement les points forts de son cadrage n'est pas toujours évident mais le viseur du D80 permet d'afficher la grille de composition en surbrillance pour assurer l'assiette des cadrages et vérifier que l'horizon est vraiment horizontal (voir la rubrique suivante). Cette aide très précieuse s'active via le Réglage personnalisé 8 Quadrillage (voir mode d'emploi page 89).

La répartition des onze capteurs du système AF du D80 (voir « Gérer l'AF et ses capteurs » page 90) permet au débutant d'éviter de placer son sujet en plein centre de l'image, là où se trouvait avant l'unique capteur AF ou le système d'aide à la mise au point manuelle, comme le stigmomètre. Il est facile, lorsque l'on compose une image avec le D80, de s'affranchir du côté plat d'un cadrage trop centré, sauf à vouloir prendre le contre-pied des « règles » par parti pris esthétique.

Cadrage et recadrage(s)

Le viseur du D80 est précis, mais il n'est pas infaillible : certains éléments placés hors champ par choix esthétique peuvent quand même apparaître sur la photo. Le recadrage dans un logiciel de retouche est alors incontournable et sera la plupart du temps très léger.

Il n'y a pas de honte à recadrer si la composition s'en trouve améliorée. Le recadrage peut aussi permettre d'allonger artificiellement la focale d'un objectif pour « rapprocher » un sujet (ce qui est souvent utile en photo animalière), et ce d'autant plus que la définition élevée du D80 autorise une certaine souplesse sans rien concéder à la qualité technique des photos.

Par ailleurs, ce n'est pas parce que le viseur et le capteur sont au rapport 3/2 (comme le film 24 × 36) qu'il faut oublier le format carré ou le panoramique. Certes, le cadrage est moins intuitif que la visée directement dans le « bon » format, mais on peut ainsi se livrer facilement à différentes interprétations d'une même image, ce qui est toujours plus délicat à la prise de vue où il faut utiliser successivement plusieurs appareils photo en fonction du format d'image désiré...

Quand on pense « panoramique », on pense souvent « paysage », mais le format allongé se prête parfaitement à d'autres exercices et c'est là où on l'attend le moins qu'il est le plus intéressant, comme en reportage, en cadrage vertical et même en portrait – au grand-angle comme au téléobjectif. Ici, le recadrage m'a permis de renforcer le graphisme de la scène en en excluant les éléments parasites.

Bien que télévision, cinéma et écrans d'ordinateurs soient horizontaux, il ne faut pas oublier le cadrage vertical ! J'ai été séduit par l'attitude de ce personnage. Le cadrage horizontal réalisé à la va-vite est médiocre et laisse apparaître plusieurs éléments qui perturbent la lecture de l'image dont le flou se veut poétique ; j'ai donc cadré verticalement pour les éliminer, mais finalement, c'est recadrée en carré que cette photo est la plus harmonieuse.

Le sens de lecture

Le sens de lecture est indissociable des notions de cadrage et de composition. Là encore, il est question de coutume culturelle qui veut que nous lisions un texte de gauche à droite et de haut en bas, ce qui se retrouve souvent dans les compositions photographiques. Ainsi, l'œil ne découvre pas l'intégralité d'une image en une seule fois : il circule en s'attardant sur certaines zones (les points forts) et en passant plus rapidement sur d'autres. On peut le guider grâce au placement d'éléments qui donnent un sens de lecture. Un exemple simple est celui du portrait : un personnage qui regarde vers la gauche donne l'impression d'être tourné vers le passé ; s'il regarde vers la droite, il semble porté vers l'avenir. Outre le sens de lecture, cette notion peut aussi apporter un contenu sémantique, une « atmosphère » à une photo.

Le plus simple des logiciels de retouche permet de jouer avec l'orientation de l'image et avec différentes symétries. On peut très simplement réinterpréter un cadrage pour obtenir une meilleure composition ou changer le sens de lecture ou celui de la lumière. Ici, le cadrage original est le premier, en horizontal, mais je n'en étais pas satisfait. Après quelques essais, ma préférence va à une orientation verticale avec une lumière provenant de la gauche. Une symétrie permet ensuite de modifier la dynamique, soit descendante pour une mise en abyme (photo 7), soit ascendante (photo 8)... selon l'humeur.

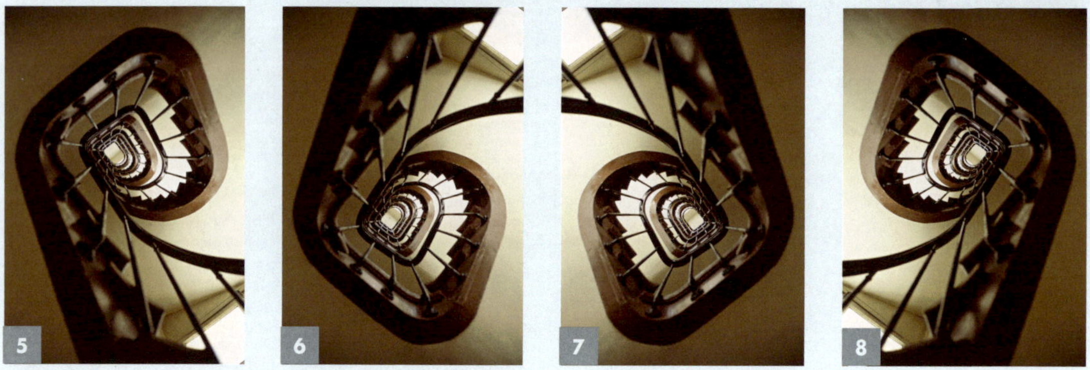

L'interprétation d'une image ne s'arrête pas là. Son orientation peut elle aussi donner une autre perspective, en jouant des symétries et rotations des logiciels de retouche. Comme on le voit sur l'exemple ci-dessus, il arrive qu'une photo donne une impression visuelle différente selon qu'on la présente à l'endroit ou à l'envers. On peut ainsi composer l'image une fois de plus avec les lignes de fuite, les courbes et la composition pour guider l'œil ; la seule condition est que le résultat soit psychologiquement acceptable – attention par exemple aux textes que contiennent certaines images et qui se retrouvent à l'envers...

Point de vue, lignes de fuite et perspective

Le point de vue de l'image est très important, ne serait-ce que pour la gestion des lignes de fuite, la répartition des masses et de la perspective. Faites donc l'expérience de disposer un objet familier sur une table et de le regarder d'en haut, d'en bas, de près, de loin… Vous constaterez ainsi à quel point la perception que vous en avez change, de même que ses proportions par rapport au décor.

Changez de point de vue

Même si réaliser des cadrages originaux est plus pratique avec un compact doté d'un écran orientable, essayez de cadrer en plongée, en contre-plongée ou avec l'appareil au ras du sol. Cela vous permettra de nombreuses interprétations d'un même sujet et donnera des images vraiment différentes. Un viseur d'angle comme celui présenté dans la rubrique suivante est alors bien utile pour éviter certaines contorsions.

Photographié depuis un point de vue en hauteur (en plongée), le sujet sera aplati, comme « tassé ». Depuis le sol ou en contre-plongée, il sera plus impressionnant, comme grandi. Cette règle est valable quelle que soit la taille du sujet et est souvent utilisée par les photographes de mode et beauté quand ils veulent allonger et affiner les jambes d'un mannequin. Pensez-y aussi lorsque vous photographiez des enfants : mettez-vous toujours à leur hauteur, cela évitera que la prise de vue en plongée ne crée une perspective qui les écrase. La Grande Arche de la Défense, par exemple, peut sembler minuscule si on la regarde du ciel (ou avec Google Earth), d'une taille « raisonnable » si on l'observe du bout de l'esplanade et gigantesque une fois que l'on se trouve sur son parvis ! Tout est affaire de point de vue.

Utiliser un premier plan permet de donner une profondeur à la photo en simulant la troisième dimension dont elle est privée. Ici, c'est le nuage qui m'a séduit ; en intégrant le muret au premier plan, j'ai pu, grâce à ses lignes brisées, dynamiser une image pourtant « calme », lui donner un peu plus de profondeur et de graphisme.

En pratique, n'hésitez pas à observer votre sujet sous divers angles et à différentes distances pour voir comment il se situe par rapport aux autres éléments de l'image. Résistez à la tentation de zoomer pour cadrer plus serré : approchez-vous plutôt. Pensez aussi à vous baisser ou à utiliser au mieux tous les éléments qui peuvent vous permettre de rehausser votre point de vue. Ainsi, monter sur le toit de sa voiture pour prendre un paysage permet souvent de réaliser de meilleures images ; le photographe créatif est un peu acrobate... En évitant de la sorte les cadrages trop plats (bien qu'ils soient très à la mode en photo contemporaine), on peut facilement jouer avec les lignes de fuite, qu'elles soient directement visibles ou implicites car formées par la position des éléments dans le cadre.

Perspective et focale

Contrairement à ce que l'on entend ou lit souvent, la perspective de l'image n'est liée qu'au point de vue et en aucun cas à la focale de l'objectif utilisé : à point de vue fixe, elle est exactement la même quelle que soit la focale. Si cette idée répandue court encore, c'est parce qu'avec un objectif grand-angle, on est généralement plus près de son sujet qu'avec une longue focale... De même, si les téléobjectifs ont la réputation de « tasser » les perspectives, c'est seulement le point de vue éloigné qui crée cette illusion ! Le même sujet photographié avec un grand-angle et recadré de façon à ce que les deux images présentent un angle de champ équivalent aura la même perspective.

N'hésitez pas non plus à incliner vos cadrages pour dynamiser l'image. L'utilisation des diagonales est un excellent moyen de guider l'œil, mais attention à ne pas en abuser, car comme tout effet, il devient lassant quand il est utilisé trop systématiquement. Pensez aussi toujours à surveiller l'arrière-plan et, avant de devenir expert en cadrage, privilégiez les compositions simples et les arrière-plans dépouillés ou flous. Un arrière-plan confus sera trop présent et risquera de rendre la photo illisible, même si elle dispose d'éléments intéressants.

Osez aussi tronquer les têtes ou certains éléments du sujet ! Veillez juste à ne pas couper de personnages sur les articulations : cela peut sembler anodin mais, en pratique, il est plus esthétique et plus « lisible » de voir un bras coupé au milieu de l'avant-bras que sur le coude. Il en va de même pour les personnages en cadrage plus large. Observez bien les cadrages de western : le plan dit « américain » coupe le personnage à mi-cuisse, juste sous les revolvers, mais jamais au niveau des genoux.

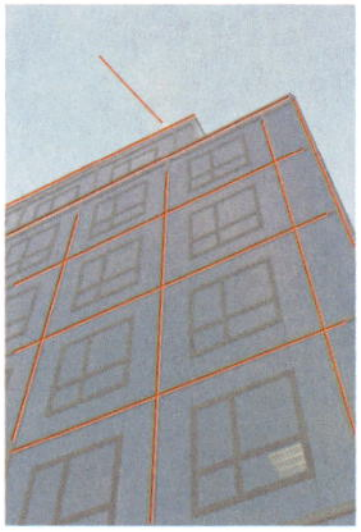

Jouez avec les lignes ! Qu'elles soient implicites ou explicites, elles guident l'œil et peuvent apporter une dimension graphique à un sujet anodin. J'ai essayé différents cadrages de ce jeu de fenêtres de bureaux avec le plafonnier allumé avant d'avoir la chance qu'un avion laisse une trace dans le ciel et vienne compléter l'image.

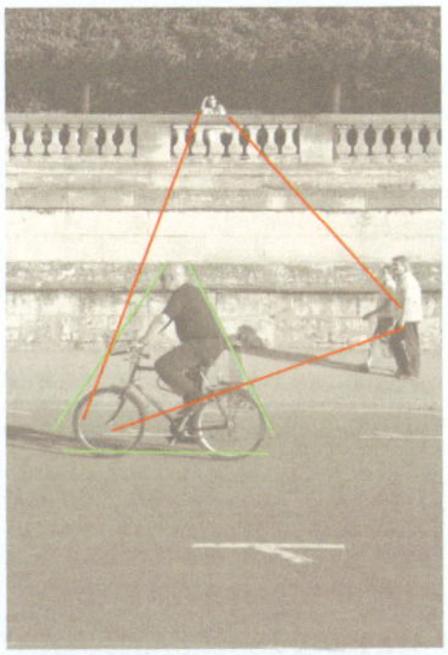

Ici, j'avais repéré le graphisme des lignes de la route, du mur et de la balustrade et la jeune femme qui se détachait du fond à l'ombre. J'ai choisi un cadrage vertical très frontal, mais l'image restait fade, même avec un recadrage carré qui éliminait un peu de vide. J'ai donc attendu quelques passants (et fait des essais infructueux) avant d'avoir la chance qu'elle se compose d'elle-même. Les personnages créent une composition dynamique en triangle, rappelant le triangle du cycliste et s'opposant aux lignes horizontales statiques qui avaient dicté mon cadrage de départ. L'œil rentre dans l'image par le haut à gauche, suit les lignes de la balustrade jusqu'à la jeune femme, avant de descendre vers les piétons ; le sens de leur déplacement le pousse ensuite à repartir vers le vélo. Un recadrage carré rend enfin la composition plus harmonieuse et plus forte que celle de départ.

Connaître le viseur et ses limites

Le viseur est le seul lien entre le photographe et son cadrage : c'est à travers lui que vous composez et réalisez vos images puisque sur le D80 (comme sur la majorité des reflex numériques), l'écran arrière ne sert qu'en mode Lecture et ne permet pas la visée. Les experts regretteront que le viseur du D80 ne soit pas plus grand, mais il est tout de même assez clair et contrasté. En plus des informations de prise de vue affichées dans la barre du bas du viseur, ce dernier dispose de 11 repères symbolisant la position des capteurs AF.

Un viseur sombre et granuleux ?

Lorsque la batterie est hors de l'appareil, le viseur est sombre et granuleux alors qu'il apparaît clair et contrasté quand la batterie est en place ; c'est parfaitement normal. En effet, pour autoriser l'affichage en surbrillance de certaines informations, le D80 est équipé d'un verre de visée Brightview disposant d'une couche LCD (écran à cristaux liquides). Chacun des cristaux joue le rôle d'un filtre polarisant qui laisse passer plus ou moins de lumière selon son orientation. Celle-ci est assurée par un infime courant électrique : quand la batterie est en place (même pratiquement vide), l'orientation des cristaux est homogène et laisse passer la lumière. Si l'on enlève la batterie, les cristaux ne sont plus contraints et prennent une orientation anarchique : certains laissent passer tout ou partie de la lumière, d'autres non, ce qui limite la clarté et la netteté du viseur. En jouant de cette orientation des cristaux, le boîtier peut afficher collimateurs AF, témoin de mode noir et blanc, de batterie faible ou de carte absente et quadrillage en surbrillance du champ cadré.

Un viseur reflex

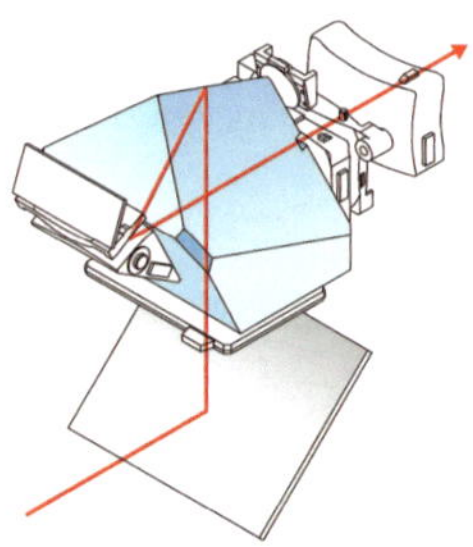

Le système de miroir mobile du reflex renvoie l'image formée par l'objectif de prise de vue vers le viseur. Le pentaprisme la redresse ensuite pour que son orientation gauche/droite soit rétablie. Le champ cadré est donc bien orienté et correspond au champ réellement photographié ; la parallaxe est inexistante.

Le viseur du D80 est un viseur reflex à pentaprisme et verre de visée dépoli non interchangeables qui dispose d'un correcteur dioptrique (- 2,0/+ 1,0 dioptries). Pour éviter certaines déconvenues (manque de netteté de la visée ou images systématiquement floues avec une mise au point manuelle), il est impératif de régler le viseur à sa vue en suivant les instructions du mode d'emploi page 17. Le dégagement oculaire est correct et autorise la visée avec des lunettes ; cependant, des lentilles correctrices sont disponibles en option auprès de Nikon si l'amplitude du correcteur intégré est insuffisante.

Lors de l'obturation, le miroir mobile de la chambre reflex se relève (d'où le « voile noir » et la perte momentanée de la visée), l'obturateur de l'appareil s'ouvre et l'image est projetée sur le capteur. Une fois l'obturation terminée, le miroir mobile revient en position de visée.

Sur un reflex mono-objectif comme le D80, l'objectif sert à la fois à la visée et à la prise de vue. Le champ cadré et le champ photographié sont donc les mêmes (la pratique impose toutefois quelques limitations comme nous allons le voir), contrairement à un appareil à visée directe (appareil télémétrique ou compact doté d'un viseur optique), où l'objectif de prise de vue et le système de visée sont distincts. Il y a alors un décalage, appelé « parallaxe », entre le champ cadré et le champ photographié, d'autant plus prononcé que le sujet est proche de l'appareil. Avec un reflex, cette parallaxe n'existe pas ; mais le viseur du D80 n'est pas pour autant parfait.

Couverture et précision d'assemblage

Il y a toujours un léger décalage entre le champ cadré et le champ réellement photographié car la couverture du viseur n'affiche que rarement l'intégralité de l'image ; seuls certains boîtiers pro sont dotés de viseurs dits « 100 % », les autres n'affichent qu'entre 92 et 96 %. Il est alors fréquent de voir apparaître sur les bords de l'image des éléments indésirables pourtant hors champ au moment du cadrage.

La couverture annoncée par Nikon sur le D80 est d'environ 95 %, ce qui le place dans la moyenne haute de sa catégorie. En réalisant des tests sur mire et en comparant, en largeur et en hauteur, le champ cadré et le champ photographié avec différentes optiques et à différentes distances, on retrouve sensiblement ces 95 %. Cependant, lorsqu'on compare la surface visée et celle réellement photographiée, les résultats sont moins flatteurs. Si l'on recadre les images en éliminant les éléments hors champ au moment de la prise de vue (sur la mire ci-dessous, le cadre rouge), la définition de l'image se réduit à environ 3 668 × 2 424 pixels au lieu de 3 872 × 2 592, soit environ 8,6 Mpix au lieu de 10,0. La surface visée ne correspond donc qu'à 88,6 % du champ photographié. Il n'en demeure pas moins que par rapport à d'autres appareils concurrents, ces résultats effectifs sont plus qu'honorables.

Par ailleurs, il persiste une forme de parallaxe qui provient d'un défaut de centrage du capteur dans l'appareil. Aussi infime soit-il, ce défaut déporte l'image photographiée vers le haut, le bas, la gauche ou la droite. Dans la pratique, le décalage est minime et difficilement perceptible, mais il existe souvent. Notez qu'il varie d'un boîtier à un autre : tous les D80 ne présenteront pas la même variation. Il se peut même que cette variation soit si petite que l'on puisse la négliger, même sur la mire – c'est d'ailleurs ce que nous avons remarqué avec 1 des 3 boîtiers que nous avons testés sur ce point. À noter aussi que tous les reflex numériques que nous avons eu l'occasion d'essayer avaient chacun leur propre décalage.

Les échelles graduées situées sur les marges de la mire permettent de déterminer à la fois la précision de la couverture du viseur et celle du centrage du capteur dans la chambre reflex. Ici, on voit que le cadrage réel est légèrement décalé vers le haut gauche par rapport à un centrage idéal. Difficile à percevoir sur des photos « classiques », ce défaut est pourtant bien réel. (Mire © Vincent Luc)

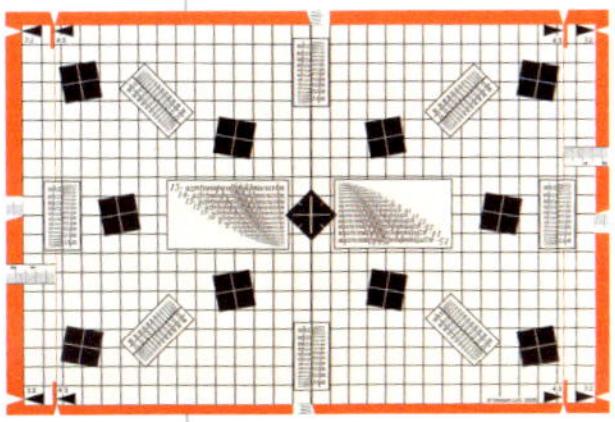

La solution consiste donc à cadrer un peu plus serré pour éviter de mauvaises surprises ou à recadrer les images où l'apparition d'éléments parasites est vraiment gênante. La définition élevée du capteur du D80 autorise sur ce point une marge assez confortable. Quand c'est possible, n'hésitez pas à vérifier le cadrage sur l'écran arrière du boîtier qui, lui, affiche l'intégralité de l'image. La fonction Loupe peut servir à vérifier précisément les bords du champ, mais elle ne remplacera jamais un « vrai » viseur 100 %.

Un viseur informatif et pratique

Le schéma ci-dessous représentant toutes les informations potentiellement disponibles peut faire peur tant il est chargé, mais en pratique, on ne rencontre jamais de viseur aussi complexe. La plupart de ces indications, comme les menus contextuels des logiciels, ne s'affichent que lorsque la fonction idoine est activée. Les témoins de flash, de correction d'exposition, de mémorisation d'exposition, les indicateurs de synchro, de sensibilité ISO AUTO et autres n'apparaîtront donc que si la fonction est sollicitée.

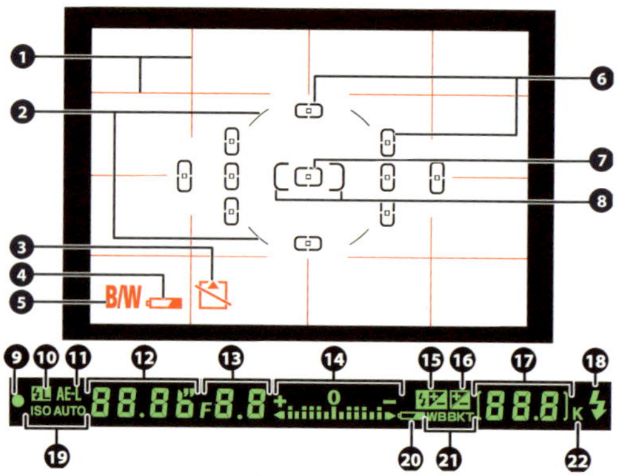

1. *Quadrillage* *2.* *Cercle de référence de 8 mm pour la mesure pondérée centrale* *3.* *Avertissement « carte absente »* *4.* *Indicateur de l'accumulateur* *5.* *Indicateur mode Noir et blanc* *6.* *Collimateurs de mise au point (zones de mise au point)* *7.* *Collimateurs de mise au point en zone standard (zones de mise au point)* *8.* *Collimateurs de mise au point en zone étendue (zones de mise au point)* *9.* *Indicateur de mise au point* *10.* *Mémorisation FV (puissance du flash)* *11.* *Mémorisation de l'exposition* *12.* *Vitesse d'obturation* *13.* *Ouverture* *14.* *Indicateur de l'exposition/correction d'exposition* *15.* *Indicateur de correction d'exposition au flash* *16.* *Indicateur de correction d'exposition* *17.* *Nombre de vues restantes/Nombre de vues restantes avant remplissage de la mémoire tampon/Indicateur d'enregistrement de la balance des blancs prédéfinie (blanc mesuré)/Valeur de correction d'exposition/Valeur de correction du flash/Indicateur de connexion PC* *18.* *Témoin de disponibilité du flash* *19.* *Indicateur de sensibilité ISO AUTO* *20.* *Indicateur de l'accumulateur* *21.* *Indicateur de bracketing* *22.* *« K » (apparaît lorsque la mémoire est suffisante pour enregistrer plus de 999 vues).*
(D'après documents Nikon)

Éclairage zone MAP

Le Réglage personnalisé 21 *Éclairage zone AF* permet de mettre en surbrillance rouge la zone de mise au point active ainsi que le quadrillage. Il est possible de laisser l'appareil déterminer si cette surbrillance est nécessaire selon le contraste de la scène, de la désactiver (collimateur et grille sont alors affichés en noir) ou de la forcer (voir « Paramétrer les Réglages personnalisés » page 210).

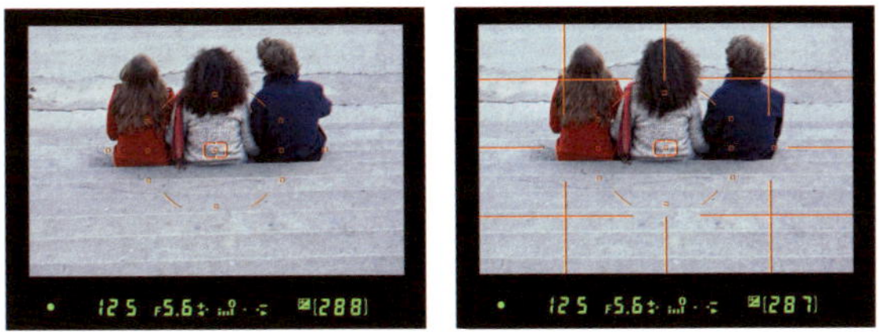

Le Réglage personnalisé 8 Quadrillage permet d'afficher un quadrillage en surbrillance. Cette option est très utile pour faciliter la composition et pour voir dans le viseur si l'horizon est parfaitement d'aplomb ou, comme ici, pour s'assurer du graphisme du cadrage (ce type d'image ne supporte pas l'approximation). J'ai choisi de l'activer en permanence sur mon appareil.

Il en va de même avec les avertissements de mode Noir et blanc, de décharge de la batterie et d'absence de carte. Ces trois affichages ne sont disponibles que si le Réglage personnalisé 9 *Avertissement viseur* est activé. La mention « B/W » (*Black and White*) apparaît alors si le mode Noir et blanc est activé ; même si elle empiète sur le champ visé, elle peut s'avérer utile. L'indicateur de décharge de la batterie apparaît quand l'accumulateur nécessite une recharge et le témoin de carte absente si le boîtier ne dispose pas de support de stockage. Notez qu'avec le Réglage personnalisé 5 *Carte absente ?*, il est possible d'interdire le déclenchement si le boîtier ne contient pas de carte.

En temps « normal », le viseur n'affiche donc que les informations essentielles (vitesse, diaphragme, correction d'exposition, etc.) ; on pourra regretter de ne pas voir directement le réglage de balance des blancs actif, le mode de mesure de la lumière ou la sensibilité. Notez pour ce dernier point que le Réglage personnalisé 16 *Commande FUNC* permet d'assigner à cette touche l'affichage temporaire de la sensibilité (en sélection manuelle comme en ISO AUTO).

En macro ou pour une mise au point manuelle précise, un viseur d'angle comme celui commercialisé par Inter-Image permet à la fois d'augmenter le grossissement du viseur (×1,25 en visée intégrale ou ×2,5 sur le centre) tout en évitant les contorsions quand l'appareil est utilisé sur trépied. Il permet aussi d'abaisser le point de vue et facilite certains cadrages en plongée ou contre-plongée, même à main levée, grâce au renvoi de l'image à 90°. L'accessoire est orientable et livré avec différents adaptateurs pour appareils Nikon, Canon et Fuji, ce qui est très pratique pour les pros qui utilisent différents boîtiers ou partagent certains matériels. La qualité de ce viseur est excellente (son rendu est à peine chaud) et son prix très inférieur à celui d'un accessoire de marque.

Assurer une bonne prise en main

Avec la poignée optionnelle MB-D80, la prise en main du D80 est meilleure, notamment en cadrage vertical. Certains utilisateurs apprécieront le look « pro » que confère cet accessoire, d'autres regretteront, en plus de son prix (environ 200 €), un surpoids de 300 g environ (en comptant la seconde batterie) et un volume accru qui passe difficilement inaperçu. (Document Nikon)

La prise en main de l'appareil est souvent considérée à tort comme évidente. Il est vrai qu'elle peut se faire de façon instinctive, mais elle n'est pas si simple qu'elle peut le sembler. Une bonne prise en main est indispensable pour obtenir de bonnes images ; plus votre posture sera stable, plus vous éviterez les risques de flou de bougé.

Contrairement à une idée reçue, un appareil léger n'est pas forcément un gage de stabilité, car il a tendance à vibrer lorsque le miroir et l'obturateur entrent en mouvement. Le D80 pèse 585 g (boîtier nu). Malgré une construction plus que correcte, sa prise en main est difficile en raison de la finesse de sa poignée et la stabilité globale de l'appareil est réduite à cause de sa légèreté.

Des appuis bien stables

La position des jambes est importante : évitez le garde-à-vous, préférez-lui les pieds écartés d'environ la largeur du bassin, jambes tendues, avec le dos légèrement cambré. Pour peu que vous serriez un peu les coudes, vous pourrez réaliser des images nettes à des vitesses réputées critiques.

Même s'il est assez naturel de rester droit et debout, c'est en appui sur une jambe en avant de l'autre que l'on a le plus de stabilité. Pensez à utiliser les appuis dont vous pouvez disposer autour de vous : arbres, murs, parapets, etc.

À deux mains

En cadrage horizontal, il est conseillé de tenir l'appareil fermement à deux mains : la première sur la poignée du boîtier, la seconde en dessous de l'appareil et de l'optique, bien à plat, les coudes bien plaqués au corps. En cadrage vertical, si lever le coude droit est assez naturel, ce n'est pas la posture la plus efficace. Préférez tourner l'appareil, déclencheur en bas – quitte à activer ce dernier avec le pouce. Les deux coudes toujours bien en appui sur le corps, les doigts de la main gauche autour de l'objectif, la position est maintenant très stable.

La meilleure prise en main, donc la meilleure stabilité, s'obtient à deux mains, en cadrage horizontal comme en cadrage vertical. La préhension doit être ferme, mais sans tension musculaire qui créerait un tremblement. Relâcher l'appareil entre deux déclenchements (quand c'est possible) permet de détendre les muscles.

Prise en main accroupi ou assis

Que ce soit par obligation ou par choix, il n'est pas rare de prendre des photos accroupi ou assis. Il faut donc trouver une position à la fois stable et peu fatigante. Avec un genou à terre et le coude posé sur l'autre genou relevé, l'appui est assez bon – à condition de maîtriser sa respiration et de tenir fermement l'appareil à deux mains. On conserve de plus une certaine mobilité : en cas d'urgence, il est facile de se lever rapidement pour s'enfuir. Il est en effet assez courant, pour les photographes de rallye par exemple, de devoir être très réactif pour éviter un accident ; de même quand on photographie une mer agitée sur une jetée au moment où une grosse vague arrive.

Si la position assise, en tailleur, avec les deux coudes maintenus par les genoux donne une très bonne stabilité, la réactivité en cas de danger est moindre et la posture est fatigante. L'appareil est alors maintenu à deux mains, soutenu par le plat de la main gauche.

Même si la stabilité est en général meilleure assis que debout, mieux vaut choisir une position permettant d'appuyer les coudes sur un genou ou, quand c'est possible, sur les deux à la fois – assis en tailleur par exemple.

Prise en main couché

Pour un point de vue au ras du sol, par souci de discrétion lors de l'approche d'animaux sauvages ou pour réaliser un cadrage original, c'est à plat ventre et en appui sur ses coudes, en tenant fermement l'appareil à deux mains, que l'on obtient la meilleure stabilité. La seule chose à vérifier est que l'on ne se met pas en danger en s'allongeant (puisque l'on est bien moins visible que debout !). Un complice surveillant les alentours peut être une aide précieuse, notamment sur les routes – même peu fréquentées.

Allongé sur le ventre, là non plus, il ne faut pas hésiter à reposer son appareil entre deux vues pour éviter que les muscles ne se tétanisent et entraînent certains tremblements. Une fois au sol, pensez bien que vous êtes moins visible que debout et que pour la majorité des gens, cette position de prise de vue est pour le moins inattendue.

Astuces

En prise de vue à main levée à une vitesse critique, n'hésitez pas à appliquer les techniques des tireurs d'élite ! Installez-vous de façon stable, inspirez à pleins poumons, relâchez l'air à moitié, bloquez, déclenchez délicatement et soufflez. Une autre technique consiste, quand on en a le temps, à appuyer très doucement et de façon progressive sur le déclencheur, afin d'être soi-même surpris par le déclenchement : vous serez étonné des résultats que vous obtiendrez. N'hésitez pas non plus à exploiter tous les éléments qui peuvent vous procurer un appui stable : parapets, encadrements de portes, etc. Mais attention à ne pas composer vos images juste en fonction de ces appuis…

Le trépied : un accessoire utile

Que ce soit pour assurer l'assise de l'appareil pendant une pose longue la nuit, pour le fixer et se photographier à l'aide du retardateur ou pour le maintenir en place une fois le cadrage établi, le temps d'attendre la bonne lumière en paysage ou le sujet en photo animalière, le trépied est quasi indispensable.

L'offre est très grande et la différence de prix entre l'entrée de gamme et les matériels plus ambitieux est très importante. Tous ne se valent pas ; un bon trépied peut sembler cher, mais c'est un investissement sur le long terme car il est rare d'en changer et bien des photographes travaillent avec le même depuis des années. Fuyez les trépieds en plastique et les modèles d'entrée de gamme branlants. Les modèles de marque (Manfrotto, Gitzo, Velbon…) sont de grande qualité et construits pour durer. De plus, l'utilisation de matériaux modernes (carbone, basalte, magnésium) permet de réaliser des accessoires de plus en plus légers et donc faciles à transporter.

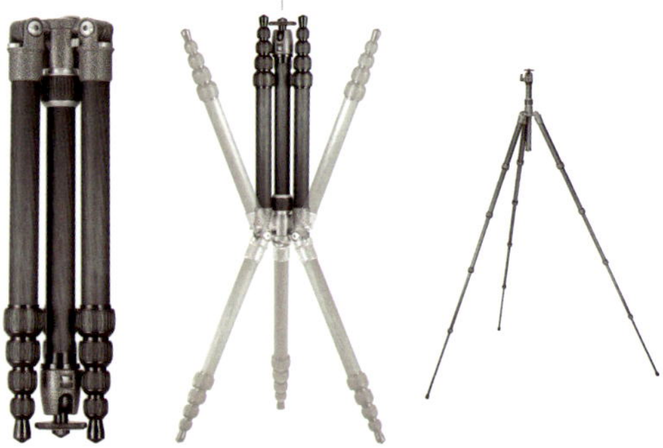

Attention

Si à la campagne le photographe est relativement libre, en ville, l'utilisation du trépied est plus difficile. Son déploiement est toléré sur le trottoir tant qu'il ne gêne ni la circulation ni le passage des piétons, mais il est interdit dans de nombreux parcs et jardins.

Grâce à son système de pliage original à 180°, le Traveler de Gitzo (Ref G1155T) est le trépied le plus compact du monde : une fois plié, il ne mesure pas plus de 36 cm, mais ses 5 sections lui permettent d'atteindre la taille honorable de 1,46 m déplié. Fabriqué en carbone, il est particulièrement léger et ne pèse que 1 kg.

Choisir son trépied

Au moment de choisir entre différents modèles, prenez en compte les points suivants.

• **Hauteur maxi avec et sans colonne** : même si c'est avec la colonne que le trépied est le plus haut, c'est sans qu'il est le plus stable.

• **Hauteur mini** : un trépied qui descend très bas est bien pratique et ouvre de nouvelles perspectives, en macro comme en paysage. Les trépieds disposant d'entretoises n'autorisent pas une faible hauteur.

• **Poids supporté** : il doit bien entendu être en rapport avec le poids de votre matériel. C'est surtout avec de gros objectifs que cette donnée est sensible.

• **Taille replié** : bien utile pour savoir si le trépied rentre dans la valise ou s'il dépasse une fois accroché sur le sac à dos.

• **Nombre de sections** : indique le nombre de tubes télescopiques. En général, on multiplie le nombre de sections pour réduire la taille du trépied une fois replié. En revanche, le nombre d'éléments de serrage du trépied est, lui, proportionnel au nombre de sections. Un trépied à 5 sections sera donc plus long à déplier et replier qu'un autre qui ne dispose que de 3 sections. Ce dernier sera aussi *a priori* plus stable.

• **Écartement des jambes** : plus il est grand et plus le trépied est stable. Pouvoir utiliser différents angles d'ouverture d'une jambe à une autre permet d'installer son trépied même sur des terrains accidentés et irréguliers comme en montagne.

• **Mise à niveau de la colonne** : lors d'une utilisation sur un terrain chaotique, la mise à niveau de la colonne peut faciliter la réalisation de panoramiques par assemblage ou de photos d'architecture. Pour pros et experts.

• **Poids** : il est très variable selon les matériaux choisis. Si l'aluminium est encore le plus utilisé, le basalte, le magnésium et le carbone permettent de réaliser des trépieds aussi solides et souvent deux fois moins lourds. Si l'on utilise le trépied en randonnée ou en voyage, le surcoût à payer pour cette légèreté est vite amorti !

• **Système de serrage** : qu'il soit à vis, à molette ou à levier, il doit être rapide à mettre en œuvre et assurer un maintien ferme des sections télescopiques sans forcer.

• **Colonne réversible/mise à l'horizontale** : certains trépieds permettent de retourner la colonne (l'appareil s'installe alors tête en bas, très près du sol) ou de l'installer à l'horizontale pour déporter l'appareil par rapport à l'axe de l'accessoire.

• **Crochet suspension** : généralement situé sous la colonne, ce crochet permet de suspendre son sac ou sa besace pour améliorer la stabilité du trépied pendant la prise de vue.

• **Niveau à bulle** : sur le trépied ou sur la rotule, il assure une mise à niveau bien utile en paysage et en panoramique.

• **Embouts caoutchouc/pointes** : certains trépieds ont des patins caoutchouc escamotables qui laissent apparaître des pointes, utiles en extérieur. Les embouts de caoutchouc évitent de rayer parquets et carrelages en intérieur.

Choisir sa rotule : les points à vérifier

Aussi importante que le trépied lui-même, la tête, appelée aussi « rotule », est la partie mobile que l'on monte sur la colonne et sur laquelle on fixe l'appareil. Elle doit être solide, pratique, dotée de mouvements fluides et de serrages efficaces. Une mauvaise rotule n'assurera pas une bonne stabilité de l'appareil, même si elle est utilisée sur un excellent trépied. Même si le prix de certaines rotules peut atteindre celui d'un bon trépied (comme la MagicBall de Novoflex), on trouve à des tarifs assez abordables des modèles à la fois pratiques, solides et fiables, le plus souvent dotés d'une attache rapide qui facilite le montage et le démontage du boîtier sur la rotule. Le principe en est simple : un mini plateau se visse sous le boîtier et s'accroche très facilement sur la rotule. La petite taille du plateau fait qu'il peut rester en permanence sous le boîtier sans gêner sa manipulation ; montage et démontage du boîtier sur la rotule sont alors instantanés.

• **Poignées de serrage** : les rotules « ball » ou « joystick » assurent un réglage très rapide de la position de l'appareil car tous les mouvements (plongée, inclinaison, rotation) sont libérés en une seule fois. Les rotules type 2D ou 3D disposent, elles, d'une molette par mouvement. Elles sont plus précises, mais un peu plus longues à mettre en place. Vérifier que les serrages sont fermes et sans friction.

• **Amplitude des mouvements** : que ce soit en inclinaison, plongée ou rotation, toutes les rotules n'autorisent pas la même amplitude de mouvement, notamment les modèles 2D ou vidéo.

• **Attache rapide** : un petit plateau se fixe à demeure sous le boîtier et s'emboîte sur la rotule. Installation et démontage sont bien plus rapides avec ce système qu'avec une classique vis.

J'utilise une rotule « joystick » horizontale de Manfrotto (Ref 322RC2), constituée d'une poignée qui s'articule autour d'une boule. Son fonctionnement est simple, rapide et ergonomique : il suffit de serrer la poignée pour libérer le mouvement de la rotule et de relâcher pour qu'elle se bloque ; l'appareil est alors parfaitement maintenu. Le plateau se monte d'un côté ou de l'autre de la poignée (pratique pour les gauchers comme pour les droitiers). On peut aussi utiliser la poignée à la verticale en montant le plateau (ou un plateau supplémentaire) à son extrémité, ce qui est commode pour rehausser son point de vue de quelques cm. En magnésium, la rotule est à la fois résistante et légère et dotée du système d'attache rapide.

- **Poids supporté** : comme pour le trépied, le poids supporté par la rotule doit être en accord avec le poids de votre propre matériel. Attention, ce poids supporté est souvent différent en cadrage vertical et en horizontal.
- **Niveau à bulle** : sur la rotule, il facilite la mise à niveau quand le trépied est installé sur un sol accidenté.

Mini trépied et monopode

Un mini trépied s'avère parfois très utile. Compact et léger, il n'est pas encombrant et on peut l'utiliser facilement au ras du sol, sur une table ou encore à la verticale en appui sur un élément stable. Évitez les modèles à jambes flexibles, trop peu solides pour un appareil reflex, et privilégiez les modèles plus robustes comme le Manfrotto 709B et sa mini rotule.

Un mini trépied comme le Manfrotto 709B présenté ici est à la fois léger et pratique. Il n'encombre ni n'alourdit le sac du photographe et fournit un appui stable posé sur une table ou sur tout autre support.

Autre accessoire, le monopode est un trépied à une seule jambe. Il permet d'améliorer la stabilité du photographe, en particulier avec des objectifs de longues focales, souvent très lourds et d'une manipulation difficile et fatigante. Même avec un grand-angle, le monopode permet de gagner deux à quatre vitesses d'exposition en repoussant les risques d'apparition de flou de bougé (voir « Gérer la vitesse d'obturation » page 108). Il est possible de l'utiliser avec ou sans rotule ; en randonnée, il peut aussi servir de bâton de marche. Notez enfin qu'il dépanne dans les endroits où le trépied est interdit.

S'il n'offre pas la stabilité du trépied, le monopode est conseillé lors de l'utilisation de longues focales, tant pour limiter les risques de flous de bougé aux vitesses critiques (inférieures à 1/focale) que pour soulager le photographe du poids généralement élevé de ce type de matériel. Notez que l'utilisation d'une rotule est souvent indispensable pour cadrer en vertical, sauf à disposer d'un objectif muni d'un collier de serrage rotatif autorisant la fixation du monopode sous l'objectif et non sous le boîtier.

Astuce

Certains photographes transportent un petit sac rempli de riz, de sable ou de graines séchées. Intercalé entre l'appui stable et l'appareil, il assure un bon maintien et il est suffisamment malléable pour s'adapter au boîtier et à son objectif. Il peut dans bien des cas remplacer un trépied de table.

Comprendre objectifs et focales

Il existe différentes familles d'objectifs, selon l'angle de champ couvert et selon que ce dernier est variable ou fixe. Le Nikon D80 accepte tous les objectifs en monture Nikon AF (hors objectifs IX destinés aux reflex à film APS et accessoires très anciens, voir liste en annexe), qu'ils soient fabriqués par Nikon ou par des opticiens indépendants comme Sigma ou Tamron, pour ne citer qu'eux. Comme nous le verrons dans la prochaine rubrique, il est aussi possible, moyennant certaines concessions et précautions, d'utiliser des objectifs Nikon plus anciens dépourvus d'autofocus.

Focale et angle de champ

Tous les objectifs sont caractérisés (entre autres) par leur focale. Cette distance exprimée en millimètres donne une indication sur l'angle effectivement embrassé par l'objectif. Les deux grandes familles d'objectifs (grands-angulaires et téléobjectifs) se répartissent de part et d'autre d'une valeur moyenne appelée « focale normale », qui correspond à peu près à l'angle de champ de la vision humaine. En format 24 × 36 mm, cette focale normale est environ de 50 mm. Plus la focale est courte (35 mm et moins), plus l'angle couvert est large. On parle alors de « grand-angulaire », type d'objectif utilisé pour la photo de paysage ou en intérieur, ou plus généralement quand on manque de recul, pour embrasser le champ le plus large possible. Inversement, on parle de « téléobjectif » quand la focale est plus longue (85 mm et plus). On utilise notamment ces objectifs pour le portrait ou pour réaliser des gros plans, même à longue distance comme en photo de sport.

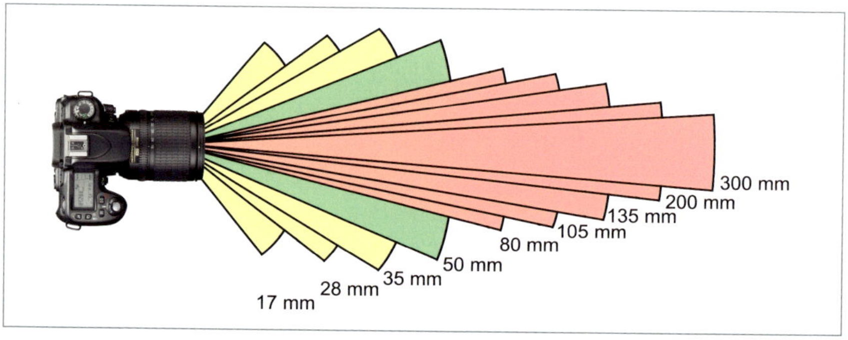

Ce schéma montre l'angle de champ embrassé par l'objectif en fonction de sa focale. Plus cette focale est courte, plus le champ embrassé est large ; on parle d'objectif grand-angle (ici en jaune). A contrario, plus la focale est longue, plus le champ est restreint ; on parle alors de longue focale ou de téléobjectif (ici en rose).

17 mm

20 mm

24 mm

28 mm

35 mm

50 mm

70 mm

100 mm

135 mm

200 mm

300 mm

Cette série d'images a été réalisée à partir d'un point de vue unique et montre l'influence de la focale de l'objectif sur le champ couvert. Les images correspondent à des focales réelles de 17, 20, 24, 28, 35, 50, 70, 100, 135, 200 et 300 mm. Notez que, comme le point de vue est fixe, la perspective d'une image à l'autre est la même quel que soit l'objectif utilisé.

La conversion de focale du D80

Attention, par habitude ces conventions et ces équivalences focale-angle de champ s'entendent pour un film argentique 24 × 36 mm, ou pour un capteur de même taille. Or, celui du D80 est plus petit, puisqu'il ne fait que 15,8 × 23,6 mm (format DX Nikon). Le ratio longueur/largeur reste le même (3/2), mais la différence de taille induit une conversion de focales. En effet, l'objectif n'exploite que le centre de l'image, comme le ferait un recadrage de 15,8 × 23,6 mm sur une image 24 × 36 (voir mode d'emploi page 116).

Ce recadrage s'effectue dans les mêmes proportions quel que soit l'objectif. L'angle embrassé est donc réduit sur le D80 par rapport à ce qu'il donne en 24 × 36 mm. On va de fait distinguer deux focales pour chaque objectif : la focale réelle, celle qui est inscrite sur son fût et qui reste la norme utilisée par tous, et la focale que l'on dira « utile » ou « focale équivalente en 24 × 36 mm », qui correspond à la focale résultante une fois l'objectif monté sur le D80. Pour calculer le rapport entre les deux, il suffit de diviser la longueur du grand côté de référence par la longueur du grand côté du capteur considéré. Ici, on divise 36 par 23,6 pour obtenir environ 1,5, comme l'annonce Nikon sur la fiche technique du D80. Cette multiplication 1,5× de la focale de l'objectif a un effet flagrant, plus ou moins commode selon le type de focale que l'on utilise.

Focale réelle × coefficient de conversion de focale = focale utile.

Pour retrouver l'angle de vision offert par ces focales en 24 × 36 mm, il faut donc jongler avec cette formule… ou se reporter aux tableaux suivants qui reprennent les principaux cas de figure selon que l'on recherche la focale équivalente d'une optique 24 × 36 donnée ou que l'on veuille déterminer la focale réelle à utiliser pour retrouver ses habitudes de cadrage.

Du côté des grands-angulaires, la conversion est un inconvénient indéniable puisqu'elle impose à ceux qui avaient déjà des optiques Nikon d'investir dans un nouvel objectif ; pour retrouver l'angle utile du 35 mm auquel on est habitué en 24 × 36 mm, il faut utiliser sur le D80 un objectif de 23 mm environ (voir tableau ci-contre).

Focale équivalente sur le D80	**Focale réelle nécessaire (environ)**
20 mm	13 mm
24 mm	16 mm
28 mm	19 mm
35 mm	23 mm
50 mm	33 mm
85 mm	57 mm
105 mm	70 mm
135 mm	90 mm
200 mm	133 mm
300 mm	200 mm

Correspondances entre la focale équivalente recherchée et la focale réelle nécessaire sur le D80.

Le 28 mm qui est un grand-angle intéressant en 24 × 36 devient un 42 mm (environ) sur le D80 (voir tableau ci-dessous) – ce qui est loin d'être pratique, il faut bien l'avouer… Mais les photographes sportifs ou animaliers se réjouiront, car un 300 mm se trouve instantanément converti en 450 mm, juste en le montant sur le boîtier ! Quoi qu'il en soit, à moins d'avoir acheté le boîtier en kit avec un 18-70 mm ou un 18-135 mm, l'investissement dans de nouvelles optiques est quasiment indispensable, car on a bien plus souvent besoin d'un grand-angle que d'un téléobjectif puissant.

Focale réelle de l'objectif	Focale utile sur le D80 (environ)
20 mm	30 mm
24 mm	36 mm
28 mm	42 mm
35 mm	52 mm
50 mm	75 mm
85 mm	127 mm
105 mm	157 mm
135 mm	202 mm
200 mm	300 mm
300 mm	450 mm

Correspondances entre focale réelle de l'objectif et focale équivalente une fois l'optique montée sur le D80.

Côté longues focales, la conversion peut être très pratique quand on est loin de son sujet. En photo sportive ou animalière, elle permet de réaliser un cadrage bien plus serré que ce qu'autorise le même objectif en 24 × 36. Ici, j'ai utilisé un 200 mm en 24 × 36 mm ; le cadre rouge montre le cadre obtenu avec cette optique montée sur le D80, soit un équivalent de 300 mm.

La focale d'un objectif monté sur le D80 est multipliée par 1,5. Ce paysage a été réalisée en 24 × 36 mm avec un objectif de 24 mm ; le cadre rouge montre le champ utile réel de cet objectif monté sur un reflex numérique à capteur DX.

Choisir au mieux ses objectifs

La gamme Nikon est très complète et comprend à la fois des focales fixes et des zooms. Que l'on cherche un outil généraliste ou une optique pour un usage particulier, il est assez facile de trouver un accessoire adapté. De plus, le marché de l'occasion est bien fourni en objectifs Nikon. (Document Nikon)

Si la focale – et donc l'angle de champ – est le critère de sélection le plus évident, il est loin d'être le seul dont il faille tenir compte quand on investit dans de nouvelles optiques. Le catalogue de Nikon propose plus de 60 objectifs AF différents et, si l'on y ajoute l'offre de constructeurs indépendants, on dépasse allègrement la centaine de références. De plus, le marché de l'occasion regorge d'objectifs Nikon et, comme nous allons le voir, moyennant quelques concessions il est possible d'utiliser certains objectifs anciens avec le D80. Le but de cette rubrique n'est pas de dresser un inventaire de cette offre (qui serait d'ailleurs obsolète dès la mise en vente de l'ouvrage), mais de vous donner les clés pour appréhender les critères essentiels et vous aider à déterminer quelle(s) optique(s) correspond(ent) le mieux à vos besoins. Une fois le type d'objectif choisi, les tests de la presse spécialisée (voir en annexe) sont là pour vous guider – moyennant un petit décryptage –, en particulier si vous hésitez entre deux modèles aux caractéristiques techniques très proches.

Focale fixe ou zoom ?

C'est la première des questions à se poser. Chacun des deux systèmes a ses partisans et ses détracteurs. Les zooms sont très populaires grâce au confort qu'ils procurent. Avec leur focale variable (18-70 mm par exemple), ils permettent de modifier l'angle de champ très simplement, sans qu'il soit besoin de changer d'optique. Un zoom remplace assez facilement 3 ou 4 focales fixes tout en offrant une palette de possibilités entre ses deux focales extrêmes.

Avec une focale fixe, on ne dispose que d'un seul angle de champ ; pour le modifier et passer, par exemple, d'un 20 mm à un 35 mm (réduction de l'angle de champ couvert), il faut changer d'objectif. Cela implique de disposer de plusieurs optiques, mais aussi de les transporter à chaque excursion et de perdre du temps à les permuter.

S'ajoute à cela le risque de faire rentrer des poussières dans la chambre noire de l'appareil à chaque changement d'objectif, poussières qui tôt ou tard finiront sur la surface du capteur, donc sur les images. On pourrait penser qu'utiliser un zoom universel (type 18-200 mm) à demeure sur l'appareil évite le problème des poussières puisque l'on ne remplace plus l'objectif, mais la pratique prouve que non, non seulement parce que les changements d'objectifs ne sont pas la seule cause d'apparition de poussières sur le capteur, mais aussi parce que certains zooms (en particulier les modèles non tropicalisés) peuvent créer de forts appels

Zoom-Nikkor DX AF-S 18-70mm f/3.5-4.5G IF-ED* (3,8x) ED ASP IF D SWM M/A SIC DX

Zoom grand-angle ultra-performant destiné exclusivement aux reflex numériques de format DX Nikon

- Lentille asphérique et lentilles en verre ED
- Moteur Silent Wave pour une mise au point automatique extrêmement rapide et silencieuse
- Mode M/A pour passer instantanément de l'autofocus à la mise au point manuelle
- Compact et léger

Construction optique: 15 lentilles en 13 groupes **Distance minimale de mise au point**: 0,38m **Champ angulaire avec le format Nikon DX**: équivalent à celui d'un objectif 27-105mm en format 24x36 **Diamètre de fixation pour filtre**: 67mm **Parasoleil**: HB-32 (fourni) **Dimensions**: 73 x 75,5mm **Poids**: 390g

Dimensions: 64,5 x 42,5mm **Poids**: 230g

AF Nikkor 50mm f/1.8D D SIC

Objectif standard ultra-compact

- Objectif standard ultra-compact et abordable
- Léger (155 g)
- Grand contrôle de la profondeur de champ, se ferme à f/22
- Idéal pour les gros plans avec une bague allonge auto

Construction optique: 6 lentilles en 5 groupes **Distance minimale de mise au point**: 0,45m **Champ angulaire avec le format Nikon DX**: équivalent à celui d'un objectif 75mm en format 24 x 36 **Diamètre de fixation pour filtre**: 52mm **Parasoleil**: HR-2 **Dimensions**: 63,5 x 39mm **Poids**: 155g

Pour aider ses clients à réaliser leur choix, Nikon édite un certain nombre de brochures documentaires sur les accessoires de la marque. Ici, nous avons sélectionné un extrait des fiches concernant les 18-70 mm et 50 mm, deux excellents choix pour un D80.
(Documents Nikon)

d'air quand on active le zooming et ainsi brasser l'air à l'intérieur de la chambre noire du boîtier. C'est particulièrement le cas avec les vieux zooms à pompe, comme avec certains zooms plus récents, même avec un système par rampe hélicoïdale.

Si malgré tout les optiques fixes ont leurs *aficionados*, c'est bien entendu qu'elles présentent des avantages : elles sont souvent plus compactes et discrètes que les zooms, et d'une meilleure qualité optique. Chaque objectif est en effet un compromis entre de nombreux paramètres tels que la qualité des matériaux, le coût, l'encombrement, etc. Chaque formule optique est un casse-tête, la correction de certains défauts en faisant parfois apparaître d'autres, et il est bien moins complexe de corriger les défauts d'une focale unique que d'un zoom. À noter que les focales fixes sont aussi souvent plus lumineuses que les zooms, c'est-à-dire que l'ouverture de leur diaphragme est plus importante.

Ouverture maximale et stabilisateur optique

L'ouverture maximale de l'objectif est un critère déterminant. Plus l'objectif est lumineux, plus il offre de clarté de visée et mieux il permet d'isoler un sujet sur un fond flou en réduisant la profondeur de champ de l'image. Une grande ouverture permet aussi de faire des photos quand la lumière vient à manquer, sans pour autant trop allonger la durée d'exposition (donc sans augmenter les risques de flou de bougé), ni solliciter le flash. Les objectifs dotés d'une grande ouverture (f/2,8 par exemple) sont donc préférables mais ils sont aussi plus chers, en particulier si ce sont des zooms.

Certains objectifs Nikon portent la mention « VR » (*Vibration Reduction*), qui indique que l'objectif dispose d'un stabilisateur optique intégré. Le principe est assez simple : il s'agit de compenser le manque de stabilité du couple photographe/objectif grâce à un groupe de lentilles monté sur un gyroscope. On peut ainsi repousser la vitesse critique utilisable avec une longue focale, par exemple, ou réaliser des photos nettes à main levée même si la lumière est faible. Mais bien entendu, si le sujet lui-même est mobile, ce n'est pas le stabilisateur qui le figera dans son mouvement.

Quoi qu'il en soit, le système est très efficace. Il permet, selon les individus et leur état de fatigue, de gagner deux à trois valeurs de diaphragme par rapport à une optique non stabilisée. Quand on imagine son potentiel sur une optique fixe lumineuse, on regrette que Nikon le cantonne encore à des zooms aux ouvertures modestes.

Attention toutefois ; si cette technique permet de réaliser des images nettes dans des conditions difficiles, il ne remplace pas, photographiquement parlant, une grande ouverture en ce qui concerne la profondeur de champ et le parti pris esthétique.

Mise au point

Outre la distance minimale de mise au point, qu'il est bon de vérifier, le type de motorisation utilisé renseigne sur la rapidité de l'autofocus. C'est le cas du moins sur les objectifs en monture Nikon AF, les autres montures, plus anciennes, en étant dépourvues. On trouve chez Nikon deux types de moteur (AF et AF-S) dont les performances et le confort d'utilisation sont différents.

Les objectifs estampillés « AF-S » utilisent un moteur dit « *SilentWave* » qui, en plus d'assurer une mise au point rapide et silencieuse, autorise la retouche manuelle du point sans débrayer l'autofocus. Cela est impossible avec le moteur normal qui équipe encore certains objectifs d'entrée de gamme et certaines références vieillissantes. Dans ce cas, l'AF est moins véloce, plus bruyant et impose d'être débrayé pour un ajustement manuel. Autant que possible, mieux vaut donc privilégier les objectifs AF-S, bien plus agréables à utiliser. On regrettera tout de même que cette technologie peine encore à se démocratiser sur des objectifs plus abordables que les modèles experts et pro.

Si l'on envisage d'utiliser souvent des filtres à effet ou un filtre polarisant, par exemple, disposer d'un objectif à mise au point interne est pratique. Dans ce cas, la lentille avant de l'objectif ne tourne pas lors de la mise au point, ce qui facilite considérablement l'utilisation de ces filtres. Ce système de mise au point interne se généralise, seuls les objectifs d'entrée de gamme n'y font pas appel.

Quid de la qualité optique ?

Avant d'acheter un objectif, il est bon de vérifier sa qualité optique dans les tests publiés par la presse spécialisée. En effet, leurs performances varient d'un modèle à l'autre ; selon les compromis adoptés par les constructeurs, certains défauts peuvent apparaître en termes de netteté, de restitution des couleurs ou de géométrie d'image.

Il est très important, lors de la consultation de ces tests, de s'assurer qu'ils ont bien été faits en numérique et avec un D80. En effet, il arrive que certains objectifs, excellents en argentique, s'avèrent assez décevants sur un appareil numérique à capteur DX. Ces tests ont donc une réelle utilité pour connaître les qualités et les défauts des optiques et les utiliser au mieux de leur potentiel. Notez que le magazine *Réponses Photo* a publié dans les n° 171 et 172 (respectivement datés de juin et de juillet 2006) un dossier de tests optiques dédié au D200 détaillant 18 objectifs. D200 et D80 étant dotés de capteurs pratiquement identiques, on peut considérer les conclusions de ce dossier valables pour les deux appareils.

Enfin, il existe des solutions logicielles, comme DxO Optics Pro ou PTLens (voir « Corriger ses images avec DxO Optics Pro » page 296), qui visent notamment à corriger les distorsions optiques, le vignetage (obscurcissement des coins de l'image) et le manque de netteté ; bien que très performantes, elles ne convertiront cependant jamais un objectif moyen en excellente optique et imposeront une nouvelle étape de post-traitement.

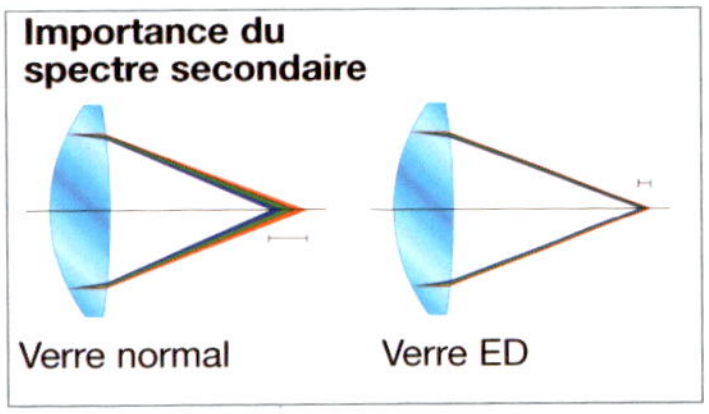

Pour éviter les phénomènes d'aberrations chromatiques et de franges colorées sur les images, Nikon utilise pour certaines lentilles de ses optiques un verre à faible dispersion baptisé « verre ED ». Les objectifs utilisant un verre de ce type sont logiquement estampillés « ED ». (D'après document Nikon)

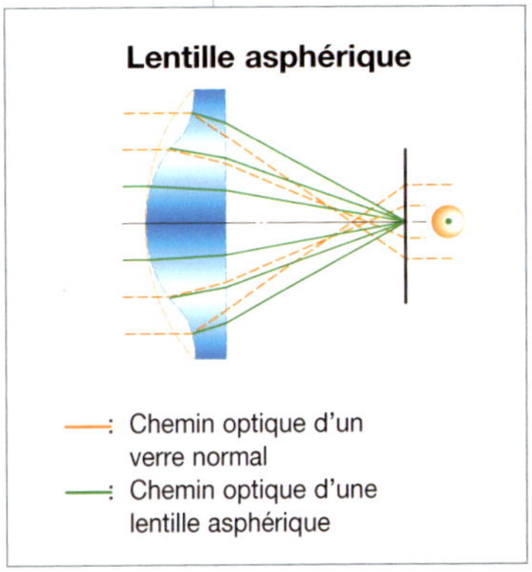

Sur un nombre de plus en plus important d'objectifs (principalement des grands-angulaires), Nikon utilise des lentilles asphériques. Leur courbure « anormale » vise à corriger certains défauts de géométrie de l'image et permet une meilleure définition dans les angles qu'avec une lentille à courbure classique. (D'après document Nikon)

On voit sur ces deux vues en coupe d'un zoom Tamron 28-75 mm f/2,8 qu'un objectif (et plus encore un zoom) est très complexe. Si sa conception est délicate, la qualité d'assemblage est aussi cruciale pour assurer un calage optimal des lentilles les unes par rapport aux autres, à chaque focale.

Et les objectifs spéciaux ?

Si la plupart des objectifs – et en particulier des zooms – sont d'usage généraliste, il existe des optiques dédiées à certaines utilisations spécifiques. C'est notamment le cas de la macro où la formule optique est calculée pour que l'objectif donne le meilleur de lui-même à courte distance et avec un diaphragme assez fermé (voir « S'initier à la macro » page 248). Cela ne veut pas dire pour autant que de telles optiques ne sont utilisables qu'en prise de vue rapprochée : les 55 et 105 mm macro, par exemple, ont juste de meilleures aptitudes dans ce domaine que leurs homologues classiques de focale équivalente, tant en termes de netteté que de distance de mise au point.

On peut aussi citer les optiques à décentrement. Certes ces objectifs PC (28 et 35 mm) sont anciens et imposeront un certain nombre de concessions pratiques dans leur fonctionnement (voir la rubrique suivante), mais malgré la conversion de focales du boîtier, elles sont intéressantes puisque le décentrement autorise un contrôle poussé de la perspective, bien utile en photo d'architecture notamment (voir « Découvrir décentrement et bascule » page 254).

Même si cet usage n'est pas directement celui pour lequel sont conçus ces objectifs, obtenir des images panoramiques avec un objectif à décentrement est assez facile. Il suffit de réaliser deux photos, l'une décentrée sur la gauche, l'autre vers la droite, et de les assembler dans Photoshop ou dans un autre logiciel. Attention cependant aux images présentant un premier plan, celui-ci peut poser problème au montage.

Les sigles d'usage chez Nikon

AF : indique un objectif à mise au point autofocus.
AF-D : indique un objectif à mise au point autofocus, l'objectif étant en plus équipé d'une puce électronique, dite « puce D », donnant au boîtier l'information de distance pour améliorer l'exposition, en lumière continue comme au flash.
AF-S : indique un objectif à mise au point autofocus doté d'un moteur *SilentWave*, silencieux et rapide.
DX : indique un objectif spécialement étudié pour les reflex numériques dotés d'un capteur DX. Même si leur montage est mécaniquement réalisable, leur utilisation n'est pas possible sur un appareil Nikon 24 × 36 mm : l'image procurée par ces objectifs ne « couvre » pas ce format.
ED : indique qu'une ou plusieurs lentilles de l'objectif sont réalisées dans un verre spécial *(Extra Low Dispersion)* visant à réduire certains défauts optiques comme les aberrations chromatiques.
Fish-eye : (« œil de poisson ») indique un objectif disposant d'un angle de champ de 180° formant une image circulaire non redressée, comme vue au travers d'un œilleton de porte.
G : indique un objectif dépourvu de bague de diaphragme.
IF : indique un objectif à mise au point interne *(Internal Focusing)*. Avec une telle optique, seul un groupe de lentilles interne est déplacé pour la mise au point ; l'objectif ne s'allonge donc pas et la lentille frontale ne tourne pas ce qui facilite ainsi l'utilisation de certains filtres à effets ou de polarisants.
Micro : indique que l'objectif dispose d'une formule optique adaptée à la macrophotographie et offre une distance de mise au point minimale particulièrement courte et un rapport 1:1.
PC : *Perspective Control.* Indique un objectif autorisant le décentrement et/ou la bascule pour contrôler la perspective et gérer le plan de netteté de l'image.
VR : *Vibration Reduction.* Indique un objectif doté d'un dispositif de stabilisation optique.

Utiliser des objectifs anciens

Depuis plus de 30 ans, Nikon a conservé la même monture, la baïonnette Nikon F. À quelques exceptions près (par exemple les objectifs de la série G qui ne disposent pas de bague de diaphragme et ceux de la série DX exclusivement destinés aux reflex numériques à « petit » capteur), les objectifs récents peuvent se monter sur les boîtiers anciens. L'inverse (utilisation d'un objectif ancien sur un boîtier récent) est un peu plus complexe et impose quelques concessions techniques (perte de certaines fonctions, notamment en matière de mesure de la lumière) réduisant parfois l'intérêt et le confort de l'opération, comme nous allons le voir dans la rubrique « Utiliser des objectifs sans microprocesseur » page 76.

Sachez que tous les objectifs AF apparus depuis 1986 sont utilisables sur le D80 (sauf les quelques modèles destinés à l'anecdotique F3AF et les optiques IX destinées aux reflex à film APS – voir la liste des accessoires incompatibles en annexe). Une aubaine, tant l'offre en objectifs Nikon est grande sur le marché de l'occasion – et certaines optiques anciennes restent sans équivalent dans la gamme AF. Notez tout de même que certains accessoires et objectifs anciens sont incompatibles avec le D80 et ne doivent en aucun cas être montés sur le boîtier (voir liste en annexe ou dans le mode d'emploi du boîtier page 118).

Limiter le flare

Le flare est un éclairement parasite créant une sorte de voile plus ou moins régulier qui réduit le contraste de l'image, principalement dans les zones sombres. Il était déjà bien connu en argentique mais le fort coefficient de réflexion des capteurs, comparé à celui d'un film, rend le phénomène bien plus sensible et gênant – à tel point que les constructeurs doivent optimiser certaines gammes d'objectifs pour le numérique afin de limiter les réflexions internes non désirées, une des principales causes d'apparition du phénomène.

Il existe différentes types de flare. Pour simplifier, nous nous limiterons à deux d'entre eux (flare uniforme et flare non uniforme) et nous ne traiterons que de leurs effets en prise de vue. Les lecteurs les plus curieux pourront consulter le dossier de la revue *Le Photographe*, publié dans le n° 1640 (daté de mai 2006), qui aborde la description et la quantification du flare tant en termes de prise de vue qu'au labo. Pour les férus de photométrie et de sensitométrie.

Quand on utilise un objectif sans pare-soleil, le risque d'apparition de flare est très important, en particulier à contre-jour. La lumière parasite crée des réflexions à l'intérieur de l'objectif : on peut clairement voir celle du diaphragme en bas de cette photo. Si le défaut est ici manifeste, il est parfois difficile à percevoir au cadrage en conditions « normales ». Utilisez le testeur de profondeur de champ pour fermer temporairement le diaphragme et voir si le phénomène se produit.

Le flare uniforme

Le flare uniforme est à la fois le plus courant et le moins facilement perceptible. Lorsque la lumière pénètre dans l'objectif, elle est plus ou moins déviée, transmise et diffractée par les éléments de l'optique. Chaque dioptre air-verre crée une part de réflexions parasites et de diffusion indésirable de cette lumière, et des rayons aberrants apparaissent. Ainsi, le flare est d'autant plus important que l'objectif a de lentilles. Il sera donc plus prononcé avec des zooms comportant plus de 10 lentilles qu'avec des focales fixes à la formule optique plus simple. Les parois intérieures des optiques, le diaphragme, la surface du capteur et même les éléments de la chambre reflex du boîtier agissent de même, conduisant à une réduction du contraste global de l'image.

Le flare uniforme produit une sorte de voile lumineux qui se superpose à la luminosité d'origine. Même si cette luminosité indésirable est réduite, son effet sur la photo est sensible, et bien qu'uniforme, cet éclairement parasite est plus visible dans les ombres. En effet, par rapport à l'éclairement normal d'une zone sombre (donc peu éclairée), l'éclairement dû au flare est proportionnellement très important. Il sera en revanche négligeable si l'éclairement du sujet est fort, donc que la zone image est claire.

À gauche, une situation d'éclairement de sujet « idéal », sans flare ; à droite, l'effet d'un flare uniforme. Sur les photos comme sur les gammes de gris, on voit que les hautes lumières ne sont pratiquement pas affectées par l'éclairement parasite alors que le niveau des ombres est lui fortement rehaussé : le contraste global est donc réduit et les ombres manquent de densité.

En conséquence, le flare uniforme réduit le contraste et la saturation des couleurs, et ce d'autant plus qu'ils sont élevés. Il peut pourtant avoir un effet bénéfique quand le contraste du sujet dépasse la dynamique enregistrable par le capteur. Malgré tout, cet effet positif ne suffit pas quand la dynamique de la scène visée est trop importante (fort contraste, contre-jour, etc.).

Même si les parois internes des objectifs disposent de chicanes pour « piéger » les rayons parasites, si des traitements multicouches performants sont appliqués aux lentilles et à la surface du filtre surplombant le capteur et si la généralisation des lentilles asphériques permet de réduire le nombre de dioptres d'un objectif, ce flare est inévitable. Heureusement, il est facile à corriger en accentuant légèrement le contraste de l'image ou en « calant » précisément le niveau des noirs sur l'histogramme d'un logiciel de retouche.

Attention aux filtres

Le flare dû à l'objectif est souvent accentué par l'utilisation de filtres, du simple anti-UV aux filtres dits « créatifs », notamment aux ouvertures les plus grandes (le flare dû au filtre se réduisant quand on ferme le diaphragme). Investir dans des accessoires de marque au traitement multicouche performant est une nécessité pour limiter au maximum le phénomène. Une autre solution consiste à... ne pas utiliser de filtre !

Le flare non uniforme

Le flare non uniforme est bien plus néfaste puisqu'il est irrégulier, tant au niveau de son amplitude qu'en termes de couleurs, car toutes les longueurs d'onde de la lumière ne sont pas affectées de manière équivalente. On peut ainsi constater un effet de flare coloré dans les ombres qui deviennent brunâtres et « délavées », alors que le reste de l'image a des couleurs correctes. Tous les objectifs ne présentent pas la même sensibilité au flare : certains sont mieux protégés que d'autres.

Ce type de flare est particulièrement difficile à corriger car il crée des bascules (dominantes colorées de teintes opposées dans les ombres et les lumières) que peu de logiciels traitent efficacement. Il apparaît assez fréquemment avec des objectifs anciens aux traitements de surface des lentilles vieillissants et/ou inefficaces car non optimisés pour le numérique (voir la rubrique suivante). Son apparition peut aussi être due à des taches ou à des traces de doigts ou de graisse sur les objectifs. Il est donc impératif de conserver son matériel dans un état de propreté irréprochable.

Quand le flare est très important, notamment à contre-jour ou quand une source de lumière est présente dans le cadre ou à proximité, on peut voir apparaître des « images fantômes » dues à des rayons de lumière parasites, ou des polygones plus ou moins colorés (verts et/ou magenta) qui sont en réalité des reflets du diaphragme de l'objectif. On peut d'ailleurs souvent compter le nombre de lamelles de celui-ci en observant une de ces taches.

Même s'il est plus sensible par grand soleil ou léger contre-jour, le flare apparaît aussi en studio. Plus le diaphragme est fermé, plus les images fantômes sont de petite taille. Notez aussi qu'il est très problématique en photo de nuit du fait de la présence de sources lumineuses directes dans le champ cadré ou à proximité de celui-ci. Réaliser des photos dans ces conditions est d'ailleurs un bon moyen de vérifier si le traitement multicouche d'un objectif est efficace.

L'indispensable pare-soleil

En plus de protéger l'optique d'une partie du flare, le pare-soleil assure une protection physique de sa lentille frontale : c'est un véritable pare-chocs qui protège l'objectif en cas d'accident ou qui sert aussi parfois de parapluie, empêchant les gouttes d'eau de l'atteindre. Cependant, quand il n'est pas purement et simplement en option, le pare-soleil fourni avec l'objectif peut être inefficace s'il n'est pas parfaitement adapté à la focale utilisée : trop court, il sera quasiment inutile ; trop long, il rentrera dans le champ cadré, sera visible sur les images et créera du vignetage (assombrissement plus ou moins prononcé des coins de l'image).

Attention, l'efficacité de ces pare-soleil, même parfaitement adaptés à l'objectif avec lequel on les utilise, n'est pas garantie sur le D80 à cause de la conversion de focale (voir section dédiée page 64). Il y aura deux cas de figure, selon que l'objectif est en monture DX ou non. Dans le premier cas, l'optique est exclusivement dédiée aux appareils numériques à « petit » capteur, comme celui du D80 : les pare-soleil sont donc optimisés et tiennent compte des focales utiles de l'objectif une fois la conversion appliquée (et ce sera aussi le cas chez les opticiens indépendants tant que les optiques seront développées spécifiquement pour une utilisation avec des capteurs DX ou APS-C).

En revanche, les objectifs en monture classique sont conçus pour une utilisation mixte, à la fois en 24 × 36 mm argentique et en numérique. Les pare-soleil sont donc calculés pour les focales réelles de l'objectif (c'est-à-dire pour ne pas être visibles dans le champ en 24 × 36 mm) et sont trop courts sur un D80. C'est surtout sur les courtes focales que le phénomène est gênant puisque les risques de voir apparaître des sources de lumière fortes dans le champ ou sur son pourtour sont plus grands qu'avec des téléobjectifs. On pourra facilement contourner le problème avec une focale fixe en la couvrant d'un pare-soleil vissant destiné à la focale équivalente de l'objectif (pare-soleil adapté au 35 mm pour un 24 mm sur le D80), mais sur un zoom, l'opération est plus délicate.

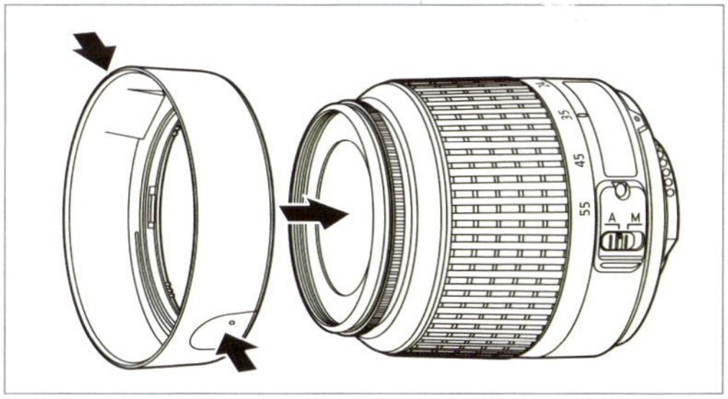

De moins en moins souvent livré avec les objectifs (sauf sur les matériels haut de gamme), le pare-soleil est cependant un accessoire nécessaire. Il agit en quelque sorte comme une « casquette », car il empêche une partie des rayons lumineux indésirables d'atteindre les lentilles, limitant ainsi l'apparition du flare. (Document Nikon)

Un pare-soleil de fortune

Lors de la réalisation de photos posées, on peut utiliser un objet ou même sa main pour former une ombre sur l'objectif (en veillant bien sûr à ne pas créer de vignetage). Cette solution est loin d'être satisfaisante et difficile à mettre en œuvre de façon systématique, mais elle permet d'éviter les problèmes les plus gênants.

Utiliser des objectifs sans microprocesseur

Comme nous l'avons évoqué à la rubrique « Choisir au mieux ses objectifs », Nikon utilise depuis plus de 30 ans la même baïonnette assurant ainsi une compatibilité mécanique entre la quasi-totalité des optiques anciennes et les appareils les plus récents. Utiliser des objectifs anciens non AF et/ou sans microprocesseur (CPU) conserve un intérêt, et Nikon le sait : les boîtiers experts et pro des boîtiers de la marque disposent d'un menu dédié permettant de conserver la quasi-intégralité des automatismes et aides à l'exposition. Malheureusement, par effet de gamme, ce menu disponible notamment sur le D200 est absent de l'interface du D80.

Mécaniquement, le D80 est compatible avec les objectifs anciens non AF. Étant donné qu'il existe toujours des objectifs « mythiques » qui n'ont pas d'équivalents dans la gamme actuelle, on acceptera de faire quelques concessions en termes de confort d'utilisation, que ce soit pour compléter en occasion ses optiques récentes ou pour continuer d'utiliser son ancien équipement.

Une exposition manuelle

Les objectifs anciens en montures AI, AI modifié, AI-S ou Série E sont sans doute les plus répandus chez les photographes et sur le marché de l'occasion. Ils peuvent être montés sur le D80, mais comme ils n'intègrent pas de microprocesseur (CPU) ni de contacts autorisant la transmission de certaines informations entre l'optique et le boîtier, tous les modes d'exposition ne sont pas fonctionnels. Pour cette raison, seul le mode Manuel **M** est utilisable (le déclenchement est désactivé si un autre mode d'exposition est sélectionné). Avec un objectif ancien, la gestion de l'ouverture du diaphragme est nécessairement manuelle et se fait *via* la bague de l'objectif (en aucun cas avec une molette du boîtier, comme avec les objectifs actuels). La visée à pleine ouverture est préservée, une came mécanique ne ferme le diaphragme qu'au moment de l'obturation, mais sa valeur n'est pas rappelée dans le viseur (seule la vitesse d'exposition l'est).

Contrairement au D200, le D80 ne permet pas de conserver non plus la mesure de la lumière, en ambiance comme au flash, ce qui rend bien entendu l'utilisation des objectifs non AF très délicate en photo « tout venant ». On aura donc recours à un posemètre externe pour réaliser sa mesure d'exposition (voir « Adapter la mesure de la lumière » page 124) avant de reporter les paramètres déterminés sur le boîtier et l'optique, exactement comme on le faisait avant que les appareils ne proposent de posemètre intégré. Si l'opération n'a rien d'insurmontable, il faut avouer que le confort du posemètre intégré assure une tranquillité et une réactivité accrues pour qui n'est pas rodé à ce fonctionnement, d'autant plus facile à mettre en œuvre que les images sont « calmes » et posées (en portrait, nature morte, macro, photo de nuit ou de nu, par exemple).

La gestion de la mise au point est entièrement manuelle (mais est-il vraiment nécessaire de le préciser ?) lors de l'utilisation d'un objectif non AF. Dans la majorité des cas, le télémètre numérique pourra aider, mais l'expérience montre qu'une mise au point visuelle est souvent plus précise et plus fiable.

Les résultats en pratique

Outre le confort d'utilisation, il est bon de s'intéresser à la qualité des images obtenues, car si l'on peut accepter les concessions précédemment énumérées pour des séries de photos ponctuelles et particulières (par exemple en macro pour profiter d'un « vieux » 55 ou 105 mm Micro Nikkor), le système a ses limites et la qualité des résultats varie avec l'objectif. Certaines optiques réputées excellentes en argentique peuvent en effet s'avérer décevantes sur le D80, et il est inutile espérer obtenir de bons résultats avec un « vieux » zoom d'entrée de gamme. Nous n'avons bien sûr pas pu tester toutes les anciennes optiques Nikon, mais les essais que nous avons pu mener sur des D80 et D200, ainsi que les avis d'utilisateurs que nous avons pu recueillir, nous donnent une idée assez précise des avantages et inconvénients ainsi que des problèmes techniques que peuvent poser ces objectifs.

Le point le plus critique est celui de la qualité optique. Le capteur du D80 étant plus petit que la surface du film 24 × 36, seul le centre de l'image projetée est exploité (voir « Comprendre objectifs et focales » page 62), là où l'objectif est le meilleur et le plus homogène. En pratique, les distorsions géométriques seront de fait réduites par rapport à celles observées en 24 × 36 mm, de même que le vignetage – à tel point qu'on pourra le considérer la plupart du temps comme négligeable. Pour la même raison, le piqué sera plus homogène entre le centre et les bords du champ, et le contraste sur les bords *a priori* meilleur, même aux grandes ouvertures de diaphragme.

En termes de netteté, on peut rencontrer un certain nombre de déconvenues. Le numérique est sur ce point très exigeant et impose l'utilisation d'optiques de haut vol, inutile donc de penser recycler un vieux zoom de moyenne gamme. La diffusion du film qui pouvait dissimuler certaines imperfections optiques est ici inexistante et le rendu numérique beaucoup plus « tranché ». De petits défauts optiques difficilement perceptibles en argentique deviennent souvent visibles, voire gênants. Nous avons déjà évoqué le flare qui peut être très présent sur les optiques anciennes, créant une sorte de voile qui réduit le contraste. Cela peut avoir une influence sur la perception de la netteté : une image « molle » peut sembler en effet moins nette qu'une image bien contrastée. On pourra cependant rattraper une partie de ce défaut en calant parfaitement son histogramme et en jouant de l'accentuation de netteté dans un logiciel de retouche. Reste que les optiques anciennes ne font que très rarement appel au traitement multicouche (quand le traitement de lentilles n'a pas tout simplement disparu) et aux lentilles asphériques ; le flare est donc souvent présent.

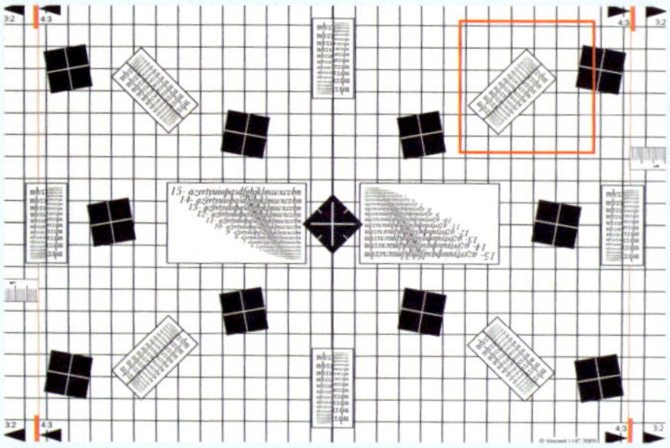

50 mm f/1,8 AF-D

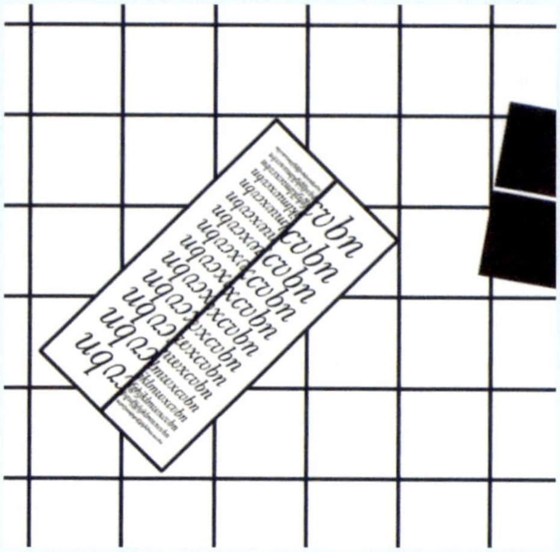

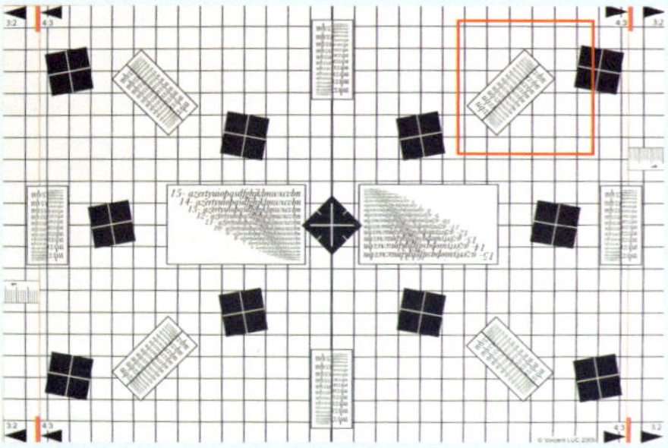

50 mm f/1,4 Ai-S

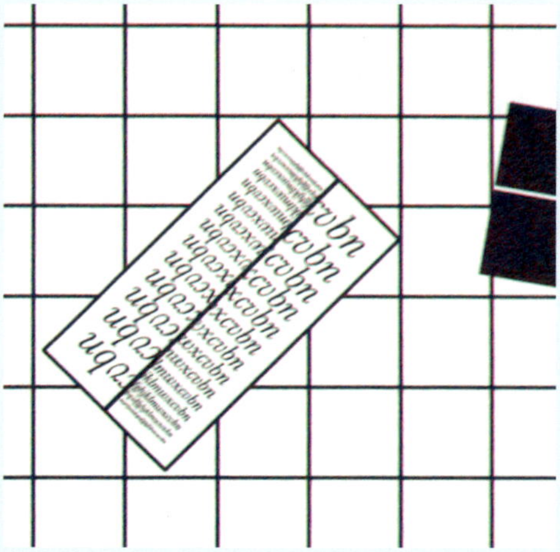

Monter des objectifs anciens sur le D80 ne garantit pas d'excellents résultats. Ici, nous avons comparé les photos obtenues avec un 50 mm f/1,8 AF-D et un « vieux » 50 mm f/1,4 Ai-S (tous deux utilisés sur pied à f/5,6 avec mise au point manuelle par dichotomie et sélection de la meilleure image de chaque). Le piqué avec l'optique ancienne est assez faible, l'image est relativement molle et les aberrations chromatiques sont très marquées. Avant d'utiliser un objectif sans CPU sur le D80, nous vous conseillons de réaliser des tests comparatifs avec des optiques récentes pour juger de la qualité obtenue. Notez que des optiques comme les 55, 60 et 105 mm Micro-Nikkor donnent tout de même de beaux rendus.

Les objectifs anciens présentent aussi très souvent des aberrations chromatiques, notamment à cause de l'absence de verre ED dans leur construction optique. Comme nous l'avons vu à la rubrique « Choisir au mieux ses objectifs » page 66, il arrive que toutes les longueurs d'onde de la lumière ne focalisent pas en un seul point : une frange colorée apparaît alors sur les images, le plus souvent en magenta sur les contours des sujets nets alors que le côté opposé du même contour présente, lui, une frange verte (il arrive aussi, mais plus rarement, que ces franges soient bleu/jaune).

S'il est toujours possible de corriger ces aberrations quand on travaille en RAW, car nombre de logiciels de développement proposent cette correction, les images réalisées en JPEG seront bien plus difficiles à rattraper. En effet, l'outil de correction des aberrations chromatiques est rarement très efficace sur ces fichiers (il induit une perte de netteté), notamment à cause de la compression qui leur est appliquée. Travailler sur les données brutes d'un fichier RAW est bien plus efficace. Il sera d'ailleurs impossible de compter sur les corrections optiques offertes par un logiciel comme DxO Optics Pro (voir la rubrique dédiée page 296), car les optiques anciennes ne sont pas disponibles dans sa base de données des corrections.

Travailler avec des objectifs anciens est assez difficile en reportage, mais dès que l'on dispose d'un peu de temps en prise de vue et en postproduction (traitement des fichiers RAW), que ce soit en studio ou en architecture, il est possible d'obtenir d'excellentes images avec des optiques n'ayant pas (encore ?) d'équivalent dans la gamme optique AF. C'est notamment le cas des objectifs à décentrement comme le 28 mm f/3,5 PC AI-S qui, malgré une aberration chromatique très élevée, donne de très bons résultats sur les D200 et D80 (et conserve un intérêt pratique, malgré la conversion de focale) ; ou encore de nombreuses optiques « légendaires » comme les objectifs Micro Nikkor que l'on peut trouver en occasion.

Dans la mesure du possible, il est toujours sage de consulter les tests de la presse spécialisée ou de mener ses propres essais avant d'investir dans un objectif ancien.

Déterminer la mise au point

Au même titre que le cadrage, la mise au point est un véritable parti pris qui a une influence à la fois sur l'esthétique de l'image et sur son sens. Elle permet de mettre l'accent sur l'élément qui prime dans la photo, sur le sujet que l'on veut mettre en valeur.

Selon des choix personnels ou des impératifs techniques, la mise au point peut se faire manuellement (même si l'opération reste délicate) ou en laissant faire l'automatisme de l'autofocus (AF).

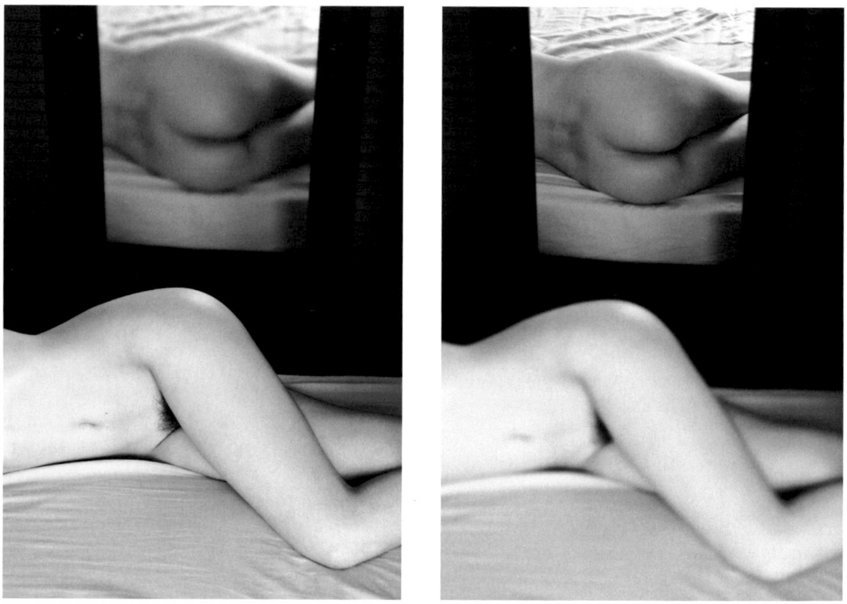

La mise au point est un instrument de créativité. Ici, j'ai réalisé deux versions du même cadrage en privilégiant d'abord le premier plan, puis son reflet, tout en conservant une profondeur de champ restreinte. Il n'y a ni bon ni mauvais choix. Dès lors que le sujet s'y prête (graphisme, photos de reflets, etc.), réaliser ce type de variations permet de choisir après coup l'image que l'on préfère en fonction de ses goûts ou de son humeur.

Un AF rapide et pratique

Avant de détailler plus en profondeur dans les deux rubriques suivantes les options AF qu'offre le D80, il est bon de savoir qu'il dispose de 11 capteurs schématisés par autant de collimateurs dans le viseur (voir « Connaître le viseur et ses limites » page 52). Il est possible de laisser le boîtier sélectionner le collimateur sur lequel sera effectuée la mise au point ou de le choisir manuellement pour forcer le boîtier à faire le point sur la zone de l'image sur laquelle on souhaite attirer l'attention.

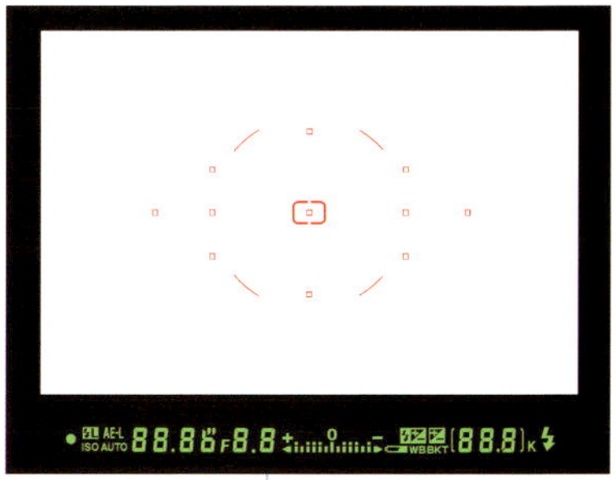

Le viseur du D80 dispose de 11 collimateurs matérialisant la position des 11 capteurs AF (symbolisés par les 11 carrés du viseur). Le collimateur sur lequel a été effectuée la mise au point s'illumine en noir (ou en rouge, selon l'option choisie dans le Réglage personnalisé 21 Éclairage zone AF) pour plus de lisibilité. (D'après document Nikon)

Le système de mise au point du D80 est directement hérité du MultiCAM 1 000 du D200 et dispose de différents modes de fonctionnement (avec ou sans anticipation du point). Il est aussi possible d'étendre plus ou moins la zone de détection de chaque collimateur.

Sachez que les options de mise au point dont dispose le boîtier sont nombreuses. Mais l'automatisme n'est pas pour autant infaillible et aucun de ses modes ne peut garantir un résultat idéal en toutes circonstances. Comme nous le verrons plus loin, on aura souvent besoin de modifier les options AF du boîtier pour s'adapter au type d'images à réaliser.

Mise au point manuelle ou non ?

Si l'on écoute certains puristes, rien ne vaut une « vraie » mise au point manuelle. Mais même si le viseur du D80 est un des plus clairs et contrastés du marché dans cette gamme de prix, l'opération reste plus difficile qu'il y paraît, voire périlleuse. Malgré tout, la mise au point manuelle est utile dans certains cas ; elle sera d'ailleurs parfois la seule solution envisageable, notamment quand on utilise un objectif non AF (avec ou sans microprocesseur).

En théorie, il suffit pour réaliser une mise au point manuelle de placer l'interrupteur de l'objectif (ou du boîtier si l'objectif n'en présente pas) sur la position M (*Manual Focus* : mise au point manuelle) et de tourner la bague dédiée de l'optique jusqu'à ce que le sujet soit net dans le viseur. Mais en pratique, si le sujet est mobile (ce qui est plus que courant), il sera difficile – pour ne pas dire impossible – d'égaler la rapidité et l'efficacité de l'AF.

Si le sujet est immobile en revanche, on peut prendre le temps d'une mise au point manuelle. Mais attention, malgré ses qualités, le viseur

Avec les objectifs non AF-S, la sélection du mode AF et donc de la mise au point manuelle se fait directement sur le boîtier via le commutateur disposé sur le côté de la baïonnette de l'objectif. Pour une mise au point manuelle, il faut sélectionner M. (D'après document Nikon)

du D80 semblera toujours trop petit à tous les Nikonistes qui connaissent ou ont connu le F3HP... De plus, la course de la bague de mise au point manuelle des objectifs modernes est courte et il reste difficile de la manœuvrer avec précision.

Malgré tout, la clarté et la finesse du viseur du D80 autorisent une bonne appréciation du point, même quand la lumière manque. Notez cependant que le viseur ne dispose pas d'aide à la mise au point de type stigmomètre ou réseau de microprismes ; la seule aide est un télémètre « électronique ». Il ne s'agit pas, comme sur un appareil type Leica M ou Mamiya 6 ou 7, d'un télémètre à superposition d'images, mais d'un dispositif électronique qui ne se manifeste dans le viseur que par l'affichage du témoin de mise au point ● une fois le déclencheur sollicité et la distance de mise au point estimée juste par le boîtier.

Même si cela semble paradoxal en mise au point manuelle, cette aide utilise des informations issues des capteurs AF. Aussi, pour qu'elle soit efficace, il est conseillé de sélectionner manuellement le collimateur AF correspondant à la zone sur laquelle on souhaite faire le point, afin que ses informations soient collectées et analysées. Quand on presse le déclencheur à mi-course, le télémètre électronique affiche alors son témoin de mise au point s'il estime que le sujet est net. Dans le cas contraire, le témoin ne s'affichera pas. Le fonctionnement de cette aide, même si elle ne prétend pas rivaliser avec un « vrai » stigmomètre, permet cependant une assez bonne précision.

Reste que si la mise au point manuelle est assez aisée pour un gros plan, en grand-angle et en plan large elle est plus délicate car les éléments de l'image dans le viseur sont plus petits, donc plus difficiles à percevoir avec précision. Or, même avec une courte focale, une mise au point précise est indispensable car la profondeur de champ ne « rattrape » pas une netteté approximative.

Notez aussi qu'il arrive que le montage du viseur et du capteur ne soit pas parfait. Même si le décalage est le plus souvent minime et difficilement perceptible, la complexité du chemin optique parcouru par la lumière entre l'objectif et l'oculaire de visée et les tolérances de précision d'assemblage peuvent dans certains cas nous induire en erreur : le plan de netteté de

MAP manuelle et ouverture maximale

L'ouverture maximale de l'objectif a une grande influence sur la qualité de la mise au point. Plus l'objectif est lumineux, plus la quantité de lumière qui atteindra le viseur sera grande. La mise au point « visuelle » sera alors plus aisée et la précision du télémètre électronique sera meilleure.
Notez aussi que si l'ouverture maximale de l'objectif est f/5,6 ou plus, la visée ne sera pas particulièrement claire et le télémètre électronique ne fonctionnera pas ; on ne disposera alors d'aucune aide à la mise au point. Dans ce cas, et quand c'est possible, réaliser différentes images en décalant légèrement la mise au point de l'une à l'autre permet d'éviter les erreurs les plus grossières.

l'image peut alors être très légèrement décalé en avant ou en arrière du plan sur lequel a été réalisée la mise au point. Si c'est le cas avec votre appareil, vérifiez dans un premier temps le réglage dioptrique du viseur et, si besoin est, envoyez l'appareil au SAV pour un recalage.

Pour une mise au point manuelle irréprochable, un viseur d'angle comme celui décrit page 55 est très utile. Il permet d'augmenter le grossissement du viseur (1,25 fois plein cadre ou 2,5 fois au centre, moyennant la perte des informations de prise de vue) et autorise une excellente précision. L'accessoire est orientable et deviendra rapidement indispensable aux amateurs de macro et aux professionnels de la photo d'objets. Notez que le rendu du viseur commercialisé par Inter-Image est légèrement plus chaud que celui du viseur du D80.

Sélectionner le mode AF

Avec le D80 comme sur la grande majorité des appareils photo, c'est en pressant le déclencheur à mi-course que l'on active l'AF. L'automatisme détermine alors la position du sujet et affiche le collimateur correspondant dans le viseur, indiquant ainsi au photographe où a été effectuée la mise au point. Selon l'option déterminée au Réglage personnalisé 21 *Éclairage Zone AF*, l'affichage du collimateur actif se fait soit en noir, soit en rouge (plus lisible). C'est d'ailleurs cette dernière option que je vous conseille d'utiliser pour plus d'efficacité (voir « Paramétrer les Réglages personnalisés » page 210).

Mise au point avec la touche AE-L/AF-L

Même si l'intérêt de cette option est discutable, il est possible d'assigner l'activation de l'AF au bouton AE-L/AF-L, avec le Réglage personnalisé 18 *AE-L/AF-L*. Dans ce cas, la mise au point ne s'effectue que lorsque la touche idoine est pressée ; la sollicitation du déclencheur à mi-course n'active alors que la mesure de l'exposition (voir mode d'emploi page 94).

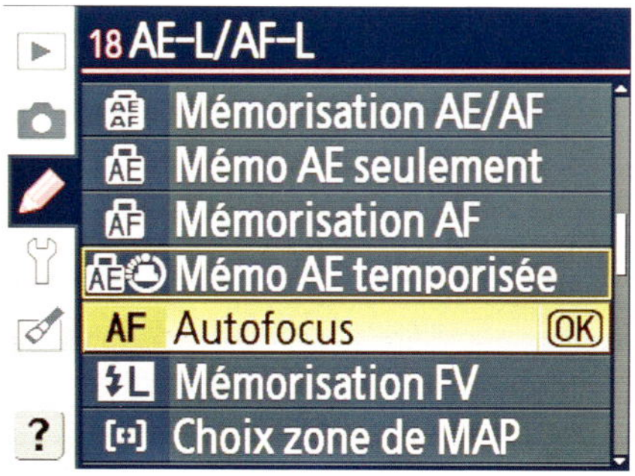

Efficacité et rapidité de l'AF

La rapidité et la précision d'un AF sont intimement liées aux performances et à la nature des capteurs du boîtier, et au système d'interprétation des données collectées. Les capteurs AF (11 sur le D80) sont de deux types : les capteurs « en ligne » et les capteurs « en croix », tous matérialisés par un collimateur dans le viseur de l'appareil (voir « Connaître le viseur et ses limites » page 52).

En simplifiant, on peut dire que l'analyse de chaque zone pour faire le point repose sur une comparaison de contraste entre deux rangées de capteurs. Si le contraste est nul, alors le sujet est jugé flou ; s'il dépasse un certain seuil, il est considéré comme net. L'automatisme est efficace, car il œuvre sur une portion minime de l'image qui correspond sensiblement à la zone couverte par le collimateur AF. Sur une zone plus grande, il recueillerait des informations parasites ; sur une zone trop petite, il serait sujet à l'imprécision et aux erreurs.

Les capteurs en ligne ne réalisent cette comparaison de contraste que dans une seule direction et sont donc parfois sujets aux erreurs et aux tâtonnements. Les capteurs dits « en croix », eux, analysent l'image dans deux directions perpendiculaires, ce qui contribue à les rendre plus efficaces et plus sensibles en faible lumière. Comme nous le verrons dans la rubrique suivante, le D80 ne dispose que d'un seul capteur en croix (au centre), les 10 éléments périphériques étant des capteurs en ligne.

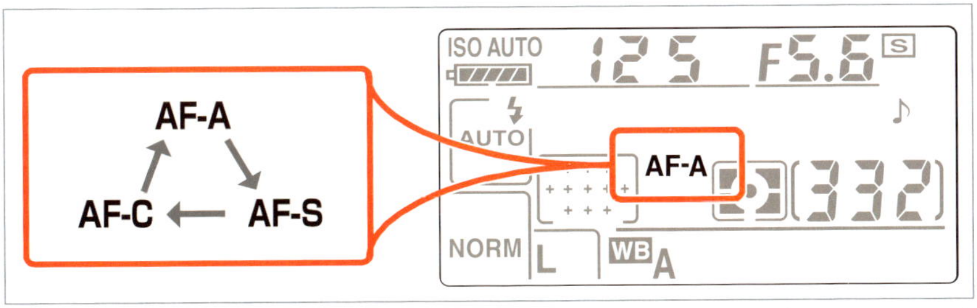

Changer de mode AF avec le D80 est très simple puisqu'une pression sur la touche dédiée et une rotation de la molette suffisent à sélectionner le réglage désiré rappelé sur l'écran secondaire de l'appareil. (D'après document Nikon)

Les résultats de l'AF ne sont pas uniquement liés aux performances du boîtier : certaines caractéristiques de l'objectif utilisé ont leur importance, l'ouverture maximale du diaphragme notamment. Les objectifs lumineux (à partir de f/2,8) permettent à l'AF de disposer de plus d'informations. Ils autorisent donc une analyse et une interprétation plus fines qui se traduisent par un AF à la fois plus réactif et plus précis qu'avec un objectif moins lumineux.

En deçà d'une certaine ouverture et d'un certain niveau de luminosité, l'AF du boîtier est totalement inopérant car il ne dispose pas d'assez de lumière pour œuvrer. En pratique, ces valeurs dépendent aussi de la sensibilité réelle des capteurs AF. Sur le D80 qui présente le même système AF que le D200, les capteurs en ligne offrent une plage de détection de 1 à 19 IL, alors que le capteur central « descend » à - 1 IL, ce qui lui confère une très bonne détectivité, même quand la lumière vient à manquer.

Pour bénéficier d'un autofocus plus rapide et plus précis avec le D80, mieux vaut donc l'utiliser avec des objectifs dotés d'une grande ouverture mais aussi d'une motorisation AF-S (à ne pas confondre avec le mode AF du même nom sur le boîtier, voir plus loin). En effet, les objectifs Nikon AF-S *(SilentWave)* disposent d'un moteur intégré à la fois rapide et silencieux qui améliore les performances de l'AF.

Notez que quand la luminosité est vraiment faible et que le boîtier peine à détecter une zone suffisamment contrastée pour « accrocher » le point, il peut émettre un faisceau de lumière *via* l'illuminateur AF secondaire destiné à ré-éclairer un sujet proche (moins de 3 m). Cette aide à la mise au point automatique peut être salvatrice ou néfaste selon que l'on prenne ses photos au vu de tous ou, au contraire, que l'on souhaite passer inaperçu… Voilà pourquoi le Réglage personnalisé 4 *Assistance AF* permet de désactiver cet automatisme, option que je conseille par défaut pour plus de discrétion (voir mode d'emploi page 87).

Les modes AF

Outre la sélection manuelle du capteur (détaillée dans la rubrique suivante), le D80 dispose de trois modes AF destinés à rendre cet automatisme le plus performant et efficace possible en fonction du sujet visé. En effet, on n'a pas les mêmes besoins en termes de rapidité face à un paysage immobile qu'avec des enfants qui courent… Les trois modes du D80 sont destinés à adapter les caractéristiques de l'AF au sujet photographié pour que ce dernier soit net sur la photo, quelle que soit sa nature.

Mode AF-S : Single

Le mode AF-S (Single) est dit « Autofocus dynamique ponctuel ». C'est le mode le plus simple et le plus classique, c'est aussi celui qui est utilisé par tous les appareils autofocus. Une fois que le sujet est détecté par l'AF, l'appareil envoie un signal à l'objectif pour que le groupe de lentilles destiné à la mise au point soit déplacé dans la position *ad hoc*. Le collimateur correspondant au capteur actif est instantanément affiché dans le viseur, pour indiquer au photographe où la mise au point a été réalisée.

L'une des particularités de ce mode AF est qu'il est impossible de déclencher tant que la mise au point n'est pas effectuée. Cette garantie contre les photos floues est parfois source de déconvenues et de patinages intempestifs de l'objectif quand il ne parvient pas à « accrocher » sur un sujet insuffisamment contrasté, comme une surface unie, un ciel, etc. Dans ce cas, mieux vaut faire la mise au point sur un élément qui n'est pas nécessairement le sujet mais qui est placé à la même dis-

Le mode AF-S n'est adapté qu'aux sujets immobiles (paysages, macro, portraits posés, etc.), car la mise au point est mémorisée et « figée » jusqu'au moment du déclenchement. Si le sujet (ou le photographe) bouge, la distance qui les sépare est modifiée entre le moment de la mémorisation et celui du déclenchement : le sujet sera donc hors du plan de netteté quand la photo sera prise, il sera flou.

tance, laisser le doigt à mi-course sur le déclencheur (ce qui mémorise la mise au point) et réadapter son cadrage avant de déclencher. C'est le mode que privilégieront les « instinctifs » qui ne jurent que par le capteur AF central (le seul capteur en croix) et par la technique du cadrage-décadrage, idéale en paysage et en portrait, dès lors que le sujet n'est pas en mouvement et que l'on dispose d'un peu de temps.

Mode AF-C : Continu

En mode AF-C (Continu), tant que le déclencheur est enfoncé à mi-course, l'appareil met à jour la distance de mise au point afin de suivre le mouvement du sujet et d'en restituer des images bien nettes.

Le mode AF-C analyse en permanence la distance entre le sujet et le photographe. On l'utilisera bien entendu en photo sportive et dès que le sujet se déplace, mais aussi en macro (si un peu de vent fait bouger le sujet) ou quand c'est le photographe qui est en mouvement (prises de vue à partir d'une voiture, d'un train ou d'un hélicoptère par exemple).

C'est le mode idéal quand le sujet se déplace et que l'on souhaite le suivre, sur un terrain de sport par exemple, mais aussi pour photographier les enfants, toujours très vifs quand ils jouent. Mais attention, dans ce mode le suivi ne se fait que si le sujet se déplace dans le sens de l'axe optique. Pour assurer le suivi d'un collimateur AF à l'autre, il faut activer en plus l'un des modes Zone AF (voir la rubrique suivante). En revanche, il est inutilisable si l'on est partisan de la technique du cadrage-décadrage, sauf si l'on mémorise ponctuellement la mise au point avec la touche AE-L/AF-L (voir mode d'emploi page 94).

Mode AF-A : Auto

Le mode AF-A est en quelque sorte la synthèse des deux modes précédents. Activé par défaut sur le D80, il fonctionne comme le mode AF-C, mais commute automatiquement en AF-S dès qu'un mouvement du sujet est détecté.

Un meilleur AF prédictif

Le mode AF-C utilise un autofocus dit « prédictif » : il ne se contente pas de suivre le sujet cadré, il « prédit » sa position à l'instant suivant. Cette caractéristique est importante car, si le suivi continu est *a priori* facile à réaliser en visée, les capteurs AF ne reçoivent plus aucune information au moment où le photographe déclenche, quand le miroir du boîtier est relevé. Même si le temps de latence entre la pression sur le déclencheur et la prise effective de la photo est minime (quelques centièmes de secondes), le sujet continue sa progression pendant ce laps de temps. La mise au point déterminée à l'instant t de pression sur le déclencheur est donc erronée à l'instant (t + retard) du déclenchement. Si le décalage n'est pas significatif avec les sujets les plus couramment rencontrés, il peut le devenir avec des sujets rapides, en photo sportive notamment. Le système AF du boîtier doit donc en tenir compte et anticiper position du sujet et mise au point.

Les limites de l'AF : sujets piège

Malgré toutes les qualités et performances de l'appareil, il reste des sujets bien connus pour piéger l'AF, aussi excellent soit-il. Un sujet uniforme, mal éclairé ou ne présentant pas suffisamment de contraste pour être interprété par l'AF (une grande zone de ciel uniforme par exemple) fera patiner ce dernier à coup sûr, et c'est la déconvenue la plus courante.

L'AF prédictif du D80

Le système AF du D80 est directement hérité du D200, un appareil dont les performances en termes d'autofocus ont été saluées par la presse et les utilisateurs. Bien que sur le D80 ce système ait été amputé de certaines options (effet de gamme oblige), le principe de fonctionnement de l'AF prédictif reste le même. Nikon n'est pas le seul à en proposer un, mais sa technologie est originale et exclusive. En AF prédictif, ce système assure simultanément certaines opérations du cycle détection du sujet/récupération-interprétation des données des capteurs AF/commande des moteurs AF, alors qu'elles sont effectuées une à une chez les fabricants concurrents. Le système Nikon assure donc la détection du sujet en même temps que la commande des moteurs AF, ce qui lui permet, dans un même laps de temps, d'assurer plus de cycles qu'un algorithme classique, d'où ses performances accrues.

(D'après document Nikon)

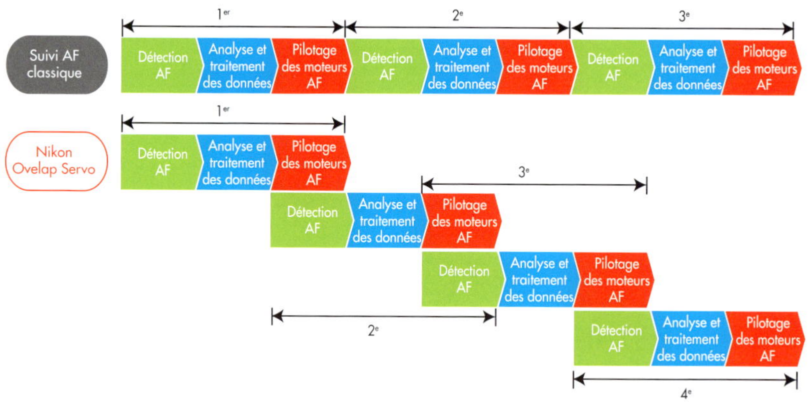

De même, certains sujets géométriques trompent l'analyse des capteurs : la mise au point est alors effectuée sur un plan différent de celui du sujet. Le cas le plus classique est celui de l'animal en cage photographié au zoo : l'AF fait souvent la mise au point sur les barreaux.

Même si ces cas sont rares avec le D80, l'emploi de filtres comme les vieux filtres polarisants linéaires (et non circulaires comme les filtres modernes) perturbe aussi le système. En cas de dysfonctionnement ou de non fonctionnement de l'AF, il faudra forcer l'appareil à faire la mise au point sur un capteur donné (voir rubrique suivante) ou réaliser une mise au point manuelle. Quant aux filtres de densité neutre ou aux filtres créatifs à effet, ils perturberont voire rendront impossible le fonctionnement de l'AF. Il faut alors faire la mise au point sans filtre, passer l'optique en mise au point manuelle sans en modifier la distance, puis replacer le filtre avant de déclencher.

Quand le contraste de la scène est faible (comme ici sur un sol neigeux), l'AF peut patiner intempestivement, quel que soit le mode choisi. La solution la plus simple consiste souvent à passer temporairement en mode Manuel. Certaines scènes d'intérieur peuvent poser le même problème quand la lumière vient à manquer : là encore, la mise au point manuelle est une solution assez efficace.

Gérer l'AF et ses capteurs

L'AF du D80 est hérité de celui du D200, un modèle du genre dont les performances ne sont plus à prouver. Même si, par effet de gamme, il ne présente pas toutes les options de ce dernier (le D200 étant un appareil à vocation semi-pro), ses possibilités de réglage, de paramétrage et de personnalisation restent nombreuses. Une fois celles-ci maîtrisées et adaptées aux conditions de prise de vue (voir tableau en fin de rubrique), l'AF du D80 est des plus efficaces.

Capteurs en ligne et capteurs en croix

On l'a vu, le D80 dispose au total de 11 capteurs. Les 10 capteurs périphériques (voir le schéma ci-contre) sont implantés autour d'un capteur central en croix. La différence de nature entre ces capteurs s'accompagne d'une autre disparité : le capteur central est plus sensible et plus efficace que les capteurs périphériques (sensibilité de - 1 à 19 IL contre 1 à 19 IL « seulement »). Sans entrer dans le fonctionnement du module de détection AF, il est utile de comprendre les conséquences que peuvent avoir la forme et l'orientation de ces capteurs sur l'efficacité de la mise au point.

L'AF récupère une très petite proportion de l'image (correspondant à la zone du capteur actif) et la sépare en deux faisceaux lumineux. Ceux-ci sont dirigés vers la barrette du capteur, qui en analyse le contraste. S'il est conforme à la valeur attendue, c'est que l'image est nette ; en revanche, s'il est supérieur ou inférieur à la référence, l'AF interprète cet écart et provoque le déplacement du bloc optique de l'objectif, en avant ou en arrière, jusqu'à ce que l'image nette soit obtenue. Notez que le site Internet de Nikon Japon présente un schéma animé du fonctionnement AF à l'adresse : www.nikon.co.jp/main/eng/portfolio/about/technology/nikon_technology/caf/index. htm.

L'analyse de la micro-image ne peut se faire correctement que si elle présente des éléments suffisamment contrastés pour que le système réalise ses mesures. Ces dernières ne peuvent se faire que dans un sens sur un capteur en ligne (selon son orientation), alors qu'elles sont bidirectionnelles sur un capteur en croix, d'où une meilleure efficacité.

Constatez-le vous-même en visant la limite séparant un élément clair d'un élément sombre, par exemple l'arête d'un meuble foncé sur un mur blanc. Ce sujet particulièrement contrasté devrait autoriser un fonctionnement optimal de l'AF. Sélectionnez manuellement chaque capteur l'un après l'autre pour faire la mise au point sur l'arête : selon l'orientation du boîtier,

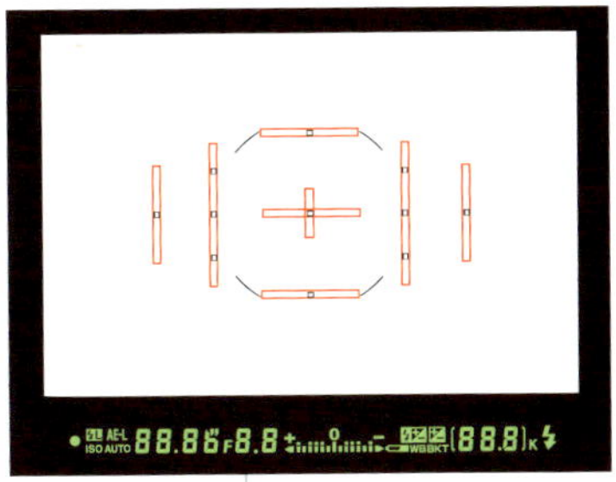

Seul le capteur central du D80 est en croix. Les 10 autres sont en ligne et leur orientation (symbolisée par les barres rouges) est choisie pour assurer la meilleure efficacité possible, en cadrage horizontal comme vertical. En comprenant le processus de détection des capteurs et leur orientation, on peut déjouer bien des pièges auxquels le système est soumis.

certains capteurs seront efficaces, d'autres non, mais le capteur central en croix le sera toujours. La raison est simple : les capteurs en lignes ne peuvent faire correctement leur analyse que s'il existe un angle entre l'orientation du sujet contrasté et leur orientation propre. Autrement dit, le capteur ne peut pas faire le point sur un motif, même très contrasté, qui lui est parallèle. Dans de nombreux cas, il suffit d'incliner légèrement l'appareil pour redonner au capteur une information exploitable. On peut aussi prendre cette astuce à contre-pied, au zoo par exemple, où les barreaux des cages induisent souvent l'AF en erreur : pour que le capteur ne soit pas trompé et fasse le point sur l'animal, il faut sélectionner un capteur en ligne de même orientation que celle des barreaux (voir le schéma ci-dessus).

Les modes Zone AF

On n'a pas toujours besoin du même degré de perfectionnement de l'AF : si l'on peut se contenter d'un AF « classique » en nature morte, un sujet en mouvement se déplaçant transversalement dans le champ sera bien mieux rendu par un AF dynamique qui en assurera le suivi d'un capteur à un autre, deux options disponibles sur le D80.

Grâce aux modes Zone AF (voir mode d'emploi page 87), on peut agir sur la méthode de sélection de la zone de mise au point AF pour l'adapter au mieux à la position du sujet et à son éventuel déplacement dans le cadre.

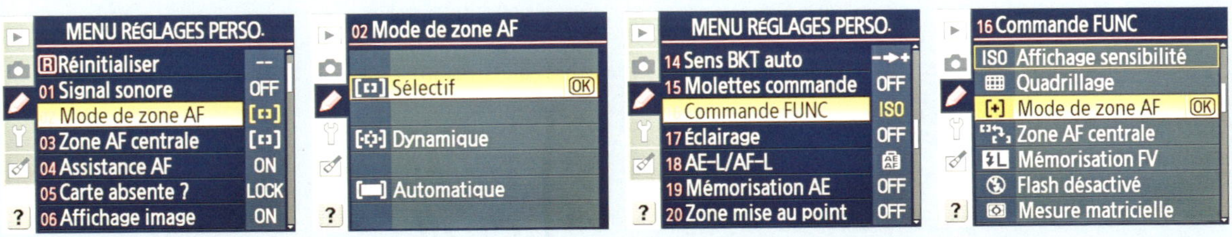

Par défaut, la sélection du mode de Zone AF s'exécute via le Réglage personnalisé 2 Mode de zone AF. L'option choisie (Sélectif, Dynamique ou Automatique) est rappelée par un picto sur l'écran secondaire du D80, il est donc aisé de connaître la configuration active à un instant donné. Notez que l'option Mode de zone AF, du Réglage personnalisé 16 Commande FUNC, permet de simplifier la sélection des modes en assignant cette tâche à la touche FUNC et en faisant pivoter la molette arrière d'un mode à un autre.

L'AF avait tendance à patiner sur la surface du mur en arrière-plan ou à privilégier le premier plan. Pour que la netteté se fasse sur l'ombre, j'ai sélectionné manuellement le collimateur AF correspondant (ici en rouge).

Mode AF Sélectif

C'est sans doute le mode le plus intuitif à utiliser ; le photographe détermine, avec le pad arrière du boîtier le collimateur à activer parmi les 11 disponibles. C'est le réglage par défaut employé dans les modes P, S, A, M et Gros plan. Une fois un capteur activé et son collimateur affiché, il suffit de manœuvrer le pad du boîtier pour changer de capteur : difficile de faire plus simple.

Dans la pratique, cette méthode autorise une grande rapidité donc une grande efficacité sur les sujets statiques ; c'est aussi celle que privilégieront les adeptes de la méthode du cadrage-décadrage (voir plus loin). L'option En boucle du Réglage personnalisé 20 *Zone de mise au point* permet de faciliter encore la sélection du capteur actif (voir mode d'emploi page 94).

Verrouiller la position du capteur actif

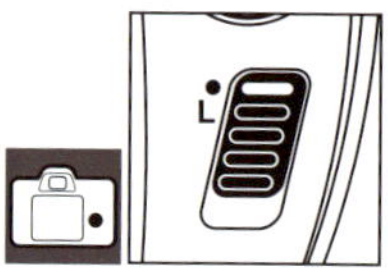

Le pad arrière du boîtier est assez sensible et il arrive que l'on modifie par mégarde le collimateur actif par une légère pression sur une des flèches. Pour éviter cela, on peut en verrouiller la position : une fois le collimateur sélectionné, pousser le loquet situé sous le pad jusqu'à la position L. Il suffira ensuite de le replacer sur la position Déverrouillé (symbolisée par un point) pour pouvoir changer de collimateur.

Mode AF Dynamique

Le mode Dynamique est destiné au suivi des sujets mobiles (il est d'ailleurs utilisé dans le programme Résultat Sport), mais attention à ne pas le confondre avec le système AF prédictif. Comme nous l'avons vu dans la rubrique précédente, ce dernier réactualise la distance de mise au point quand le sujet se rapproche ou s'éloigne du photographe ; le mode Dynamique, lui, assure le suivi d'un collimateur à un autre, perpendiculairement à l'axe de visée, sur les 11 collimateurs disponibles, quelle que soit la direction du mouvement (vers le haut, le bas, la gauche, la droite).

Dans ce mode, c'est aussi au photographe de déterminer le capteur actif (comme dans le mode Sélectif), mais une fois la mise au point effectuée, le boîtier exploite les informations issues des capteurs voisins. Ainsi, si un mouvement du sujet est décelé et que celui-ci quitte le collimateur actif, le D80 en assurera le suivi sur un collimateur adjacent (et ce, même si seul le collimateur choisi au départ reste affiché dans le viseur). Ce mode est particulièrement intéressant quand il est difficile de prévoir les mouvements de son sujet et d'en assurer une position stable dans le cadrage, en photo sportive ou animalière par exemple, ou plus simplement face à des enfants qui jouent.

Mode AF Automatique [■]

Ce mode est le plus simple, appliqué par défaut dans les programmes Résultat Auto, Portrait, Paysage, Paysage de nuit et Portrait de nuit. C'est l'appareil (et lui seul) qui détermine sur quel(s) collimateur(s) effectuer la mise au point sans qu'il soit possible d'en changer manuellement. L'automatisme est assez efficace en reportage notamment, mais montre ses limites en photo créative car aucun automatisme, aussi perfectionné soit-il, ne peut deviner les intentions du photographe. L'expert n'utilisera donc que très peu ce mode « tout auto ».

Régler la taille de la zone AF centrale

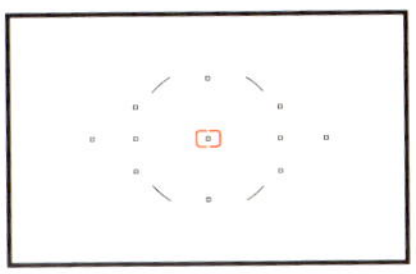

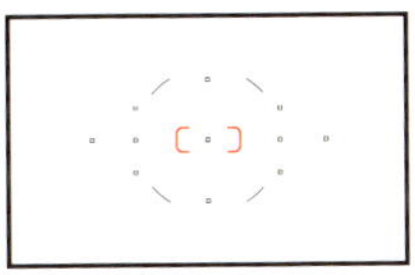

Le Réglage personnalisé 3 *Zone AF centrale* permet d'étendre la zone de couverture du système AF (en mode AF Sélectif [▫] ou AF Dynamique [·▫·], voir mode d'emploi page 87).

En pratique, le choix Zone normale est amplement suffisant. En Zone étendue, l'analyse est très légèrement plus longue, ce qui peut être pénalisant avec un sujet très rapide. De plus, la plus grande surface analysée peut dans certains cas réduire la précision du système. (D'après documents Nikon)

Réglages croisés de mode Zone AF et Mode AF

Comme nous l'avons vu, les options AF du boîtier sont assez nombreuses et il peut s'avérer difficile de sélectionner la configuration la plus efficace une fois que l'on se trouve face à son sujet. En effet, on n'activera pas les mêmes réglages selon que le sujet est immobile, en déplacement le long de l'axe de prise de vue ou perpendiculaire à ce dernier.

Les réglages croisés sont donc assez nombreux, et il est souvent difficile de faire son choix parmi toutes les configurations possibles de modes AF et Zone AF. Le tableau de la page suivante ne prétend pas donner de réglages « idéaux », mais une base de configuration à affiner selon la nature de votre sujet et vos impératifs de prise de vue.

Page suivante : le tableau des réglages croisés des modes AF et des modes de Zones AF vous aidera à établir un paramétrage de base en fonction du sujet ; mais aucune de ces configurations n'est idéale en soi…

Nature du sujet	**Mode AF**	**Mode Zone AF**	**Sélection du collimateur avec le pad arrière**	**Remarques priorité**
Sujet statique (nature morte, paysage, portrait posé, photo scientifique, macro)	Manuel ou AF-S	Sélectif	Possible en AF, pas en mise au point manuelle	En AF, la mise au point est mémorisée tant que la pression sur le déclencheur est maintenue ; le déclenchement est impossible si le point n'a pas été effectué.
Sujet statique ou en léger mouvement transversal	AF-S	Dynamique	Oui	Une fois la mise au point effectuée sur le collimateur sélectionné, si le D80 détecte un mouvement du sujet il exploite l'information des capteurs adjacents et réactualise la mise au point. Attention, le déclenchement n'est possible que si le sujet est correctement mis au point.
Sujet en mouvement (reportage, photo d'enfants)	AF-C AF-A	Dynamique ou Automatique	Possible en mode Zone AF Sélectif, pas en mode Automatique	L'AF du D80 est assez performant pour qu'on lui fasse confiance.
Sujet en mouvement rectiligne le long de l'axe optique (arrivée d'une course, sport au mouvement facile à anticiper)	AF-C AF-A	Sélectif si le sujet conserve la même position dans le cadre, Dynamique pour anticiper son éventuel déplacement vers un autre collimateur	Oui	
Sujet en mouvement plus anarchique (sports collectifs, sujets en mouvement sur le vif)	AF-C	Dynamique	Oui	Une sélection manuelle du collimateur avec le pad arrière est souvent plus rapide et efficace que la sélection automatique du D80.
Sujet au mouvement anarchique photographié à courte distance (macro ou botanique un jour de vent, photo de famille et d'enfants, portraits sur le vif, photo de rue)	AF-C	Dynamique Automatique	Possible en mode Zone AF Sélectif, pas en mode Automatique	

Cadrage-décadrage

Nombreux sont les photographes qui, quel que soit l'appareil qui leur passe entre les mains, limitent la plage AF au seul capteur central et utilisent la technique du cadrage-décadrage.

Les raisons en sont multiples. D'une part, l'époque où les appareils ne disposaient que d'un unique capteur AF central n'est pas si lointaine et les habitudes ont la vie dure ! C'est aussi le réflexe de tous les amateurs d'appareils télémétriques dont le dispositif de mise au point est uniquement central. D'autre part, le capteur central est bien souvent le plus sensible et le plus efficace sur les appareils AF. C'est le cas sur le D80, puisque c'est le seul qui soit en croix.

La technique du cadrage-décadrage est assez instinctive et peut s'appliquer à de nombreux sujets. Avec un peu d'habitude, on a très vite fait de cadrer plein centre pour faire la mise au point, puis de décadrer pour réaliser une composition plus harmonieuse avant de réellement déclencher. Le plus simple consiste à travailler en mode Zone AF Sélectif et en en mode AF-S pour éviter que la distance de mise au point soit réactualisée entre les deux cadrages par l'appareil. On peut aussi, quels que soient les modes AF et Zone AF sélectionnés (hors modes Auto), mémoriser la mise au point et elle seule, pour éviter les erreurs d'exposition si celle-ci est mémorisée conjointement, avec la touche AE-L/AF-L *via* le Réglage personnalisé 18 *AE-L/AF-L* (voir mode d'emploi page 94).

La technique du cadrage-décadrage est souvent utilisée pour profiter des performances du capteur central, sans pour autant réaliser un cadrage centré. Ici, c'est pour éviter un « patinage » de l'AF dans la brume entourant ce village montagnard que j'ai choisi cette méthode.

Adapter la cadence de prise de vue

Même si l'expression reste courante, il est abusif de parler de cadence « moteur » en numérique puisque l'appareil ne contient pas de moteur à proprement parler. Cette appellation est héritée de l'époque (pas si lointaine) où les appareils pouvaient avaler un film 36 poses en quelques secondes. Si les cadences de certains boîtiers étaient déraisonnables en argentique, elles sont une aubaine en numérique puisque déclencher ne coûte rien.

Déclencher en rafale est bien entendu évident en photo sportive ou animalière, mais peut s'avérer utile aussi en photo familiale face à des enfants qui jouent, et paradoxalement en portrait, même si le sujet est immobile. En effet, un modèle ne se détend qu'une fois qu'il a entendu le déclencheur : avec une série d'images, on a donc une chance supplémentaire de saisir une attitude plus naturelle ou une belle expression. Aussi, il est utile d'activer la prise de vue Continu par défaut pour ne pas être pris au dépourvu (voir mode d'emploi page 36). Tant que la pression est maintenue sur le déclencheur, l'appareil continue de prendre des photos.

En mode Vue par vue S en revanche, une pression sur le déclencheur ne donne lieu qu'à une unique prise de vue et il est impératif de presser à nouveau le déclencheur pour réaliser une nouvelle image ; le délai entre deux photos est donc bien plus long.

Cadence maxi et cadence en pratique

Le D80 autorise jusqu'à 3 images par seconde en cadence maximale (sachant que la cadence effective est toujours tributaire de la vitesse d'obturation) et ce, quels que soient le format et le poids du fichier. Contrairement à une idée répandue, la cadence maximale de prise de vue ne dépend en effet que des caractéristiques mécaniques de l'obturateur et du système de remontée/descente du miroir, et non de la rapidité de la carte mémoire utilisée dans le boîtier.

Il est bon de noter que la cadence de prise de vue annoncée est la valeur maximale que peut atteindre l'appareil quand les conditions sont les plus favorables. Certains paramètres comme la vitesse d'obturation effective, le mode AF sélectionné et son efficacité à suivre le sujet, ou encore l'espace disponible dans la mémoire tampon, sont autant de facteurs qui peuvent en pratique réduire cette cadence.

La cadence maximale autorisée par le D80 est de trois images par seconde et suffit à assurer le suivi de ce surfeur. Déclencher en rafale est souvent utile en photo de sport, mais une cadence élevée n'est pas une assurance de succès. Elle ne vous permettra pas de décomposer un mouvement sportif rapide, aussi, vaut-il mieux apprendre à déclencher « juste » que de compter sur le nombre de vues pour réaliser la bonne image... (Photos Benjamin Effosse)

Les 3 images par seconde annoncées par Nikon ne sont pas pour autant mensongères ; cela se vérifie d'ailleurs dès lors que la vitesse d'obturation est au moins de 1/250 s et que l'AF n'éprouve pas de difficulté à assurer le suivi du sujet.

L'électronique du boîtier n'intervient finalement qu'en ce qui concerne la durée maximale de la rafale. Au fur et à mesure que les images sont réalisées, les informations transitent par une mémoire tampon appelée « buffer » avant d'être traitées et enregistrées sur la carte mémoire. La capacité du buffer du D80 est fixe (et on ne peut pas en ajouter, comme on ajoute de la mémoire vive à un ordinateur), mais elle permet une autonomie convenable en rafale :

- jusqu'à 23 vues en JPEG (L Fine),
- jusqu'à 6 vues en RAW,
- jusqu'à 6 vues en RAW + JPEG Fine.

Notez cependant que l'application de la réduction de bruit des images (voir « Limiter le bruit numérique » page 176) peut abaisser cette autonomie.

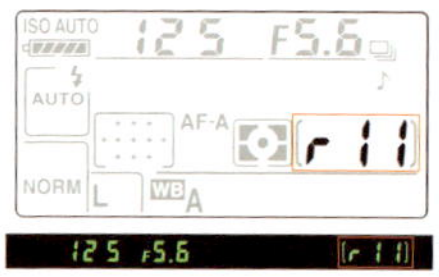

En prise de vue en rafale, le nombre d'images enregistrables en une séquence est affiché à la fois dans le viseur et sur l'écran secondaire (à la place de l'indicateur de capacité restante de la carte, ici encadré en rouge).
(D'après document Nikon)

Comme la taille de la mémoire tampon est fixe, sa saturation intervient au bout d'un nombre d'images qui dépend du mode d'enregistrement choisi. Les fichiers RAW étant plus volumineux que les fichiers JPEG, ce sont eux qui saturent le plus rapidement le buffer mais, dans un mode comme dans l'autre, la cadence maximale reste la même. Seuls la durée de la rafale et le nombre de photos enregistrables sont différents.

Théoriquement, il faut attendre que le buffer se vide pour pouvoir faire de nouvelles photos, mais le contrôleur interne du D80 autorise la prise de vue même si cette mémoire n'est que partiellement libérée. C'est ce qui explique que, lors d'une longue rafale, l'appareil finisse par ralentir sa cadence mais n'interdise pas complètement le déclenchement. La rapidité de la carte mémoire n'intervient donc qu'en fin de processus, au moment d'enregistrer les images. Mais l'appareil autorise des rafales assez longues en JPEG, même avec ne carte dite « lente ». Les cartes rapides améliorent les performances, mais ne sont donc vraiment intéressantes que pour réduire la durée de transfert des images sur l'ordinateur (voir les tableaux de tests page 20).

En photo de rue, on pourrait penser que déclencher en rafale est l'assurance de pouvoir sélectionner la meilleure image après coup. Dans la pratique il n'en est rien, comme le montre cet exemple : sur aucune des images la position du passant n'est intéressante alors qu'un unique déclenchement à l'instant opportun aurait réussi à figer son mouvement au moment où ses deux pieds sont au sol.

Retardateur, télécommande et verrouillage du miroir

Le réglage personnalisé 31 *Temp. Miroir levé* permet d'induire un délai entre le relevage du miroir et l'ouverture de l'obturateur. Quand cette fonction est activée (voir mode d'emploi page 99), la pression sur le déclencheur fait remonter le miroir, le déclenchement n'intervenant que 0,4 seconde plus tard.

Ceci est particulièrement utile sur trépied, en prise de vue macro ou nocturne, dès que le temps de pose employé est assez long. En effet, la pression sur le déclencheur et le mouvement du miroir sont accompagnés d'inévitables vibrations qui peuvent se manifester sur l'image par un flou de bougé. Relever le miroir avant la prise de vue effective permet donc à l'appareil de se stabiliser, ce qui réduit les risques de flou sur les images.

On pourra cependant regretter que cette temporisation soit si courte et non paramétrable. Certains appareils concurrents permettent en effet d'activer relevage du miroir et déclenchement en deux temps, ce qui, moyennant l'utilisation d'une télécommande, réduit efficacement les vibrations et laisse à l'appareil le temps de se stabiliser avant un long temps de pose.

Sur le D80, on peut heureusement activer le relevage du miroir en complément du retardateur dont le délai (paramétrable, à 2, 5, 10 ou 20 secondes avec le Réglage personnalisé 29 *Retardateur*) laissera le temps à l'appareil de se stabiliser après la pression sur le déclencheur, tandis que les 0,4 secondes de temporisation permettront de limiter les vibrations induites par la remontée du miroir. C'est la solution que je vous conseille pour éviter le flou de bougé sur trépied, en paysage, en macro et en photo de nuit.

Pour compléter le classique retardateur (auquel on accède par la commande de cadence de prise de vue, voir mode d'emploi page 36), le D80 peut être déclenché par une télécommande optionnelle ML-L3 avec ou sans temporisation.

De nuit, utiliser le retardateur et le relevage du miroir permet de limiter au maximum les vibrations du boîtier. Bien stable sur trépied, l'appareil est alors à même de donner des images à la netteté irréprochable alors que sans cette précaution, on peut voir apparaître un léger flou de bougé.

Comprendre l'exposition

On appelle « exposition » la quantité de lumière qui atteint le capteur de l'appareil. Si cette quantité est trop élevée, l'image est trop claire, on la dit « surexposée » ; inversement, si elle est trop faible, l'image sera trop foncée et dite « sous-exposée ». Nombreux sont ceux qui pensent que l'on peut rattraper beaucoup de choses en numérique, que l'exposition n'est pas aussi critique qu'avant puisqu'on peut la retravailler sur son logiciel de retouche. Ce n'est vrai qu'en partie, car toute modification entraîne des pertes de qualité plus ou moins visibles. On peut avoir l'impression d'éclaircir facilement une photo, mais le résultat sera toujours moins bon que si l'image avait été correctement exposée d'emblée (l'éclaircissement s'accompagnera d'une montée du niveau de bruit). Par ailleurs, sur une photo surexposée aux hautes lumières cramées, ce n'est pas un logiciel (aussi puissant soit-il) qui va pouvoir inventer l'information manquante...

L'exposition est donc cruciale en numérique, surtout en JPEG (l'utilisation du format RAW pouvant accorder une relative souplesse). Pour la déterminer, l'appareil propose différents paramètres qui permettent de s'adapter à la quantité de lumière qui éclaire le sujet. C'est la maîtrise de la sensibilité, de la vitesse d'obturation, de l'ouverture de diaphragme et de leurs interactions qui intervient dans le réglage de l'exposition. La compréhension des différents phénomènes est importante car l'expérience montre que l'exposition automatique du D80 est très perfectible.

Gare à l'exposition avec le D80 ! Cette photo a été enregistrée en RAW + JPEG, mais son exposition est mauvaise, la mesure Matricielle s'étant laissée piéger et ayant surexposé l'image. Le fichier JPEG est inexploitable, et même si l'on peut récupérer un peu de matière dans les hautes lumières en développant convenablement le fichier RAW, aucun logiciel ne saura recréer l'information manquante.

La sensibilité

On le sait : en argentique, plus le film est sensible, plus il noircit vite si on l'expose avec une quantité de lumière donnée – et inversement. Le principe est le même en numérique : la sensibilité marque en quelque sorte la réactivité de l'élément qui reçoit la lumière et sa capacité à « noircir », même si aucun élément ne noircit vraiment… Concrètement, l'augmentation de la sensibilité va amplifier l'intensité d'un signal électrique issu du capteur.

La sensibilité est régie par des normes internationales dont l'échelle de progression est normalisée. C'est l'échelle ISO (équivalente à l'échelle ASA que l'on utilisait avant). Chaque fois que la valeur en ISO double, on double aussi la sensibilité selon la progression :

25 ISO > 50 ISO > 100 ISO > 200 ISO > 400 ISO > 800 ISO > 1 600 ISO, etc.

Ainsi, un film 400 ISO est deux fois plus sensible qu'un film 200 ISO, lui-même deux fois plus sensible qu'un film 100 ISO. On considère que la bonne exposition d'une photo argentique correspond à un noircissement moyen du film. Pour produire une densité donnée, un film 100 ISO a donc besoin de deux fois plus de lumière qu'un film 200 ISO utilisé dans les mêmes conditions. Là encore, le principe est le même en numérique qui offre en plus l'immense avantage de pouvoir changer de sensibilité d'une photo à la suivante. En argentique, plus la sensibilité du film est élevée, plus l'image présente du grain. En numérique, de la même façon, plus la sensibilité est élevée, plus l'image présente de bruit – sorte de moutonnement plus ou moins coloré (voir « Modifier la sensibilité » page 174 et « Limiter le bruit numérique » page 176).

La plage de sensibilité d'un appareil numérique est déterminée par le boîtier. Sur le D80, elle s'étend de 100 à 1 600 ISO (voire 3 200 en mode étendu) et se règle par tiers de valeur. Elle peut aussi être déterminée de façon automatique entre 100 et 1 600 ISO, même si l'intérêt de cette option est discutable.

Le viseur du D80 ne dispose pas d'un affichage permanent de la sensibilité, mais par défaut la touche FUNC permet de remplacer temporairement la vitesse d'exposition par la valeur de sensibilité (ici encadrée en rouge). Pouvoir en changer à chaque vue est une aubaine, mais aussi un grand changement culturel par rapport à l'argentique, et certains photographes ont du mal à s'y faire. Avoir l'information dans le viseur permet d'éviter certaines erreurs comme oublier de repasser à une faible sensibilité en extérieur après avoir réalisé des images à 800 ou à 1 600 ISO en intérieur.

La vitesse d'obturation

Il serait plus exact de parler de durée d'ouverture de l'obturateur : quand l'appareil affiche par exemple « 60 », il s'agit en réalité de « 1/60 s », durée pendant laquelle l'obturateur reste ouvert – donc pendant laquelle la lumière atteint le film ou le capteur de l'appareil. Ces vitesses sont régies par la progression normalisée suivante :

1 s > 1/2 s > 1/4 s > 1/8 s > 1/15 s > 1/30 s > 1/60 s > 1/125 s > 1/250 s > 1/500 s > 1/1 000 s > 1/2 000 s > 1/4 000 s, etc.

Chaque « saut » entre deux valeurs consécutives s'accompagne d'une progression d'un facteur 2 entre les durées, comme entre deux valeurs de sensibilité ou deux ouvertures de diaphragme consécutives (nous allons y venir).

On distingue (par abus de langage) des vitesses lentes (1/30 s et plus) et des vitesses élevées (1/125 s et moins). L'étendue de l'échelle des vitesses d'obturation est fixée par le boîtier : sur le D80 elle va de 30 s (voire plus en manuel) à 1/4 000 s, sélectionnables par demi-valeur ou par tiers de valeur, selon le paramétrage du Réglage personnalisé 10 *Incrément exposition*.

L'ouverture de diaphragme

Le diaphragme de l'objectif s'apparente un peu à la pupille de l'œil. Il s'agit d'une percée circulaire à l'intérieur d'un disque dont le diamètre variable permet de doser la quantité de lumière qui le traverse. Les valeurs sont notées d'un « f/ » suivi d'un chiffre. La progression normalisée est la suivante :

f/1 > f/1,4 > f/2 > f/2,8 > f/4 > f/5,6 > f/8 > f/11 > f/16 > f/22 > f/32, etc.

À un petit chiffre correspond une grande ouverture de diaphragme, et *vice versa*. Plus le diamètre de l'ouverture est grand, plus la quantité de lumière qui traverse l'objectif est importante : on parle alors d'une grande ouverture de diaphragme (f/2 ou f/2,8 par exemple). Inversement, un diamètre plus modeste laissera passer moins de lumière ; on parlera alors d'une petite ouverture de diaphragme (f/16 ou f/22 par exemple). Là encore, la progression des valeurs est normalisée : entre deux valeurs consécutives, il y a un facteur 2 en termes de quantité de lumière qui traverse l'objectif. Les valeurs d'ouverture accessibles sont déterminées par chaque objectif : plus l'ouverture maximale est grande, plus l'objectif est dit « ouvert » ou « lumineux ».

Sur le D80, on peut déterminer cette valeur d'ouverture par demi ou tiers de valeur selon l'option choisie du Réglage personnalisé 10 *Incrément exposition*.

L'interaction entre les éléments : la clé de la créativité

C'est là que les choses deviennent intéressantes ! Sensibilité, vitesse d'obturation et ouverture de diaphragme suivent des échelles de progression où le rapport entre deux valeurs consécutives est équivalent. On peut donc jouer avec ces trois éléments et trouver de nombreuses combinaisons pour lesquelles l'exposition sera correcte.

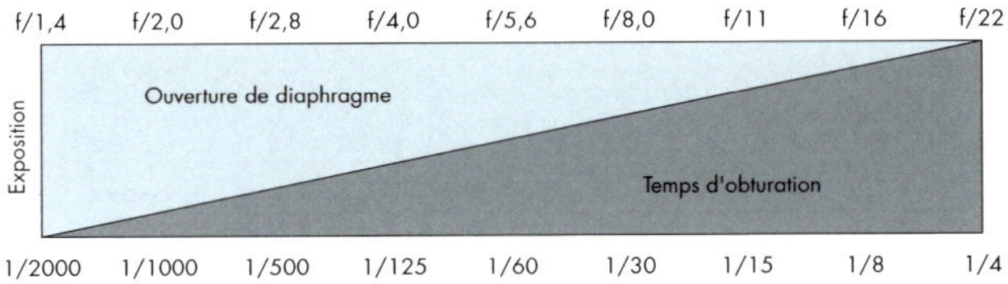

Pour un niveau de luminosité donné, plusieurs couples vitesse-diaphragme assurent une exposition constante. Le rendu dépendra des choix adoptés (profondeur de champ plus ou moins étendue, gestion des flous ou des mouvements…).

Ainsi, pour une sensibilité donnée, l'évolution des ouvertures de diaphragme est inversement proportionnelle à celle des vitesses. La figure ci-dessus présente différents couples vitesse-diaphragme qui donnent la même exposition. En modifiant la sensibilité, on pourrait trouver bien d'autres équivalences encore. On peut s'interroger quant à l'utilité de cette recherche si l'exposition est la même d'un réglage à l'autre, mais c'est grâce à ces équivalences que le photographe peut être créatif. Toutes ces combinaisons assurent en effet un niveau de lumière identique sur le capteur, donc une exposition correcte, mais photographiquement les résultats sont différents. Les divers modes semi-automatiques du D80 permettent de régler facilement ces paramètres et de maîtriser leur application esthétique, que ce soit pour suggérer le mouvement (voir « Gérer la vitesse d'obturation » page 108) ou contrôler la profondeur de champ (voir « Choisir l'ouverture de diaphragme » page 112).

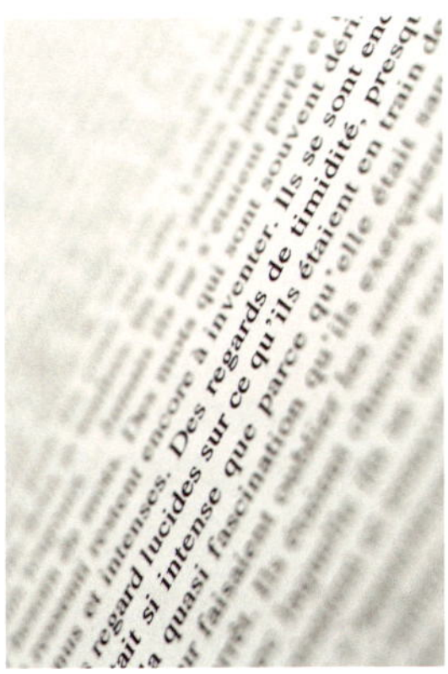

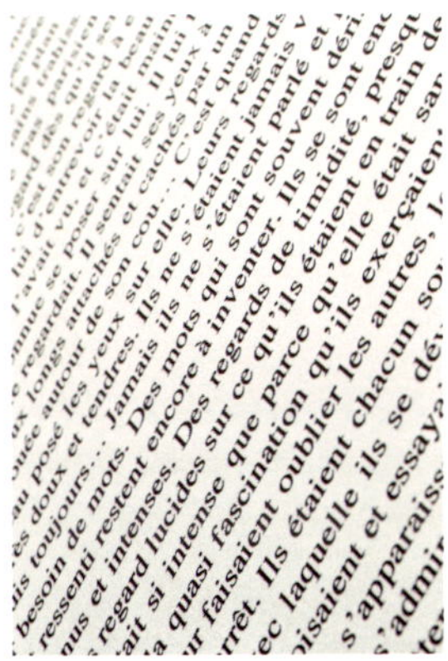

Même à exposition identique, ces deux images ont des rendus différents liés à leur couple vitesse-diaphragme.

S'initier aux modes Expert

Si les programmes Résultat sont confortables et rassurants pour le néophyte, ce n'est que grâce aux modes dits « experts » ou « personnalisés » que vous pourrez laisser libre court à votre créativité et reprendre la main sur nombre d'automatismes du boîtier.

En effet, dans les modes A, S (auxquels sont consacrées les deux rubriques suivantes), P et M, les paramètres de réglages accessibles sont bien plus nombreux. Bien que surnommés « Expert », ces modes sont faciles d'accès et restent semi-automatisés. Ils ont pour but d'aider chacun à réaliser ses images le plus confortablement possible en fonction de ses habitudes, de ses compétences ou de ses impératifs. Le choix du mode d'exposition du D80 se fait *via* la couronne de sélection (voir mode d'emploi page 47).

Le mode P

Le mode P (Programme) est le plus simple des modes d'exposition personnalisés. En pratique, il est aussi facile à utiliser que le Vari-programme Automatique, mais il permet de reprendre la main sur nombre de paramètres d'interprétation de l'image. Il se montre donc bien plus souple.

L'utilisation du mode Programme est simple et rassurante quand il faut faire vite. Malgré tout, ce mode a parfois tendance à privilégier la plus grande profondeur de champ possible au détriment de la créativité. Dans la mesure du possible, on lui préférera les modes A, S et M pour produire des images moins plates.

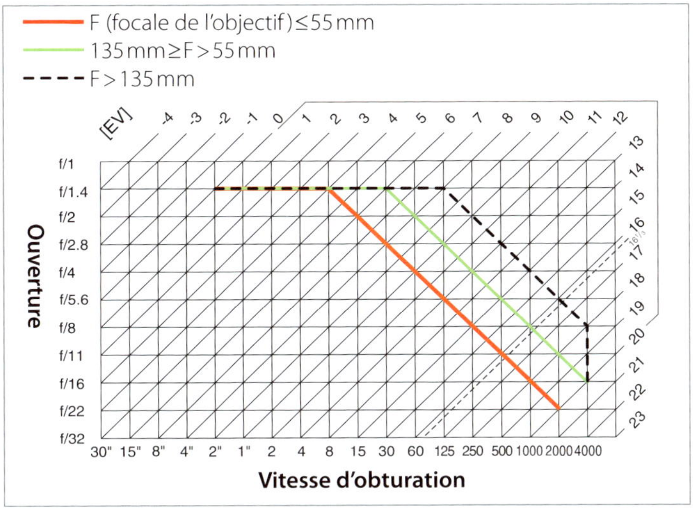

Cette courbe dite « de réponse » indique les couples vitesse d'obturation-ouverture de diaphragme déterminés par le mode Programme en fonction de la luminosité ambiante (en EV) et pour une sensibilité de 200 ISO en mesure Matricielle. Ainsi, pour une luminosité de 14 EV, l'appareil sélectionnera une vitesse de 1/250 s et une ouverture de f/8 (courbe rouge). L'utilisation du décalage de programme via la molette arrière revient translater la courbe vers la droite pour obtenir un diaphragme plus ouvert et/ou une vitesse d'obturation plus élevée, ou vers la gauche (effets opposés). Le programme tient aussi compte de la focale, notamment pour éviter le flou de bougé dont le risque augmente avec les téléobjectifs (d'où les trois courbes). Plus la focale est longue, plus la vitesse d'obturation déterminée est élevée (pour un indice de luminosité constant).
(D'après document Nikon)

Dans ce mode, c'est l'appareil qui détermine, en fonction de la sensibilité sélectionnée et de la luminosité ambiante, la vitesse d'obturation et l'ouverture de diaphragme optimales. L'utilisateur a cependant toute liberté dans le choix du mode d'enregistrement de l'image (définition, format, cadence de prise de vue), de la mesure de lumière et de son interprétation, du réglage de la balance des blancs, etc.

Le mode P est dit « décalable », propriété qui s'avère très pratique : la molette arrière permet en effet de « décaler » vitesse et diaphragme, l'appareil se chargeant de conserver un couple garantissant une exposition constante. Il est donc facile d'interpréter ces paramètres en fonction du rendu désiré, sans pour autant changer de mode d'exposition (voir « Gérer la vitesse d'obturation » page 108 et « Choisir l'ouverture de diaphragme » page 112).

Ainsi, si l'appareil affiche « 1/125 s, f/8 » et que l'on souhaite réduire la profondeur de champ, en portrait, pour isoler son sujet sur un fond flou, il suffit de décaler cette mesure à la valeur de diaphragme désirée pour que l'appareil actualise la vitesse d'obturation en conséquence et conserve une exposition constante.

Le mode M

C'est le mode manuel par excellence, celui dans lequel l'utilisateur sélectionne lui-même vitesse et diaphragme. C'est donc le plus permissif car il n'est plus besoin de respecter (ou de subir) les réglages adoptés par l'appareil.

Le boîtier ne fait qu'afficher une mesure *via* le baregraph du bas du viseur : quand le repère est calé sur le zéro, l'exposition est estimée correcte ; s'il est décalé sur la gauche, il signale un risque de surexposition, et sur la droite, une sous-exposition (bien que la logique eût voulu l'inverse...). Libre ensuite à chacun, selon ses goûts ou la connaissance qu'il a de son boîtier (anticipation des erreurs de mesure à contre-jour ou dans des ambiances très sombres, par exemple), de respecter ou non cette indication en modifiant la vitesse et/ou le diaphragme (voir mode d'emploi page 50).

C'est aussi le mode le plus pratique en studio ou en lumière contrôlée, pour des séances de nature morte, de portrait ou de nu notamment : une fois que la mesure de l'exposition est faite et que la lumière est stable, travailler en mode Manuel garantit des séries homogènes sans risque de décalage d'exposition d'une vue à une autre.

Cette homogénéité des résultats est difficile à obtenir dans un autre mode, dans la mesure où chaque déclenchement est alors précédé d'une mesure qui, selon le cadrage et la répartition des ombres et des lumières dans l'image, peut s'avérer différente d'une prise de vue à la suivante. Par ailleurs, la retouche des photos (ou leur développement s'il s'agit de fichiers RAW) sera d'autant plus simple. Il suffira d'appliquer les corrections (balance des blancs, exposition, contraste, etc.) sur une image représentative de la série puis de les appliquer à toutes les autres.

Les logiciels de développement tels que Camera Raw Converter de Photoshop CS, CS2 ou CS3, DxO Optics Pro ou DPP disposent en effet de fonctions de traitement des images par lots qui peuvent s'appliquer de façon semi-automatisée, libérant ainsi le photographe des retouches répétitives pour le laisser se concentrer sur des tâches plus créatives.

Le mode Manuel est à utiliser quand on réalise des images pour un montage panoramique. C'est la seule façon de disposer d'un niveau d'exposition constant entre les photos qui sinon pourraient présenter des écarts significatifs. Ici, j'ai réalisé une mesure sur une zone moyenne du futur montage et utilisé le même couple vitesse-diaphragme pour les 6 prises de vue. L'assemblage en a été simplifié et je n'ai eu à opérer que quelques petites corrections une fois qu'il a été terminé, notamment pour faire ressortir un peu de contraste dans ce ciel pluvieux.

Gérer la vitesse d'obturation

Le mode S (*Speed* en anglais, aussi appelé « mode Auto à priorité vitesse ») est l'un des modes de fonctionnement semi-automatique les plus intéressants. Son principe est simple : vous déterminez la vitesse d'obturation et l'appareil adapte l'ouverture de diaphragme en fonction de la sensibilité activée (voir « Modifier la sensibilité » page 174) et de la lumière ambiante, de manière à assurer une bonne exposition.

C'est le mode à privilégier dès lors que l'on veut maîtriser l'esthétique du mouvement photographié : utilisation d'une vitesse élevée pour figer un mouvement ou d'une vitesse lente pour créer des volutes floues. C'est donc grâce à cette technique que l'on peut suggérer le mouvement de l'eau dans un torrent de montagne ou dans une fontaine.

En mode S, pour doser l'effet de flou, la difficulté réside dans le choix de la vitesse d'obturation en fonction de celle du sujet. En effet, si un temps de pose trop long ne permet pas de reconnaître le sujet, un temps de pose un peu trop court ne restitue pas un flou assez prononcé pour qu'il soit identifiable comme un effet esthétique et non comme une erreur technique ! Il est souvent nécessaire de réaliser plusieurs prises de vue à différentes vitesses avant d'obtenir un rendu satisfaisant.

Cette série d'images a été réalisée en faisant varier la vitesse d'obturation de 1/1 000 à 1/8 s, tout en conservant une exposition constante. On voit clairement sur le rendu des jets d'eau que le choix de la vitesse d'obturation est un outil créatif très intéressant. Une obturation rapide fige un instant imperceptible à l'œil alors qu'une obturation plus lente crée un flou sur le mouvement du sujet.

1/1 000

1/500

1/250

1/125

1/60

1/30

1/15

1/8

Attention au flou de bougé

Une obturation lente augmente les risques de flou de bougé de l'opérateur ; un trépied ou un appui stable est donc souvent indispensable pour que les éléments immobiles soient parfaitement nets. Ces risques sont d'autant plus importants que la focale de l'objectif est longue (on retrouve le même tremblement qu'en regardant à travers des jumelles). En général, on considère qu'il faut travailler à une vitesse au moins égale à l'inverse de la focale (1/focale) pour éviter ces flous de bougé ; ainsi, avec un 200 mm, on pourra travailler sereinement à une vitesse de 1/200 s ou plus. Adopter une pose stable et bien utiliser certains accessoires (monopode, trépied, etc.) permet d'éviter bien des déconvenues.

Sur le D80, une fois le mode S activé, c'est avec la molette arrière que l'on modifie la vitesse, par demi ou tiers de valeur (selon l'option choisie au Réglage personnalisé 10 *Incrément d'exposition*). Si la vitesse choisie est trop élevée et que l'appareil ne peut pas ouvrir davantage le diaphragme, la mention « Lo » remplace la valeur d'ouverture dans le viseur (et sur l'écran de rappel), indiquant ainsi un risque de sous-exposition. De même, si la vitesse sélectionnée est trop lente et que l'appareil ne peut pas compenser suffisamment en fermant le diaphragme, l'affichage du diaphragme cède sa place à la mention « HI », ce qui indique que l'image risque d'être surexposée.

Quand la lumière vient à manquer, comme en intérieur, il n'est pas rare que le vitesse d'obturation soit trop lente pour assurer une image nette. Ici, outre le manque d'éclairage, les vibrations du métro en mouvement ajoutent encore au flou. Certes, on peut lui trouver un certain charme, mais ce n'est pas toujours le cas.

Astuce

Changer de sensibilité donne un peu plus de souplesse dans le choix de la vitesse d'obturation. Pour réduire au maximum la vitesse utilisable, baissez la sensibilité à 100 ISO ; à l'inverse, n'hésitez pas à passer à 800 ISO en cas de besoin. Notez que pour réduire considérablement le temps de pose, on peut avoir recours à des filtres gris neutre spécialement étudiés pour « absorber » la lumière. Ces derniers fonctionnent pour l'appareil comme des lunettes de soleil pour l'œil et permettent de gagner entre 1 et 9 vitesses selon leur coefficient.

	Distance appareil-sujet	Vers l'appareil	Obliquement (45°)	Perpendi-culairement
Sujet se déplaçant lentement (piéton qui marche, enfant qui court)	5 m 10 m 20 m	1/125 s **1/60 s** **1/30 s**	1/250 s 1/125 s **1/60 s**	1/500 s 1/250 s 1/125 s
Sujet se déplaçant rapidement (véhicule lancé à grande vitesse, scène d'action)	5 m 10 m 20 m	1/500 s 1/250 s 1/125 s	1/1 000 s 1/250 s 1/125 s	1/2 000 s 1/1 000 s 1/500 s

Le déplacement du sujet est l'une des causes de flou sur l'image. Pour s'en affranchir, il faut utiliser une vitesse d'obturation permettant de figer le mouvement ; dans ce tableau, les vitesses en gras indiquent un risque de flou de bougé du photographe s'il n'a pas d'appui bien stable.

L'utilisation d'un objectif de longue focale n'est pas la seule cause du flou de bougé. Le déplacement du sujet sera aussi retranscrit sur la photo par un flou, d'autant plus prononcé que le déplacement est rapide et que la vitesse d'obturation est lente. Certes, ce flou peut être un outil créatif intéressant (voir « Jouer avec le flou » page 236) mais, dans la majorité des cas, il est préférable de l'éviter en utilisant une vitesse élevée. Il est difficile d'indiquer des paramètres « universels », car l'angle de déplacement du sujet et sa distance par rapport à l'appareil ont une influence sur la vitesse minimale utilisable sans risque de flou, mais le tableau ci-dessus donnera une approximation utile.

Le contrôle de la vitesse d'obturation est primordial quand le sujet est en mouvement. Ici, même si les conditions de lumière étaient loin d'être optimales, j'ai préféré déclencher au 1/250 s pour figer le mouvement de la mouette, quitte à sacrifier la profondeur de champ puisque le temps maussade m'a obligé à travailler à f/2,8, même à 400 ISO.

Choisir l'ouverture de diaphragme

Qu'il soit effectué pour des raisons techniques ou esthétiques, le choix d'une valeur de diaphragme dans le mode A (pour *Aperture*, « ouverture » en anglais) n'a rien d'anodin. Outre son rôle de quantificateur de lumière pour contribuer à une bonne exposition, le diaphragme a des effets sur la netteté de l'image et sur l'étendue de la zone nette, en avant et en arrière du plan de mise au point, ainsi que sur l'apparition de certains défauts optiques, notamment le vignetage et le manque de définition dans les coins de l'image.

Selon la valeur du diaphragme, les performances optiques, la netteté et l'homogénéité des objectifs varient plus ou moins. Chaque objectif a une valeur d'ouverture de diaphragme optimale : il donne généralement le meilleur de lui-même quand on ferme de deux crans par rapport à son ouverture maximale. Ainsi, un objectif qui ouvre à f/2,8 sera le plus performant vers f/5,6. Tout ceci est à nuancer au cas par cas, et les tests de la presse spécialisée prennent ici tout leur sens pour choisir le meilleur outil, mais aussi pour l'utiliser au mieux. Gardez cependant à l'esprit que le diaphragme est avant tout un outil créatif.

Pour cette série, j'ai utilisé le même objectif 50 mm et le même point de vue, et j'ai fait varier l'ouverture de diaphragme de f/2 à f/22. On voit ainsi comment la profondeur de champ évolue : même si la proximité avec le sujet amplifie le phénomène, on retiendra que plus le diaphragme est ouvert (f/2), plus la profondeur de champ est réduite et plus les plans en avant et en arrière du plan de mise au point sont flous ; une configuration idéale pour détacher un visage de l'arrière-plan. Inversement, plus l'ouverture est réduite (f/22), plus la profondeur de champ est étendue, ce que l'on peut souhaiter par exemple en paysage.

f/2

f/2,8

f/4

f/5,6

f/8

f/11

f/16

f/22

Diaphragme, netteté et profondeur de champ

La gestion de la netteté est une fonction du diaphragme qui a une influence sur l'esthétique de l'image. Selon l'ouverture sélectionnée, la plage nette sera plus ou moins grande en avant et en arrière du plan où a été réalisée la mise au point. Pour isoler un visage sur un fond flou en portrait, cette plage devra être courte. Pour rendre compte de la profondeur d'un paysage, elle devra au contraire être longue. L'étendue de cette plage de netteté est ce qu'on appelle « la profondeur de champ ». Comme en argentique, elle est d'autant plus grande que le diaphragme est fermé (donc que le chiffre de la valeur d'ouverture est grand, f/11 par exemple), et inversement.

En photo créative, jouer avec la profondeur de champ revient à jouer avec les plans de netteté et les flous d'arrière-plan : même avec un unique point de vue et à cadrage identique, on peut obtenir des images fort différentes, comme le prouve la série d'images de la page précédente.

L'étendue et la répartition de la profondeur de champ de part et d'autre du plan de netteté sont tributaires à la fois de la valeur d'ouverture sélectionnée et de la distance de mise au point. En général, on admet communément que la répartition de la profondeur de champ se fait 1/3 en avant du plan de netteté, 2/3 en arrière. Si cette règle est valable dans la majorité des cas, elle est mise à mal dès lors que l'on se rapproche de son sujet : en macro en effet, la répartition de la profondeur de champ tend à revenir à des proportions de l'ordre de moitié en avant et moitié en arrière. Notez aussi que pour une ouverture donnée, la profondeur de champ est d'autant plus courte que le sujet mis au point est proche.

La profondeur de champ en numérique

Nous l'avons vu, plus l'ouverture de diaphragme est réduite, plus l'étendue de la zone de netteté est importante. Cette notion de profondeur de champ est bien maîtrisée en argentique ; en numérique en revanche, si le principe reste le même (on a toujours moins de profondeur de champ avec un diaphragme ouvert qu'avec un diaphragme fermé), le résultat est bien différent.

Nombreux sont les photographes à constater un manque de douceur dans les transitions entre zones nettes et zones floues de leurs images numériques. Les zones nettes sont très nettes et celles qui sont situées hors du plan de netteté apparaissent assez floues, sans toutes les nuances que procure un film argentique utilisé dans les mêmes conditions. Sur un portrait par exemple, on peut obtenir une netteté irréprochable sur le coin d'un œil alors que l'autre œil, légèrement en retrait, sera flou. Pourtant, une photo numérique issue d'un appareil à capteur

Cette statue a été photographiée avec un diaphragme fermé à f/8. En apparence, la photo est bien nette, mais en y regardant de plus près, on voit que seul un plan est vraiment très net. Les plans en avant et en arrière de la tête du cheval de la statue (là où a été effectuée la mise au point) présentent un piqué moindre, notamment la mouette, pourtant située juste quelques centimètres en arrière. En numérique, en particulier quand on « pousse » le réglage de netteté du boîtier et celui de réduction du bruit, « l'effet guillotine » est présent : la profondeur de champ manque de progressivité et sa perception est très différente de celle que l'on connaît en argentique.

au format DX comme le D80, semble offrir une profondeur de champ plus étendue qu'une image argentique 24 × 36 mm car, comme nous allons le voir plus loin, la taille physique de l'élément sensible (film ou capteur) a une influence non négligeable sur la profondeur de champ restituée.

Le problème est très complexe et, selon les appareils utilisés, les réglages de netteté ou la nature des logiciels de conversion des données brutes du capteur, l'impact visuel et l'intensité du phénomène varient. Quelques rares experts se sont penchés sur ces effets, mais ils ne parviennent pas aux mêmes conclusions quant à leur origine exacte. Les journalistes du magazine *Le Photographe* ont réalisé un certain nombre de tests comparatifs et exposent leur enquête dans un dossier de 10 pages publié dans le n° 1631 du mois de juillet 2005. Nous conseillons bien sûr la lecture de ce dossier aux experts et aux technophiles curieux. Pour les autres, plus simplement – et pour le cas du seul D80 –, voici quelques éléments de comparaison et de compréhension pour déjouer les principaux pièges de la profondeur de champ en numérique.

La sensation de profondeur de champ

En réalité, seuls sont vraiment nets les points contenus dans le plan de netteté. Plus un plan est en avant (ou en arrière) de ce plan de netteté, plus il est flou. Dans ce cas, l'image d'un point du sujet n'est plus un point mais une tache d'autant plus grande que le plan est éloigné du plan de netteté. Toutefois l'œil est imparfait et, au-delà d'une certaine limite (que l'on appelle « pouvoir séparateur »), il est incapable de faire la différence entre un point et une petite tache. En deçà d'un certain diamètre appelé « cercle de confusion », une tache optiquement floue est donc perçue comme un point net et c'est ainsi qu'apparaît la notion de profondeur de champ.

Il s'agit donc d'une sensation physiologique subjective qui s'avère difficile à caractériser de façon précise. Reste qu'en argentique les spécialistes ont réussi à établir des règles qui, si elles ne sont en réalité que des approximations, se vérifient en pratique. Ainsi, on sait que le diamètre de la plus petite tache perçue comme nette par l'œil est liée au format du film. La sensation de profondeur de champ est donc elle aussi liée au format physique du film. Plus celui-ci est grand (6 × 6 cm par exemple), plus la sensation de profondeur de champ est réduite pour un diaphragme donné, c'est-à-dire plus l'arrière-plan est flou. C'est pour cela (entre autres) que nombre de professionnels privilégient encore les appareils moyen et grand format, en argentique comme en numérique, mais le prix de ces matériels est souvent prohibitif pour l'amateur. Inversement, plus le film est petit, 24 × 36 mm ou format 110 par exemple, plus la sensation de profondeur de champ pour cette même valeur de diaphragme est grande.

En numérique, on retrouve peu ou prou cette logique, même si certains phénomènes complexifient le raisonnement. Ainsi, pour une même valeur de diaphragme, la sensation de profondeur de champ est plus grande sur un compact numérique dont le capteur ne mesure que quelques millimètres que sur un D80 dont le capteur mesure 15,8 × 23,6 mm – le D80 offrant lui-même une sensation de plus grande profondeur de champ qu'un film (ou un capteur) 24 × 36 mm. Mais du fait de la nature de l'image numérique et de sa structure, le raisonnement est loin d'être aussi simple, comme nous allons le voir maintenant.

Le traitement logiciel en cause

Le plan de netteté d'une image numérique est très bien défini, mais, en dehors de ce plan, l'image semble tout de suite floue. En argentique au contraire, l'épaisseur physique du film, sa structure en différentes couches et la taille des grains d'argent ou des colorants créent une diffusion bienvenue. Celle-ci se traduit par une apparition tellement progressive du flou que plusieurs plans autour de la zone de netteté paraissent nets (c'est l'étendue de la plage de netteté dont on a parlé plus haut). Au contraire, on peut avoir l'impression (abusive) que la profondeur de champ n'existe pas en numérique, qu'un seul plan est net (celui sur lequel est effectuée la mise au point), et que tous les autres, même les plus proches, sont flous.

Au moment du traitement de l'information et du dématriçage des données brutes du capteur, de nombreuses opérations sont réalisées, notamment en ce qui concerne la netteté. En effet, l'image produite par le capteur est très douce et doit être accentuée. C'est en grande partie à cause de ces opérations d'accentuation que la sensation de profondeur de champ est si particulière en numérique : elles ont pour effet d'augmenter la netteté d'un élément net en contrastant son contour si sa taille est inférieure à un certain seuil – le seuil de discrimination flou-net –, et d'augmenter son flou si ce seuil est dépassé (notamment pour limiter l'apparition de bruit numérique, voir « Limiter le bruit numérique » page 176). Le contraste entre le flou et le net est donc amplifié par ce traitement (on a surnommé cet effet de transition flou-net « effet guillotine »), même si la netteté est réglée à zéro sur le boîtier. Voilà entre autres pourquoi la sensation de profondeur de champ n'a plus rien à voir avec celle à laquelle nous a habitué l'argentique. En outre, sa répartition est parfois surprenante, voire inversée par rapport à celle que l'on rencontre en argentique.

Notez que si vous utilisez le format RAW, cette sensation de profondeur de champ peut finement varier d'un logiciel de développement à un autre, et que les résultats diffèrent selon les valeurs d'accentuation de netteté et de réduction du bruit appliquées.

Le traitement de l'information brute du capteur est très important pour la sensation de netteté. Utilisez toujours avec délicatesse les réglages de réduction de bruit (qui ont tendance à lisser l'image, voire à créer des aplats) et ceux d'accentuation (qui au contraire la rend plus nette), car leur application conjuguée sans maîtrise peut modifier la perception de la profondeur de champ.

Éviter la diffraction

Si les objectifs permettent de fermer le diaphragme jusqu'à f/22 (voire plus), il faut cependant résister à la tentation d'utiliser de telles ouvertures sur un reflex numérique. En effet, même si la lumière se propage en ligne droite, elle est plus ou moins déviée dès qu'elle passe par une ouverture réduite, créant ainsi le phénomène de diffraction. Cela se traduit le plus souvent par une perte de netteté, parfois aussi par l'apparition de franges colorées. L'amplitude de la déviation dépend de la longueur d'onde de la lumière, donc de sa couleur. Les rayons des trois grands domaines de la lumière blanche (le rouge, le vert et le bleu) subissent ainsi des déviations différentes. Par conséquent, si une déviation est trop importante, les rayons rouge, vert et bleu concernés peuvent atteindre différents photosites du capteur au lieu d'un seul, ce qui génère une fausse information. Celle-ci se traduit parfois sur l'image par l'apparition d'une frange colorée (l'aberration chromatique) sur les contours les plus tranchés, par exemple sur des fils électriques se détachant sur un ciel bleu. Le phénomène est plus sensible avec les objectifs grands-angles et est plus visible dans les coins de l'image si elle est fortement agrandie. Certains logiciels comme DxO Optics Pro permettent de corriger assez efficacement ce problème (voir « Corriger ses images avec DxO Optics Pro » page 296).

Le passage de la lumière par le diaphragme crée naturellement un phénomène de diffraction mais, aux valeurs d'ouverture courantes, il n'est ni trop gênant ni préjudiciable à la qualité des images (il est pour ainsi dire impossible de le déceler à l'œil nu). Il s'accentue quand on ferme le diaphragme. L'image d'un point net est alors une tache entourée d'anneaux alternativement clairs et foncés. C'est cette tache (que l'on appelle le « disque de diffraction » ou « disque de Airy ») qui se forme sur le capteur. Sans entrer dans les détails, disons que le diamètre de cette tache peut se calculer en fonction de la longueur d'onde de la lumière et du diaphragme utilisé. Retenez surtout qu'il est d'autant plus grand que le diaphragme de l'objectif est fermé et que vient un moment où les pertes de netteté et de définition qu'entraîne le phénomène sont clairement visibles sur les clichés.

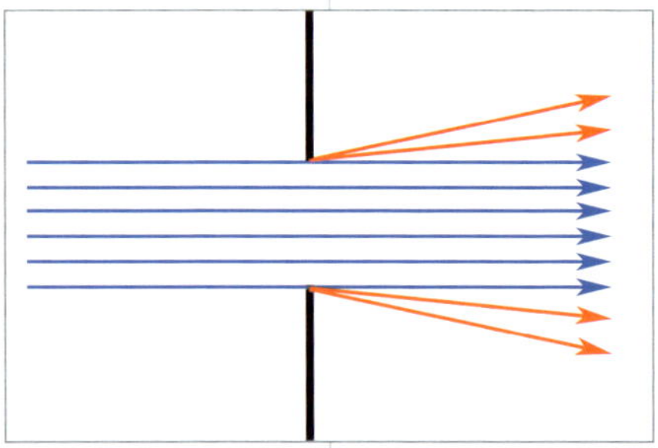

Il existe donc une valeur de diaphragme au-delà de laquelle la qualité de l'image chute irrémédiablement. Sur un appareil numérique, cette valeur limite est dictée par les caractéristiques du capteur et par la taille réelle de chaque photosite. En effet, il faut un minimum de deux photosites jointifs pour restituer un détail, un point noir sur un fond

La lumière se propage en ligne droite, mais quand elle traverse une petite ouverture, comme ici le diaphragme (en noir), certains rayons sont déviés (en rouge). Ce phénomène de diffraction apparaît quand le diaphragme est très fermé et fait fortement chuter la netteté des images.

blanc par exemple. Pour que la diffraction ne soit pas visible sur l'image, le diamètre du disque de Airy (ou de la tache) doit donc être inférieur à la taille de deux photosites. Au-delà, la diffraction est sensible et la netteté décroît fortement.

Le D80 utilise un capteur 10,2 millions de pixels effectifs (plus exactement de photosites, mais ici à chaque photosite correspond un pixel) régulièrement disposés sur une surface de 15,8 × 23,6 mm. Chaque photosite est donc assimilable à un carré de 6,1 microns de côté (6,05 en réalité car ils ne sont pas exactement jointifs). Pour que la diffraction ne soit pas perceptible, le diamètre de la tache doit ainsi être inférieur à 12,1 microns. En lumière solaire visible (en n'utilisant, pour simplifier les calculs, que la longueur d'onde correspondant au pic de sensibilité de l'œil humain dans le domaine du vert), les calculs montrent qu'à un diaphragme de f/16, le diamètre du disque de Airy est de 10,9 microns, et qu'à f/22 il est de 15,0 microns, dépassant les 12,1 microns admis.

Avec le D80, on évitera donc autant que possible de diaphragmer au-delà de f/11 (par précaution et pour tenir compte des variations relatives aux différentes longueurs d'onde de la lumière visible). À titre indicatif, les D70s et D50 qui sont équipés d'un capteur d'une taille voisine de celle du D80 (mais avec 6 millions de pixels) permettent de fermer jusqu'à f/16 : les pixels étant moins nombreux sur une surface équivalente, ils sont plus grands – 6,4 microns au lieu de 6,05 –, ce qui rend leur capteur moins sensible à la diffraction. Le D80 est donc un peu moins souple sur ce point. C'est regrettable lorsqu'on veut obtenir la meilleure profondeur de champ possible mais, sachant que les diaphragmes très fermés ne sont pas ceux qui donnent la meilleure qualité optique et que certaines poussières du capteur, indécelables à f/11, seraient visibles à f/32, la raison conduit à éviter de diaphragmer au-delà de f/11.

Les boîtiers numériques sont plus sensibles à la diffraction que les appareils argentiques. Avec le D80, on dispose d'une bonne netteté jusqu'à f/11 (photo 1). Au-delà, elle décroît sensiblement quand on ferme le diaphragme, ce qui est très visible sur le détail de notre exemple. Il est donc conseillé de ne pas dépasser f/11, les phénomènes de perte de netteté liés à la diffraction étant très difficiles à corriger par traitement logiciel.

Apprivoiser la lumière

Avant de se lancer dans la mesure et l'interprétation de la lumière, il faut connaître et maîtriser sa direction, sa nature, sa dureté et les effets qu'elle peut produire sur un sujet, visage, fleur, paysage ou voiture de course… Une observation attentive de son rendu permet de l'interpréter et de la « travailler », car il n'y a pas qu'en studio qu'on peut la modeler pour obtenir de meilleures photos. La lumière est en effet un élément au moins aussi important que le sujet lui-même.

Observer la lumière

La lumière s'appréhende à la fois en quantité et en qualité. Ce n'est pas parce qu'une lumière est abondante qu'elle est bonne : le plus beau des paysages aura un rendu décevant s'il est photographié sans soin, en plein soleil, alors qu'il sera magnifié par quelques rayons lumineux filtrant à travers les nuages d'un ciel d'orage, par exemple.

Faire une belle photo sans belle lumière est difficile. Sur la première image, la lumière est très douce et diffuse en raison d'un ciel couvert et, bien que le sujet soit plaisant, la photo est décevante. Sur la seconde image, c'est l'inverse, une lumière plus dirigée crée un contraste qui permet de jouer avec le graphisme des ombres.

La direction et la dureté de la lumière peuvent totalement métamorphoser un sujet. Bien sûr, en extérieur (et en particulier en paysage), il est difficile d'avoir beaucoup d'influence sur l'éclairage, mais en prêtant attention à certains phénomènes, on peut éviter les principaux écueils. Observez le même paysage à différentes heures de la journée, à différentes saisons, sous différentes conditions météo… Vous verrez rapidement qu'il est totalement « plat » en plein été, vers midi, quand le soleil au zénith l'éclaire uniformément sans créer d'ombres. En hiver, le soleil plus bas sur l'horizon provoque des ombres longues et dures ; inversement, un ciel couvert donne une lumière très douce et uniforme.

Si une lumière diffuse est souvent décevante en paysage, elle peut être une aubaine en portrait, en nu ou, comme ici, pour un sujet graphique. Ici, la géométrie du sujet et la conversion en noir et blanc combinée à la douceur de la lumière donnent un résultat assez plaisant malgré une météo hivernale assez triste.

La lumière et l'ombre

C'est par un jeu d'ombres et de lumières que l'on donne à la photo la troisième dimension dont elle est par nature privée. Un peintre génère ainsi des volumes en trompe-l'œil grâce à l'ombre et au contraste. Et ce n'est pas un hasard si, dans les musées, les bas-reliefs sont éclairés par des spots très dirigés et très rasants. Une lumière dite « dure » créera des ombres très marquées ; au contraire, une lumière douce réduira leur densité et donc le contraste global.

En photo, on préférera souvent les lumières du matin, quand le soleil n'est pas encore trop haut dans le ciel. À midi en effet, la lumière est trop dure et les ombres trop courtes et trop marquées pour donner des compositions intéressantes ; les images sont « plates ». En portrait notamment, il est alors bien difficile de percevoir les yeux du modèle dans les ombres disgracieuses créées par les arcades sourcilières ; les ombres sous le nez sont aussi inesthétiques. Le soir en revanche, les deux ou trois heures qui précèdent le déclin du soleil sont propices aux beaux clichés, avec des teintes souvent chaudes.

Quand le soleil est bas, sa lumière crée des ombres plutôt esthétiques. Sur ces deux exemples, la lumière assez dure donne un graphisme intéressant. Sur la première image, l'alternance ombre/lumière dynamise la photo. Sur la seconde, la lumière dure et rasante souligne le cygne qui se détache du fond à l'ombre.

Cette étude d'éclairage montre assez sommairement l'effet de l'orientation de la lumière sur une boule de papier. La perception du sujet et de ses volumes est très différente selon que la lumière vient du côté gauche, de face, du côté droit ou de l'arrière.

La couleur de la lumière a aussi une importance capitale dans le rendu de l'image. Sachez que même si l'œil et le cerveau interprètent la lumière comme étant blanche, les lumières artificielles sont le plus souvent colorées ; cela peut être un outil créatif, notamment la nuit. Notez également que, contrairement à la sensation que nous pouvons en avoir, la lumière qui provient d'un ciel nuageux tire vers le bleu et le cyan – des teintes froides que l'on pourra éventuellement compenser par un réglage de balance des blancs (voir « Utiliser simplement la balance des blancs » page 166).

Travailler la lumière

En extérieur, il est bien plus difficile de « travailler » et de modeler sa lumière qu'en studio, mais on peut parfois se tirer de situations délicates avec quelques astuces simples. Ainsi, sous un éclairage dur, un réflecteur permet de renvoyer plus ou moins de lumière vers un premier plan. Il existe dans le commerce des réflecteurs pliants de différents diamètres, aux surfaces blanche, noire, dorée ou argentée selon l'effet désiré, mais on peut facilement utiliser un mur blanc ou même un simple panneau de polystyrène, notamment en portrait. Il suffit dans ce cas de bien placer son modèle en fonction de l'orientation de la lumière et de l'accessoire, lequel est également bien utile en macro quand on prend ses photos en extérieur.

Bien utiliser les réflecteurs

Attention à la couleur du réflecteur. La surface blanche est assez douce et neutre, c'est celle que l'on conseillera d'utiliser le plus souvent. Les surfaces dorées et argentées procurent une lumière bien plus dure qui peut créer des points chauds dans l'image, voire des ombres croisées particulièrement inesthétiques. Leur rendu n'est pas neutre non plus, le réflecteur doré donne une teinte très chaude à la lumière réfléchie ; la surface argentée donne, elle, une lumière très froide. (Document MMF-Pro)

On peut aussi, si le premier plan n'est pas trop éloigné (un ou deux mètres au plus), utiliser le flash intégré en plein jour. Il permettra de ré-éclairer les ombres du premier plan pour les rendre plus lisibles et, là encore, de réduire le contraste général de l'image – car l'appareil n'est jamais très à l'aise avec les forts contrastes et les contre-jours.

Cela peut sembler paradoxal, mais la lumière a également son importance la nuit. La plupart du temps, on devra se contenter du seul éclairage urbain (voire le subir). C'est un éclairage assez difficile à travailler, non pas à cause de ses dominantes colorées mais du contraste très élevé qu'il engendre. La solution la plus simple, tant en termes de facilité technique que de qualité d'image, consiste à réaliser ses photos de nuit… avant la nuit ! Il faut donc procéder avant qu'elle ne soit noire et que le contraste entre les zones éclairées et les zones sombres ne devienne excessif. Pendant quelques minutes, entre chien et loup, les lumières crépusculaires permettent de faire de très belles images. L'éclairage urbain s'allume alors que l'on profite encore des derniers rayons du soleil, et cette ambiance est particulièrement esthétique. Mais elle ne dure que quelques minutes et n'autorise que rarement de réaliser plusieurs cadrages le même soir ; il est donc conseillé de repérer les lieux en plein jour. Certes, ne photographier qu'à ce moment privilégié est plus contraignant que de réaliser ses images par nuit noire (d'une durée bien plus longue…), mais la qualité des photos obtenues vaut largement ce petit effort.

Contrairement à ce que l'on croit souvent, le temps réputé « mauvais » peut donner de belles images. Cette photo du Sacré-Cœur a été réalisée par une triste journée d'hiver mais, moyennant un peu de retouche (pour accentuer le contraste du ciel et des nuages) et une conversion noir et blanc, le rendu est assez plaisant et bien moins classique que la « carte postale » réalisée par beau temps.

Adapter la mesure de la lumière

Le D80 dispose de trois modes de mesure de la lumière par réflexion. La sélection du mode actif se fait en pressant la touche ad hoc et en tournant la molette arrière jusqu'à ce que le pictogramme du mode désiré s'affiche sur l'écran secondaire. Notez que via le Réglage personnalisé 16 Commande FUNC, il est possible d'assigner à cette touche un mode de mesure donné, ce qui est très pratique (voir mode d'emploi page 92). (D'après documents Nikon)

Pour que l'image soit bien exposée, il faut que la quantité de lumière disponible soit correctement évaluée et interprétée, puis convertie en valeurs de vitesse et de diaphragme en fonction de la sensibilité sélectionnée (voir « Comprendre l'exposition » page 100). Cette mesure de la lumière et son analyse sont dans la majorité des cas réalisées par le posemètre (ou cellule) mais, comme nous allons le voir, il reste bien entendu possible d'en assurer soi-même l'interprétation (notamment en fonction du format d'enregistrement des images, RAW ou JPEG, comme nous le verrons plus loin). Il existe différents types de posemètres, plus ou moins perfectionnés, intégrés ou non à l'appareil.

Avant de choisir un mode de mesure plutôt qu'un autre (mesure Matricielle, Pondérée centrale ou Spot), il faut comprendre comment ils fonctionnent, ce qui permet d'en anticiper les erreurs. Les mesures du D80 s'effectuent par réflexion : c'est la lumière renvoyée par le sujet qui est analysée. Or, selon sa nature, sa matière, sa surface et sa couleur, chaque sujet renvoie (réfléchit) une part plus ou moins importante de la lumière qu'il a reçue. Des études ont été menées pour déterminer le coefficient de réflexion moyen d'un sujet courant ; elles ont abouti à un coefficient de 18 %. C'est donc pour ces 18 % réfléchis que sont étalonnées les cellules, de façon à donner des résultats optimaux dans une utilisation normale.

Mesure incidente ou réfléchie ?

Si le posemètre du D80 ne permet de réaliser des mesures que par réflexion, on peut toujours effectuer une mesure par incidence avec certains posemètres indépendants (Sekonic, Gossen, etc.). Ce n'est alors plus la lumière renvoyée par le sujet qui est mesurée, mais la lumière qui l'atteint.

Les posemètres pour mesure incidente présentent une sorte de demi-sphère blanche, appelée « intégrateur », juste devant l'élément sensible de la cellule. Cet intégrateur ne laisse passer que 18 % de la lumière qui atteint réellement le sujet, de façon à ce que la cellule (toujours étalonnée pour un sujet moyen qui réfléchirait 18 % de la lumière reçue) donne un résultat optimal. La mesure se fait donc au niveau du sujet lui-même, en orientant le posemètre dans la direction de l'appareil.

Même si elle n'est pas toujours très pratique à mettre en œuvre (la mesure de la lumière et la prise de vue se font en deux temps), la mesure par incidence offre une précision appré-

Mesure incidente et filtres

Attention à l'utilisation de filtres. Certains d'entre eux réduisent en effet la quantité de lumière qui atteint le capteur. La mesure TTL du boîtier en tient compte, mais pas la mesure incidente par un posemètre externe. Il faut donc interpréter les valeurs données par une cellule externe en fonction du facteur de multiplication de temps de pose gravé sur la monture du filtre. Sans cette précaution, l'image sera sous-exposée. Par exemple, si l'on utilise un filtre gris neutre « ×2 » et que le posemètre à main affiche 1/125 s à f/11, il faut multiplier par deux la quantité de lumière atteignant le capteur, soit en ouvrant le diaphragme d'une valeur (f/8), soit en multipliant la durée d'obturation par deux (1/60 s) pour obtenir une bonne exposition. Les filtres anti-UV ou Skylight laissant passer la quasi-intégralité de la lumière, ils n'imposent pas cette précaution.

ciable puisqu'elle ne tient pas compte du coefficient de réflexion du sujet. Elle évite ainsi facilement les pièges que sont les sujets trop clairs (sable blanc, paysage enneigé, reflets, etc.) ou trop sombres (sous-bois, personnages habillés en noir, etc.) avec lesquels une mesure par réflexion nécessite une correction plus ou moins importante.

Utiliser le D80 en mesure incidente

Même si les deux appareils ont de nombreux points communs, le posemètre du D80 n'est malheureusement pas celui du D200 et sa précision est moindre ; il arrive ainsi que l'exposition calculée par l'appareil soit erronée et instable. Il est donc judicieux de comprendre le fonctionnement des différents modes d'exposition du boîtier afin d'assurer soi-même l'interprétation de la mesure. Car là encore, aucun automatisme, aussi perfectionné soit-il, ne saura deviner les intentions du photographe : l'exposition de l'image est également un parti pris esthétique.

Le prix d'un posemètre à main n'est pas négligeable ; pour une utilisation occasionnelle, l'investissement reste élevé. On peut, à la place, utiliser un accessoire que l'on dispose devant l'objectif en guise d'intégrateur et se servir de son boîtier comme d'une cellule externe en le plaçant directement devant le sujet, orienté vers la lumière. Une fois la mesure effectuée, il suffit de reporter vitesse et diaphragme en mode Manuel ou de mémoriser l'exposition et de faire la photo. Cette technique nécessite bien entendu de disposer d'assez de temps pour préparer sa prise de vue : idéale en paysage, elle est plus difficile à mettre en œuvre en reportage.

La seule vraie difficulté tient dans le choix de l'élément servant d'intégrateur. Il doit offrir un coefficient de transmission le plus proche possible de 18 % et, bien sûr, être blanc (et le rester) pour ne pas créer de risque d'erreur. Il ne doit en effet modifier que la quantité de la lumière reçue, pas sa qualité ni sa couleur – ce qui induirait des décalages d'exposition. J'avoue avoir essayé pas mal d'objets usuels ; en comparant les résultats procurés par mon propre posemètre externe, c'est finalement le couvercle d'un pot de Nutella qui m'a donné les meilleurs résultats. Attention, comme le « filtre » utilisé est plat, contrairement à l'intégrateur

Un couvercle de pot de Nutella peut faire office d'intégrateur pour utiliser son D80 en guise de posemètre à mesure incidente. Dans la pratique, on est assez loin du confort de l'utilisation d'une vraie cellule, mais le rapport qualité/prix est incomparable et les résultats très bons, si l'on prend la peine de bien surveiller l'orientation de l'appareil (il doit faire parfaitement face au point de vue duquel sera faite la photo).

d'un posemètre dédié, il faut l'orienter de façon précise pour éviter de trop grosses erreurs de mesure. Bien qu'approximative, cette méthode est assez efficace et d'un rapport qualité/prix imbattable !

Les trois modes de mesure de la lumière du D80

Le Nikon D80 dispose d'un posemètre par réflexion hérité des reflex pro de la marque et effectue des mesures TTL (*Through The Lens*, à travers l'objectif). Son système de mesure utilise par ailleurs un minuscule capteur CCD placé dans le capot entourant le viseur. Ce dernier est issu du Nikon D50 et dédié à cette seule tâche. Il est doté de 420 zones d'analyse et d'un système d'interprétation (une sorte de base de données de 30 000 cas types : contre-jour, brume, nuit, etc.) assurant l'exploitation des mesures. On peut regretter que Nikon n'ait pas doté le D80 du système de mesure du D200 faisant appel à 1005 zones et dont la précision est en pratique bien meilleure. Le D80 a en effet une tendance à la surexposition, notamment en mesure Matricielle.

Ce capteur étant couvert d'un filtre mosaïque coloré, à l'image de celui qui couvre le capteur de prise de vue (voir « Enregistrer en RAW ou en JPEG » page 160), il est aussi sensible à la couleur, ce qui permet une analyse encore plus fine et facilite la détermination de la balance des blancs. De plus, en privilégiant ou en minorant certaines zones, l'ensemble CCD + système d'interprétation autorise trois modes de mesure différents : mesure Matricielle, Pondérée centrale et Spot. Les spécificités et le fonctionnement de ces modes seront développés plus loin afin d'aider chacun à choisir le plus adapté à la photo à réaliser, à ses habitudes et/ou à ses intentions en termes de rendu photographique, mais aussi à anticiper les erreurs du système. Notez que le correcteur d'exposition, le bracketing et la mémorisation de la mesure (voir rubrique suivante) restent accessibles quel que soit le mode de mesure de la lumière que vous choisirez.

Mesure Matricielle

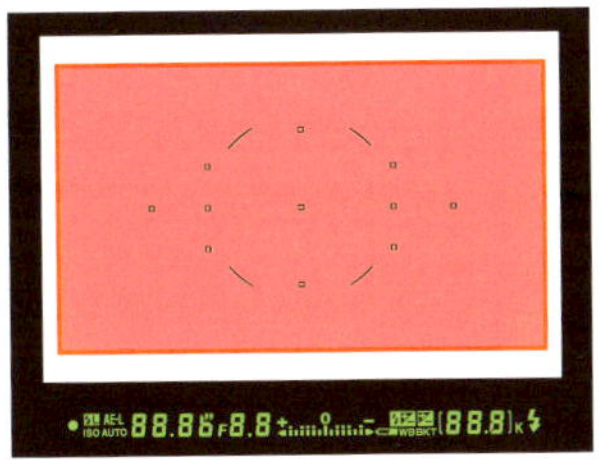

La mesure Matricielle est la solution la plus rassurante puisqu'elle conduit dans la grande majorité des cas à de bons rendus, l'appareil se chargeant de l'interprétation des données mesurées sans que l'utilisateur n'ait à pondérer les résultats. Sur le D80, cette mesure va bien plus loin qu'une simple moyenne des différentes zones mesurées, ou qu'une rapide comparaison des répartitions et intensités analysées avec une base de données de cas types. Le boîtier est en effet doté d'une mesure de la lumière très perfectionnée, à la fois en quantité et en qualité, faisant appel à l'analyse des couleurs du sujet alors que tous les systèmes concurrents sont achromates (insensibles à la couleur). Ce système dit « mesure Matricielle couleur » a été instauré sur le F5 en 1996 et a depuis largement fait ses preuves. Le D80 utilise la deuxième génération de cette mesure Matricielle couleur 3D.

L'analyse tient compte de nombreux paramètres : la couleur, l'intensité lumineuse générale, la répartition des intensités lumineuses, le contraste de la scène, l'information de distance entre l'appareil et son sujet (avec les objectifs disposant de la puce D, voir « Choisir au mieux ses objectifs », page 66), et même la focale utilisée. L'appareil connaissant aussi la position du sujet dans le cadre (grâce au capteur AF actif, en partant du postulat que c'est sur le sujet le plus important que la mise au point est faite), il est en mesure de prendre en compte de façon subtile les conditions de prise de vue, le sujet et les couleurs. Cette information colorée a une importance capitale car l'œil humain ne présente pas la même sensibilité à toutes les teintes (il est bien plus sensible au vert qu'au rouge ou au bleu), particularité dont ne peut pas tenir compte un dispositif de mesure achromate. Le D80 évite par exemple certaines erreurs d'exposition en forêt ou devant un paysage, où la forte proportion de feuillages peut tromper un posemètre classique. Une fois la scène analysée en profondeur et comparée aux 30 000 cas types mémorisés, l'appareil adapte au mieux vitesse et diaphragme en fonction de la quantité de lumière disponible et de la sensibilité ISO sélectionnée.

Le boîtier est donc en théorie capable de se sortir de situations difficiles telles que les contre-jours ou les scènes comprenant des reflets (sur l'eau notamment). Si en photo classique ou en utilisation familiale, la mesure Matricielle est efficace dans 90 % des cas (en portrait comme en paysage ou en photo d'intérieur), l'expérience montre que le système à 420 zones se révèle parfois décevant. Dans la pratique, dès que le contraste du sujet est un peu prononcé, le D80 a une certaine tendance à la surexposition et restitue des hautes lumières cramées. De plus, il n'est pas toujours évident de prévoir ce défaut en mesure Matricielle puisqu'il est impossible de savoir avec précision comment ont été moyennées et interprétées les mesures de l'appareil. Cependant, avec un peu d'entraînement et en apprenant à interpréter les données mesurées (voir la rubrique suivante), on peut obtenir d'excellents résultats avec les mesures Pondérée centrale et Spot, moins sujettes aux erreurs.

En mode de mesure Matricielle, le D80 analyse la quasi-intégralité de l'image avec une matrice de 420 pixels (difficile à matérialiser sur le schéma) et compare les données reçues à une base de données de 30 000 cas types afin d'adapter de façon optimale le couple vitesse-diaphragme à la luminosité de la scène. Cette mesure est appliquée par défaut mais montre en pratique une légère tendance à la surexposition.

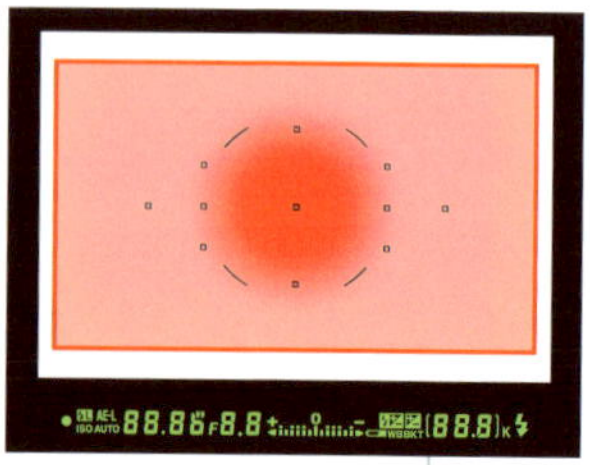

La mesure Pondérée centrale analyse l'intégralité de la scène en privilégiant une pastille au centre du cadre, matérialisée par le cercle visible dans le viseur. Idéal en portrait, ce mode de mesure est aussi le préféré des photographes rétifs aux automatismes, car ses erreurs sont faciles à anticiper. Il permet une maîtrise plus intuitive de l'exposition.

Mesure Pondérée centrale

La mesure Pondérée centrale est en quelque sorte simulée par le système du D80, qui privilégie alors certaines des zones du capteur de mesure de lumière par rapport à d'autres. Comme le sous-entend son nom, la mesure Pondérée centrale donne la priorité au centre de l'image et tient moins compte de son pourtour. C'est le mode que l'on choisira dès que l'on voudra réaliser une mesure précise sur une portion de l'image (en photo de concert notamment, pour favoriser le chanteur sur un fond noir ou en portrait, quand le visage du modèle est privilégié par rapport à l'arrière-plan) ou que l'on souhaite mémoriser cette exposition. Attention cependant : la couverture du cercle de mesure est assez large et, avec un objectif grand-angle, on ne disposera pas toujours de la précision désirée.

Avec un peu d'habitude, et si la zone de mesure est bien choisie, la mesure Pondérée centrale est facile à interpréter et autorise une bonne maîtrise de l'exposition. Évitez notamment les zones trop denses qui conduisent à la surexposition de l'image ou les zones trop claires qui, elles, génèrent des images sous-exposées. Notez bien que, si la mesure Spot assure un surcroît de précision dans certains cas, son utilisation est aussi plus délicate. Aussi, si votre maîtrise de cet outil n'est pas certaine, mieux vaut éviter ce mode de mesure qui peut conduire à des erreurs souvent impossibles à rattraper dans un logiciel de retouche.

Sachez enfin que le diamètre du cercle de mesure Pondérée centrale du D80 est paramétrable. Le Réglage personnalisé 12 *Pondérée centrale* permet de choisir entre 3 diamètres différents : 6, 8 ou 10 (8 mm étant l'option activée par défaut). Ce choix dépend des habitudes de chacun ; pour ma part, j'ai opté pour l'option 10 mm, qui correspond le plus à mes habitudes puisqu'elle est à peu près la même que celle des Leica M que j'utilise encore à titre personnel.

Mesure Spot

La mesure Spot est un outil pratique, mais assez difficile à maîtriser. Son principe est simple : il s'agit d'effectuer une mesure de lumière sur une zone très petite, quasi ponctuelle, qui, dans le cas du D80, représente environ 2 % seulement de la surface cadrée (soit un cercle de 3 mm dans le viseur). Attention, car la zone mesurée sera toujours « ramenée » par la cellule au gris neutre à 18 %. Aussi, si le choix de cette zone de référence est erroné, la photo sera irrémédiablement sur ou sous-exposée. L'idéal est bien sûr de pouvoir réaliser cette mesure sur une charte gris neutre (voir plus loin).

La mesure Spot est pourtant intéressante pour le photographe expert et/ou créatif qui peut profiter de son extrême précision. Pour reprendre l'exemple du concert, une telle mesure réalisée sur le visage du chanteur permet d'obtenir une image bien exposée sans risque que l'appareil ne se fasse piéger par les spots colorés ou les fumigènes.

Notez que la mesure Spot du D80 est couplée au capteur AF actif, sauf si l'appareil est en mode Zone AF Automatique ou qu'il est utilisé avec un objectif sans CPU, auxquels cas la mesure est effectuée sur le capteur central. Cela a pour but d'assurer la meilleure exposition possible du sujet (en partant toujours du principe que c'est sur lui que l'on fait la mise au point), mais cette aide peut aussi tromper le photographe expert ou l'induire en erreur. Mieux vaut bien avoir à l'esprit la zone sur laquelle la mesure est faite pour éviter les déconvenues.

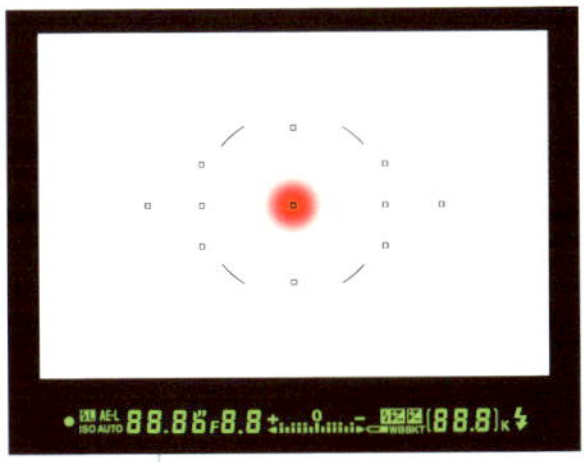

En mesure Spot, seule une minuscule partie de la scène est mesurée (au centre ou couplée au collimateur AF actif). La précision offerte est très bonne, mais la sélection de la zone de référence est difficile pour qui n'a pas déjà une certaine expérience de l'exposition. Si la zone de mesure est mal choisie, l'exposition sera à coup sûr erronée et les résultats pourront être désastreux. L'idéal est d'utiliser cette mesure avec une référence fiable, comme un carton gris neutre à 18 %.

Exposition et charte de gris

Quels que soient le sujet visé et le mode de mesure sélectionné, la cellule considère le sujet comme un sujet type doté d'un coefficient de réflexion moyen (les 18 % évoqués précédemment). Si c'est le cas, la mesure sera juste et l'image bien exposée. En revanche, devant un sujet très clair, l'analyse sera faussée car la cellule considérera cette clarté comme une surexposition et réduira la quantité de lumière atteignant le capteur. Au final, la photo sera sous-exposée, le blanc du sujet sera gris et les éléments à l'ombre complètement noirs. C'est souvent ce qui se passe lorsqu'on photographie un skieur sur fond de piste enneigée par exemple. Inversement, la cellule interprétera un sujet foncé comme sous-exposé. Elle augmentera donc la quantité de lumière atteignant le capteur et la photo sera surexposée : les noirs seront gris et les hautes lumières totalement blanches, sans informations pouvant être restituées par une retouche. Cette situation piège se produit en forêt notamment, dans les sous-bois peu éclairés, car la cellule a souvent tendance à surexposer et les zones où le soleil filtre à travers les feuilles des arbres sont alors brûlées.

Pour éviter les erreurs d'exposition les plus grossières (surtout quand on utilise la mesure Spot), on peut commencer par mesurer la lumière sur un élément de référence dont le coefficient de réflexion est de 18 %, puis réaliser la prise de vue avec les paramètres ainsi déterminés. Plusieurs constructeurs commercialisent des chartes grises – la charte apparaît grise car elle renvoie 18 % de chacune des trois composantes colorées de la lumière – faciles à utiliser, cartonnées (chez Kodak) ou pliables (comme la EzyBalance de Lastolite). Disposez la charte face à l'appareil en veillant à ce que la lumière qui l'atteint soit la même que celle qui éclaire le sujet, réalisez une mesure sur ce gris (une mesure Spot par exemple), et mémorisez-la avec la touche AE-L/AF-L (AE-L AF-L) avant de faire votre photo (voir la rubrique suivante).

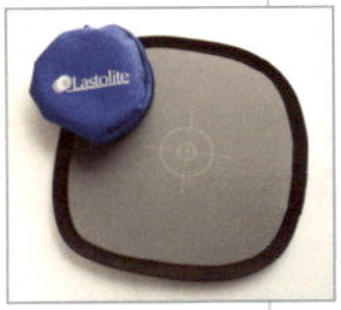

L'utilisation d'une charte de gris est très simple. Dans un premier temps, il suffit de placer la charte dans la lumière juste devant le sujet, en veillant à ne pas faire d'ombre, et de réaliser la mesure de la lumière sur la charte. Une fois la mesure mémorisée, il ne reste plus qu'à sortir la charte du champ et déclencher. La charte EzyBalance (commercialisée par MMF-Pro) a l'avantage d'être pliable et de disposer en son centre de repères facilitant la mise au point, repères dont sont dépourvues les chartes cartonnées Kodak.

Gare à la surexposition

Quoi qu'on en dise, en numérique, l'exposition ne supporte que très peu d'imprécision. Certains défauts ne sont d'ailleurs pas rattrapables sur ordinateur. Une forte surexposition donnera non seulement des zones blanches dépourvues d'information (on les dit « cramées » dans le jargon et elles sont malheureusement courantes avec le D80), mais aussi parfois un phénomène de *blooming*. Ce terme, qui n'a pas d'équivalent en français, décrit la réaction du capteur dont les puits de lumière débordent. On voit alors apparaître des pixels parasites plus ou moins colorés autour des zones de forte luminosité. Même si le D80 est moins sensible au blooming que certains boîtiers plus anciens ou concurrents, le phénomène apparaît parfois et est particulièrement sensible à contre-jour.

Pour éviter la saturation des puits de lumière, des drains sont prévus dans la structure du capteur pour évacuer les électrons superflus. Mais, d'une part ils ne sont pas efficaces en cas de forte surexposition et ne peuvent alors pas empêcher le blooming, et d'autre part il arrive que les drains saturent à leur tour quand une très forte source lumineuse (phares de voiture, éclairage public la nuit, etc.) se trouve dans le champ cadré. Certains électrons atteignent un photosite voisin et créent une information aberrante. C'est le *smear* (autre terme sans équivalent en français) qui se traduit par l'apparition d'une ligne lumineuse verticale ou horizontale, parfois colorée. Une retouche manuelle de la zone est alors incontournable.

Enfin le *purple fringing*, autre phénomène lié à une forme de surexposition du capteur, est lui presque irrattrapable. En cas de fort contraste, sur des reflets ou des contre-jours violents, il arrive que les zones contrastées soient entourées d'une frange pourpre ou violacée. L'exposition générale n'est pas en cause, le problème est local. Le phénomène existait déjà en argentique, mais il est encore plus sensible en numérique et les spécialistes ne sont pas d'accord sur le pourquoi de la couleur du phénomène ni sur ses mécanismes d'apparition. Il serait selon certains consécutif à la saturation des puits du capteur (de moindre importance que dans le cas du blooming, et uniquement dans des teintes pourpre-violacé). Pour d'autres, il résulterait d'une diffraction locale qui créerait une interférence au niveau des contours du sujet lui-même. D'aucuns, enfin, accusent des aberrations chromatiques au niveau du réseau de microlentilles coiffant le capteur du boîtier.

Il est possible de corriger une légère sur ou sous-exposition sur un logiciel de retouche, mais les pertes de qualité sont souvent visibles sur les images JPEG. Dans certains cas, elles le seront aussi sur les images RAW. Ici, la mesure Matricielle a été piégée par le contraste de la scène. L'image est surexposée et, malgré un développement soigné, les hautes lumières restent « cramées ».

Même si ces défauts sont assez rares, smear et blooming peuvent entacher les images quand il y a une source lumineuse puissante dans le cadre. Sur cette photo de végétaux à contre-jour (réalisée avec un Nikon D50), le soleil de face est fortement surexposé et l'on voit apparaître des pixels aberrants plus ou moins colorés et rassemblés en lignes verticales et horizontales. Ils sont dus à la saturation des drains du capteur. Nos essais semblent montrer que le D80 (seconde photo) est moins sensible à ces problèmes, mais ils ne sont pas pour autant inexistants avec ce boîtier.

Le purple fringing peut apparaître même à la tombée de la nuit, comme ici sur des branchages contrastant fortement avec le ciel. Rares sont les automatismes efficaces face à ce défaut. DxO Optics Pro (à partir de sa version 3.5) intègre un outil assez performant. Par ailleurs, une désaturation partielle des teintes bleu-violacé dans un logiciel de retouche permet une assez bonne correction sans trop altérer le reste des couleurs.

Interpréter la mesure de la lumière

Comme nous l'avons vu dans la rubrique précédente, la mesure Matricielle du D80 donne des résultats satisfaisants dans la majorité des cas, mais reste sujette aux erreurs. Les mesures Pondérée centrale et Spot permettent alors de pallier la faiblesse de l'automatisme face à certaines situations « piège ». Mais quel que soit le mode sélectionné, interpréter et corriger les valeurs de vitesse et diaphragme proposées par l'appareil est souvent nécessaire et permet surtout au photographe de reprendre la main sur l'aspect créatif de l'exposition, que l'appareil ne peut en aucun cas assurer seul. Le D80 dispose de différentes options aptes à satisfaire les photographes les plus exigeants. Notez que l'on peut facilement visualiser l'image sur l'écran arrière et avoir une idée assez précise de la justesse de l'exposition en affichant l'histogramme et/ou les zones « cramées » (voir « Lire et interpréter l'histogramme » page 198) ; c'est une aide précieuse. Sans elle, estimer l'exposition est utopique.

Le correcteur d'exposition

Le correcteur d'exposition est dédié, comme son nom l'indique, à la correction de la mesure de la lumière, soit pour rattraper systématiquement une légère tendance à la sur ou à la sous-exposition du boîtier (qui peut varier d'un appareil à l'autre), soit pour des corrections ponctuelles plus prononcées face à un sujet « hors norme » qui aura tendance à piéger la cellule (comme le skieur sur la neige que nous évoquions dans la précédente rubrique).

Il est bien entendu conseillé de s'entraîner afin de bien maîtriser la correction et son intensité pour éviter la surexposition ou la sous-exposition ; seule l'expérience (et l'analyse de ses erreurs) permettra de se familiariser avec cet outil. Il reste cependant délicat de compenser de la sorte les erreurs de la mesure Matricielle car celles-ci ne sont pas linéaires ; on préférera donc utiliser les mesures Pondérée centrale ou Spot. Rappelez-vous toujours du mode de mesure activé et ne perdez pas de vue que le sujet visé sera traité comme un gris à 18 %. En cas de doute, n'hésitez pas à multiplier les essais, par exemple en bracketant (voir plus loin).

Le correcteur d'exposition est très facile à utiliser et le réglage actif est rappelé dans le viseur et sur l'écran secondaire au moment de la configuration. Attention cependant, le sens de la correction n'est pas logique : le « moins » est à droite et le « plus » est à gauche, ce qui peut donner lieu à des erreurs...
(D'après documents Nikon)

Quand le ciel est couvert, il est courant que les images soient trop denses, même en mesure Matricielle, comme ici sur la première photo. Avant de réaliser la seconde image, j'ai donc appliqué une correction d'exposition volontaire de + 1 IL pour éviter que la mesure ne soit piégée par la forte proportion de ciel ; bien qu'encore perfectible, le résultat est beaucoup plus harmonieux.

Notez que la correction d'exposition du D80 s'applique dans les modes P, S, A et M, sur une échelle de - 5 à + 5 IL, par demi ou tiers de valeur. Pour l'activer, il faut maintenir enfoncée la touche idoine et tourner la molette vers la gauche (pour sous-exposer par rapport à la mesure et obtenir une image plus dense) ou vers la droite (pour surexposer et obtenir une image plus claire). Notez enfin que la mise hors tension de l'appareil n'annule pas la valeur de la correction d'exposition ; il vous faudra procéder manuellement à une remise à zéro pour éviter les erreurs (voir mode d'emploi page 54).

Mieux utiliser la mesure Spot avec le correcteur d'exposition

L'utilisation la plus simple de la mesure Spot consiste à l'employer comme on le fait en diapo. Il suffit de réaliser sa mesure sur le point le plus blanc de l'image et d'appliquer ensuite une correction d'exposition. En effet, la mesure Spot va « ramener » ce point blanc à un gris à 18 %, et une correction volontaire de + 2,3 ou 2,5 IL rétablira alors une exposition idéale. Le blanc sera donc bien blanc et les hautes lumières conserveront le modelé perçu à l'œil ; elles ne seront en aucun cas « percées ». Cette méthode est plus intuitive et plus simple à mettre en œuvre que la mesure directe sur une zone moyenne, dont l'appréciation exacte reste difficile et donne souvent lieu à des erreurs.

Utiliser la mémorisation d'exposition

Le principe de la mémorisation d'exposition est assez proche de celui du cadrage-décadrage utilisé pour la mise au point (voir « Gérer l'AF et ses capteurs » page 90). Cette technique est particulièrement utile en cas de contre-jour ou pour éviter que la présence d'un reflet important ne perturbe la mesure de la lumière et son interprétation.

En pratique, il faut mesurer la lumière sur un élément représentatif ou privilégié du sujet, même s'il n'est pas au centre – et même s'il est hors champ. Choisissez de préférence une mesure

Pour empêcher la cellule de se faire piéger par les reflets clairs et les ombres denses de l'image, j'ai sélectionné ici la mesure Spot. La partie à l'ombre du visage du mannequin m'a semblé la plus proche du gris à 18 %, c'est donc là que j'ai choisi de réaliser ma mesure avant de la mémoriser, d'adopter mon cadrage définitif et de déclencher.

Pondérée centrale ou Spot pour plus de précision. Pressez ensuite le bouton AE-L/AF-L avec le pouce avant d'adopter le cadrage définitif, puis déclenchez. La mémorisation est signalée dans le viseur par la mention « AE-L » *(Auto Exposure Locked)* : tant qu'elle est allumée, la mesure est figée. Mais attention au Réglage personnalisé 18 *AE-L/AF-L*, dont certaines options rendent la mémorisation de l'exposition impossible (voir « Paramétrer les Réglages personnalisés » page 210).

Cette fonction de mémorisation est très utile en cas de forts contrastes ou quand certaines zones de l'image ne sont presque pas éclairées, comme lors d'un concert. Il suffit alors de mémoriser la mesure Pondérée centrale ou Spot sur un musicien puis de décadrer, pour éviter que la cellule ne se laisse piéger par le fond noir et les éclairages contrastés. Mais attention, mieux vaut opérer vite car si la lumière change entre la mesure et la prise de vue, l'exposition sera faussée. Notez que la mémorisation est parfaitement utilisable en complément du correcteur d'exposition ou du bracketing.

Bracketing automatique

Le bracketing (terme qui n'a pas d'équivalent en français) est une technique qui consiste à réaliser une série de plusieurs images en faisant varier l'exposition ; on sélectionne ensuite la plus satisfaisante. Le principe est simple : il s'agit d'encadrer la mesure donnée par la cellule (présumée juste) par deux autres, en surexposition et en sous-exposition. On dispose ainsi de différentes interprétations de l'image, l'une normale, les autres plus claires ou plus denses. Il est possible de réaliser des séquences de deux ou trois vues (voir mode d'emploi page 56). Sur le D80, on peut régler le pas du bracketing par tiers ou demi-valeur de diaphragme, et ce sur un intervalle allant jusqu'à ± 2 IL.

L'objectif de cette technique est d'obtenir facilement une photo bien exposée, mais elle souffre d'un certain nombre de défauts qui en réduisent plus ou moins l'intérêt. Comme le bracketing s'effectue systématiquement sur plusieurs images, l'autonomie de la carte mémoire est réduite, ce qui n'a rien de négligeable. L'autre limite pénalisante réside dans le fait que les différents déclenchements ne se font pas automatiquement : il faut presser le déclencheur plusieurs fois de suite (en avance vue par vue comme au retardateur), ce qui s'avère difficile avec un sujet mobile. Même en déclenchant en rafale (en maintenant la pression sur le déclencheur le temps de réaliser les trois vues), il est rare que la meilleure expression d'un visage ou le meilleur positionnement du sujet se trouve sur l'image la mieux exposée.

Ici, une correction d'un diaphragme montre bien l'effet de la fonction. L'ordre des vues du bracketing est modifiable via le Réglage personnalisé 14 Sens BKT Auto (voir mode d'emploi page 91). Par défaut, l'image dont l'exposition est présumée juste est saisie en premier, suivie de la version sous-exposée et enfin de la version surexposée. On peut préférer une succession plus « logique » (sous-ex., normal, surex.), plus facile à analyser en post-traitement.

Mais sur un sujet immobile, le bracketing peut se révéler intéressant pour augmenter la dynamique d'une photo. En plus d'une image à l'exposition moyenne, on disposera d'une version sous-exposée avec des détails dans les lumières mais pas dans les ombres, et d'une version surexposée comportant des informations dans les ombres mais pas dans les hautes lumières. Moyennant l'utilisation d'un trépied lors de la prise de vue et un peu de méthode et de patience, il est possible de fusionner ces trois images en ne conservant de chacune que les zones correctement exposées. Photoshop CS2 et 3 proposent d'ailleurs l'outil HDR *(High Dynamic Range)* spécialement dédié à cet usage. Avec une bonne habitude des calques et de leur mode de fusion avancé ou de la gomme, on peut cependant réaliser facilement ce montage à la main dans un autre logiciel (à condition qu'il gère bien les calques).

Grâce à l'utilisation d'un trépied à la prise de vue ou à la réalisation de deux images bracketées en rafale à main levée (si le sujet est statique et le photographe stable), on peut augmenter artificiellement la dynamique du capteur. Ici, l'écart entre les hautes lumières et les ombres n'était pas restituable par le capteur, mais en réalisant deux images à l'exposition volontairement décalée, il est possible de les fusionner dans Photoshop afin de ne garder de chacune que la partie correctement exposée. J'ai ainsi pu obtenir un montage au rendu harmonieux.

Maîtriser le flash intégré

Le D80 dispose d'un flash intégré qui, à défaut d'être irréprochable, a le mérite d'être toujours disponible. Il peut s'avérer efficace à condition d'en connaître les limites : manque de puissance, phénomène des yeux rouges, lumière inesthétique. Les déconvenues que l'on peut rencontrer sont assez nombreuses, mais l'accessoire est bien utile et, comme nous le verrons dans la rubrique suivante, il peut piloter sans fil différents flashs de reportage grâce au Creative Lighting System de Nikon. Il est ainsi possible de créer simplement un éclairage évolué, digne d'une lumière de studio.

Le flash i-TTL

Le système flash du D80 est à la fois performant et simple d'utilisation. Sur ce boîtier comme sur les reflex numériques Nikon récents, le système de mesure de lumière TTL (*Through The Lens*, à travers l'objectif), dérivé des systèmes argentiques, est très évolué. Le système TTL-OTF (*On The Film*), qui mesure la quantité de lumière réfléchie par le sujet directement sur le film et coupe l'éclair quand l'exposition est jugée satisfaisante, très efficace en argentique, a été revu pour tenir compte de certaines spécificités liées à la prise de vue numérique (notamment du plus fort coefficient de réflexion du capteur comparé au film).

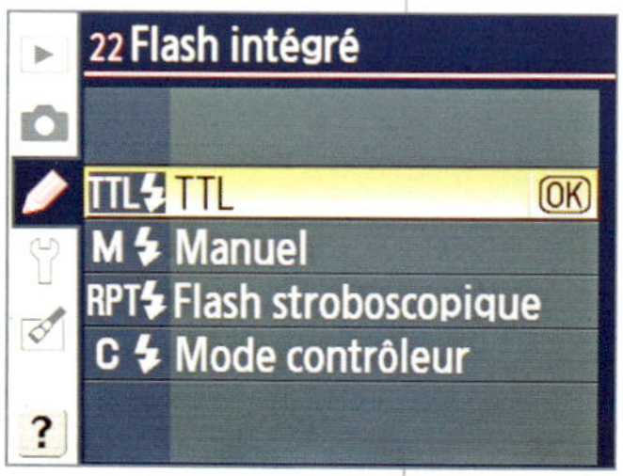

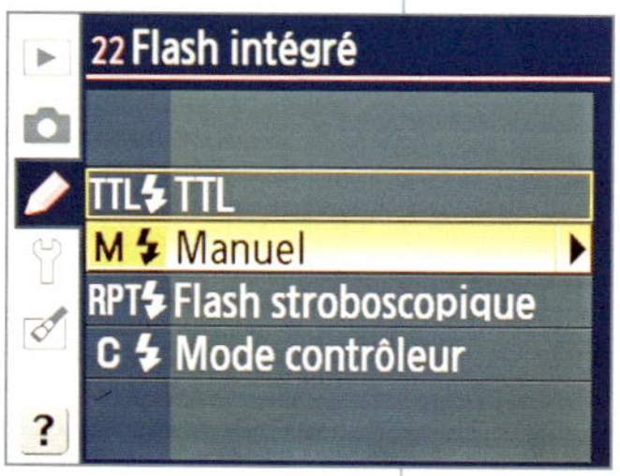

Nikon a donc mis au point un système appelé « i-TTL » qui fait appel à deux pré-éclairs émis juste avant la prise de vue. Le premier est de faible intensité et sert à évaluer la puissance de l'éclair pour assurer une bonne exposition du premier plan de l'image. Le second, plus puissant, a la même utilité, mais pour l'arrière-plan. La quantité de lumière réfléchie par le sujet pour chacun de ces deux pré-éclairs est ensuite mesurée sur la surface de l'obturateur et la cellule détermine la puissance optimale de la lumière du flash pour assurer un bon équilibre entre le premier plan et le fond de l'image. Toute l'opération est très rapide et à peine visible. En effet, les deux pré-éclairs sont imperceptibles, et leur mesure et leur interprétation par la cellule sont pratiquement instantanées, juste avant que n'intervienne l'éclair définitif, obturateur ouvert.

En mode TTL, le contrôle de l'exposition du flash est effectué par le D80 qui adapte la puissance de l'éclair aux paramètres de prise de vue. En mode Manuel, le flash est utilisable à pleine puissance ou à puissance réduite ; c'est alors au photographe de déterminer les paramètres assurant une exposition correcte.

En mesure de lumière Matricielle et avec un objectif D ou G, le calcul de l'exposition tient compte de l'information de distance communiquée par l'objectif pour un résultat encore plus juste. L'exposition au flash avec un objectif qui est dépourvu de la fameuse « puce D » ne peut, pour cette raison, être aussi précise.

Une lumière très dure

Utilisé comme éclairage principal, le flash intégré est toujours décevant : il aplatit les reliefs et les seules ombres qui restent sur l'image sont très dures et entourent le sujet d'un halo noir. Pour éviter ces ombres, on peut éloigner le sujet de l'arrière-plan, où elles se forment, mais la lumière du flash reste la même. À défaut de pouvoir la diriger sur une surface blanche qui la diffuserait sur le sujet (comme on le fait avec un flash externe orienté vers un plafond blanc ou un réflecteur), couvrir le flash d'une ou deux épaisseurs d'un mouchoir en papier blanc permet de « casser » un peu la dureté de l'éclairage. Certes, on perd en puissance, mais le résultat est bien plus esthétique.

Du fait de la petite taille de sa source et à cause de sa directivité, la lumière du flash intégré est très dure ; elle a tendance à « casser » une atmosphère. Le flash étant situé juste dans l'axe de l'objectif, l'éclair qu'il produit vient frapper le sujet de façon frontale, homogène et très dirigée. On peut cependant diffuser sa lumière avec un accessoire comme le Soft Screen de Lumiquest commercialisé par MMF-Pro.

On limite aussi de cette manière l'apparition des yeux rouges. La potence qui supporte le flash est en effet assez courte et l'éclair très près de l'axe optique a tendance à éclairer le fond de l'œil. La fonction Anti-yeux rouges de l'appareil a une efficacité assez bonne, mais le pré-éclair émis pour provoquer la contraction de la pupille du sujet ne permet pas de travailler discrètement. De plus, cette option induit un certain retard au déclenchement. L'astuce du mouchoir en papier ou du diffuseur, en plus d'être simple, est alors très efficace, bien plus que l'option de retouche du menu du même nom sur le D80 (voir « Découvrir le menu Retouche » page 40).

Les utilisateurs d'objectifs imposants (du type 70-300 mm et/ou zooms à grande ouverture) regretteront eux aussi la petite taille de la potence du flash intégré, car l'optique ou son pare-soleil créeront souvent une ombre prononcée en bas de l'image. Pour pouvoir utiliser des objectifs de grande taille, il sera préférable de travailler sans pare-soleil ou d'investir dans un flash de reportage, qu'il est possible de déporter de l'axe optique, contrairement au flash intégré.

Puissance du flash et portée de l'éclair

Le manque de puissance est l'une des principales faiblesses du flash intégré, qui n'est jamais qu'un flash d'appoint. Cette puissance s'exprime en nombre-guide (NG). Plus il est grand, plus la portée potentielle du flash est grande, et inversement, cette loi étant régie par la formule :

$$NG = n \times d,$$

où n correspond à l'ouverture de diaphragme et d à la distance flash-sujet exprimée en mètres.

Même si l'automatisme du boîtier se charge de calculer la distance de portée du flash et rend l'opération transparente pour l'utilisateur, on peut assez simplement l'estimer quand on connaît le nombre-guide du flash : il suffit de diviser ce dernier par la valeur de diaphragme.

Le nombre-guide étant généralement donné pour 100 ISO, on peut étendre artificiellement la puissance du flash (donc sa portée) en augmentant la sensibilité. À condition d'utiliser la même ouverture de diaphragme, chaque fois que l'on double la sensibilité de l'appareil on multiplie par $\sqrt{2}$ la portée de l'éclair (voir estimations dans le mode d'emploi page 141). Suivant la même logique, et comme on le voit sur l'équation qui précède, l'ouverture de diaphragme a elle aussi son importance. Plus le diaphragme est ouvert, plus la portée du flash est grande, et inversement.

Au flash, la fonction de sensibilité automatique du D80 peut avoir un intérêt. Si elle est activée (voir mode d'emploi page 88), le boîtier adaptera au mieux la sensibilité en fonction de la luminosité ambiante et de la distance de mise au point, dans le but d'obtenir une portée optimale de l'éclair de flash. Mais attention, dans le cas d'une série de vues, il arrive que d'une photo à l'autre, la sensibilité utilisée ne soit pas la même et crée des différences de rendu, notamment à cause du bruit dans l'image aux sensibilités ISO élevées. Pour ma part, je préfère fixer manuellement la sensibilité et obtenir une série d'images homogènes, quitte à réduire la profondeur de champ, en ouvrant le diaphragme, pour augmenter la portée du flash.

Même s'il n'est pas d'une très grande puissance, le flash intégré du D80 est pratique en plein jour pour déboucher un premier plan, et assez efficace pour ré-éclairer une scène d'intérieur où le sujet n'est qu'à quelques mètres. Mais n'oubliez pas que sa couverture est calculée pour un objectif de 18 mm. Avec un objectif de plus courte focale, les bords de l'image ne seront pas convenablement éclairés, ce qui induira une sorte de vignetage.

La vitesse de synchronisation

Pour éclairer correctement une scène, l'éclair du flash doit être synchronisé avec l'ouverture complète de l'obturateur. Celui du D80 utilise deux rideaux qui défilent verticalement. Au moment du déclenchement, le premier rideau s'ouvre et découvre le capteur. À la fin de l'obturation, le second rideau vient recouvrir le capteur, qui n'est donc plus exposé à la lumière.

L'inertie des lamelles de l'obturateur et leur temps de déplacement étant négligeables, la durée de l'exposition est déterminée par le laps de temps qui sépare le départ du premier rideau et l'arrivée du second. Si la gestion du flash avec les temps de pose dits « lents » est simple, elle est plus complexe avec les vitesses rapides. En effet, au-delà d'une certaine limite (que l'on appelle « vitesse de synchro »), l'obturateur ne s'ouvre plus entièrement : pour atteindre des vitesses d'obturation élevées, le second rideau est lancé avant que le premier ait fini sa course. L'obturateur forme alors une fente plus ou moins large qui balaie la surface du cap-

En extérieur et en particulier à contre-jour, utiliser le flash en plein soleil permet de déboucher un premier plan et de réduire le contraste de la scène. Ici, face cette fontaine, un éclair bien dosé permet d'éviter que la statue du premier plan ne soit rendue par un noir absolu et sans information. La seconde image est bien plus lisible et harmonieuse que la première faite sans flash.

teur en ne laissant passer la lumière qu'une fraction de seconde. Il est dans ce cas impossible d'utiliser un flash car, la surface du capteur n'étant pas totalement découverte, l'éclair du flash ne pourrait pas exposer correctement la scène.

Un flash multimode

Le flash intégré du D80 dispose de nombreux modes de fonctionnement qui peuvent effrayer le néophyte, mais qui sont finalement assez simples et logiquement pensés (voir mode d'emploi page 41).

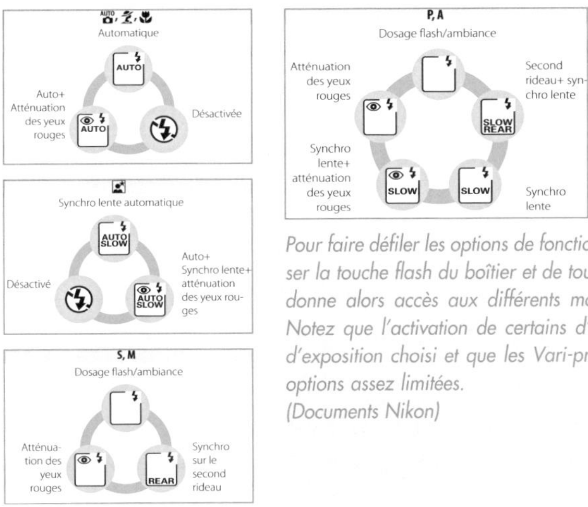

Pour faire défiler les options de fonctionnement du flash, il suffit de presser la touche flash du boîtier et de tourner la molette arrière. L'appareil donne alors accès aux différents modes décrits dans cette rubrique. Notez que l'activation de certains d'entre eux est tributaire du mode d'exposition choisi et que les Vari-programmes ne proposent que des options assez limitées.
(Documents Nikon)

Auto AUTO

Quand le mode Auto est activé, l'extraction du flash est automatique dans les Vari-programmes dès que l'appareil le juge nécessaire. Il reste cependant possible de désactiver celle-ci. Dans les modes d'exposition Expert, cette option n'est pas disponible et il faut, le cas échéant, penser à extraire manuellement le flash en pressant sur le touche idoine.

Désactivé

Il s'agit d'un programme automatique où le flash est déconnecté ; on le surnomme parfois « mode Musée », car il est très pratique là où le flash est interdit – comme dans la plupart des musées justement.

Mais on a bien plus souvent intérêt qu'on le croit à éviter le flash, que ce soit pour rester discret en prise de vue ou pour ne pas s'éblouir quand on photographie son reflet dans un miroir par exemple, ou encore quand le flash n'est d'aucun secours : quand on sait que sa portée n'est que de quelques mètres, on sourit en voyant des visiteurs mitrailler la Tour Eiffel au flash depuis la place du Trocadéro !

Slow **SLOW**

Par défaut, la synchronisation du flash se fait à une vitesse assez élevée pour éviter les flous de bougé. En intérieur cependant, le rendu des images est souvent décevant car, si l'œil s'adapte facilement au peu de lumière que fournit un éclairage domestique, l'appareil n'a pas cette faculté et par défaut le flash est considéré comme la source principale d'éclairage. La lumière est alors très dure, très frontale, et l'arrière-plan est sous-exposé car la vitesse d'obturation élevée ne permet pas de « capter » la faible lumière ambiante.

Le mode Slow permet d'utiliser le flash en synchro lente. Dans ce cas, la vitesse d'obturation calculée par le boîtier est adaptée à la luminosité de la scène et l'appareil équilibre éclair de flash et lumière ambiante. Les temps de pose sont longs (attention au flou de bougé), mais le rendu est bien plus plaisant et fidèle à ce que l'œil a pu percevoir.

Notez que dans les modes Expert, il est possible de combiner cette synchro lente à une correction d'exposition du flash pour doser encore plus subtilement l'équilibre entre flash et lumière ambiante (voir plus loin).

REAR **REAR**

Le mode REAR est le mode de synchronisation du flash sur le second rideau. Par défaut, quelle que soit la vitesse d'obturation sélectionnée, l'éclair de flash intervient quand le premier rideau de l'obturateur est totalement ouvert, autrement dit, au début de l'obturation.

On peut choisir de synchroniser l'éclair sur la fin de l'obturation, en particulier quand le sujet est en mouvement et que la photo mêle flash et lumière ambiante. Les traînées floues souli-

Le mode de synchronisation du flash est rappelé sur l'écran du boîtier. À chaque pictogramme correspond un mode donné (Auto, Atténuation des yeux rouges, Slow ou REAR). Selon le mode de prise de vue choisi, on pourra combiner l'utilisation de plusieurs modes flash, par exemple pour disposer à la fois d'une synchro lente (Slow) et d'une synchro sur le second rideau (REAR).

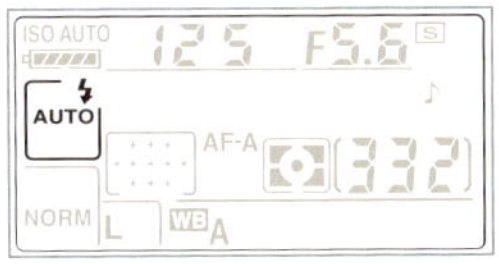

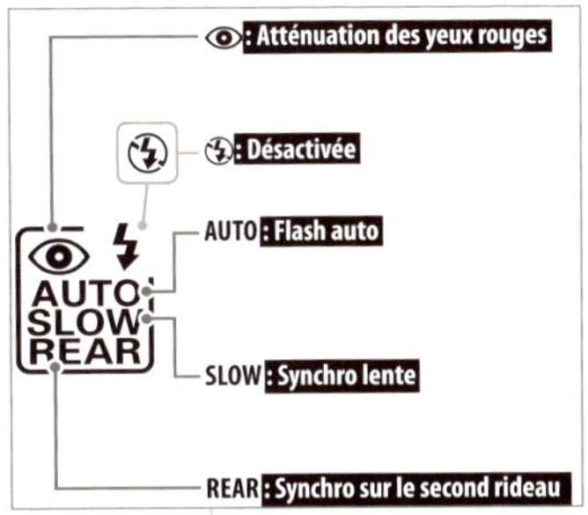

gnant le mouvement restent « en arrière » du sujet figé par le flash, alors qu'en synchro sur le premier rideau, les traînées semblent « devant » le sujet. On peut paramétrer cette option par défaut ; on n'utilisera la synchro sur le premier rideau que lorsque l'on travaille avec plusieurs flashs en mode esclave (les flashs esclaves sont alors déclenchés par l'éclair du flash maître).

Doser flash et lumière ambiante

Tout le monde l'a constaté au moins une fois, en intérieur, au flash, l'arrière-plan reste souvent sous-exposé et désespérément noir. La plupart du temps, ce défaut n'est pas dû, comme on le croit, à un manque de puissance du flash, mais bien à une forme de sous-exposition. En effet, l'arrière-plan de l'image, hors de portée du flash (intégré ou externe), n'est éclairé que par la lumière ambiante. Si cet arrière-plan est noir, c'est que l'appareil privilégie la lumière du flash pour déterminer l'exposition. Utiliser la synchro lente **SLOW** permet d'obtenir un rendu plus esthétique. Le D80 équilibre alors au mieux éclair de flash et lumière ambiante.

Vitesse d'obturation et diaphragme ont dans ce cas deux rôles distincts : pour une sensibilité donnée, le diaphragme va servir à gérer la quantité de lumière produite par le flash, alors que la vitesse d'obturation n'aura d'effet que sur l'arrière-plan.

La luminosité réduite de l'arrière-plan oblige souvent à utiliser des temps de pose assez longs (pour éviter le flou de bougé, passez à 400 ou 800 ISO – voir « Modifier la sensibilité » page 174), mais les résultats sont bien plus harmonieux qu'avec une vitesse d'obturation élevée qui ne peut capter l'ambiance lumineuse de la scène.

Le D80 assure en partie le dosage entre flash et lumière ambiante, mais on peut obtenir des rendus encore plus subtils grâce au correcteur d'exposition du flash. Celui-ci fonctionne sur le même principe que le correcteur d'exposition global (voir la rubrique précédente), mais n'affecte que le flash. Avec une correction de - 0,7 ou - 1 IL, l'éclair de flash est en légère sous-exposition par rapport à la lumière ambiante et l'image gagne en subtilité.

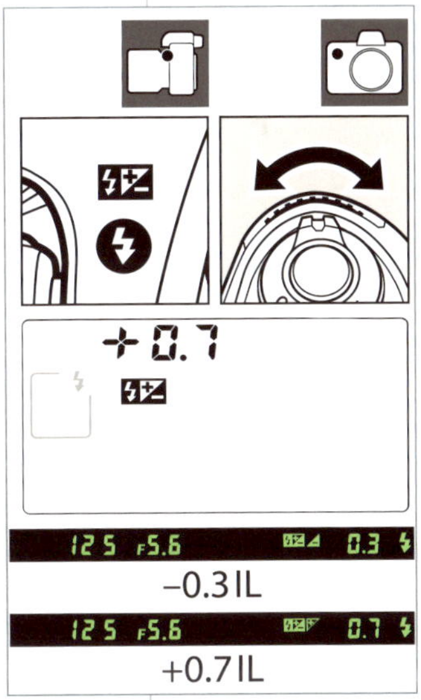

La correction d'exposition au flash s'applique en pressant les touches flash et correction d'exposition, puis en tournant la molette avant du D80 jusqu'à obtenir la valeur désirée. La correction est indiquée sur l'écran externe et on dispose d'un rappel dans le viseur. (Documents Nikon)

Il est impossible de donner un couple vitesse-diaphragme universel, mais dans un intérieur moyennement éclairé, 1/15 s f/5,6 à 400 ISO est une bonne base. Si l'arrière-plan reste trop dense, passez à 800 ISO ou allongez encore le temps de pose. S'il est trop clair, appliquez la logique inverse.

Mémorisation d'exposition et bracketing au flash

Lorsque l'on utilise la technique du cadrage-décadrage (voir « Gérer l'AF et ses capteurs » page 90), l'exposition au flash peut s'avérer décevante en raison de l'écart entre la scène mesurée et celle réellement cadrée (puisque le sujet n'est plus au centre de l'image). Il est alors intéressant d'utiliser cette mémorisation.

En affectant à la touche FUNC la mémorisation de l'exposition au flash (avec le Réglage personnalisé 16 *Commande FUNC*, voir mode d'emploi page 92), il suffit, après avoir extrait le flash, de cadrer son sujet au centre, de presser le déclencheur à mi-course puis d'appuyer sur la touche FUNC. Le flash émet alors un pré-éclair qui est mémorisé et le pictogramme ⚡L apparaît dans le viseur pour le confirmer. On peut ensuite appliquer son cadrage définitif et déclencher, avant d'appuyer à nouveau sur la touche FUNC pour désactiver la mémorisation.

Il est aussi possible d'affecter cette même mémorisation à la touche AE-L/AF-L (ce qui permet d'utiliser une autre possibilité de la touche FUNC selon ses habitudes et références). Le principe de la mémorisation d'exposition reste le même, mais on aura alors recours au Réglage personnalisé 18 *AE-L/AF-L* et à l'option Mémorisation FV (voir mode d'emploi page 94).

Enfin, on peut procéder à un bracketing au flash. Même s'il impose de réaliser plusieurs déclenchements (ce qui ne facilite pas son utilisation avec un sujet mobile), il permet parfois de se sortir de situations où l'exposition au flash est délicate. On peut ainsi disposer de différentes variations de la puissance de l'éclair, avec ou sans modification de l'exposition de la lumière ambiante, selon l'option choisie au Réglage personnalisé 13 *Réglage BKT auto*. Pour ma part, je vous conseille de n'utiliser que l'option Flash seulement, qui permet de conserver une exposition constante de la lumière ambiante et de n'appliquer le bracketing que sur le flash, afin de doser plus subtilement l'équilibre flash/ambiance.

La balance des blancs au flash

Bien qu'artificielle, la lumière du flash est « calculée » de façon à ce que ses propriétés soient les plus proches possible de celles de la lumière naturelle et équilibrée du soleil. L'éclair du flash apparaît donc blanc à l'œil, même si en réalité il ne l'est pas parfaitement : sa lumière reste assez froide, légèrement plus bleutée que la lumière naturelle. Sur le D80, on peut s'en rendre compte en réglant la balance des blancs sur Ensoleillé (voir « Utiliser simplement la balance des blancs » page 166) et en photographiant un sujet de référence.

Dans bien des cas, la balance des blancs automatique donnera de bons résultats, car le flash du D80 communique la température de couleur effective de l'éclair au boîtier. Ce dernier compense la légère dominante à chaque éclair, car d'un éclair à l'autre, en fonction de la puissance réelle notamment, les dominantes dues au flash peuvent légèrement varier. Les résultats sont globalement satisfaisants, sauf quand certaines sources de lumière artificielle viennent piéger l'automatisme. Dans ce cas, il est impossible d'obtenir une image parfaitement neutre, même avec une mesure personnalisée de la balance des blancs (voir « Personnaliser la balance des blancs » page 170), puisque chaque zone de l'image nécessite un réglage particulier.

Si l'on travaille avec des sources lumineuses de différentes natures (lumière du jour, lumière tungstène...), il faut bien choisir sa balance des blancs et privilégier certaines zones de l'image par rapport à d'autres. Le cas le plus courant est celui de la photo d'intérieur mêlant éclairage domestique de type tungstène et éclair de flash. Une balance des blancs automatique aura tendance à mixer les différentes sources selon leurs proportions dans le cadre. Ainsi, d'une photo à l'autre, en fonction de l'importance d'une source par rapport à l'autre, les résultats seront très aléatoires : tantôt l'arrière-plan éclairé en tungstène sera privilégié, tantôt ce sera le premier plan éclairé par le flash. Réaliser des images homogènes est alors impossible.

Pour ma part, je vous conseille d'adopter dans ce cas le réglage Flash ou Ensoleillé, qui assurera un rendu homogène d'une image à une autre et une couleur « normale » au premier plan éclairé par le flash. On conservera aussi la teinte chaude de l'arrière-plan éclairé par le tungstène, une habitude « culturelle » héritée de l'argentique où les films calibrés/conçus pour la lumière du jour offraient ce rendu.

Maîtriser son flash c'est aussi savoir l'éteindre. La lumière est un élément primordial de la photo et le flash a toujours tendance à la « casser ». Sur cet exemple, il était impératif de le désactiver (quitte à sacrifier un peu la netteté des clichés), car la force de cette image tient justement dans l'éclairage qui baigne la cage d'escalier.

Bien utiliser un flash externe

Outre une meilleure puissance effective, un flash externe offre davantage de souplesse dans la gestion de la lumière émise qu'un flash intégré, que ce soit en reportage avec un flash « cobra » (nommé ainsi à cause de sa forme) monté directement sur le boîtier, ou en studio, à partir de plusieurs sources. Le système flash du D80 est directement hérité du D200 ce qui en fait d'ailleurs un des plus complets et performants du marché. Grâce au Système d'éclairage créatif de Nikon (CLS : *Creative Lighting System*), le boîtier peut en effet piloter plusieurs groupes de flashs de reportage en i-TTL sans cordon. Il est ainsi possible de réaliser simplement des éclairages travaillés.

Les atouts du flash cobra

Aussi facile à utiliser que le flash intégré, le flash de reportage dispose d'un nombre-guide bien plus élevé et généralement d'une tête orientable. Dirigée vers un plafond blanc (par exemple), celle-ci produira une lumière plus harmonieuse tout en conservant un rendement satisfaisant. En effet, même si la diffusion sur un plafond fait perdre en intensité, la puissance autorisée par ce type de flash est conséquente. L'automatisme d'exposition assure quant à lui une bonne gestion de l'éclair et de sa portée, aussi simplement qu'avec le flash intégré – et avec les mêmes options de correction (voir la rubrique précédente).

La tête orientable d'un flash cobra est une aubaine pour diriger la lumière vers un réflecteur ou un plafond. L'éclairage obtenu est alors plus doux et plus esthétique qu'avec le flash intégré du boîtier.

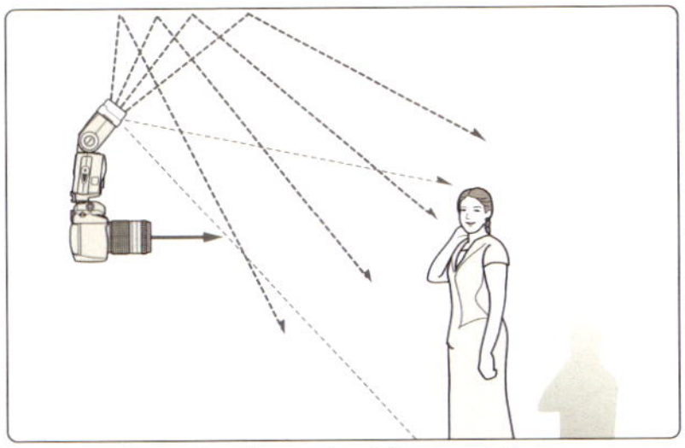

Avec le dôme de diffusion Nikon

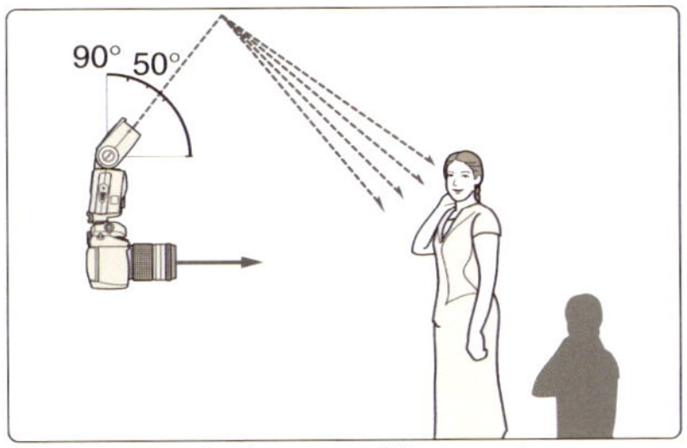

Sans le dôme de diffusion Nikon

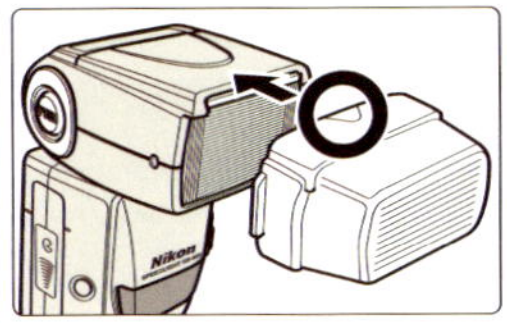

Certains flashs Nikon comme le SB-800 sont livrés avec un dôme de diffusion. Une fois monté sur la tête du flash, il permet d'en adoucir la lumière pour obtenir un rendu plus harmonieux. (Documents Nikon)

À l'instar du flash intégré, le flash externe peut s'utiliser en plein jour. Dans ce cas, comme dans celui où l'on ne dispose pas d'un plafond blanc, l'utilisation d'accessoires rend de fiers services. La société Lumiquest s'est spécialisée dans ce type d'outils, mais il est facile de réaliser soi-même cet accessoire (voir en annexe). On trouve assez facilement soit des mini boîtes à lumière qui entourent le flash afin de créer un éclairage diffus, soit des réflecteurs à accrocher sur le flash en position verticale. Très utilisés par les pros, ils permettent d'obtenir une lumière douce et agréable avec un simple flash de reportage.

En utilisant de façon détournée le système d'éclairage créatif du D80 (voir plus loin), on peut très simplement désolidariser le flash de l'appareil pour le porter à bout de bras, tout en conservant les automatismes d'exposition du boîtier. L'astuce n'est certes pas toujours très facile à mettre en pratique en reportage, mais le rendu obtenu en éclairant le sujet de côté, beaucoup plus esthétique qu'une lumière qui arrive de face, mérite bien quelques acrobaties… On peut au besoin s'aider d'une barrette de fixation optionnelle sur laquelle fixer le flash en extension.

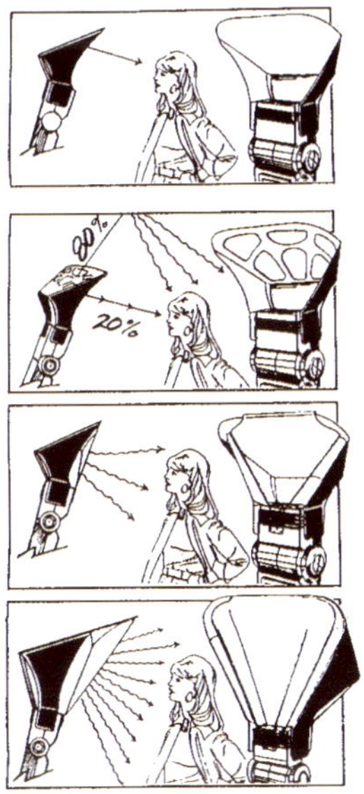

Un des grands avantages du flash externe est d'accepter des accessoires qui permettent de travailler la lumière. En reportage, si on oriente et que l'on diffuse la lumière du flash, elle est bien plus douce et harmonieuse ; on évite ainsi les ombres très dures et tranchées, sur les visages en portrait par exemple. (Documents MMF-Pro)

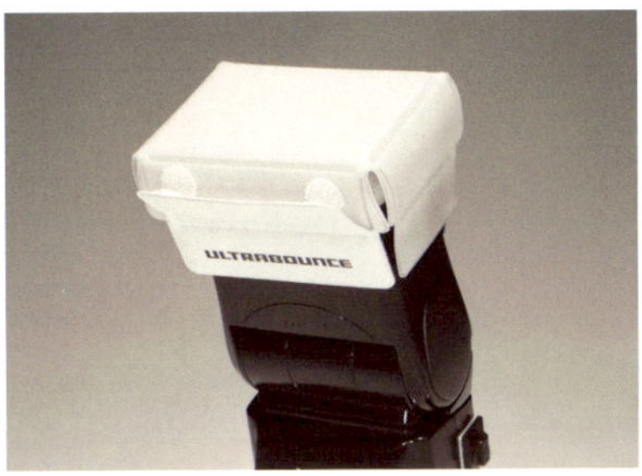

Utilisation détournée du mode CLS en reportage

En reportage en plein jour, on pourra assez facilement déporter un flash externe de l'axe de prise de vue pour éviter une lumière trop plate. Il suffit pour cela d'utiliser un flash compatible CLS en mode Remote et de le porter à bout de bras, orienté vers son sujet. La gestion de la puissance en mode TTL s'avère alors un choix judicieux, avec éventuellement une correction de - 0,7 ou - 1 IL pour que l'éclair reste discret. Un diffuseur sur le flash permet d'adoucir sa lumière. À défaut, on pourra utiliser le flash intégré en plus du flash déporté, en lui appliquant une correction de - 1 à - 2 IL. Son éclair restera ainsi très subtil et débouchera les ombres créées par le flash déporté. Avec un flash ancien non compatible, on pourra utiliser un câble de connexion qui fait office de rallonge entre le contact du flash et celui du boîtier.

Des fonctions expert

Outre le système CLS, l'une des fonctions expert les plus utiles est la synchronisation à haute vitesse dite « Synchro FP ». Bien pratique pour rééquilibrer un premier plan ou un contre-jour, elle permet de dépasser la vitesse de synchronisation classique du boîtier (voir la rubrique précédente) pour utiliser le flash en plein jour, même avec des vitesses d'obturation élevées.

Compatibilité avec les flashs anciens

Mode flash	SB-800	SB-600	SB-R200	SB-80DX, SB-28DX, SB-28, SB-26, SB-25, SB-24	SB-50DX, SB-13, SB-29, SB-21B, SB-29S	SB-30, SB-27, SB-22S, SB-22, SB-20, SB-16B, SB-15
i-TTL	oui	oui	oui	-	-	-
Auto non-TTL (l'ouverture doit être sélectionnée sur le flash en mode A)	oui	-	-	oui	-	oui
Manuel	oui	oui	oui	oui	oui	oui
Stroboscopique	oui	oui	oui	-	-	-
Synchro sur le second rideau (REAR)	oui	oui	oui	-	-	-
Synchro FP	oui	oui	oui	-	-	-
Communication de la température de couleur au boîtier	oui	oui	-	-	-	-
Mémorisation d'exposition au flash	oui	oui	-	-	-	-

Les flashs anciens ne peuvent pas tirer parti des derniers perfectionnements du système flash du D80. On peut cependant en utiliser certains, moyennant quelques restrictions techniques, comme l'indique ce tableau.

Seuls les flashs expert récents comme les SB-600 et SB-800 sont dotés de cette option. Son principe est simple : au-delà de la valeur de synchro-X, l'obturateur de l'appareil ne s'ouvre pas complètement mais déplace, à la surface du capteur, une fente plus ou moins large selon la vitesse sélectionnée. Si l'on envoie un éclair de flash, il n'éclairera que la partie du capteur découverte par la fente de l'obturateur au moment de l'éclair. En synchro haute vitesse, au lieu d'un éclair unique, le flash envoie une série stroboscopique pendant toute la durée de l'exposition. La lumière atteint le capteur quelle que soit la position de la fente de l'obturateur ; elle est donc homogène. Le seul inconvénient est la perte de puissance de l'éclair, qui limite sa portée à quelques mètres.

Le flash Nikon SB-400 est le plus démocratique des flashs externes. Il offre une puissance convenable, et sa tête est orientable afin de diffuser son éclair pour obtenir une lumière plus harmonieuse. (Document Nikon)

Grâce à la synchro haute vitesse, en mode Lampe pilote (que l'on trouve sur les flashs haut de gamme), le flash est capable d'émettre une série d'éclairs suffisamment rapprochés pour que l'œil et le cerveau aient la sensation d'une lumière continue. Il est ainsi possible de visualiser la lumière qui va éclairer le sujet et les ombres produites, ce qui est impossible avec un seul éclair, par nature trop bref. Cette fonction a peu d'intérêt en reportage, mais elle prend tout son sens en studio ou en éclairage construit, notamment quand on exploite différentes sources de lumière.

Le Système d'éclairage créatif

Le Système d'éclairage créatif de Nikon permet de piloter à distance et sans fil différents flashs (ou groupes de flashs) cobra tels les SB-800, SB-600 et SB-R200, de façon à créer une lumière « studio », même en conditions de reportage. Si sur certains boîtiers plus anciens, l'utilisation d'un transmetteur infrarouge dédié était impérative, ce n'est plus le cas avec le D80. Le transmetteur Multi flash i-TTL est intégré au boîtier (*via* un Réglage personnalisé du flash) et le système est donc accessible à quiconque dispose au moins d'un flash externe.

Attention à la distance en flash manuel

Si un flash ou un groupe de flashs est utilisé en manuel et qu'on le déplace, il est nécessaire d'en modifier la puissance. En effet, celle-ci étant fixe en mode Manuel, l'intensité de l'éclair est plus forte si on rapproche le flash du sujet et moins forte quand on l'en éloigne. Comme l'éclairement reçu est inversement proportionnel au carré de la distance, si l'on divise par deux la distance entre le flash et le sujet, ce dernier reçoit donc un éclairement deux fois supérieur. On compensera en réduisant de moitié la puissance du flash concerné. À l'inverse, si la distance sujet-flash double, le sujet recevra deux fois moins de lumière et il faudra donc multiplier par deux la puissance du flash pour conserver un éclairement constant. Notez qu'il n'est pas nécessaire d'appliquer ce type de compensation quand les flashs sont utilisés en TTL, car l'automatisme assure tout seul la modification. Appliquer une correction en TTL ne sert qu'à interpréter la mesure effectuée par la cellule, soit pour surexposer le flash, soit pour le sous-exposer.

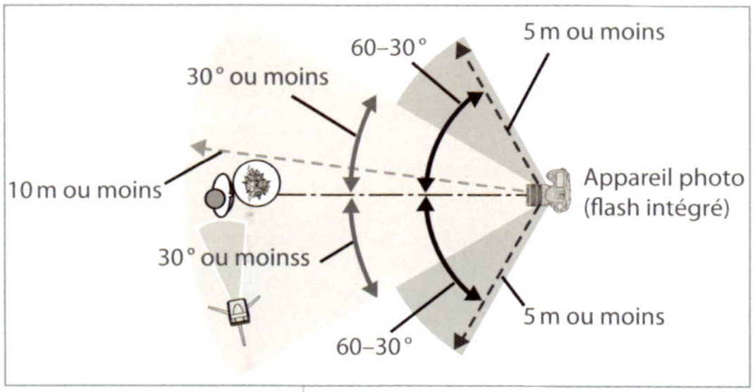

Bien qu'importante, la portée du transmetteur du D80 a ses limites. La distance entre le flash et le boîtier peut atteindre environ 10 m si le flash forme un angle de 30° maximum avec l'axe de prise de vue et d'environ 5 m s'il forme un angle compris entre 30 et 60°. Notez que pour que le système fonctionne, la cellule de déclenchement du flash doit faire face à l'appareil photo. La tête orientable du flash est alors très pratique.
(Document Nikon)

Ce système est très performant et permet de construire des éclairages élaborés avec de « simples » flashs cobra. C'est d'ailleurs un des points forts de Nikon et du D80 ; les experts n'ont donc (presque) plus besoin de se déplacer avec une batterie de flashs de studio. Ainsi, avec quelques flashs Nikon en plus de son D80, on peut monter très rapidement un éclairage studio efficace, (pour peu que l'on dispose de suffisamment de piles…) sans avoir à se soucier de l'alimentation électrique – qui pose souvent problème en extérieur avec des flashs de studio. Bien qu'il existe des flashs de studio fonctionnant sur batterie, le système CLS de Nikon assure une mobilité sans pareille. Les flashs de reportage sont de plus bien plus légers, plus faciles à mettre en œuvre avec leur support intégré (que l'on peut facilement fixer sur un trépied), moins encombrants et plus commodes à transporter que leurs homologues de studio.

Astuce

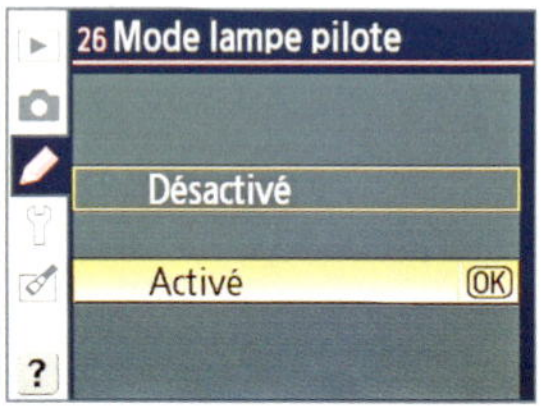

Le Réglage personnalisé 26 *Mode lampe pilote* permet de disposer de la fonction Lampe pilote des flashs en appuyant sur le bouton de test de profondeur de champ. Il est alors possible de visualiser assez facilement ce que sera l'éclairage. En cas de doute, un déclenchement et l'observation de l'image sur l'écran du D80 peuvent aussi être une aide précieuse.

Utilisation de plusieurs flashs : maître et esclave(s)

Le fonctionnement Multi flash i-TTL est en théorie très simple et l'ensemble des opérations se déroule en quelques fractions de seconde. C'est le flash intégré, dit « maître », qui contrôlera le ou les flashs supplémentaires, dits « esclaves ».

En premier lieu, le flash intégré émet un éclair et la cellule mesure sa réflexion sur le sujet ainsi que la distance sujet-appareil (avec les objectifs D et G, car les autres ne disposent pas de la puce D assurant cette mesure). Chaque groupe de flashs esclaves émet ensuite un éclair

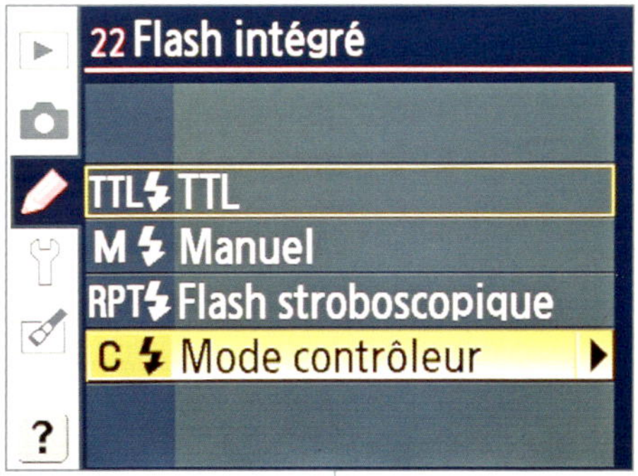

Sur le D80, le Système d'éclairage créatif de Nikon se configure via le Réglage personnalisé 22 Flash intégré *en activant l'option Mode contrôleur. En effet, c'est le flash intégré qui sert de transmetteur (dit « flash maître ») et qui pilote les flashs secondaires dits « esclaves ». Notez que si son extraction est indispensable au bon fonctionnement du système, on peut parfaitement couper son éclair.*

qui, une fois réfléchi, est analysé par la cellule du boîtier. Enfin, l'ordre « définitif » tenant compte de l'interprétation et de la modulation des mesures de chaque groupe est donné et la photo est prise.

Avec le Système d'éclairage créatif du D80, le boîtier peut contrôler séparément deux groupes de flashs en plus du flash intégré. Chaque groupe peut contenir plusieurs flashs, mais tous les éléments d'un même groupe émettront un éclair de même intensité. C'est avec le Réglage personnalisé 22 *Flash intégré*, en activant l'option Mode contrôleur, que l'on peut effectuer ce paramétrage dont les principales options sont décrites dans le tableau ci-après.

Si même à pleine puissance, un flash ne permet pas d'éclairer assez son sujet (ou de fermer son diaphragme à la valeur désirée), ajouter un second flash dans la même direction permet de doubler la quantité de lumière émise. Mais attention, la puissance des différents flashs ne s'additionne pas. Pour la doubler, il faut multiplier par deux le nombre de flashs (supposés identiques). Ainsi, si avec un seul flash en pleine puissance, la cellule indique f/5,6, et que l'on souhaite travailler à f/11 (soit deux diaphragmes d'écart) et conserver le même éclairage, il faudra disposer 4 flashs dans ce groupe (pour doubler deux fois la quantité de lumière et compenser les deux diaphragmes). Si l'on voulait travailler à f/16, il faudrait donc 8 flashs identiques. Le nombre de flashs que peut comprendre un groupe est théoriquement infini, mais dans la pratique, se limiter à 3 ou 4 est raisonnable. En effet leur gestion devient alors complexe, tant pour le photographe que pour le boîtier qui doit assurer l'émission et la mesure de chaque éclair pour en contrôler l'intensité.

Attention à la correction d'exposition au flash

Attention, si une correction d'exposition est appliquée au flash intégré, elle sera également appliquée à tous les éclairs en mode multi-flash. Cette correction, souvent utile quand on n'utilise que le flash intégré en fill-in (voir la rubrique précédente), peut alors conduire à la sur ou sous-exposition globale de l'image.

Pour n'affecter que le flash intégré, il est impératif d'appliquer cette correction sur ce seul élément lors de la configuration des différents groupes de flashs (en le plaçant en mode TTL avec une correction à - 1 IL, par exemple). Notez que dans bien des cas, on préférera désactiver son éclair pour ne pas « casser » un éclairage construit avec cette lumière trop frontale.

Configuration du mode contrôleur du flash intégré		
Flash ou groupe de flashs	Option	Description
Intégré	TTL	L'éclair du flash intégré est émis à la fois pour la mesure et pour la prise de vue effective. L'intensité de son éclair est pilotée par l'automatisme i-TTL du boîtier ; l'utilisateur peut corriger l'exposition de +/- 3 IL par tiers de valeur. La correction n'est effective que sur le flash intégré ; l'éventuelle correction d'exposition au flash « normal » n'est pas active en mode contrôleur.
	M	L'éclair du flash intégré est émis à la fois pour la mesure et pour la prise de vue effective. Son intensité est déterminée par le photographe qui peut choisir entre des valeurs comprises entre la pleine puissance et 1/128 de puissance.
	--	Le flash intégré doit être sorti du boîtier. Son éclair ne sert qu'à la mesure de la lumière, il sera désactivé au moment de la prise de vue effective et n'interférera donc pas avec la lumière des autres sources. C'est le réglage conseillé par défaut en studio.
Groupe A	TTL	L'éclair du flash (ou du groupe de flashs) est émis à la fois pour la mesure et pour la prise de vue effective. L'intensité de son éclair est pilotée par l'automatisme i-TTL du boîtier ; l'utilisateur peut corriger l'exposition de +/- 3 IL par tiers de valeur. La correction n'est effective que sur les flashs du groupe A.
	AA	Cette option dite « d'ouverture automatique » n'est pas accessible avec les flashs SB-600. Elle n'est utile qu'avec certains flashs un peu anciens sur lesquels on doit fixer l'ouverture désirée et la sensibilité pour qu'ils adaptent leur puissance en conséquence, mais ce mode n'est pas très facile à maîtriser. L'utilisateur peut corriger l'exposition de +/- 3 IL par tiers de valeur. La correction n'est effective que sur les flashs du groupe A.
	M	La puissance est fixée manuellement par l'utilisateur qui peut choisir entre des valeurs comprises entre la pleine puissance et 1/128 de puissance. La correction n'est effective que sur les flashs du groupe A.
	--	Les flashs du groupe A ne se déclenchent pas.
Groupe B	TTL	L'éclair du flash (ou du groupe de flashs) est émis à la fois pour la mesure et pour la prise de vue effective. L'intensité de l'éclair est pilotée par l'automatisme i-TTL du boîtier ; l'utilisateur peut corriger l'exposition de +/- 3 IL par tiers de valeur. La correction n'est effective que sur les flashs du groupe B.
	AA	Cette option dite « d'ouverture automatique » n'est pas accessible avec les flashs SB-600. Elle ne sera utile qu'avec certains flashs un peu anciens sur lesquels on doit fixer l'ouverture désirée et la sensibilité pour qu'ils adaptent leur puissance en conséquence, mais ce mode n'est pas très facile à maîtriser. L'utilisateur peut corriger l'exposition de +/- 3 IL par tiers de valeur. La correction n'est effective que sur les flashs du groupe B.
	M	La puissance est fixée manuellement par l'utilisateur qui peut choisir entre des valeurs comprises entre la pleine puissance et 1/128 de puissance. La correction n'est effective que sur les flashs du groupe B.
	--	Les flashs du groupe B ne se déclenchent pas
Canal	Pour assurer la communication entre le boîtier et les flashs, assurez-vous que le même canal est sélectionné sur chaque accessoire. Le D80 permet d'utiliser 4 canaux distincts (1, 2, 3 ou 4). Les éventuels autres photographes travaillant à proximité pourront ainsi choisir un canal différent pour ne pas créer d'interférence ni de déclenchement intempestif des flashs, ce qui est bien utile quand on partage un même studio.	

Ce tableau résume les différentes options disponibles dans le mode Contrôleur du flash intégré. Le D80 permet de piloter indépendamment deux groupes de flashs (A et B) en plus du flash intégré. Chaque groupe peut être utilisé en mode TTL ou Manuel ; le flash intégré est indispensable au pilotage des autres flashs mais son éclair peut être désactivé pour la prise de vue.

L'installation en studio

Pour que le transmetteur du D80 communique avec les flashs, il faut que chacun d'eux soit utilisé en mode Remote, sinon aucun éclair ne sera émis. Il faut aussi que le canal soit correctement défini sur le boîtier comme sur les flashs et que le photographe assigne à chacun un groupe, A ou B (pour en savoir plus reportez-vous au mode d'emploi des flashs). Enfin, le mode de synchro du flash doit obligatoirement être calé sur le premier rideau. Dans le cas contraire, certains éclairs seront émis après la fermeture de l'obturateur. La mise en place des flashs et le réglage de leur intensité sur le boîtier est un vaste sujet. Vous trouverez donc dans les pages suivantes une étude simple et pratique qui n'a pour but que de vous donner quelques notions de base. Comme le sens du cadrage, le sens de l'éclairage s'acquiert par l'observation, soit celle de la lumière naturelle pour la comprendre et la reproduire de façon réaliste, soit celle des photographes de studio.

En revanche, contrairement au D200, le D80 ne dispose pas d'une prise de synchro permettant le raccordement direct d'un flash de studio ; on devra donc avoir recours à un accessoire dédié qui se glisse dans la griffe flash. Malgré tout, les câbles sont souvent gênants pendant la prise de vue. Pour les éviter, on peut utiliser la fonction esclave des flashs de studio (quand ils en disposent). Dans ce cas, ce n'est pas un signal électrique issu de l'appareil qui donne l'ordre de déclenchement, mais celui d'une cellule photoélectrique externe, elle-même sollicitée par un éclair. On peut donc déclencher un flash de studio en mode esclave simplement avec l'éclair du flash intégré. Dans ce cas, il est vivement conseillé d'utiliser le flash intégré du D80 en mode Manuel au minimum de sa puissance : son éclair doit être perçu par la cellule du flash de studio mais ne doit pas provoquer d'éclairage parasite.

Avec un flash de studio, le recours au flashmètre (cellule externe destinée à la mesure de la lumière du flash) est nécessaire avant de reporter les paramètres mesurés sur le D80 en mode Manuel. Notez qu'en numérique, certains photographes se passent assez facilement de cet accessoire et travaillent en « essais-erreurs », réglant vitesse et diaphragme en fonction de l'histogramme de leur image. Le flashmètre n'est donc pas indispensable, mais il permet une meilleure précision et un gain de temps appréciable.

La personnalisation du réglage de la balance des blancs est d'une importance capitale. En effet, selon la puissance sélectionnée sur le flash, la température de couleur de l'éclair varie et n'est en aucun cas communiquée au boîtier comme avec un flash de reportage. La balance des blancs automatique ou le préréglage Flash ne sont donc d'aucun secours. Seule une nouvelle mesure personnalisée sur un carton gris de référence, à chaque fois que la puissance du flash est modifiée, pourra garantir de bons résultats.

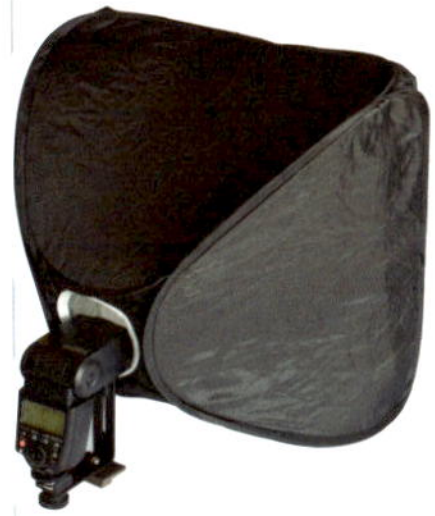

La tête des flashs de reportage restant assez petite, la lumière produite est toujours très dure quand ils sont utilisés en éclairage direct. Faire « rebondir » la lumière sur un réflecteur, un parapluie ou un panneau de polystyrène blanc permet d'agrandir artificiellement la surface de la source et d'obtenir un éclairage bien plus doux et harmonieux. La boîte à lumière carrée Magic Square de 38 cm de côté est pliable, légère et procure une très belle lumière. Son support en L permet d'accrocher un flash de reportage dessus et elle dispose d'un filetage pour être fixée sur un trépied.

1

2

3

Configuration simple du Système d'éclairage créatif

Photo	Réglage flash intégré	Réglage flash groupe A	Réglage flash groupe B	Remarques
1	TTL, correction - 1 IL	--	--	La lumière du flash intégré est trop dure et trop frontale pour obtenir un rendu plaisant. Les volumes sont écrasés et des reflets disgracieux apparaissent.
2	--	SB-800 dans réflecteur blanc déporté en hauteur face au sujet, TTL, correction - 1 IL	--	Une fois diffusée, la lumière est bien plus douce mais l'axe d'éclairage étant le même que celui de prise de vue, le sujet est aplati, le relief absent.
3	--	SB-800 nu, sur la gauche du sujet, TTL sans correction	--	La lumière du flash nu reste très dure et crée des ombres très marquées. L'automatisme TTL a été trompé par la densité du fond, l'image est surexposée et les hautes lumières cramées.
4	--	SB-800 dans boîte à lumière 38 x 38 cm sur la gauche du sujet, TTL, correction - 1,3 IL	--	La boîte à lumière diffuse l'éclair du flash qui reste cependant un peu dur. L'éclairage latéral permet de souligner les volumes et crée un effet de clair obscur. L'exposition est maîtrisée.
5	--	SB-800 réfléchi dans parapluie blanc d'1 m de diamètre sur la gauche du sujet, TTL, correction - 1,3 IL	--	Le parapluie crée une diffusion supérieure à celle de la boîte à lumière. L'éclairage latéral permet de souligner les volumes mais l'effet de clair obscur est moins prononcé qu'avec la boîte. L'exposition est maîtrisée.
6	--	SB-800 dans réflecteur argenté, en arrière, à droite et très légèrement au-dessus du sujet, TTL, correction - 1,3 IL	--	La diffusion dans le réflecteur argenté permet d'adoucir la lumière du flash tout en conservant une lumière assez crue. Surélever un peu la source par rapport au sujet permet de ne pas complètement le noyer dans l'ombre.
7	--	SB-800 dans réflecteur argenté, en arrière, à droite et très légèrement au dessus du sujet, TTL, correction - 1,3 IL	SB-800 dans parapluie blanc sur le côté gauche du sujet, TTL, correction - 2 IL	La seconde source permet de déboucher légèrement le semi contre-jour de la photo précédente. Calée 0,7 IL en dessous de la première, son intensité reste moindre. On évite donc une lumière trop plate et l'effet contre-jour est préservé. À la place du second flash, on aurait pu utiliser un réflecteur blanc placé plus ou moins près du sujet selon l'effet désiré.

7

8

9

4

5

6

Configuration simple du Système d'éclairage créatif				
Photo	Réglage flash intégré	Réglage flash groupe A	Réglage flash groupe B	Remarques
8	--	SB-800 dans réflecteur argenté, au-dessus et légèrement en avant du sujet, TTL, correction - 2,3 IL	--	Le réflecteur argenté au-dessus du sujet permet d'adoucir un peu la lumière tout en produisant un éclairage assez dirigé avec des ombres marquées. La correction élevée permet de restituer une ambiance dense et inquiétante.
9	--	SB-800 dans réflecteur argenté, au-dessus et légèrement en arrière du sujet, TTL, correction - 1,3 IL	--	Placé légèrement plus en arrière que sur la photo précédente, le réflecteur permet de créer un léger effet de contre-jour tout en apportant un peu de lumière sur l'avant du sujet. La correction moindre que la précédente évite de basculer l'arrière-plan dans le noir et permet de restituer les ombres du sujet.
10	--	SB-800 dans réflecteur argenté en arrière et très légèrement au-dessus du sujet, TTL, correction - 2 IL	--	L'éclairage en arrière permet de créer un effet de contre-jour assez dur du fait du réflecteur argenté. L'effet est accentué par la correction de - 2 IL.
11	--	SB-800 dans réflecteur argenté, en arrière, à droite et très légèrement au-dessus du sujet, TTL, correction - 2 IL, réflecteur blanc face au sujet	--	L'effet de contre-jour est toujours présent, mais déporté sur le côté. Le réflecteur blanc placé face au sujet évite que le premier plan ne soit trop dense.
12	--	SB-800 dans réflecteur argenté, en arrière, à droite et très légèrement au-dessus du sujet, TTL, correction - 2 IL, réflecteur blanc face au sujet	SB-800 dans parapluie blanc d'un mètre de diamètre sur la gauche du sujet, TTL, correction - 3 IL	L'éclairage est proche de la photo précédente, mais la seconde source vient déboucher la gauche du sujet. Très diffuse et calée un diaphragme en sous-exposition de la source principale, elle ne « casse » pas l'effet contre-jour mais rend l'image plus lisible et la lumière plus harmonieuse. Un réflecteur blanc placé assez proche du sujet aurait eu un effet similaire.

10

11

12

CAVE
CHATEAU DE
MEDOC
1998
MIS EN BOUTEILLE
ROQUEFORT
Domaine
2000
BOUTEILLE
MIS EN
1998
EN
BOUTEILLE
CHATEAU DE ROQUEFORT
CHAMPALOU
CHATEAU VILLARS
St MARTI
GAILLAC

Exploiter les fonctions numériques

Pour le photographe habitué à l'argentique, la profusion des fonctions du D80 a de quoi dérouter. Si certaines sont faciles à appréhender par analogie avec la pellicule, d'autres sont propres au numérique et nécessitent un certain apprentissage. L'effort en vaut pourtant la peine car ces fonctions et leur maîtrise peuvent, pour certaines, débrider le potentiel de l'appareil et vous aider à repousser des limites techniques. D'autres vous permettront d'obtenir des résultats toujours meilleurs, de développer votre créativité et de réduire le temps passé en retouche devant l'ordinateur ; vous pourrez ainsi davantage vous consacrer à la réalisation de nouvelles images.

Maîtriser définition et compression

Définition et compression sont les principaux paramètres qui vont déterminer les possibilités d'agrandissement et de retouche. La qualité de l'image en dépend considérablement.

Définition

L'image numérique est codée selon un très fin damier où chaque case correspond à un élément de l'image, le pixel *(picture element)*. La définition de l'image, associée au nombre de pixels, est liée au capteur de l'appareil. Plus elle est élevée, plus on pourra agrandir l'image sans voir apparaître les pixels.

Sur le D80, la définition maximale est sélectionnée par défaut : l'appareil enregistre les images en 3 872 × 2 592 pixels (mode d'enregistrement Large), définition avec laquelle il est envisageable d'agrandir une photo jusqu'au format 30 × 45, voire 40 × 60 cm. Même si leur intérêt est discutable puisque les possibilités d'agrandissement sont moindres, deux autres tailles sont disponibles : Moyenne (2 896 × 1 944 pixels) et Petite (1 936 × 1 296 pixels, voir mode d'emploi page 35). En effet, n'oubliez pas que seule la réduction de définition dans un logiciel de retouche se fait sans perte de qualité ou de netteté ; augmenter artificiellement la définition d'une image ne donne jamais de bons résultats, notamment en termes de netteté et de rendu des détails. Notez aussi que la définition en mode d'enregistrement RAW est toujours la valeur maximale autorisée par le capteur ; sa réduction éventuelle nécessite l'intervention d'un logiciel de conversion, comme nous le verrons plus loin. En revanche, en mode RAW + JPEG, on pourra choisir la définition du fichier JPEG (Large, Moyenne ou Petite).

Format d'impression et taille de l'image

La faculté de l'œil à discerner les fins détails est appelée « pouvoir séparateur ». Elle varie d'un individu à l'autre et dépend des conditions d'éclairage ou de l'état de fatigue de l'observateur par exemple. Des études ont pourtant montré que l'œil standard était capable de discerner 10 à 12 paires de lignes par millimètre (soit 100 à 120 paires de lignes par centimètre), sur des mires de définition alternant des séries de lignes noires et blanches d'épaisseur décroissante. C'est la notion de résolution. Si l'on convertit en pouces la résolution maximale que peut discerner l'œil standard et que l'on transpose ces paires de lignes en pixels, on obtient une résolution moyenne d'environ 254 à 304 pixels par pouce (ppp ou dpi en anglais, sachant que 1 pouce = 2,54 cm). Pour des formats de tirage classiques (jusqu'à 20 × 30 cm), à une distance d'observation normale, l'œil percevra les pixels si la résolution de l'image est en deçà de cette valeur. Au-delà, il se laissera berner.

Les possibilités d'agrandissement de l'image sont donc liées à sa définition et sont régies par la formule suivante :

définition/résolution = format d'impression maximal.

Si la résolution correspond au nombre de pixels par unité de longueur (pouce), le format correspond à la taille de l'image imprimée (exprimée aussi en pouces) en fonction de la résolution. La définition maximale du D80 autorise donc des tirages de 22 × 33 cm à 300 dpi. En pratique, on pourra aisément pousser jusqu'au format 30 × 45 cm (voire plus), la baisse de résolution étant à peu près compensée par la distance d'observation. En effet, on ne regarde pas un tirage 30 × 45 cm à la même distance qu'un petit format 10 × 15 cm...

Les modes d'enregistrement Moyenne et Petite du D80, qui proposent des définitions plus faibles, n'offrent pas les mêmes possibilités d'agrandissement. Ils sont d'un intérêt très limité, sauf pour des applications destinées exclusivement à la réalisation de petits tirages ou à la publication sur Internet.

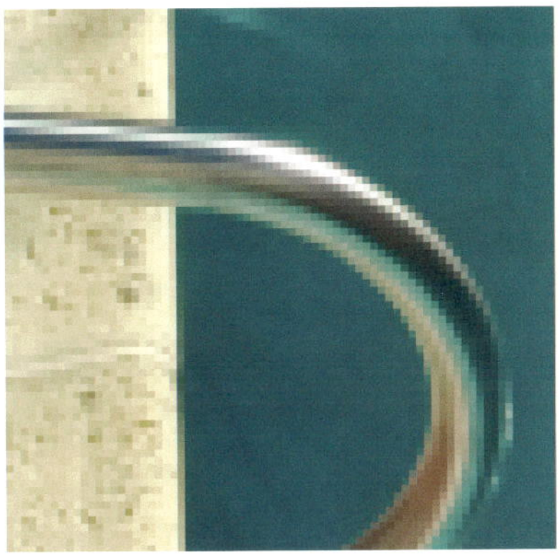

La définition d'une image est fixe, elle est imposée par le mode d'enregistrement choisi sur le boîtier (Large, Moyenne ou Petite). Plus l'image est agrandie (à l'écran ou sur papier), plus sa résolution baisse. En deçà d'un certain seuil, quand on l'agrandit fortement, la résolution est plus faible que celle de l'œil ; les pixels sont alors visibles. Ici, on voit clairement la pixellisation de l'image fortement agrandie au niveau des courbes.

Compression

Les fichiers images sont assez lourds, ils nécessitent beaucoup d'espace de stockage sur la carte et sur les disques durs. Pour éviter des poids de fichiers excessifs, on va souvent avoir recours à la compression.

La compression JPEG du D80 est paramétrable *via* l'onglet Qualité des images du menu de prise de vue du boîtier (voir mode d'emploi page 33). Le D80 propose trois qualités d'images différentes (Fine, Normal, Basic) qui correspondent à trois compressions différentes (voir mode d'emploi page 34). Le réglage JPEG Fine (compression minimale) est celui qui assure la meilleure qualité d'image, quelle que soit la taille de l'image sélectionnée (Large, Moyenne ou Petite ; dans ce mode, les fichiers pèsent entre 4 et 5 Mo environ selon la nature du sujet photographié.

Les autres réglages Priorité à la taille, Normal et Basic réduisent encore un peu plus le poids des fichiers, mais les pertes sont plus importantes, aussi, en JPEG, on utilisera par défaut la plus grande taille d'image et la compression.

Notez qu'en format RAW, le D80 impose une compression qui permet une réduction du poids des fichiers et réduit leur temps d'enregistrement sur la carte (voir la rubrique suivante).

L'algorithme de compression JPEG analyse les images par carrés de 8 pixels de côté et fait une sorte de moyenne sur les données selon le réglage de compression sélectionné dans l'in-

Ce paysage de montagne a été enregistré en JPEG avec une compression volontairement forte pour bien en montrer les effets. Sur le détail très agrandi, de nombreuses nuances de bleu sont « lissées » et restituées par un aplat, les dégradés subtils sont perdus. Sur les zones présentant plus de détails, on voit la décomposition de l'image en carrés de 8 × 8 pixels. Avec un niveau de compression raisonnable, les pertes sont difficiles à déceler. Attention cependant, une compression même maîtrisée est souvent visible sur des images fortement agrandies et/ou accentuées.

terface du boîtier. Les valeurs qui présentent un écart trop important avec la moyenne calculée sur chaque carré de 8 × 8 pixels sont irrémédiablement supprimées. Voilà pourquoi nous déconseillons vivement l'usage des compressions Normale et Basic qui se montrent en pratique bien trop destructives.

Sur un fichier trop compressé, des altérations de la netteté seront visibles sur les plus fins détails qui se perdront dans des amas grossiers de pixels. En agrandissant l'image, on peut même dans certains cas voir clairement les carrés de 8 × 8 pixels. De plus, une compression excessive interdit toute retouche de la photo. En revanche, avec le réglage L et la compression Fine, le fichier garde suffisamment d'informations pour que l'on puisse faire de petites modifications (quelques points de densité ou de contraste), tout en conservant une très bonne qualité d'image. Si vous prévoyez des retouches plus ambitieuses (modification de la balance des blancs, des couleurs ou correction plus prononcée de densité ou de contraste), il vaut mieux privilégier l'enregistrement en format RAW (comme nous le verrons dans la rubrique suivante).

Définition, compression, format et autonomie

Le poids des fichiers images dépend de la définition, de la compression, mais aussi du format d'enregistrement. Notez que le viseur et l'écran de contrôle du D80 affichent une indication de l'autonomie restante en tenant compte de tous ces paramètres.

Le calcul du poids de fichier théorique se fait assez simplement en multipliant le nombre de pixels de l'image (sa définition) par le nombre de couleurs et leur profondeur d'échantillonnage. Celle-ci correspond au nombre de couleurs codées pour chaque pixel (3 pour Rouge, Vert et Bleu qui, à elles trois, recomposent la teinte exacte de chaque point) que multiplie le nombre de bits sur lequel est codée l'information de chaque composante colorée (8 bits en JPEG, 12 bits en RAW – voir la rubrique suivante). Le poids théorique d'un fichier est donc la définition multipliée par 3 × 8 en JPEG et par 3 × 12 en RAW. Le résultat est exprimé en octets ; divisé deux fois par 1 024, il donne une valeur en mégaoctets.

Le taux de compression effectif dépend de la complexité de l'image en termes de couleurs et de netteté, et de la présence ou non de détails fins. Par exemple, pour un réglage donné, la compression d'une image avec de grandes zones monochromes aura un meilleur rendement que celle d'une photo de foule avec de nombreux détails. Il faut donc garder à l'esprit qu'il est abusif d'annoncer des valeurs exactes de taux de compression : elles ne sont jamais que des évaluations plus ou moins précises. Le tableau de la page 16 vous donnera une idée du nombre de photos enregistrables sur une carte en fonction des formats et de la compression choisis.

Enregistrer en RAW ou en JPEG

Le format d'enregistrement détermine la façon dont sont codées les informations de chaque pixel qui compose l'image, ainsi que leurs propriétés. Ce choix n'a rien d'anodin puisqu'il contribue à la qualité de l'image et au nombre de nuances enregistrables ; il influe donc sur les possibilités de corrections ultérieures (densité, contraste, couleurs).

Des deux formats d'enregistrement disponibles sur le D80, le JPEG est souvent choisi pour son universalité et sa facilité d'utilisation ; le RAW (qui s'appelle « NEF » chez Nikon pour *Nikon Electronic Format*) est le choix des experts privilégiant la qualité des images au détriment d'un post-traitement rapide. En effet, les fichiers bruts ne sont pas exploitables en l'état : ils imposent une conversion dans un format plus usuel tel le TIFF ou le JPEG et, malgré les progrès des logiciels de « développement » des fichiers RAW, cette opération peut être assez longue et fastidieuse.

Le D80 autorise l'enregistrement des images en RAW, en JPEG (avec 3 définitions et 3 niveaux de compression différents) ou en RAW + JPEG (avec choix de la définition et de la compression du JPEG). La sélection d'un mode a des conséquences à la fois sur les possibilités d'intervention ultérieure sur l'image, sur l'autonomie de la carte mémoire, sur le format maximal de tirage et sur les possibilités de partage (impression directe, envoi sur Internet, etc.).

La formation de l'image

Le capteur CCD du D80 traduit l'intensité lumineuse reçue en une tension électrique plus ou moins amplifiée en fonction de la sensibilité sélectionnée sur le boîtier, puis convertie en signal numérique binaire par un circuit électronique appelé « CAN » (convertisseur analogique/numérique). Les caractéristiques de ce signal sont déterminées par la profondeur d'échantillonnage du CAN. Celle-ci définit l'écart entre la tension nulle (pas de lumière) et la tension maximale (luminosité maximale au-delà de laquelle il y a éblouissement du capteur), et donc le nombre de nuances possibles entre le noir (tension nulle) et le blanc absolu (tension maximale) que le signal peut retranscrire, établissant ainsi la dynamique de l'image et l'écart de densité enregistrable entre les ombres et les hautes lumières.

Le CAN du D80 fonctionne sur 12 bits et autorise un codage jusqu'à 4 096 nuances pour chaque photosite (chaque bit prend la valeur « 0 » ou « 1 », et $2^{12} = 4\,096$). C'est très supérieur à ce que l'œil peut percevoir, ce qui donne l'impression de tons continus alors qu'il y a 4 096 nuances d'aplats colorés et non un véritable dégradé. Le codage est fait de telle façon que « 0 » corresponde au noir le plus profond et que « 4 095 » restitue un blanc absolu. L'appareil se charge ensuite de dématricer les données et de replacer « géographiquement » l'information de chaque photosite. En l'état, ces caractéristiques ne sont codées qu'en niveaux de gris car le capteur est achromate (non sensible à la couleur). Chaque photosite est couvert d'un filtre rouge, vert ou bleu. Ces filtres forment une mosaïque (dite « de Bayer ») qui contient deux fois plus de filtres verts que de rouges ou de bleus pour compenser le pic de sensibilité de l'œil dans le domaine du vert ; elle est élaborée de telle manière que trois photosites adjacents sont systématiquement dédiés à trois couleurs différentes.

Grâce à ces filtres, et moyennant une interprétation correcte des données, le capteur peut restituer les informations colorées de la scène photographiée. Chaque filtre laisse en effet passer sa propre couleur jusqu'à l'élément photosensible et s'oppose au passage de sa complémentaire. Chaque photosite ne reçoit donc qu'un tiers de l'information colorée, mais l'interprétation de ces données (effectuée ultérieurement par le logiciel de conversion des fichiers RAW ou, en enregistrement JPEG, directement dans l'appareil) permet de calculer les deux données manquantes par comparaison avec les pixels adjacents, recouverts de filtres de couleurs différentes. Ainsi, chaque pixel contient une information en rouge, vert et bleu, ce qui permet de recréer, selon leurs proportions respectives, presque n'importe quelle teinte du spectre visible. Cette opération d'interpolation est très complexe, car nombre de situations peuvent la piéger (notamment certains effets de matière, comme de fines mailles de textile) et créer des pixels aberrants, par exemple des franges colorées sur des contours très tranchés. Sachez que tous les logiciels de développement des fichiers RAW ne font pas appel aux mêmes algorithmes de calcul et que la qualité des résultats peut donc sensiblement varier d'un logiciel à l'autre.

En JPEG, l'appareil applique différents traitements d'optimisation des images, de balance des blancs, de netteté, de contraste, de réduction de bruit, etc., avant de compresser l'image et de l'enregistrer sur la carte. En mode RAW, aucun traitement n'est appliqué : l'image est enregistrée telle quelle sur la carte et ses paramètres d'optimisation (balance des blancs, contraste, netteté, couleurs…) ne sont que « tagués » dans les métadonnées du fichier.

Un logiciel comme Capture NX peut lire l'intégralité de ces métadonnées et en tenir compte à l'affichage, tout en laissant au photographe la possibilité de modifier ces réglages sans induire de pertes. En effet, les corrections n'affectent pas le fichier RAW : elles sont en quelque sorte disposées sur des calques et ne seront réellement appliquées que lors de l'enregistrement d'une version du fichier dans un format usuel (généralement TIFF ou JPEG). Notez cependant que les autres logiciels de développement des fichiers RAW (Camera Raw Converter, Capture One, Bibble, DxO, etc.) ne prennent pas en compte toutes les métadonnées du fichier RAW. Celui-ci est donc affiché avec des réglages types enregistrés dans le logiciel et des corrections devront alors être effectuées.

Toutes ces opérations sont complexes et la qualité de l'image en dépend beaucoup. Si les corrections choisies sont mal réalisées ou que leur application manque de subtilité (ce qui est souvent le cas au début, par exemple quand on veut modifier la netteté des images – voir « Exploiter l'optimisation des images » page 182 – ou que l'on a sélectionné un mauvais réglage de la balance des blancs), les photos JPEG présentent des défauts irrattrapables par traitement logiciel. Il est donc intéressant de pouvoir effectuer ces réglages de correction d'exposition, de balance des blancs et autres plus tard, indépendamment de ceux du boîtier : c'est notamment ce que permet le mode RAW.

Le capteur CCD du D80 n'est pas sensible à la couleur. Pour isoler les composantes Rouge, Vert et Bleu du sujet photographié, chaque élément du capteur est coiffé d'un micro-filtre. Chaque photosite n'est donc atteint que par la lumière de la couleur complémentaire à celle de son filtre. Les informations manquantes sont déterminées par un calcul logiciel.

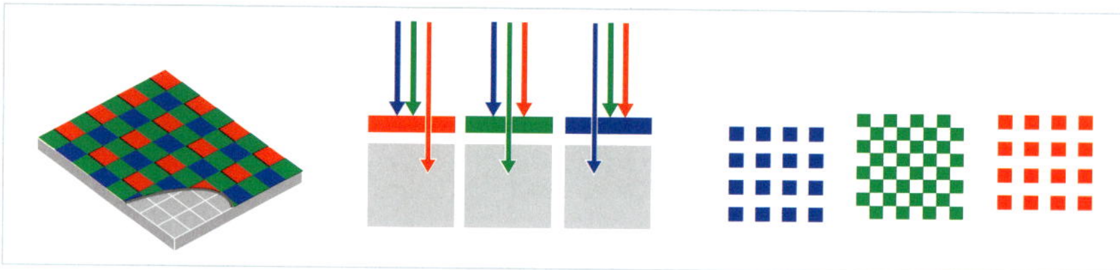

JPEG, le format universel

Le JPEG est universel. Il est utilisé sur Internet, dans les laboratoires de tirage, il est reconnu par les imprimantes dotées de fonctions d'impression directe et je ne connais aucun logiciel ou système d'exploitation qui ne soit pas capable de reconnaître et d'afficher une photo JPEG. Comme nous l'avons vu, le JPEG est aussi un format de compression qui permet d'alléger notablement les fichiers. Si la compression est bien réalisée, elle est indécelable à l'œil nu. Sur un « bon » JPEG (compression réduite), on pourra opérer quelques retouches qui passeront inaperçues, mais il est vivement déconseillé de trop modifier le fichier sous peine de voir sa qualité chuter. De même, il faut éviter de réenregistrer un fichier JPEG retouché en JPEG pour ne pas lui faire subir de nouvelle compression : choisissez alors le format TIFF sans compression, utilisé et reconnu par la grande majorité des logiciels de retouche.

Il peut arriver que des images appellent systématiquement une correction, par exemple une augmentation du contraste : on aura tout intérêt à l'appliquer directement dans les paramètres avancés de l'appareil (voir la rubrique « Exploiter l'optimisation des images »). Elle interviendra ainsi à la prise de vue avant la compression JPEG, ce qui évitera une altération inutile du fichier et fera gagner du temps au moment du post-traitement.

Même si ce n'est pas le format qui permet d'obtenir le meilleur de son boîtier, l'enregistrement en JPEG en définition maximale et en compression minimale (Fine) est le meilleur compromis entre qualité d'image et facilité d'obtention et de retouche. En revanche, il est inadapté aux fortes corrections (densité, couleurs, contraste) où les avantages du RAW sont indéniables.

Le JPEG n'enregistre les images que sur une profondeur de 8 bits par couleur ; chaque couche Rouge, Vert et Bleu offre ainsi 256 nuances différentes (2^8). On dispose donc là aussi d'une petite marge de manœuvre pour appliquer quelques corrections sur le fichier sans que la qualité d'image en pâtisse, mais des retouches trop violentes réduiront ce nombre de nuances et laisseront apparaître des aplats et des cassures dans les dégradés.

RAW, le format brut propriétaire

Il serait plus rigoureux de parler « des formats » RAW, car chaque marque et presque chaque modèle d'appareil a son mode d'enregistrement aux propriétés spécifiques. En anglais, *raw* signifie « brut » : ce sont en effet les données brutes du capteur (ou presque, il y a quand même un dématriçage et une éventuelle compression) qui sont enregistrées, sans interprétation des couleurs, de la netteté, de la balance des blancs, de la saturation, du contraste ou même de la définition de l'image.

Si travailler en RAW est la solution qui offre le plus de souplesse, c'est aussi la plus contraignante car elle impose un traitement manuel de l'image. Heureusement, certains logiciels dédiés comme Capture, Photoshop Elements ou DxO Optics Pro facilitent de plus en plus son utilisation, notamment grâce à des automatismes. D'autres comme Aperture ou Lightroom (encore à leurs débuts au moment de la rédaction du présent livre) autorisent une gestion des fichiers RAW aussi simple que celle des fichiers JPEG.

En attendant que les constructeurs adoptent un format RAW « universel » – si tant est qu'ils le fassent un jour (voir « Convertir ses fichiers RAW au format DNG » page 302), chaque fichier brut doit être « traduit » dans un format plus usuel, exploitable par la majorité des logiciels. Cette conversion s'effectue sur ordinateur grâce à un utilitaire adapté, comme Capture NX (malheureusement en option avec le D80) ou Photoshop Elements (voir « Développer ses fichiers RAW avec Capture NX » page 286 et « Développer ses fichiers RAW avec Photoshop Elements » page 274). Les fichiers RAW sont plus de 3 fois plus lourds que les fichiers JPEG,

Compression des fichiers RAW

Sur le D80, les fichiers RAW sont systématiquement compressés (voir mode d'emploi page 34). Cette compression ne se fait malheureusement pas sans perte d'informations et il est impossible de la désactiver. Elle a pour effet de réduire la profondeur d'échantillonnage (on passe de 12 à 10 bits environ) : par rapport à un RAW non compressé, des pertes apparaissent dans les hautes lumières et la dynamique enregistrable est réduite. Les possibilités d'intervention sur les fichiers (récupération des hautes lumières et/ou rattrapage d'une sur ou sous-exposition) sont donc limitées et ceci explique (en partie) la tendance de l'appareil à « cramer » les hautes lumières.

même si le D80 leur applique systématiquement une compression. L'autonomie de l'appareil s'en ressent. Si malgré tout ce format RAW a tant de succès, c'est qu'il a bien des points forts : comme les informations sont brutes, elles intéressent tout particulièrement les professionnels, les experts et autres perfectionnistes qui vont jusqu'à parler de « négatif numérique ».

L'image au format RAW est en noir et blanc et n'a subi qu'un processus de dématriçage géométrique (et une compression, sur le D80). C'est le logiciel de conversion qui lui « rend » ses couleurs par un processus d'interpolation à partir de la mosaïque de Bayer. Il applique aussi un réglage de la balance des blancs, une correction d'exposition, de contraste, de teinte, de netteté, etc. L'image est ensuite convertie et réenregistrée en JPEG ou en TIFF, avec une définition et un profil colorimétrique déterminés par l'utilisateur. Le fichier RAW reste intact, il stocke seulement les paramètres de correction appliqués qui seront une base utile à une conversion ultérieure ; toute l'information originale reste donc disponible. Avec un logiciel de conversion bien maîtrisé, on obtient des effets très subtils que l'appareil photo lui-même ne peut gérer, notamment pour limiter l'apparition de pixels aberrants.

En format RAW, l'appareil restitue l'information de chaque couche de l'image sur 12 bits (et non sur 8 comme avec le JPEG), donc avec 4 096 nuances par composante colorée. Les modifications de densité, de contraste, de couleurs, de netteté et autres que l'on peut y apporter entraînent aussi leur lot de pertes, mais comme l'information de départ est bien plus importante, elles seront moins visibles. On peut ainsi aller assez loin, notamment dans la correction de l'exposition et de la balance des couleurs. Avec certaines applications comme DxO Optics Pro (voir la rubrique dédiée page 296), on peut même corriger le vignetage des objectifs et leur aberration chromatique, ou le *purple fringing* (frange violacée apparaissant localement sur les zones de contrastes très forts).

Enregistrer en RAW + JPEG, la solution idéale ?

Le débat entre les partisans du RAW et ceux qui ne jurent que par le JPEG est loin d'être clos. En réalité, personne n'a raison ni tort : c'est un peu comme en argentique où certains n'utilisent que de la diapo, pourtant difficile à travailler, quand d'autres préfèrent ou ont besoin de la souplesse et de la tolérance du négatif – même s'il impose l'étape supplémentaire du tirage. C'est donc à chacun de choisir son mode d'enregistrement en fonction de ses exigences et de ses impératifs, notamment en termes de délai et de temps que l'on peut accorder ou non au développement des fichiers RAW.

Idéalement, il faudrait enregistrer chaque image en RAW et en JPEG pour disposer des avantages des deux formats. On dispose alors d'une image JPEG rapide et facile à partager, à imprimer et à transmettre, d'un excellent niveau de qualité pour peu que l'on personnalise les

L'enregistrement RAW + JPEG du D80 est idéal pour profiter des avantages des deux formats. En plus du fichier RAW, on peut choisir la définition et la compression du fichier JPEG. On peut donc choisir une définition maximale avec compression minimale pour disposer d'un fichier directement exploitable et d'une excellente qualité ou, au contraire, une définition minime avec une compression élevée si le fichier n'est destiné qu'à être une vignette facile et rapide à éditer. Dans les deux cas, on disposera toujours du potentiel du fichier RAW.

paramètres de traitement du boîtier (voir la rubrique « Exploiter l'optimisation des images »), et en plus, on a conservé dans le fichier RAW toute l'information utile générée par le capteur, pour un éventuel traitement sur mesure ou une conversion en noir et blanc par exemple. On peut aussi choisir d'enregistrer en plus du RAW un JPEG en basse définition et compression maximale, juste pour faciliter la sélection des images à traiter.

Avantages et inconvénients de chaque format

Format	Avantages	Inconvénients	Remarques
JPEG	Universalité, facilité de partage, rapidité		Les fichiers JPEG sont directement utilisables et reconnus par tous les systèmes d'exploitation, les tireuses et les imprimantes dotées de fonctions d'impression directe à partir de l'appareil. Il est très facile de partager ses images, les envoyer par e-mail, etc.
		Exposition délicate, peu de possibilité de retouche, 8 bits	Quoiqu'on en dise, l'exposition d'un JPEG reste délicate et la marge d'erreur (exposition, couleur, balance des blancs, contraste, netteté, etc.) est faible. Retoucher un fichier JPEG est possible, mais cela entraîne toujours des pertes. Moyennant la personnalisation des paramètres de traitement dans le boîtier, on limite cependant les besoins de retouche ultérieure.
	Légèreté des fichiers		La compression autorise une réduction du poids des fichiers, donc une plus grande autonomie de ses cartes mémoire. Stocker des fichiers JPEG ne nécessite pas de grands moyens et l'archivage est facile.
RAW	Souplesse d'exposition et de traitement, 12 bits		La profondeur de couleur de l'image brute permet de rattraper certaines erreurs d'exposition et de balance des blancs et d'affiner sans pertes couleurs, contraste, netteté, etc. On peut aussi, à partir d'un seul fichier RAW, obtenir différentes versions de l'image (noir et blanc et couleur par exemple).
		Nécessité d'un traitement logiciel	Les fichiers RAW doivent obligatoirement être « développés » avant d'être partagés ou imprimés, ce qui implique du temps et des compétences, même si les logiciels ont fait d'énormes progrès en termes de facilité d'utilisation et de rapidité.
	Qualité optimale		Toute l'information brute du capteur est disponible. Moyennant la maîtrise du développement, les résultats sont bien plus subtils qu'un JPEG généré par l'appareil (contraste, netteté, couleurs, etc.). Avec certains logiciels, on peut même récupérer des hautes lumières cramées.
		Poids de fichier assez élevé	Un fichier RAW est souvent 3 fois plus lourd qu'un fichier JPEG, ce qui est pénalisant en termes d'autonomie et d'archivage.

Utiliser simplement la balance des blancs

L'œil et le cerveau ont une remarquable faculté d'adaptation et d'interprétation. Ainsi, ils « voient » la lumière comme étant blanche, ce qui n'est pas souvent le cas en réalité.

Chaque source de lumière a sa propre température de couleur (TC) qui lui donne une teinte plus ou moins chaude et plus ou moins prononcée. Cette température s'exprime en degrés Kelvin : par exemple une lumière solaire équilibrée a une température de couleur de 5 500 K environ. En deçà de cette valeur, plus la température est basse, plus la lumière est teintée de rouge et de jaune : on la dit « chaude » (la température de couleur d'un éclairage au tungstène notamment se situe vers 3 200 K). Inversement, plus cette température est élevée, plus la lumière est teintée de bleu-vert. Elle est alors dite « froide », comme pour un ciel couvert ou une zone d'ombre où la température de couleur atteint facilement 8 000 K. On sait aussi que la température de couleur de la lumière solaire varie avec l'heure et selon que le ciel est couvert ou non.

Les photographes qui travaillent en argentique sont déjà sensibilisés à ce problème de température de couleur, car le film (en particulier diapo) n'a pas la faculté d'adaptation de l'œil : il restitue les « vraies » couleurs du sujet et de la lumière. Sans correction, des images réalisées avec une lumière artificielle (tungstène, tubes fluo, lampe à quartz, etc.) présentent une dominante colorée.

En argentique, on utilise des filtres qui annulent la dominante colorée en appliquant une dominante inverse. En numérique, c'est le réglage de balance des blancs qui assure cette fonction : son principe est bien différent, mais plus souple, et il offre davantage de perfectionnements que les filtres colorés utilisés en argentique.

En prise de vue JPEG, la balance des blancs est déterminée par le réglage choisi dans l'interface de l'appareil. Quand vous prenez vos photos en format RAW en revanche, l'appareil ne fait que « taguer » le réglage utilisé lors de la prise de vue. Il servira comme affichage par défaut lors de l'ouverture du fichier, mais la correction ne sera réellement appliquée qu'au moment de sa conversion. Ne serait-ce que

Sur le D80, le réglage de la balance des blancs est accessible par le bouton dédié (WB pour White Balance, Balance des blancs en anglais) qui offre un accès rapide au choix des différentes options situées dans le menu Prise de vue (voir mode d'emploi page 58).

pour gagner du temps à cette étape et obtenir des images homogènes plus simples à corriger, choisir une balance des blancs bien adaptée est donc intéressant, même en RAW.

Sans correction

Avec une source de lumière artificielle et un réglage de balance des blancs inadapté, on voit apparaître sur les images des dominantes colorées plus ou moins esthétiques. Ici, la photo de cet escalier en colimaçon et celle de la charte RefCard Pro ont été réalisées avec un réglage Ensoleillé (correspondant à la lumière du jour) alors que la source est une ampoule tungstène. L'image présente une forte dominante jaune-rouge. Si elle a été prise en JPEG, il est quasi impossible de la retoucher correctement sur ordinateur. Mieux vaut alors prendre une nouvelle photo en appliquant une correction adaptée. En RAW, on pourra corriger la balance des blancs sans perte de qualité au moment de développer le fichier.

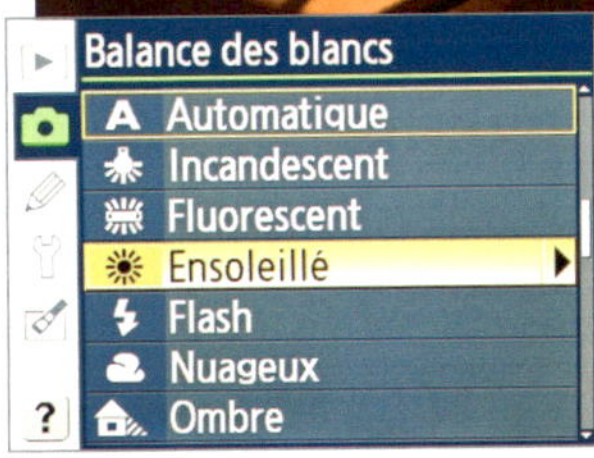

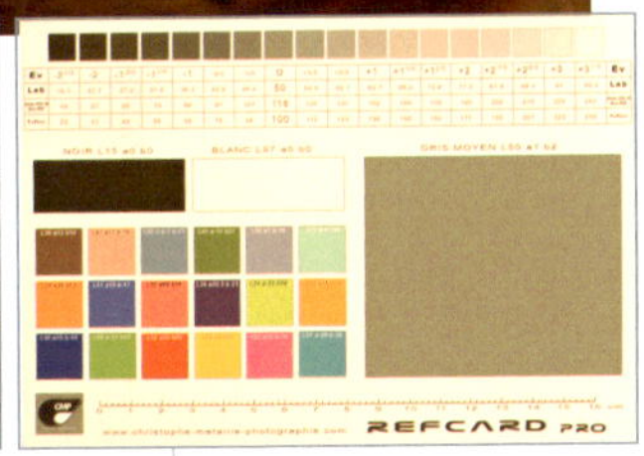

Avec correction

Avec un réglage de balance des blancs adapté (réglage Incandescent correspondant à une lumière tungstène), le D80 a réussi à éliminer la dominante due à l'éclairage. La correction restitue une image assez neutre, plus fidèle à ce que l'œil et le cerveau avaient perçu de la scène. Le réglage étant générique, la correction, bien qu'efficace, peut s'avérer assez grossière (notamment avec les ampoules à économie d'énergie dont la température de couleur correspond rarement aux 3 000 K du réglage de balance des blancs type tungstène), mais d'autres options sont disponibles (voir la rubrique suivante).

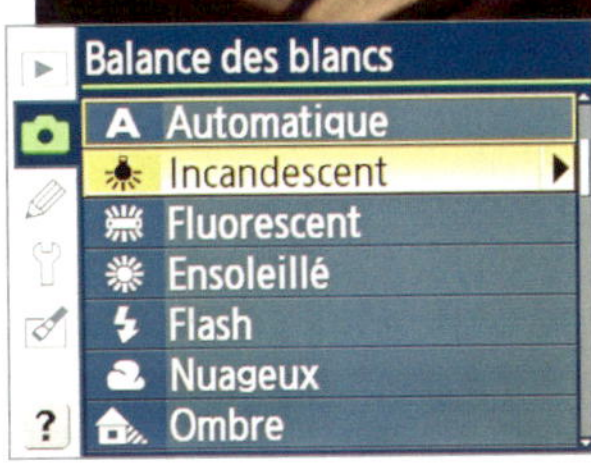

Le principe

Si une lumière procure une dominante à l'image, c'est que son spectre est déséquilibré et présente un surplus dans cette couleur (et donc un déficit dans la couleur complémentaire). Ainsi, si on observe le spectre d'une ampoule domestique au tungstène, qui donne une dominante jaune-rouge, on se rend compte qu'il est assez pauvre en radiations bleu-vert. Sans correction, cela se retrouvera sur l'image qui présentera un histogramme bleu décalé vers la gauche avec peu (ou pas) d'informations dans les hautes lumières. Pour éviter cela, le réglage de balance des blancs va rééquilibrer (dans la mesure du possible) la couche bleue de façon à l'harmoniser aux deux autres et restituer ainsi une image sans dominante.

Outre ces considérations et corrections techniques, la balance des blancs est un outil créatif très intéressant : on peut choisir de conserver ou non les teintes des lumières artificielles, les modifier considérablement ou, pourquoi pas, appliquer volontairement une correction inadaptée pour obtenir un effet particulier (voir « Détourner la balance des blancs » page 234). Il n'existe aucune règle qui impose tel ou tel réglage selon les circonstances. On peut ainsi fixer une fois pour toutes la balance des blancs sur Ensoleillé (pour la lumière du jour) et retrouver sensiblement les dominantes que l'on aurait rencontrées avec un film diapo. Cependant, il est bon de comprendre certains phénomènes pour utiliser cet outil au mieux.

Utilisation et limites

En balance des blancs automatique **A** , le D80 adapte sa correction de température de couleur entre 3 500 et 8 000 K environ (voir mode d'emploi pages 58 et 140), en fonction des conditions d'éclairage. Cet automatisme est assez efficace et l'on peut souvent s'en contenter ; il ne montre ses limites qu'en présence de sources lumineuses mélangées.

C'est notamment le cas en intérieur, dès que l'on capte à la fois la lumière ambiante artificielle et la lumière du jour. L'appareil peut alors avoir un comportement qui varie avec le cadrage, d'un déclenchement à l'autre, privilégiant tantôt l'une, tantôt l'autre lumière. Ce n'est pas grave si vous ne réalisez qu'une seule image, mais c'est très gênant sur une série de photos. Il faut alors réaliser une mesure personnalisée de la balance des blancs avant chaque déclenchement (ce qui est souvent difficile), ou bien privilégier un réglage générique qui, sans être idéal, aura le mérite de donner des images homogènes.

On peut aussi choisir entre différents préréglages : Automatique **A** (le mode par défaut), Incandescent (3 000 K pour les lumières tungstène), Fluorescent (4 200 K pour les tubes fluo abusivement appelés « néons »), Ensoleillé (5 200 K pour la lumière du jour), Flash (5 400 K), Nuageux (6 000 K) et Ombre (8 000 K). À défaut de donner des résultats parfaits, (car la nature même de chaque source de lumière et son usure modifient fortement sa température de couleur, donc la justesse de ces corrections) ces réglages offrent l'avantage d'un rendu coloré analogue d'une image à l'autre. Notez qu'il est aussi possible de réaliser une mesure personnalisée (appelée « PRE blanc mesuré ») **PRE** ou de sélectionner directement la température de couleur de la source utilisée pour adapter au mieux la balance des blancs à un illuminant donné (voir la rubrique suivante).

Notez enfin que certaines scènes méritent de ne pas être corrigées et doivent conserver une certaine dominante. C'est le cas par exemple pour les couchers de soleil. L'automatisme de balance des blancs a tendance à réduire la dominante chaude pour donner une image neutre qui, si elle est parfaitement acceptable, ne restitue pas la scène telle que l'œil a pu la percevoir. Au contraire, un réglage de balance des blancs Ensoleillé redonne ses teintes orangées au soleil en déclin. De nombreux photographes adoptent ce réglage en permanence et retrouvent un rendu relativement proche de celui auquel les a habitués la diapo, équilibrée pour la lumière du jour à 5 500 K.

La recherche de la neutralité ne doit pas être une quête absolue, au contraire ! Ici, j'ai essayé différents réglages de balance des blancs sur un fichier RAW. Avec un réglage en théorie adapté à la source (environ 2 500-3 000 K), la quatrième image est assez neutre et le blanc cassé des cierges bien rendu. Malgré tout, on peut préférer un autre réglage offrant des teintes plus ou moins chaudes ou froides. Il n'y a ni bon ni mauvais choix, tout est affaire de parti pris esthétique, la neutralité pure ne se justifiant souvent que dans une démarche professionnelle, en photo d'objets notamment.

Personnaliser la balance des blancs

Comme nous l'avons vu dans la rubrique précédente, la balance des blancs du D80 autorise une gestion poussée des dominantes colorées dues aux différentes sources de lumière. Parmi ses options, la mesure personnalisée **PRE** est une fonction bien utile pour restituer au mieux les couleurs d'un sujet exposé sous une lumière artificielle difficile, notamment quand des sources de différentes natures sont mélangées et que l'automatisme est perturbé.

Utiliser la mesure personnalisée

Le principe est simple. Il s'agit de photographier, sous la lumière considérée, un sujet neutre qui sert de référence, idéalement une charte gris neutre Kodak ou EzyBalance ou une feuille de papier blanc. Celui-ci sera analysé par l'appareil qui déterminera les corrections à apporter aux images qui suivront. Avant de prendre une photo ou une série de photos sous cette même lumière, il suffit ainsi de sélectionner l'image de référence adéquate pour que l'appareil applique les corrections qui auront été définies (voir mode d'emploi pages 60 et 82).

Il est possible de garder en mémoire un grand nombre de chartes de référence, ce qui s'avère très utile quand on travaille de façon récurrente dans des conditions bien précises. Il faut bien sûr marquer chacune de ces images lors de la prise de vue pour ne pas les confondre (par exemple avec un Post-it rappelant la nature de l'éclairage). Vous éviterez également ainsi de les effacer par mégarde. Les perfectionnistes pourront même relever les dates de prise de vue et renouveler périodiquement leurs images de référence pour tenir compte de l'usure des sources de lumière.

La mesure personnalisée est bien plus précise que les différents pré-réglages disponibles et bien plus stable qu'une mesure automatique réactualisée à chaque déclenchement. Elle est très efficace à condition de prendre quelques précautions lors de la réalisation des images de référence. Certains papiers peuvent en effet considérablement fausser les mesures de température de couleur et conduire à des corrections de balance des blancs erronées. En effet, pour afficher une belle blancheur, certains sont enduits d'azurants optiques qui, s'ils sont invisibles à l'œil, trompent l'analyse de l'appareil car ils réfléchissent fortement les UV. Paradoxalement, ce sont donc les papiers bas de gamme qu'il faut privilégier.

Cependant, mieux vaut utiliser un carton gris neutre à 18 % plutôt qu'une feuille de papier blanc : en plus d'une correction de balance des blancs plus fiable, il permet de s'affranchir

S'il paraît plus logique de réaliser la mesure de la balance des blancs avec un sujet blanc, c'est pourtant avec une charte gris neutre que l'on obtient les meilleurs résultats. L'investissement dans une charte Kodak ou EzyBalance est raisonnable ; l'accessoire est aussi utile pour réaliser une mesure d'exposition précise (voir « Adapter la mesure de la lumière » page 124).

d'éventuelles erreurs d'exposition qui risqueraient de fausser davantage encore la mesure. Avec un éclairage uniforme sur cette charte de référence et une mesure personnalisée, le D80 donne généralement de bons résultats tant que la lumière est stable. C'est en effet souvent le manque de stabilité de la source qui provoque les erreurs de correction de balance des blancs, et non un défaut de mesure. Il est donc conseillé de laisser chauffer les sources avant toute mesure, pour qu'elles atteignent une température de couleur stable avant la prise de vue.

On pourra parfaitement utiliser cette mesure personnalisée de température de couleur quand on travaille au flash, notamment avec des éclairages de studio. Il faudra seulement éviter de modifier la puissance de l'éclair entre la mesure et les prises de vue, et veiller à laisser aux condensateurs le temps de se recharger complètement entre deux éclairs – là encore par souci de stabilité de température de couleur, afin de ne pas risquer de décalage entre deux éclairs successifs. Notez qu'une autre option de la balance des blancs du D80 permet de sélectionner directement la température de couleur de la source considérée ; malheureusement, il est assez rare de la connaître avec précision, sauf en la mesurant avec un thermocolorimètre, aussi l'option est-elle d'un intérêt limité, l'accessoire étant rare et cher. Elle peut cependant s'avérer utile pour affiner un réglage générique : par exemple, si le rendu du réglage Ensoleillé (5 200 K) vous semble systématiquement un peu froid, adopter une température de couleur de l'ordre de 5 400 ou 5 500 K permet de réchauffer le rendu des images.

Bracketing automatique

Adapté à la balance des blancs, le bracketing permet d'obtenir différentes variations fines de balance des blancs sur une seule prise de vue. Ce bracketing sur la balance des blancs est accessible par le Réglage personnalisé 13 *Réglage BKT auto* en sélectionnant l'option BKT balance des blancs (voir mode d'emploi pages 90 puis 56). Sur le D80, cette fonction est bien pensée puisqu'elle s'applique en un seul déclenchement, alors que pour l'exposition, elle impose plusieurs prises de vue successives (voir « Interpréter la mesure de la lumière » page 132). Bien entendu, cette fonction n'est disponible qu'en enregistrement en JPEG (elle ne l'est ni en RAW, ni en RAW + JPEG) et est désactivée si le photographe sélectionne lui-même la température de couleur ou réalise une mesure de blanc personnalisée.

Le bracketing de la balance des blancs peut rendre service quand on cherche un rendu particulier sur des teintes précises (par exemple sur la peau d'un modèle) et que l'on ne destine

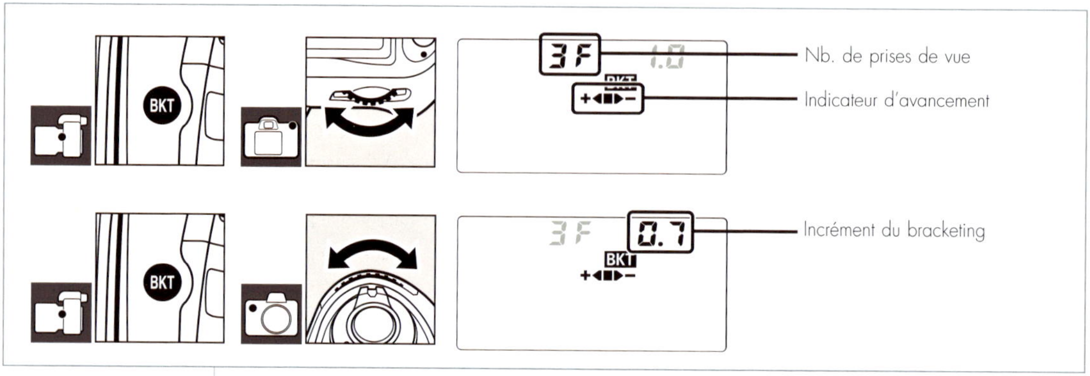

Une fois le bracketing activé, l'image est enregistrée en deux ou trois versions de colorimétries différentes. On peut choisir de compléter la version « normale » par une autre plus chaude (réglage + 2F avec la molette arrière) ou plus froide (réglage - 2F), ou une plus chaude et une plus froide (réglage + 3F). L'écart de colorimétrie entre deux images est paramétrable (à l'aide de la molette avant) et exprimé en valeurs arbitraires (de - 3 à + 3). Chaque saut d'unité correspond cependant à 10 mired.
(Documents Nikon)

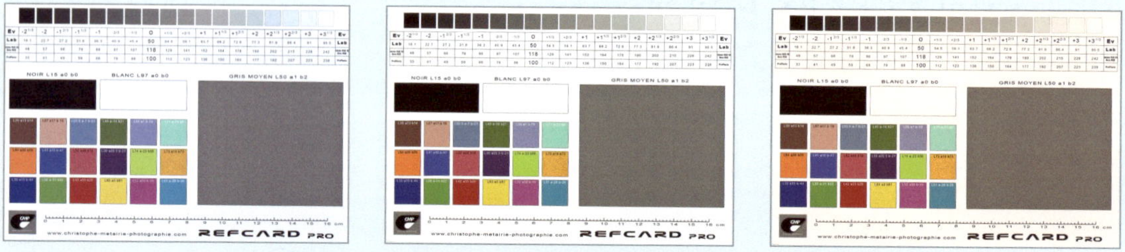

Le bracketing de la balance des blancs permet d'enregistrer en un seul déclenchement jusqu'à trois versions de la même image. La valeur normale est encadrée par des versions aux couleurs plus chaudes (tirant vers le jaune-ambré) et d'autres aux couleurs plus froides (tirant vers le bleu). Ici, nous avons appliqué un décalage maximum de 3 mireds entre deux images, mais on peut obtenir un effet plus subtil en se limitant à 1 ou 2 mireds.

pas les fichiers à une retouche sur ordinateur. Certes, les différentes images pèsent à peu près aussi lourd qu'un seul fichier RAW (quand ce n'est pas plus !), mais on peut disposer immédiatement de sa photo, ce qui est parfois un avantage décisif. Reste que dans la majorité des cas, on préférera réaliser une mesure personnalisée de la balance des blancs en JPEG ou faire ses photos directement en format RAW et paramétrer bien plus précisément le réglage de balance des blancs lors du développement du fichier.

Température de couleur et mired

L'évolution de la température de couleur n'est pas linéaire : visuellement, la différence entre deux valeurs de TC séparées de 1 000 K, par exemple, dépend de la TC de départ (faible ou élevée). C'est un peu la même chose qu'avec la distance focale des objectifs : quelques millimètres peuvent faire une différence notable entre un 24 et un 35 mm, alors que ce même écart sera négligeable sur des téléobjectifs (la différence entre un 200 et un 210 mm est imperceptible). Ainsi, un changement de 1 000 K sera pratiquement indécelable si la température de couleur est de l'ordre de 6 000 K, alors qu'il sera flagrant si la TC est plus basse (3 000 K par exemple). Pour tenir compte de cette particularité et corriger simplement le rendu coloré, on a inventé l'échelle mired qui exprime les écarts de couleurs de façon linéaire, quelles que soient la TC et la source de lumière. Ainsi, une correction de 30 mireds (soit un réglage à +/- 3 dans le bracketing du D80) donnera un écart colorimétrique visuel équivalent, que la TC de départ soit de 1 000 ou de 6 000 K.

Filtrer à la prise de vue ou réaliser une balance des blancs ?

La question n'est pas simple… Les mécanismes du fonctionnement de la balance des blancs donneraient théoriquement l'avantage au filtrage qui permet d'harmoniser physiquement le spectre de l'illuminant en s'opposant au passage de(s) couleur(s) en excès. La correction de la balance des blancs, elle, n'est finalement qu'une astuce logicielle de traitement d'image qui, aussi performante soit-elle, induit des pertes d'informations.

Les essais que nous avons pu mener avec le D80, un carton gris et un certain nombre d'illuminants ne nous ont cependant pas montré de différence qualitative importante entre les deux méthodes. On notera juste une réduction du bruit de l'image dans la couche bleue quand les sources sont correctement filtrées par rapport à celles réalisées avec une « simple » balance des blancs.

Dans le cas de sources mélangées que l'on souhaite harmoniser, la seule solution est le filtrage des sources elles-mêmes, la balance des blancs ne réalisant qu'une moyenne des températures de couleur en présence. Mais en termes de confort d'utilisation et de facilité de mise en œuvre, la simplicité de la correction de la balance des blancs s'impose. Avec des filtres, il faut en effet mesurer la température de couleur des sources, calculer et finalement combiner plusieurs filtres pour rééquilibrer la lumière : en plus d'un temps précieux, on perd parfois une à trois ouvertures de diaphragme et un peu de netteté.

En résumé, sauf en cas de production pro, je vous conseille donc de réaliser une balance des blancs dans de bonnes conditions plutôt que d'essayer de filtrer à la prise de vue, d'autant qu'il est rare de disposer d'un thermocolorimètre et de tous les filtres nécessaires à la neutralisation des éclairages difficiles. Le seul cas simple reste celui de l'harmonisation de la lumière du flash à celle d'un éclairage ambiant tungstène. On veillera alors à travailler en balance des blancs Tungstène et à coiffer son flash d'un filtre ambré (type Wratten 85 A ou B) ou d'un diffuseur adéquat ; bien que rare en France, cet accessoire est facile à trouver sur eBay en tapant « flash diffuser kit ».

Modifier la sensibilité

Adapter la sensibilité aux conditions de lumière environnante n'est pas un principe propre à la photo numérique. En argentique, modifier la sensibilité lors d'une séance de prises de vue implique de rembobiner et de recharger des films partiellement exposés (en acceptant de perdre quelques vues au passage) ou bien de jongler avec deux boîtiers chargés avec des films de sensibilité différentes. En numérique, il suffira de presser un ou deux boutons pour passer immédiatement de 100 à 800 ISO, par exemple, et de choisir ainsi avec encore plus de souplesse le couple vitesse-diaphragme de l'image. Ce changement peut se faire au cas par cas, photo après photo, ce qui constitue un des plus grands avantages du numérique, mais impose de prendre de nouvelles habitudes.

Le capteur n'a en réalité qu'une seule sensibilité qui dépend de sa nature, de sa taille et du nombre de ses pixels effectifs. Ainsi, avec ses 23,6 × 15,8 mm et ses 10,2 millions de pixels effectifs, le D80 dispose de photosites de 6,05 microns de côté, dont on peut estimer la sensibilité réelle aux alentours de 100 ou 200 ISO. Le capteur répond à la lumière qui l'atteint par un signal électrique proportionnel au nombre de photons reçus par chaque photosite. Les variations de sensibilité proposées par le boîtier ne sont que des amplifications plus ou moins fortes de ce signal : plus la sensibilité à simuler est élevée, plus le signal est amplifié. La qualité de l'image en pâtira plus ou moins, exactement comme dans le domaine du son : plus on amplifie le signal, plus le bruit augmente. Comme nous le verrons plus loin, ce bruit en photo numérique se traduit par un moutonnement que certains aiment apparenter au grain de l'image argentique.

La possibilité de changer de sensibilité à chaque photo est une aubaine. Faute de trépied, il m'aurait ici été impossible d'obtenir une image nette de ce mannequin sans passer à 800 ISO. J'ai pu déclencher à 1/60 s et profiter du faible éclairage disponible dans la vitrine. Certes, le bruit est plus élevé qu'à une sensibilité plus petite, mais il se marie assez bien (selon moi) avec les ambiances nocturnes et intimistes.

Optimisation de la sensibilité et microlentilles

Même si les pertes de lumière au niveau du capteur sont minimisées grâce à un réseau de microlentilles qui surplombe le capteur, l'amplification du signal est un art particulièrement difficile et l'apparition d'artefacts et de bruit est inévitable (voir la rubrique suivante). Parfois, le réseau de microlentilles lui-même peut aussi nuire à la qualité d'image en générant ses propres défauts quand, sous certains angles d'incidence, les rayons lumineux ne sont pas totalement déviés au fond du puits mais se réfléchissent et diffusent en partie sur la surface de la microlentille. Cela se traduit souvent par une baisse de netteté, sensible principalement à la périphérie des images quand on utilise un objectif grand-angle. Un phénomène d'aberration chromatique, sorte de frange colorée qui entoure les contours francs, peut aussi apparaître dans les mêmes conditions. Mais ces défauts sont en général assez discrets dans les formats de tirage usuels. Ils ne sont vraiment gênants qu'au-delà de 20 × 30 cm.

Chaque photosite du capteur se comporte comme un puits à lumière ; seuls les rayons qui en atteignent le fond sont exploitables. Comme la sensibilité réelle des capteurs est faible, il faut recourir à des astuces pour optimiser le rendement de la lumière dont on dispose. C'est pour cela que le capteur du D80 est recouvert d'un réseau de microlentilles convergentes qui concentrent au mieux les rayons lumineux au centre de chaque puits, en fonction de leur angle d'incidence. Les microlentilles limitent les pertes de lumière à l'intérieur de l'appareil. (Documents Nikon et Sony)

Sensibilité auto ou manuelle ?

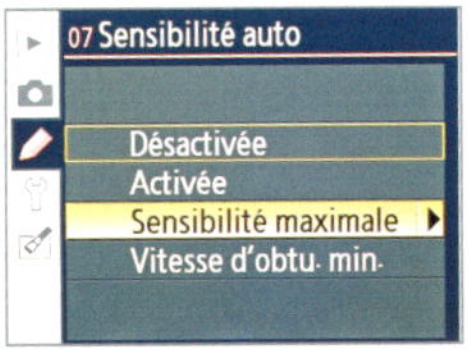

La sélection de la sensibilité entre 100 et 1 600 ISO (voire 3 200 en position Hi) est confiée au photographe (voir mode d'emploi page 43). L'incrément entre deux valeurs consécutives est très précis, et se fait par tiers de valeur, même si cela nous paraît d'un intérêt discutable dans la mesure où les valeurs entières sont amplement suffisantes et permettent de gagner du temps en réduisant le nombre « d'étapes » entre deux valeurs données…

Quand le Réglage personnalisé 7 *Sensibilité auto* est activé, c'est le boîtier qui détermine la sensibilité utilisée. Bien qu'il soit possible de lui fixer une limite maximale (800 ISO par exemple, pour éviter de faire monter le bruit), il risque d'appliquer différentes sensibilités à une même série d'images qui alors ne présenteront pas un rendu homogène. Ce genre d'automatisme est d'un intérêt limité sur un reflex expert.

Limiter le bruit numérique

L'amplification du signal issu du capteur est délicate car, en plus du signal utile, il y a toujours un signal parasite plus ou moins important et régulier qui se manifeste sur l'image par une sorte de moutonnement coloré. C'est le bruit. Nous l'avons dit, certains vont jusqu'à l'apparenter au grain des films argentiques, dans la mesure où son effet peut parfois y ressembler (en noir et blanc notamment) et qu'il est d'autant plus présent que la sensibilité est élevée. Nous n'irons pas jusque-là, car il n'offre pas la texture du grain d'un film argentique, mais il est vrai que cette analogie est très parlante.

Bruit de luminance et bruit de chrominance

On parle souvent « du » bruit, mais en réalité il en existe plusieurs sortes qui se manifestent différemment sur les images ; les principales sont le bruit de chrominance (dit « bruit chromatique ») et le bruit de luminance (dit « bruit monochromatique »).

Le bruit chromatique

C'est le plus gênant des deux et le plus facile à percevoir puisque, comme son nom l'indique, il est coloré. En général, il se manifeste par un moutonnement rouge, vert et bleu d'autant plus visible que la sensibilité est élevée, et s'avère très gênant, notamment sur les aplats colorés qui finissent parfois par ressembler à une moquette chinée ! Le bruit chromatique a tendance à réduire la densité des ombres voire à en dénaturer la couleur s'il est prononcé, mais comme nous le verrons plus loin, il est assez facile à corriger. Que la prise de vue ait été faite en RAW ou en JPEG, les méthodes de traitement diffèrent, mais les résultats obtenus sont très bons dans les deux cas.

Le bruit monochromatique

Il apparaît dans les mêmes conditions que le bruit chromatique, mais il n'est pas coloré. Il se manifeste aussi par un moutonnement (« grain ») et est particulièrement présent dans les zones sombres ou sous-exposées. Sur les sensibilités élevées, il peut, selon les goûts, déplaire ou au contraire donner à l'image une structure assez séduisante qui casse le côté « lisse » voire « métallique » que l'on peut reprocher à la photo numérique. Le bruit monochromatique est assez difficile à éradiquer, même si certaines options du boîtier peuvent contribuer à sa réduction. De nombreux logiciels offrent aussi une correction de ce que l'on pourra juger être un défaut, mais comme ce bruit fait partie de la structure même de l'image, son traitement est périlleux et souvent accompagné d'une sensible perte de netteté des fins détails, voire de l'apparition d'aplats inesthétiques si la correction est trop forte.

Limiter le bruit à la prise de vue

Le D80 dispose dans son menu Prise de vue de plusieurs options visant à limiter le bruit sur les images. On va distinguer deux principaux cas de figure : le bruit dû à l'emploi d'une sensibilité élevée et celui généré par une obturation très lente.

La réduction du bruit lié à la sensibilité (donc à l'amplification du signal) est celle dont on usera le plus souvent. Parfois même à son insu car, même si l'option *Réduction du bruit ISO* du menu Prise de vue du boîtier est désactivée, l'appareil appliquera systématiquement une réduction de bruit aux photos réalisées à plus de 800 ISO.

Cette option permet aussi (à partir de 400 ISO) le paramétrage d'une correction supplémentaire dont on peut modifier l'intensité sur 3 valeurs : Normal, Faible, Élevée (voir mode d'emploi page 83). Mais si la réduction du bruit est efficace, elle se fait parfois au détriment de la qualité des images, notamment en termes de piqué sur les plus fins détails. Nous avons réalisé à ce sujet une série de tests dont vous trouverez les conclusions dans le tableau de la page 180. Là encore, l'appréciation de la qualité d'image étant subjective, notre avis n'est qu'indicatif et ne demande qu'à être pondéré par vos propres essais.

La seconde option de réduction du bruit du D80 ne concerne que les poses supérieures à 8 s. En effet, plus le capteur est sollicité longtemps, plus certains électrons ont un comportement erratique, perturbant le signal et créant du bruit dans l'image. De plus, tous les photosites du capteur n'ont pas exactement la même sensibilité. Le phénomène passe parfaitement inaperçu dans des conditions d'exposition « normales », mais il devient visible quand le signal est fortement amplifié et/ou que le temps de pose est long.

Si l'option Réduction du bruit du menu Prise de vue (voir mode d'emploi page 83) est activée et que le temps de pose est supérieur à 8 s, le boîtier va réaliser après chaque prise de vue une « image noire » (que l'on appelle aussi un *dark*), technique bien connue des photographes astronomes. L'appareil analyse ensuite le bruit de cette seconde image (bruit d'obscurité, bruit de fond du capteur, bruit dû à son échauffement pendant la pose…) et va le soustraire à la première. Certes, l'appareil est indisponible le temps de la réalisation de la seconde photo et du traitement de soustraction des signaux, mais cette correction est assez efficace, quelle que soit la sensibilité utilisée. Notez que plus encore que l'augmentation de sensibilité, l'allongement du temps de pose est très propice à la montée de bruit dans l'image, aussi je vous conseille d'activer cette correction.

L'option Réduction du bruit ISO *autorise un paramétrage très fin de la correction du bruit. Si l'on tient compte des sensibilités usuelles du D80 (de 100 à 3 200 ISO) et des quatre possibilités de réglage de cette option, ce ne sont donc pas moins de 18 combinaisons qui sont envisageables !*

Réaliser ses propres tests

Étant donné que le niveau de bruit est difficile à analyser sur les photos publiées dans cet ouvrage (du fait de la trame d'impression), je vous conseille vivement de réaliser vos propres tests, d'autant que l'appréciation d'un rendu est subjective et varie selon les goûts et les habitudes. Pour cela, visez un sujet comportant à la fois des détails, des aplats, des ombres et des lumières. Assurez-vous que la lumière est stable et, avec une vitesse d'obturation constante (car elle peut jouer sur le niveau de bruit, comme nous allons le voir plus loin), balayez la plage des sensibilités de votre boîtier. Faites ensuite des tirages de grand format (20 × 30 cm ou, mieux, 30 × 45 cm) et comparez-les attentivement pour voir jusqu'à quelle sensibilité le bruit vous semble acceptable. C'est le protocole que j'ai appliqué pour réaliser la série d'images suivante sur une charte Color Checker en désactivant les options de réduction du bruit du boîtier.

100 ISO

Le bruit est très bien contenu, il est assez difficilement perceptible, même sur de grands tirages. Les résultats sont très bons, cette finesse est idéale en paysage, en portrait, en nu ou en studio. Ce rendu peut cependant dérouter par son côté « lisse », on peut préférer un niveau de bruit légèrement plus élevé pour donner une sorte de « matière » à l'image, notamment dans les aplats et les flous.

200 ISO

Les résultats sont toujours très bons, le rendu est particulièrement proche de celui obtenu à 100 ISO. La finesse des images est excellente. Là encore, cette sensibilité est parfaitement exploitable en paysage, portrait, nu ; certains regretteront un rendu un peu lisse et manquant de « texture », on leur conseillera donc d'utiliser une sensibilité plus élevée.

400 ISO

Le bruit commence être visible, l'image commence à présenter une légère granulation. Malgré tout, la sensibilité de 400 ISO reste parfaitement exploitable quel que soit le type de sujet, on peut même l'utiliser comme sensibilité « passe partout ». La légère texture qu'elle confère à l'image a d'ailleurs ses partisans ; le rendu est plus « photographique ».

800 ISO

Le bruit est visible (en luminance comme en chrominance) mais, comparé à la granulation d'un film argentique de sensibilité équivalente, il est assez contenu. Tant que les images sont bien exposées, leur rendu est plutôt bon et elles peuvent être imprimées en grand format. La netteté est plus faible qu'aux sensibilités inférieures, mais l'accentuer amplifie le bruit. On aura recours à ce réglage quand la lumière manque ou pour avoir une vitesse d'obturation élevée, notamment pour les photos de sport en salle.

1 600 ISO

Même avec la correction automatique, le bruit monochromatique est très présent et la netteté de l'image chute encore ; le bruit chromatique est lui assez discret. On réservera cette sensibilité aux cas très difficiles où il faut à tout prix ramener une image et/ou utiliser une vitesse d'exposition très élevée. Certains l'utiliseront aussi en noir et blanc où le bruit donne une texture qui peut rappeler le grain argentique.

3 200 ISO (Hi +1.0)

Le bruit augmente encore au détriment de la netteté. L'image est très granuleuse à cause d'un bruit monochromatique très élevé qui a aussi pour effet de réduire la densité visuelle des ombres, d'où une légère baisse de contraste. On réservera cette sensibilité aux cas d'urgence ou aux recherches personnelles à tendance pictorialiste, en noir et blanc comme en couleurs. Certains rapprochent ce rendu de celui des autochromes.

C'est bien sur des tirages qu'il faut vérifier le niveau de bruit, car l'observation à l'écran n'est pas assez représentative – le bruit est en particulier très visible sur les écrans LCD dont la netteté est souvent excellente alors qu'il est comme gommé par l'impression, qu'elle soit réalisée en jet d'encre, sur papier photo ou en impression offset. Pour effectuer vos tests, préférez du papier brillant : comme il autorise une meilleure impression de netteté que les papiers mat, la comparaison et l'appréciation des résultats sont facilitées. Pour les mêmes raisons, si vous avez l'habitude d'accentuer systématiquement la netteté de vos photos, nous vous conseillons de le faire aussi sur ces images d'essais.

Réduire le bruit en postproduction

Si le bruit résiduel est très gênant, il reste le post-traitement. Certaines applications sont spécialisées dans la réduction de bruit (Noise Ninja, Neatimage, Dfine, etc.) ; d'autres, plus généralistes (comme Photoshop ou DxO Optics Pro), disposent d'un outil dédié. Il faut toutefois surveiller l'image de près quand on utilise ces fonctions de correction, car elles ont tendance à lisser les fins détails et à en réduire la netteté.

Sur des fichiers RAW, la correction est assez simple lors du développement : presque tous les logiciels de conversion disposent d'outils spécifiques. Par exemple, on trouve dans Camera Raw Converter de Photoshop CS3 ou de Photoshop Elements deux curseurs distincts, un pour la réduction du bruit monochromatique (Lissage de la luminance), l'autre pour le bruit chromatique (Réduire bruit de la couleur). Un affichage à 100 voire à 200 % permet de visualiser correctement les modifications apportées (voir « Développer ses fichiers RAW avec Photoshop Elements » page 274).

Réduire le bruit des fichiers JPEG est bien plus délicat, aussi, une fois vos tests effectués pour connaître les meilleurs réglages, activez la réduction disponible sur le D80. Les outils logiciels sont assez efficaces mais imposent une nouvelle étape de traitement et malmènent toujours la netteté des plus fins détails : la correction s'apparente souvent à un floutage plus ou moins sélectif et plus ou moins bien dosé. L'homogénéité de l'image peut elle aussi en pâtir. Seul le bruit chromatique peut se montrer vraiment gênant, mais même sur un fichier JPEG, il est très simple de le corriger sans aucune perte de netteté : une fois la photo ouverte dans Photoshop, dupliquez le calque de fond et appliquez un flou gaussien au calque supérieur (rayon entre 3

Sensibilité ISO	**Réglage de réduction de bruit ISO**			
	OFF Désactivée	LOW Activée (Faible)	NORM Activée (Normale)	HIGH Activée (Élevée)
100	Excellente	Réduction de bruit non disponible		
200	Excellente	Réduction de bruit non disponible		
400	Très bonne	Très bonne	Excellente	Bonne
800	Bonne	Très bonne	Bonne	Moyenne
1 600	Moyenne	Bonne	Moyenne	Décevante
3 200 (Hi)	Décevante	Moyenne	Décevante	Décevante

Ce tableau résume une étude de la qualité des images en fonction de la sensibilité et de l'éventuelle réduction de bruit. Les critères pris en compte concernent à la fois la qualité de la réduction de bruit, la conservation du piqué et l'apparition éventuelle des défauts dus à une surcorrection (perte de netteté, création d'aplats disgracieux, etc.). Ces appréciations ont été pondérées par la sensibilité utilisée ; la granulation apparente du D80 reste en deçà de celle d'un film argentique de sensibilité équivalente (et de celle observée sur le D200), mais il est déraisonnable d'attendre qu'une photo prise à 800 ISO soit parfaitement lisse. Considérez cette analyse comme une base et n'hésitez pas à faire vos propres tests.

et 10 pixels environ). L'image devient floue, ce qui est normal... Il ne reste plus qu'à « fondre » ce calque flou en mode couleur (*via* les modes de fusion des calques) pour que l'image redevienne nette, et que son bruit chromatique disparaisse. Aplatir les calques et enregistrer permet d'achever le travail ; on peut créer un script pour automatiser cette série d'opérations.

Évitez tant que possible la sous-exposition. Que ce soit en RAW ou en JPEG, la correction de la luminosité ou de l'exposition va irrémédiablement faire monter le niveau de bruit. Ici, la première photo est manifestement très sous-exposée. Malgré une prise de vue en format RAW, l'amplification du bruit à cause de l'éclaircissement est irrémédiable (elle est encore plus marquée sur un fichier JPEG). La saisie d'écran montre le niveau de bruit de l'image à son exposition normale (à gauche) et une fois la sous-exposition corrigée.
Certes, cet exemple présente une sous-exposition marquée et la montée de bruit est flagrante, mais elle aura lieu même si l'image n'est que légèrement sous-exposée. Ceci est d'autant plus problématique avec le D80 que l'appareil a tendance à cramer les hautes lumières en mesure Matricielle : il est donc tentant de sous-exposer systématiquement pour éviter que les blancs ne percent, quitte à ré-éclaircir ses photos par de la retouche. La saisie d'écran ci-dessus montre que cette solution n'est pas la bonne. Il vaut mieux se familiariser avec les mesures Pondérée centrale ou Spot ainsi qu'avec leur interprétation pour assurer une exposition optimale dès la prise de vue (voir « Adapter la mesure de la lumière » et « Interpréter la mesure de la lumière » pages 124 et 132).

Exploiter l'optimisation des images

Nous l'avons vu, pour être exploitable (c'est-à-dire partagée, imprimée), l'information brute donnée par le capteur doit être convertie et interprétée en termes de contraste, de teinte, de saturation, de netteté, etc.

Quand on travaille en format JPEG, cette conversion se fait dans l'appareil selon des jeux de paramètres préenregistrés, appelés « réglages Optimisation images » par Nikon. En format RAW, ils sont « tagués » dans le fichier mais inopérants puisque la conversion (et donc leur application) se fait non plus dans le boîtier mais sur ordinateur. Les déterminer au moment de la prise de vue permet cependant de gagner du temps si l'on traite ses fichiers avec Capture NX, car ce logiciel (et lui seul) est en mesure de les lire. Il affiche donc l'image en tenant compte de ces optimisations tout en autorisant leur modification.

Avec les autres logiciels de développement, l'affichage se fait selon les paramètres par défaut de chaque utilitaire. Si vous n'utilisez que le format RAW et que vous ne disposez pas de Capture NX, ces réglages d'optimisation n'ont aucune incidence directe sur l'image, mais comprendre l'influence de chacun pourra vous aider dans le traitement de vos images car tous sont disponibles dans les logiciels de développement.

Par défaut, le D80 applique en format JPEG un réglage moyen nommé « Normal » (voir mode d'emploi page 79). Mais attention, cette appellation cache en réalité un réglage automatique appliqué « au mieux » selon l'image. Le rendu est généralement satisfaisant en utilisation classique (photos de famille, de vacances, etc.), mais montre ses limites dans certains cas plus pointus (portrait d'enfants ou paysages, par exemple). Les valeurs de contraste et de saturation, notamment, ne seront alors pas nécessairement du goût de tous et pourront varier d'un déclenchement à un autre. C'est pourquoi les options sont nombreuses, appelant en plus de cette optimisation Normale (N), 5 modes prédéterminés : SO Moins nette, VI Saturée, VI$^+$ Plus Saturée, PO Portrait et BW Noir et blanc. Ce sont eux que je vous recommande d'utiliser.

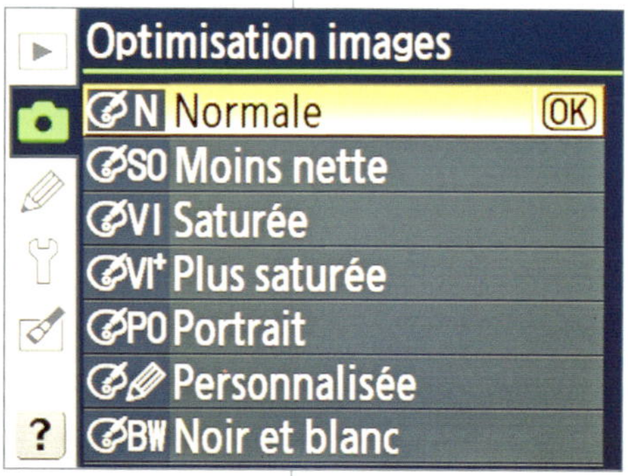

Le réglage Optimisation images du menu Prise de vue permet de personnaliser le rendu. En plus de différents préréglages, on peut affiner indépendamment netteté, contraste, saturation et teinte. C'est aussi l'option à choisir pour faire du noir et blanc (voir rubrique suivante).

On peut aller plus loin avec un dernier réglage (Personnalisé) qui permet de déterminer manuellement et indépendamment netteté, contraste (curieusement appelé « Correction des tons »), couleurs, saturation et teinte de l'image. On modifiera ces paramètres soit en fonction de son sujet, soit en fonction de ses goûts, un peu comme on choisit son film argentique en fonction du rendu désiré : contrasté et saturé pour les paysages, plutôt doux et peu saturé pour les portraits, etc.

Utiliser les modes prédéfinis

Les modes d'optimisation des images sont plus que de simples gadgets car ils modifient le rendu en profondeur, tant en termes de contraste et de saturation des couleurs que de netteté ou de teinte globale. Si le mode Normal convient dans la plupart des situations, les modes complémentaires permettent d'adapter le traitement du signal au type de photo réalisé ou tout simplement à ses exigences.

N Normal

C'est le mode par défaut qui propose une optimisation standard de l'image. Il est recommandé par Nikon dans la plupart des situations, mais l'optimisation est en réalité automatique (notamment en termes de contraste ce qui n'arrange rien au problème des hautes lumières cramées), aussi je conseille plutôt l'emploi d'un autre mode prédéfini ou de la personnalisation complète.

SO Moins net

Ce réglage réduit la netteté des contours de l'image. On utilisera ce mode en portrait ou en photo de nu par exemple, mais aussi pour les photos de bébé dès lors que l'on souhaite gommer certains défauts de peau. C'est aussi le réglage que l'on conseillera à ceux qui veulent accentuer précisément la netteté de leurs images dans Photoshop (voir à ce sujet la bibliographie en fin d'ouvrage).

VI saturé

Contraste, netteté et saturation sont accentués de façon à obtenir un rendu flatteur. Ce mode est intéressant quand le temps est maussade, car il permet de « doper » un peu les images. Dans ce mode, le rendu des photos est comparable à celui qu'offre un film diapo comme le Kodak Elite II.

VI + Plus saturé

Contraste, netteté et saturation sont accentués au maximum de façon à obtenir un rendu flatteur, quitte à perdre un peu de naturel. On peut rapprocher l'utilisation de ce mode de celle du film Fuji Velvia. Il est idéal en paysage.

PO Portrait

Ce réglage réduit le contraste général et un peu la netteté, tout en privilégiant le rendu des teintes chair. Il est adapté au portrait, comme son nom l'indique, mais aussi au nu ou à la photo de bébé. Le rendu des teintes chair assez doux est aussi apte à séduire ceux qui préfèrent la subtilité des nuances au claquant des couleurs vives. On peut rapprocher ce rendu d'un film négatif pro comme le Fuji Reala ou le Kodak Portra NC.

BW Noir et blanc

Ce mode procure des images monochromes et si le mode Standard est assez décevant (le rendu est trop doux) il reste possible de personnaliser contraste et netteté ainsi que d'utiliser des filtres virtuels pour simuler l'effet de ceux utilisés en noir et blanc argentique pour « placer » ses gris. Leur utilisation et leur effet seront détaillés dans la rubrique suivante.

Personnalisé

Dans ce mode, netteté, contraste, couleurs, saturation et teinte sont modifiables indépendamment par l'utilisateur qui peut ainsi personnaliser le rendu de ses images. L'influence de chaque paramètre est détaillée dans les pages suivantes.

S'adapter et limiter les pertes

Avec le réglage d'optimisation Personnalisé (voir mode d'emploi page 80), on dispose pour chaque paramètre d'une échelle d'intervention sur deux valeurs autour d'un réglage moyen. Il est aussi possible de choisir un mode automatique pour la netteté et la compression des tons, bien que cette option ne satisfasse pas les utilisateurs experts. Certes, un logiciel d'édition d'images (Photoshop ou autre) offre davantage de possibilités, mais effectuer ces corrections directement dans l'appareil – et non après la prise de vue – peut se révéler très précieux. En effet, les corrections étant appliquées sur les données brutes et non sur un fichier compressé en JPEG, les pertes de qualité sont réduites et on gagne en temps de post-traitement.

Les images issues du capteur sont assez douces et imposent d'augmenter le contraste pour obtenir un rendu plus flatteur. Attention cependant à ne pas aller trop loin : si une correction trop forte est appliquée sur le boîtier, elle est souvent impossible à rattraper en retouche. C'est pourquoi nous déconseillons l'utilisation du mode Automatique qui, s'il peut être rassurant dans un premier temps, n'offre pas de contrôle raisonné sur le rendu des images et manque parfois de subtilité.

Modifier la netteté

N'abusez pas de ce réglage d'accentuation : la netteté doit rester naturelle sinon une frange blanche apparaîtra sur les contours et les sujets auront l'air détourés. Si un léger flou convient bien aux portraits et aux nus (les petits défauts de peau sont gommés), les photos macro requièrent en revanche une parfaite maîtrise de l'accentuation. Notez cependant qu'avec un objectif qui donne une image « molle » au piqué approximatif, l'accentuation ne fera pas de miracles.

Le réglage de netteté optimal varie avec la qualité de l'objectif, aussi nous vous conseillons de réaliser quelques tests avec chacune de vos optiques pour déterminer une accentuation qui donne de bons résultats sans entraîner de défauts. Pourtant, les experts préfèrent souvent la désactiver et gérer la netteté plus finement dans Photoshop.

De haut en bas : accentuation - 2, « normale » et + 2. Photos prises avec le 50 mm f/1,8 AF-D.

Modifier le contraste

L'interface du D80 appelle ce réglage « Correction des tons ». Il s'agit en réalité d'un réglage du contraste, c'est-à-dire de l'étalement de la gamme de valeurs de densité entre le noir et le blanc de l'image. S'il est trop élevé, les nuances entre le noir et le blanc sont peu nombreuses. Les zones sombres tirent vers le noir et présentent peu (ou pas) de détails, tandis que les zones claires ont tendance à rester irrémédiablement blanches et vides d'information. On parle alors d'une image trop contrastée ou trop dure. Inversement, avec un contraste trop faible, l'image est grisâtre, sans vrai noir ni vrai blanc.

Ces photos ont été prises avec, de bas en haut, un réglage de contraste normal, un contraste réduit de deux valeurs et un contraste augmenté de deux valeurs. Les chartes RefCard Pro qui apparaissent aux côtés de chaque photo ont également été réalisées avec ces réglages respectifs.

Outre le rendu général, qui change beaucoup, on voit que la dynamique de l'image (c'est-à-dire l'écart maximal entre le noir et le blanc), dépend beaucoup des corrections de contraste. On conseillera d'éviter un réglage trop poussé, en revanche, une valeur plus nuancée permet réduire (un peu) les risques de cramer les hautes lumières.

Le contraste est assez difficile à apprécier, car si l'œil est un excellent comparateur, il est un bien mauvais analyseur : sans référence, il a tendance à s'habituer au rendu d'une image trop douce ou trop dure. Pour déterminer le réglage de contraste à utiliser par défaut, il est donc conseillé de photographier la même scène avec les principales corrections manuelles autorisées par le boîtier (- 2, - 1, 0, + 1 et + 2 points) et de sélectionner ensuite la photo qui offre le meilleur aspect. En règle générale, la valeur « normal » (0) ou réduit d'un point donne un rendu harmonieux, fidèle à la vision humaine et sans excès de contraste. On évitera en revanche le réglage automatique dont les résultats peuvent manquer d'homogénéité.

Modifier le mode couleur

Le D80 propose trois modes couleur : I a (sRVB), II (Adobe RVB) et III a (sRVB). Le choix d'un de ces modes, souvent négligé ou mal compris par les utilisateurs, est pourtant d'une importance capitale pour une gestion subtile des couleurs. En effet, l'espace colorimétrique détermine en quelque sorte le nombre de couleurs que peut restituer une photo (voir la rubrique dédiée), tandis que les modes I a, II et III a modifient subtilement les couleurs dans cet espace : dans un même espace colorimétrique, une couleur photographiée pourra donner un rendu légèrement différent selon le mode choisi.

L'analyse et la comparaison d'images de références réalisées dans des conditions rigoureusement identiques et dans les différents modes permet d'en comprendre l'influence sur les couleurs. Ainsi, le mode III a (que Nikon conseille pour la photo de nature ou de paysage) augmente la saturation globale afin de rendre des couleurs vives et « pures », quitte à perdre un peu le naturel de la scène. Notez que ce réglage est particulièrement inadapté au portrait, car en augmentant la saturation globale de l'image, il augmente aussi celle des teintes chair et des éventuelles rougeurs de la peau, ce qui est assez disgracieux.

Le mode II correspond à l'espace colorimétrique Adobe RGB (qui offre une gamme de tons plus vaste que le sRGB, voir la rubrique dédiée). Il propose de fait une gamme de tons étendue et une saturation sans excès. Les amateurs de rendu subtil l'utiliseront par défaut ; les autres, qui seront peut-être déçus par le manque de « claquant » des couleurs, n'y auront recours qu'en portrait, nu ou photos de bébé, pour lesquels il est particulièrement adapté.

Enfin l'analyse des images montre que le mode I a (que Nikon applique par défaut sur le D80 et conseille pour le portrait) est un réglage très fin : il amplifie la saturation de toutes les teintes (comme le mode III a), à l'exception des teintes chair qui conservent un rendu subtil. Les images sont donc « flatteuses » sans modification des couleurs de la peau.

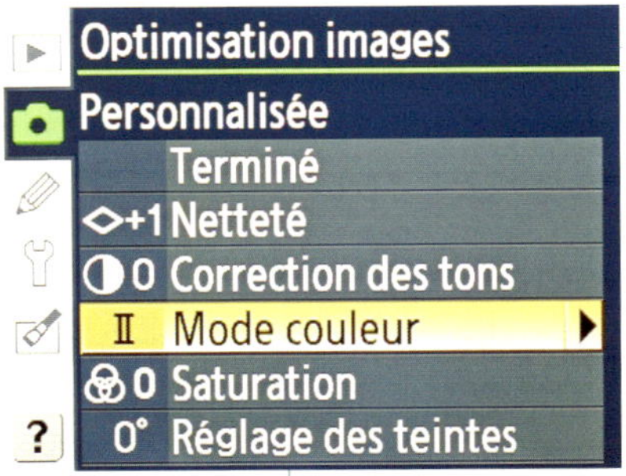

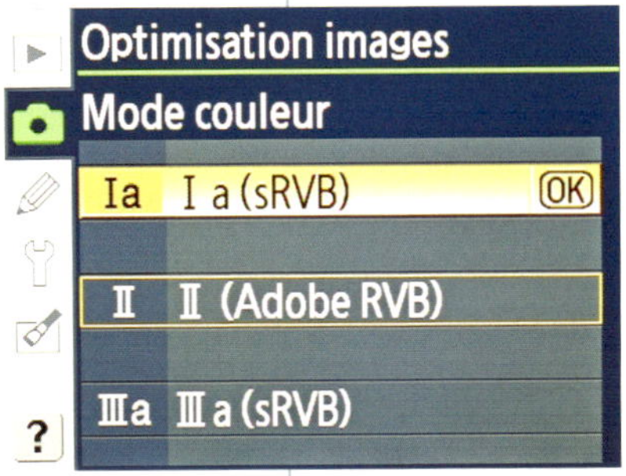

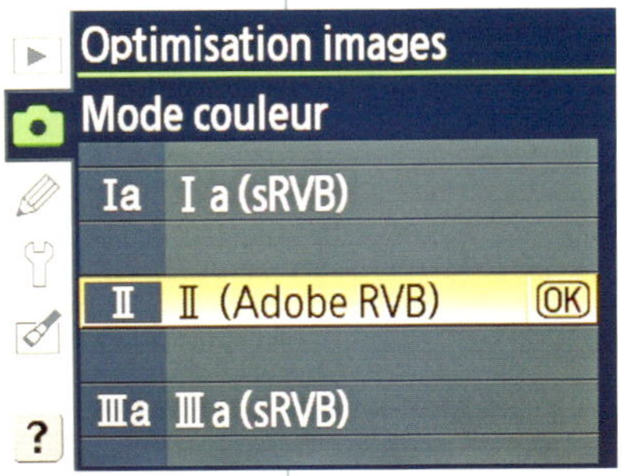

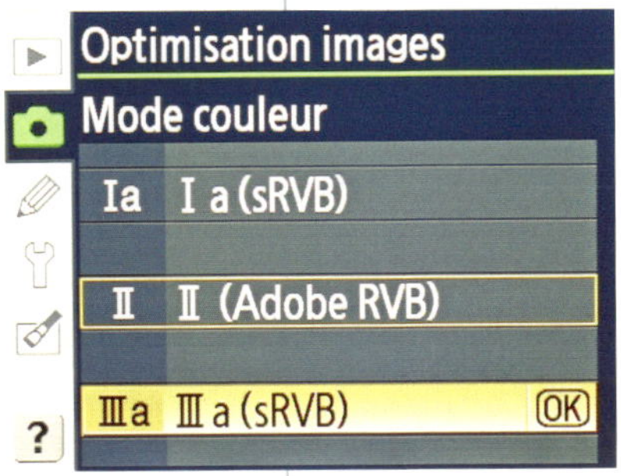

La gestion des modes couleur du D80 permet de modifier assez finement le rendu de certaines teintes. On dispose de deux versions de l'espace sRGB, l'une adaptée au portrait avec une saturation contenue sur les teintes chair, l'autre plus généraliste.

Modifier la saturation

La saturation correspond en quelque sorte au degré de pureté d'une couleur. Plus elle est saturée, plus elle est pure, ou franche ; moins elle est saturée, moins elle a de claquant et plus elle est terne.

Une saturation excessive de l'image lui donne un rendu « flashy », aux couleurs presque fluo, qui a ses adeptes notamment en paysage. Inversement, peu saturée, l'image est douce, pastel, ce qui est souvent intéressant en portrait ou en photo de nu. Les images issues du D80 présentent une saturation assez juste et sans excès quand le réglage est sur Normal. On ne le modifiera donc qu'en de rares occasions : on le réduira pour du portrait, on l'augmentera en paysage. Mais ici, le réglage est avant tout affaire de goûts.

Ces photos présentent l'effet du réglage de saturation, à la fois en prise de vue classique et sur la charte RefCard Pro. En haut, la saturation est normale, moyenne sur l'image du milieu, élevée sur l'image du bas. Attention là aussi le réglage par défaut est Automatique...

Modifier la teinte

Les couleurs du bleu au vert sont dites « froides » par opposition aux couleurs chaudes, du jaune au rouge. Le réglage de teinte permet soit de réchauffer le rendu dans le domaine du jaune (réglage positif), soit de le refroidir dans le domaine du bleu (réglage négatif) autour d'une valeur moyenne donnée par le réglage de balance des blancs.

Ce réglage n'est pas le plus important, mais il permet parfois d'affiner subtilement les couleurs selon ses goûts. On peut par exemple l'utiliser pour réchauffer systématiquement les images prises au flash, toujours un peu froides même avec une balance des blancs adaptée.

Cette série présente l'effet de ce réglage à la fois sur une photo classique et sur la charte RefCard Pro prise dans des conditions strictement identiques. De haut en bas, les réglages adoptés sont respectivement – 9°, « normal » (0°) et + 9°. Les valeurs ont été ici poussées à leurs maximums pour bien en visualiser l'effet, mais on peut régler leur intensité par pas de 3° pour plus de subtilité.

Découvrir le mode Noir et blanc

En facilitant la réalisation d'images noir et blanc auparavant réservées à un public initié, le numérique a démocratisé cette technique. Le noir et blanc permet aussi de se sortir de situations de lumière difficile, en plein soleil comme par temps couvert ; on va alors droit à l'essentiel (cadrage, composition, rapports de masse, etc.). Quoi que l'on puisse en penser, il n'y a pas de « sujets couleur » ou de « sujets noir et blanc » ; réaliser une belle photo monochrome est souvent plus facile car on évite qu'un élément à la teinte criarde vienne réduire des efforts de composition à néant.

L'Optimisation images Noir et blanc dispose d'options qui en font un outil très intéressant. On rappellera cependant que ses effets ne seront réellement appliqués que sur les fichiers JPEG auxquels il sera impossible de redonner les couleurs d'origine, aussi nous vous

L'Optimisation images Noir et blanc et l'option Monochrome du menu Retouche permettent de réaliser des photos monochromes avec une réelle simplicité ; il est d'ailleurs possible de conserver une version couleur de son image. Adoptez donc un « regard noir et blanc » : attardez-vous sur la lumière, la composition, les contrastes, les rapports de masse, la géométrie, les matières... Une image noir et blanc n'est pas seulement une image « sans couleurs », c'est un parti pris de photographe, qu'il soit esthétique et/ou sémantique.

conseillons, l'enregistrement en RAW + JPEG. Vous disposerez alors d'une image JPEG noir et blanc facile à partager et à éditer, mais aussi (et surtout) d'un fichier RAW qu'il sera parfaitement possible de développer en noir et blanc et/ou en couleurs.

Configuration des filtres « virtuels »

Nous ne reviendrons pas ici sur la gestion de la netteté et du contraste qui répondent à la même logique qu'en couleurs (voir la rubrique précédente). En noir et blanc, nous vous conseillons tout de même d'opter pour une personnalisation de ces paramètres (qui sera sans incidence sur les images couleur) en augmentant d'un point les réglages que vous avez adoptés en couleurs. En effet, par rapport au noir et blanc argentique, le rendu par défaut du D80 manque un peu de contraste et de netteté. Cette configuration de base suffira d'ailleurs à bien des photographes s'ils ne sont pas aguerris aux techniques noir et blanc traditionnelles... Les autres seront ravis de constater que le D80 propose une gestion fine du « placement des gris » avec un jeu de filtres virtuels qui faisait cruellement défaut au D200...

En noir et blanc argentique, on utilise en effet assez souvent des filtres colorés (ou des gélatines), appelés « filtres de contraste », pour « placer » ses gris et modifier l'intensité des nuances sur la photo. Cela évite notamment que certains rouges et certains verts ne soient rendus par un même niveau de gris et permet de gérer finement le contraste.

Les filtres virtuels du D80 simulent l'effet de gélatines colorées jaunes, oranges, rouges ou vertes avec l'avantage ici que ces accessoires sont virtuellement intégrés au boîtier (bien que leur accès ne soit pas des plus aisés, il faut le reconnaître, voir mode d'emploi page 81). Leurs corrections sont appliquées aux données brutes (de même que les réglages de contraste, de netteté, etc.) avant l'enregistrement en JPEG, et n'induisent donc pas de perte de qualité comme le ferait la retouche d'un fichier déjà compressé. Chaque filtre « éclaircit » les éléments qui sont de la même couleur que lui et « assombrit » ceux de la couleur complémentaire. Le filtre jaune va donc « bloquer » une partie de la lumière bleue et laisser passer le jaune. Les autres filtres ont un effet plus prononcé qui, comme nous allons le voir, les réserve à des applications plus spécifiques.

Il est possible de combiner leur effet à une correction globale du contraste et de la netteté (voir la rubrique précédente) pour une maîtrise encore plus fine, mais il reste difficile de personnaliser tous ces paramètres à chaque prise de vue. On préférera donc souvent réaliser ses images en RAW et appliquer ces corrections (filtre, contraste, éventuel virage) dans Capture qui propose les mêmes effets en plus subtil.

Les exemples suivants décrivent l'action de chaque filtre sur une charte RefCard Pro (charte de référence des couleurs qui permet de voir l'effet des filtres et le « placement » des gris).

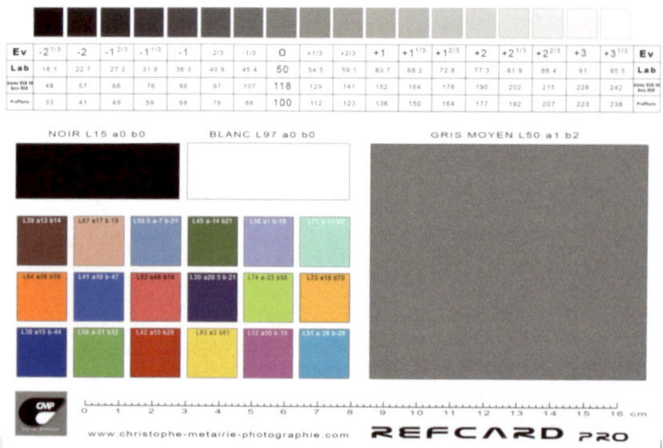

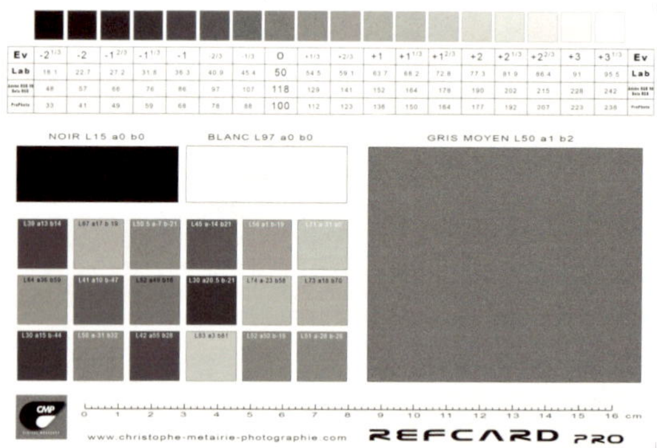

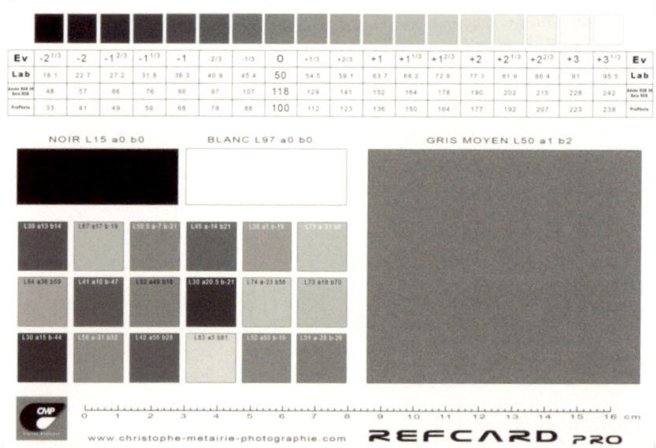

En couleurs

L'image présentée en couleurs servira de référence pour toute cette série afin de bien visualiser l'effet des filtres. Notez qu'entre cette image couleur et les différentes versions monochromes, le même couple vitesse-diaphragme a été utilisé. Les filtres virtuels étant appliqués par le logiciel interne du D80 au moment de la conversion des données brutes (voir « Enregistrer en RAW ou en JPEG » page 160), nul besoin de corriger l'exposition d'un ou plusieurs diaphragmes comme en argentique. Cette photo a été réalisée avec une optimisation Personnalisée avec un réglage de contraste moyen.

Sans filtre

Les résultats présentent déjà un assez bon rendu, bien meilleur que celui que l'on peut obtenir en désaturant une image couleur dans un logiciel de retouche comme Photoshop.

Le rendu des films noir et blanc est souvent plus dur que celui des films négatifs couleur. Même si l'on peut trouver que le contraste est globalement un peu faible (nous conseillons de l'augmenter d'une valeur, comme la netteté), dans la majorité des cas le rendu sera assez satisfaisant tel quel pour qui n'est pas (encore) aguerri au noir et blanc.

Avec filtre jaune

Le filtre jaune retient une partie de la composante bleue de la lumière visible. En pratique, il densifie donc légèrement les ciels et permet aux nuages éventuels de mieux s'en détacher. Il accentue de la même façon les ombres (dont la teinte tire toujours un peu vers le bleu) et donne ainsi à l'image un rendu global légèrement plus contrasté.

Notez que l'on peut utiliser ce filtre par défaut : comme en prise de vue argentique, les résultats seront toujours plus harmonieux avec que sans.

Avec filtre orange

Le filtre orange a sensiblement le même effet que le filtre jaune, mais en plus marqué ; son usage est donc un peu moins universel. On s'abstiendra de l'utiliser en plein soleil pour éviter un effet trop prononcé, sauf à rechercher un effet particulier. Les teintes vertes et bleues deviennent très denses et le rendu manque parfois de naturel ; les teintes jaunes, elles, sont restituées par un gris plus clair. On réservera ce filtre à des situations où la lumière est douce, mais aussi au paysage ou au portrait pour limiter les irrégularités de la peau sous éclairage tungstène.

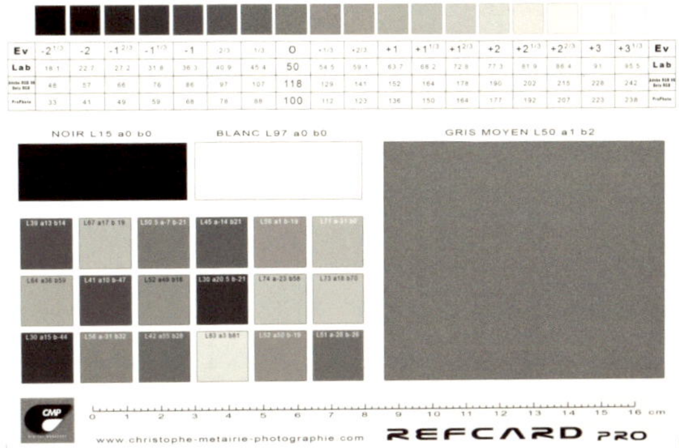

Avec filtre rouge

Le filtre rouge assombrit très fortement les ciels, jusqu'à les rendre presque noirs. Le contraste global devient très fort, car les ombres sont aussi particulièrement densifiées. On réservera ce filtre à des effets spéciaux ou pour donner une dimension irréelle à une image, par exemple. Certains photographes comme Jeanloup Sieff ont d'ailleurs abondamment utilisé ce type de filtres pour dramatiser leurs photos de paysages ou de mode. L'augmentation de contraste étant importante, il est conseillé de vérifier l'histogramme notamment dans les hautes lumières qui ont tendance à « cramer ».

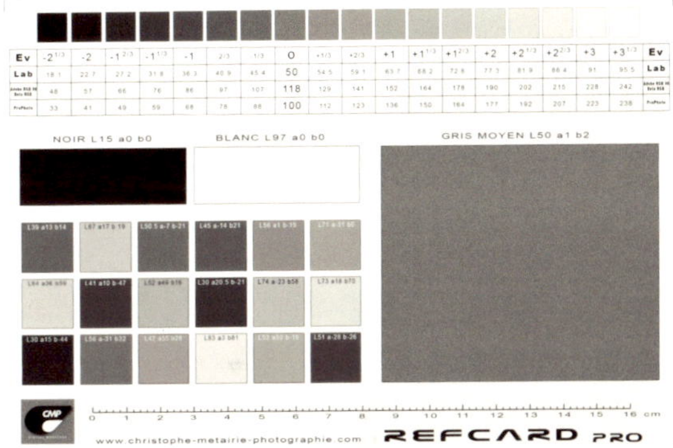

Avec filtre vert

Le filtre vert densifie à la fois le bleu et le rouge. Il accentue aussi un peu le contraste général. Il peut s'avérer très utile lorsque l'on photographie des feuillages, car il éclaircit les tons verts (couleur à laquelle l'œil humain est très sensible), ce qui permet de mieux les dissocier et évite que ces zones ne soient rendues par un gris trop dense et trop peu lisibles. Il est souvent intéressant d'utiliser ce filtre en paysage pour restituer un maximum de détails dans les zones de verdure. En revanche, il faut l'éviter pour le portrait ou le nu car il densifie les rouges.

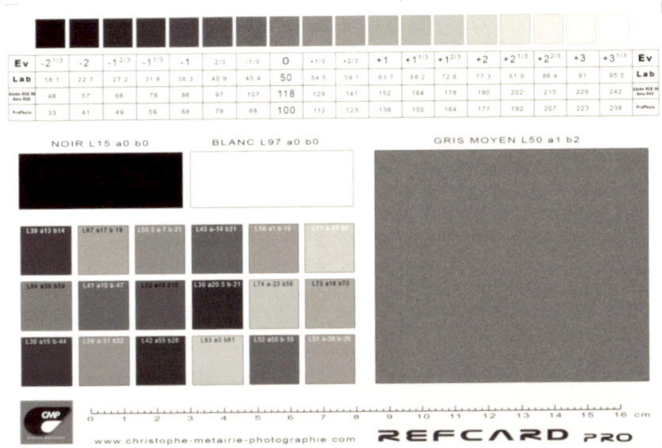

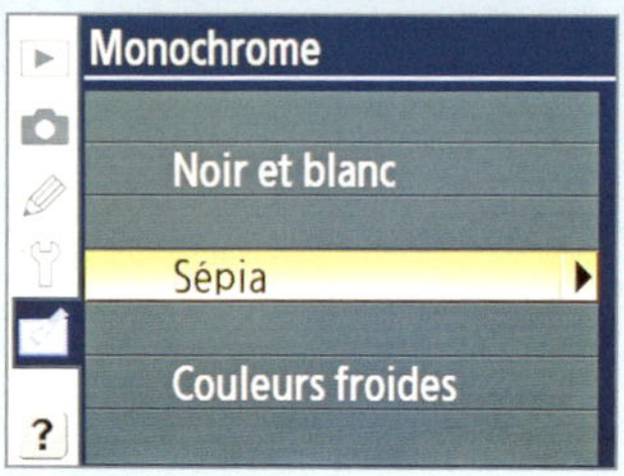

Dans l'interface du menu Retouche, on peut réaliser des images monochromes neutres ou teintées de sépia ou de couleurs froides (un bleu-violet plus ou moins dense). Les fichiers RAW ou JPEG ne sont pas altérés car l'appareil en enregistre une copie retouchée ; on peut donc conserver son original en couleurs. Les effets manquent à mon avis de subtilité (et de contraste), mais leur utilisation est ludique et peut s'avérer esthétique… Exactement comme les virages argentiques qui doivent servir l'image et non être une fin en soi ; tout est affaire de subjectivité, de goût et de sensibilité artistique.

Attention à la balance des blancs

Cela peut sembler paradoxal puisque l'image est dépourvue de couleurs, mais le choix de la balance des blancs a aussi une importance en noir et blanc. Même si son effet est plus subtil que celui des filtres de contraste, le réglage de la balance des blancs peut modifier le rendu. En prise de vue à la lumière du jour avec un réglage de la balance des blancs Automatique, les variations de contraste sont relativement négligeables ; on lui préférera tout de même un réglage Ensoleillé, plus stable.

En lumière artificielle, quelques essais sont souvent nécessaires avant de trouver le réglage qui offre le meilleur résultat. Nous vous conseillons, lorsque vous utilisez l'Optimisation images Noir et blanc, de passer en balance des blancs Ensoleillé et d'essayer les différents filtres pour obtenir un rendu harmonieux, et ce pour plusieurs raisons. D'une part, avec une balance des blancs fixe et stable (c'est-à-dire en utilisant un des préréglages et non le mode Automatique, voir « Utiliser simplement la balance des blancs » page 166), les images présentent un rendu homogène, ce qui permet de mieux analyser le contraste et les éventuelles corrections à apporter. D'autre part, une balance des blancs Lumière du jour permet de tendre plus facilement vers le rendu d'une photo argentique : la quasi-totalité des films noir et blanc est en effet équilibrée pour la lumière du jour et notre regard y est habitué.

En appliquant tel ou tel réglage de balance des blancs, on modifie les nuances de gris et, si le rendu est techniquement meilleur du fait d'une meilleure exploitation de la lumière disponible (c'est-à-dire qu'il est plus fidèle à ce que percevrait un œil achromate), il risque de décevoir car il est inhabituel. Mieux vaut donc, sauf si vous recherchez un effet spécial, rester en réglage de la balance des blancs de type Ensoleillé et profiter des filtres de contraste de l'appareil.

Notez que si vous faites des photos de nuit, les éclairages artificiels (tungstène, tubes fluo, lampes à vapeur de mercure ou de sodium...) nécessitent des effets de filtres bien différents de ceux utilisés en lumière du jour. Différents essais sont souvent de mise avant de trouver le meilleur réglage, mais si l'opération est astreignante dans un premier temps, on s'habitue assez rapidement à ces éclairages et l'on peut donc anticiper les effets des filtres et leur rendu sur la photo.

En studio, le noir et blanc permet de donner un certain « cachet » à ses images, même avec un sujet des plus anodins. Privilégiez les sensibilités les plus basses pour conserver une certaine finesse. En reportage ou dans des ambiances intimistes, le bruit en haute sensibilité peut donner une « matière » agréable qui rappelle le grain argentique.

Choisir son espace couleur

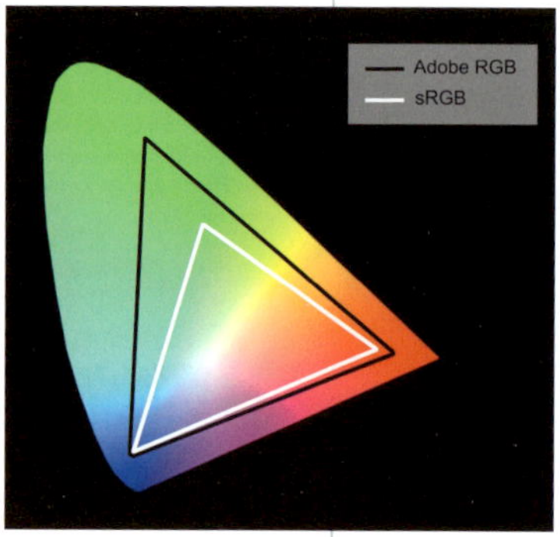

Sur ce schéma représentant l'intégralité du spectre des couleurs visibles par l'œil humain, on voit que l'espace Adobe RGB (en noir) contient plus de nuances que l'espace sRGB (en blanc). C'est notamment dans le domaine des teintes saturées de rouge et de vert que les différences se font le plus sentir. Dans la pratique, les variations de couleurs que l'on rencontre en prise de vue « rentrent » le plus souvent dans l'espace sRGB qui de ce fait est utilisable par défaut. Notez que le D80 propose deux variantes du sRGB, qui ne diffèrent que par la saturation des teintes chair.

Comme nous l'avons vu à la rubrique « Exploiter l'optimisation des images » page 182, le D80 propose pour l'enregistrement des fichiers les modes couleur I a, II et III a qui sont en fait des variantes des espaces Adobe RGB et sRGB. Ces derniers ont des caractéristiques et des propriétés différentes : du choix de l'un ou de l'autre dépendra la gamme de couleurs et le nombre de nuances qui pourront être enregistrées sur l'image (voir graphique ci-contre).

L'espace Adobe RGB est plus vaste et permet la restitution de teintes que le sRGB ne peut gérer. Avec moins de nuances, les images sRGB offrent donc moins de latitude à la retouche. Mais les différences sont assez subtiles à l'écran et ne sont vraiment notables qu'une fois les photos imprimées. Mis à part quelques modèles professionnels, les écrans sont en effet incapables d'afficher autant de nuances de couleurs que peut en contenir l'espace Adobe RGB. Ils ne restituent donc pas certaines teintes subtiles que peut contenir une image enregistrée dans cet espace.

Le profil colorimétrique est « tagué » par le D80 dans les métadonnées de chaque fichier de façon à ce que Photoshop ou Photoshop Elements (depuis sa version 3) puisse interpréter et afficher correctement les informations colorées à l'écran (sous réserve d'une configuration adaptée du menu Couleur du logiciel). Méfiez-vous des logiciels qui ne gèrent pas les informations des profils : ils ne peuvent traiter les nuances de l'espace Adobe RGB qui sont en dehors de l'espace sRGB. Les couleurs situées à la périphérie d'un espace étant toujours les plus saturées, l'image taguée Adobe RGB ouverte dans un tel logiciel manquera alors cruellement de saturation. Quand une image enregistrée dans l'espace Adobe RGB est correctement ouverte dans Photoshop, ses couleurs sont fidèles, justes et saturées, alors que dans un logiciel qui ne sait pas gérer les couleurs, elle manque de saturation, notamment dans les verts et dans les rouges ; dans ce cas, travaillez systématiquement dans l'espace sRGB et choisissez le mode III a par défaut ou I a en portrait.

Notez que les métadonnées du D80 sont aux normes EXIF 2.21 et DCF 2.0, aussi les logiciels prenant en charge ces deux normes tiendront compte de cet espace couleur pour l'affichage. Sinon, il faudra le sélectionner manuellement (si le logiciel l'autorise).

Notez aussi que l'indication du profil colorimétrique est simplement taguée avec les fichiers RAW, car la sélection effective du profil ne se fait qu'au moment de la conversion du fichier brut dans le logiciel de conversion (Capture NX ou autre). Si vous choisissez le mode d'enregistrement RAW + JPEG, l'espace couleur n'affectera que le fichier JPEG ; je vous conseille dans ce cas précis de travailler dans l'espace sRGB III a (pour l'impression directe et le partage rapide), quitte à « développer » le fichier RAW dans l'espace Adobe RGB plus tard, si l'image nécessite une retouche.

Les utilisateurs experts pourront développer leurs fichiers RAW dans un espace encore plus vaste que l'Adobe RGB (comme le ProPhoto, le BetaRGB ou le DonRGB) pour profiter du maximum de nuances colorées possible. En effet, les couleurs potentiellement enregistrables par l'appareil dépassent l'espace Adobe RGB. Développer dans un grand espace permet de limiter au mieux les pertes avant de convertir dans un espace plus réduit, mais plus universel.

Même si les différences de rendu sont difficiles à percevoir sur un livre imprimé, elles sont assez visibles ici. Dans un logiciel qui ne sait pas gérer la couleur ou qui n'est pas compatible avec les normes des métadonnées du D80, toutes les images sont traitées par défaut en sRGB. Si une image Adobe RGB contient des couleurs saturées hors de l'espace sRGB (en particulier dans les rouges et les verts), ces dernières sont perdues et l'image est plate, comme ici en haut. Dans ce cas, privilégiez l'enregistrement en sRGB sur l'appareil afin que l'affichage se fasse correctement et que la retouche soit plus facile (photo du bas). L'espace sRGB a beau contenir moins de nuances que l'Adobe RGB, c'est pourtant le plus universel des deux. Les experts privilégieront l'enregistrement en Adobe RGB ; il sera toujours possible convertir les photos en sRGB pour des applications Internet ou des envois sur Minilab (alors que la conversion sRGB en Adobe RGB ne rendra jamais les nuances perdues à l'enregistrement).

Lire et interpréter l'histogramme

En plus des nombreuses informations sur la photo réalisée, le mode Lecture du D80 propose l'affichage des zones surexposées et l'histogramme de l'image (voir mode d'emploi page 63). Si l'interprétation de ce graphique n'est pas toujours des plus intuitives, elle est pourtant très utile et permet de vérifier si l'exposition de l'image est correcte, ce qui est impossible si l'on se contente d'observer la vue à l'écran. La vérification à l'aide de l'histogramme et/ou par l'affichage des hautes lumières « percées » est donc indispensable.

Il est cependant évident que ce diagnostic de l'exposition ne permet une interprétation de l'image qu'après coup. Si l'histogramme est « mauvais », il faudra réaliser une nouvelle image en modifiant l'exposition.

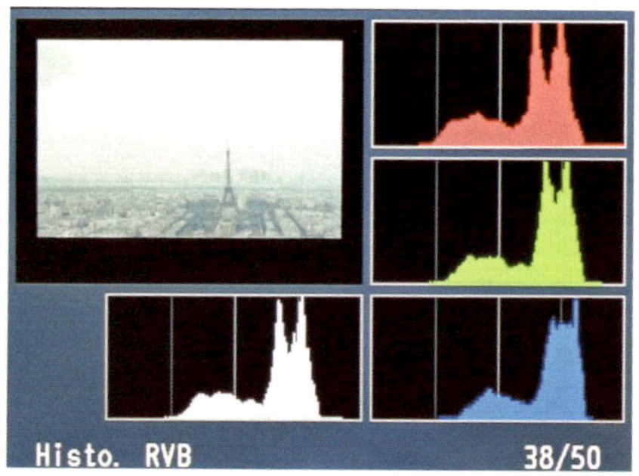

L'écran du D80 ne permet pas de reproduction fiable des couleurs et de l'exposition. Non calibré, son rendu est aussi tributaire de la lumière ambiante malgré son réglage de luminosité. Ici, on pourrait croire la photo surexposée alors que l'affichage de l'histogramme (et la vérification ultérieure du fichier sur un écran d'ordinateur calibré) prouvent le contraire.

L'histogramme idéal

L'histogramme affiché par le D80 reprend le principe de celui qu'offrent la plupart des logiciels de retouche. C'est un graphique qui représente le nombre de pixels de l'image (en ordonnée) en fonction de leur niveau de luminosité (en abscisse). Correctement interprété, il peut renseigner très précisément sur la qualité de l'exposition mais aussi sur le contraste.

Idéalement, l'histogramme doit s'étaler harmonieusement de la gauche (qui correspond aux zones sombres, aux ombres de l'image) vers la droite (qui correspond aux zones claires, les

Afficher les zones « cramées »

L'affichage des zones cramées (ou écrêtées) est un complément idéal à l'histogramme ; certains le trouvent d'ailleurs plus utile. Quand on fait défiler les options d'affichage de l'image (voir mode d'emploi page 63), le D80 affiche les zones cramées en surbrillance noire. On visualise alors très facilement si les hautes lumières sont percées et le clignotement permet de localiser avec précision les parties de la photo concernées. (Notez qu'il est possible en RAW de rattraper un peu les hautes lumières avec Capture NX, Camera Raw, ou DxO Optics Pro si deux couches au maximum se trouvent écrêtées.)

hautes lumières). Il ne doit présenter de « pic » ni d'un côté ni de l'autre, et ne doit pas non plus déborder des limites du graphique. Mais attention, cette disposition mérite d'être relativisée car, en fonction des conditions d'éclairage et des couleurs du sujet, l'histogramme peut légèrement changer. Il sera plus ramassé au centre sur les photos peu contrastées, ou décalé d'un côté ou de l'autre du graphique selon que le sujet est par nature clair ou foncé. Comme nous allons le voir plus loin, l'histogramme de certaines images pourtant bien exposées peut ainsi s'éloigner de ce graphique « modèle » bien équilibré.

L'histogramme du D80 est divisé en 4 portions. Son milieu correspond aux zones de densité moyenne ; ainsi, un carton gris neutre correctement exposé donnera un histogramme très fin présentant un pic sur cette valeur moyenne. S'il est décalé d'un côté ou de l'autre de cette position, c'est que l'exposition est erronée. Avec un sujet « normal » qui présente beaucoup de zones d'ombre et de lumière, l'analyse de l'exposition est plus délicate, mais les exemples suivants sont assez représentatifs des cas les plus courants et vous aideront dans l'analyse du graphique.

Histogramme de luminance et histogramme RVB

L'histogramme affiché par le D80 est dit « RVB » : il propose des graphiques distincts pour les couches rouge, verte et bleue en complément d'un histogramme « classique » dit « de luminance » (qui ne tient compte que de la luminosité, pas des couleurs). Même si ce dernier autorise une analyse déjà fine, les histogrammes RVB permettent une interprétation précise des problèmes provenant d'une dominante colorée (un ciel bleu très présent aura tendance à décaler le graphique bleu par rapport aux autres) ou d'un mauvais réglage de balance des blancs. Cet affichage RVB autorisera aux lecteurs les plus pointus une analyse aiguë de l'image, les autres pourront sereinement se contenter de l'histogramme en luminance et de lui seul.
On remarquera qu'avec une image noir et blanc, les trois graphiques colorés sont identiques puisque la neutralité de l'image est obtenue par une proportion équivalente de rouge, vert et bleu à chaque pixel.
Pour plus de lisibilité dans suite de la rubrique, nous avons préféré présenter les histogrammes affichés par Photoshop et non par le D80, leur principe d'analyse restant le même.

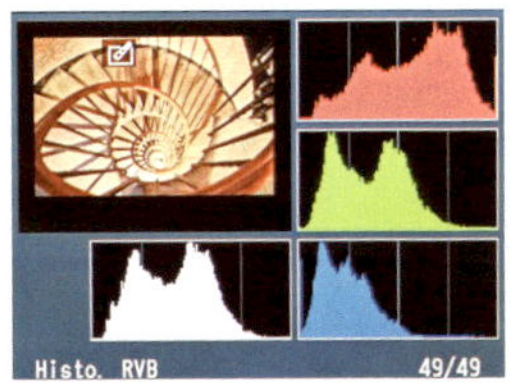

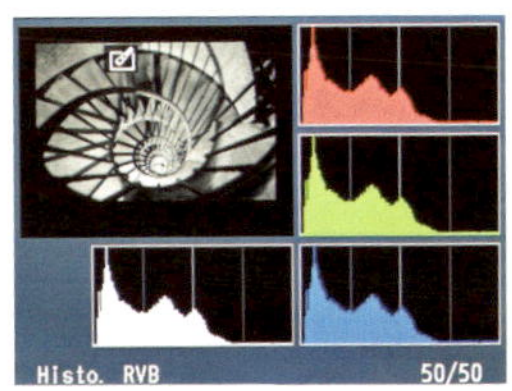

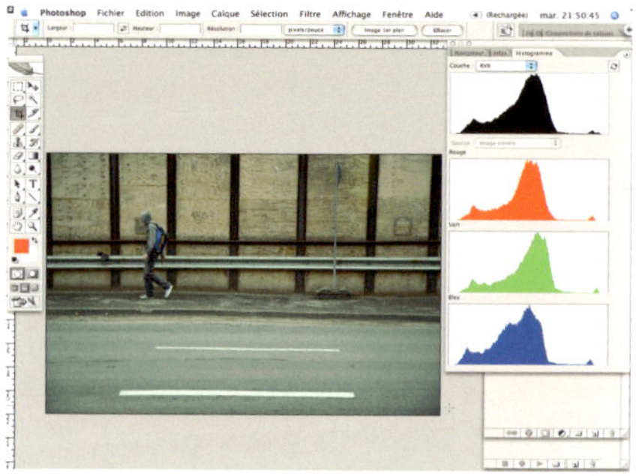

Dans la majorité des cas, si l'histogramme est étalé de la gauche à la droite du graphique, l'image est bien exposée et le rendu est harmonieux. Ici, aucune zone n'est écrêtée, ni dans les ombres, ni dans les hautes lumières ; les histogrammes R, V et B sont assez homogènes, indiquant une balance des blancs convenable. Le léger décalage du bleu est lié à une ambiance assez froide.

La surexposition

Les photos surexposées sont trop claires ; leur histogramme est décalé vers la droite. L'image ne contient pas de vrais noirs et les ombres sont grises. Il arrive souvent aussi que l'on observe une saturation (écrêtage) dans les hautes lumières qui perdent une grande partie de l'information et dont certaines zones sont cramées (l'histogramme déborde alors sur la droite) ; sur l'image imprimée, elles sont restituées par le blanc du papier, ce qui est particulièrement disgracieux. Aucune retouche ne permet de les corriger : il faut prendre une nouvelle photo en fermant le diaphragme ou en réduisant le temps de pose.

Notez cependant que surexposer à la limite des hautes lumières cramées permet dans certains cas de mieux exploiter l'information issue du capteur. En réduisant exposition et luminosité au développement, on peut redistribuer au mieux l'information et limiter l'apparition de bruit (voir « Enregistrer en RAW ou en JPEG » page 160). Cette technique donne de très bons résultats avec des sujets doux, moins quand la scène est contrastée car le seuil d'écrêtage des hautes lumières laisse peu de marge de manœuvre.

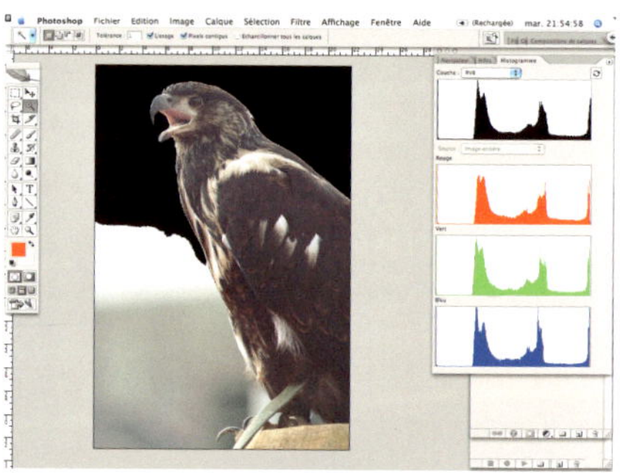

L'histogramme décalé vers la droite indique une forte proportion de teintes claires. Il « déborde », quand certaines zones sont très surexposées. Les trois grands pics correspondent aux ombres du sujet, au ciel cramé, et à la zone grise de l'arrière-plan. La zone noircie (clignotante sur le D80 quand l'affichage des hautes lumières est actif) signale les hautes lumières cramées.

La sous-exposition

La sous-exposition aboutit à des photos trop denses (trop foncées) dont l'histogramme est décalé vers la gauche. Les blancs sont alors restitués sur l'image par des gris et l'on peut constater une saturation dans les ombres. Beaucoup de détails sont alors perdus dans les zones sombres et restitués par un aplat noir.

Malheureusement, le D80 ne dispose pas d'un affichage clignotant pour ces zones. La lecture de l'histogramme est donc indispensable pour détecter une sous-exposition. Si elle se vérifie, la seule solution est de prendre une nouvelle photo en ouvrant le diaphragme ou en réduisant la vitesse d'obturation.

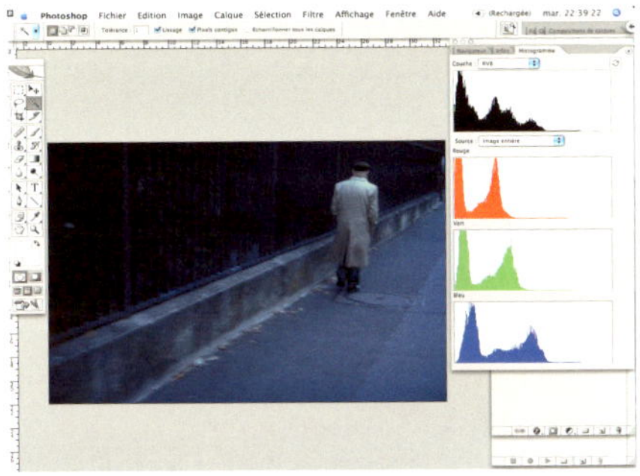

Même si les photos prises entre chien et loup doivent rester assez denses, la sous-exposition est ici flagrante. Les histogrammes fortement décalés vers la gauche le confirment : les ombres sont irrémédiablement enterrées. Éclaircir cette image dans un logiciel de retouche est toujours possible, mais les résultats sont décevants et la montée de bruit très marquée.

Interprétation du contraste

L'histogramme est aussi un assez bon indicateur du contraste : celui d'une image trop douce sera ramassé en son milieu, sans information ni dans les hautes lumières, ni dans les ombres. Dans ce cas, il faut l'augmenter soit avec un logiciel de retouche au cas par cas, soit, si le défaut est systématique, directement sur le boîtier *via* le réglage Optimisation images.

Mais attention, certaines photos doivent rester assez douces pour conserver un rendu harmonieux (les portraits ou les photos de reflets par exemple). Inversement, si une

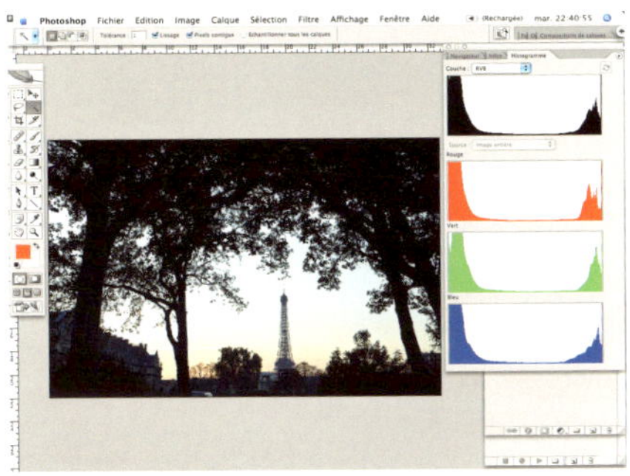

Le contraste de cette scène est excessif et ne peut être restitué par le capteur : l'histogramme présente un pic dans les ombres et un dans les hautes lumières. Réduire l'exposition boucherait un peu plus les ombres, mais éviterait de cramer les lumières, ce qui est toujours plus disgracieux.

image présente des pics à la fois dans les hautes lumières et dans les ombres, c'est que le contraste est excessif. Sauf parti pris esthétique, une réduction de contraste s'impose ; elle ne peut se faire qu'en réalisant une nouvelle photo, car si l'information n'est pas présente sur le fichier, un logiciel de retouche ne va pas la créer… Il arrive aussi, notamment à contre-jour, que le contraste de la scène dépasse celui que le capteur peut enregistrer : il faudra alors faire une nouvelle photo en privilégiant l'exposition des ombres ou, au contraire, celle des hautes lumières. Avec un sujet immobile, on peut réaliser deux images exposées différemment et les fusionner dans un logiciel de retouche en ne conservant que la partie correctement exposée de chacune.

Même si on affiche l'histogramme, l'interprétation du contraste sur l'écran de l'appareil est difficile, ne serait-ce qu'en raison de sa petite taille et du manque de définition du graphique. En cas de doute, préférez toujours une image trop douce que trop dure : il est en effet possible d'augmenter un peu le contraste de la photo sans trop l'altérer, mais pas l'inverse.

Ne pas se limiter à l'histogramme

L'histogramme a ses limites : pour que certaines images conservent un rendu harmonieux, elles doivent parfois présenter un histogramme non idéal. La nature et les couleurs du sujet sont à prendre en compte : par exemple, une image réalisée lors d'un concert de rock aura toujours un histogramme déséquilibré (faisant la part belle au noir de l'arrière-plan). Inversement, un sujet très clair se traduira par un histogramme décalé vers les hautes lumières ; s'il ne déborde pas du graphique, la photo aura un rendu harmonieux sans hautes lumières cramées.

Par ailleurs, si on se limite à une vision purement technique de l'histogramme, certains sujets sont des pièges. Ainsi, un paysage brumeux est par nature assez doux et doit le rester, même si son histogramme ne présente pas de blanc pur ou de noir absolu. Les contre-jours, au contraire, doivent conserver un certain contraste, à condition de ne pas produire de hautes lumières cramées… (On tolérera tout de même ce défaut si l'image contient un reflet ou une source lumineuse.)

Contrairement à ce qu'on pourrait croire, ici l'exposition est bonne. L'histogramme est très décalé à gauche ce qui laisserait supposer une sous-exposition, mais cela vient de la lumière qui baignait la scène. Notez que les hautes lumières ne sont cramées dans aucune des trois couches. Cet histogramme « hors norme » est parfait pour que l'image conserve un bon rendu.

En cas de doute sur l'exposition ou sur l'analyse de l'histogramme, n'hésitez pas à bracketer. Conservez toutes les photos de la séquence et comparez-les sur ordinateur en affichant leur histogramme. Un examen raisonné de ces images et des particularités de chaque graphique vous aidera après coup à une meilleure analyse de l'histogramme.

Histogramme et fichiers RAW

Bien que d'une aide précieuse, l'histogramme affiché par le D80 n'est pas aussi précis et fiable que celui de Photoshop (par exemple), ne serait-ce qu'en raison de sa taille minuscule. Notez par ailleurs que, même en RAW, l'histogramme affiché par le boîtier correspond à celui d'un fichier JPEG : l'histogramme réel des fichiers RAW serait en effet très éloigné de la perception de l'œil et donc difficile à interpréter en raison du gamma linéaire de ce format (voir « Développer ses fichiers RAW avec Capture NX » page 286).

L'appareil applique pour l'affichage une conversion qui tient compte des paramètres d'optimisation actifs sur le boîtier (contraste, couleurs, balance des blancs). Ainsi, l'histogramme signale parfois l'écrêtage de zones qui ont encore de l'information, notamment quand le réglage de contraste du D80 est fort et/ou quand on adoucit l'image au développement. Inversement, il arrive que l'histogramme du boîtier soit correct mais qu'une modification de balance des blancs dans un logiciel de développement conduise à l'écrêtage d'une ou plusieurs couches. Si le réglage de balance des blancs n'est pas adapté à la prise de vue, l'affichage de l'histogramme du boîtier sera aussi erroné ; une correction au développement rendra souvent au fichier un histogramme sans zone d'écrêtage.

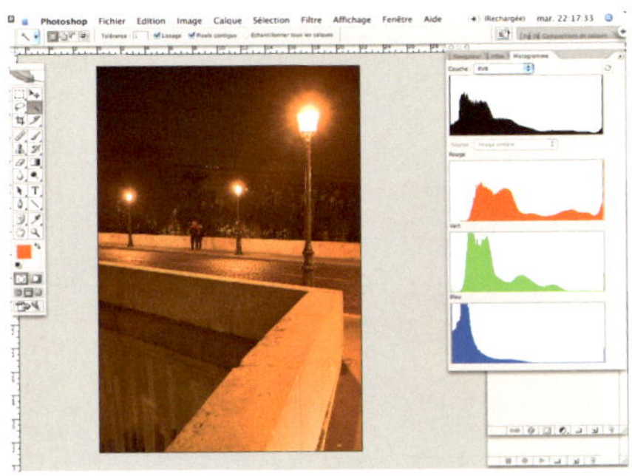

Sous un éclairage artificiel, une balance des blancs erronée peut fausser l'analyse de l'histogramme. On voit ici un écrêtage flagrant de la couche rouge qui disparaîtra si la température de couleur (sélectionnée sur le boîtier ou au développement) est adaptée à la source de lumière.

Utiliser les informations EXIF

Avec les données servant à coder l'image, le D80, comme la grande majorité des appareils photo numériques, enregistre une série d'informations à chaque déclenchement, un peu comme un fichier musical MP3 contient généralement, en plus de la musique à proprement parler, des informations concernant l'auteur, l'album, la durée du morceau et son titre. Ces informations, appelées « métadonnées », sont enregistrées dans le fichier image. Elles sont très nombreuses et peuvent renseigner le photographe ou les logiciels sur certaines des conditions de prise de vue.

Quelles données ?

Les métadonnées du D80 sont conformes à la norme EXIF 2.21 *(EXchangeable Image File)* ; tout logiciel compatible avec cette version de la norme doit pouvoir afficher tout ou partie de ces informations. Ainsi, chaque image (en RAW ou en JPEG) est accompagnée de la date et de l'heure de la prise de vue, mais aussi de certaines données techniques qui peuvent aider le photographe à analyser ses éventuelles erreurs. En effet, ces métadonnées ont parfois une grande valeur pédagogique : informations relatives au mode d'exposition choisi, aux paramètres de vitesse et diaphragme, à l'espace couleur, à la définition de l'image… Elles précisent aussi contraste, saturation, balance des blancs, objectif utilisé, focale, mise au point, capteur AF sélectionné, mode flash, etc. Autant d'éléments qui dispensent de prendre des notes et qui permettent une étude fine de la photo, de ses défauts et de leurs causes possibles. On peut ainsi connaître (presque) tous les paramètres de ses prises de vue.

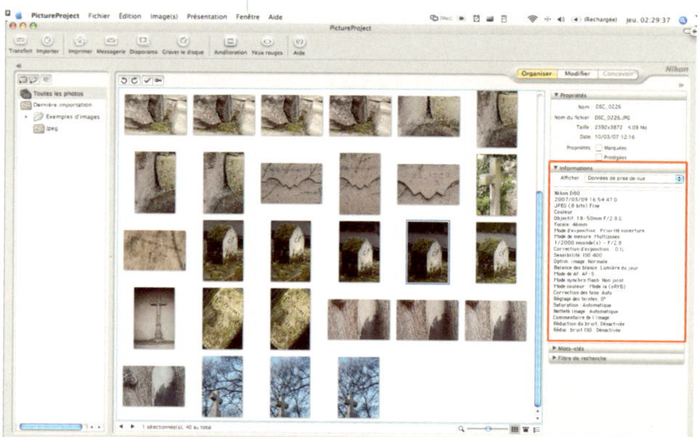

Pour lire les informations EXIF avec PictureProject, il suffit de sélectionner une image et d'ouvrir le tiroir des informations (en cliquant sur la barre du même nom sur la droite de la fenêtre). Les informations (ici encadrées en rouge) sont relativement nombreuses et permettent une analyse assez poussée des paramètres de l'image. L'affichage n'est disponible que quand un seul fichier est sélectionné. Il est possible de récupérer ces informations par un simple copier-coller dans un logiciel de texte.

Capture NX permet de visualiser les données EXIF qui apparaissent sur le côté, sous l'onglet Paramètres de l'appareil photo. Il est possible d'afficher ou masquer ces éléments et de modifier le réglage de certains d'entre eux, notamment ceux relatifs à l'Optimisation images choisie à la prise de vue qu'il reste possible de changer sur les fichiers RAW.

Ces informations peuvent aussi considérablement faciliter la recherche et l'édition des images. Les fonctions évoluées de certains logiciels de catalogage (iView MediaPro, Portfolio, etc.) exploitent ces renseignements et permettent, par exemple, de rechercher toutes les photos prises à une certaine date.

Le D80 permet de personnaliser une partie de ces métadonnées. Il est ainsi possible de créer un champ d'annotations personnalisé (36 caractères maximum) qui sera enregistré avec chaque image produite par le boîtier : il suffit pour cela de sélectionner l'onglet Légende image dans le menu de configuration du boîtier (voir mode d'emploi page 104). On peut alors ajouter directement une signature aux photos ou y insérer un commentaire écrit (lieu de prise de vue, nom du client, etc.) afin d'en faciliter l'archivage (voir « Bien organiser l'archivage des fichiers » page 262).

Notez cependant que si les logiciels Nikon (PictureProject ou Capture NX) conservent les métadonnées une fois le fichier sauvegardé, d'autres comme Photoshop en éliminent certaines au moment de l'enregistrement, notamment pour limiter le poids des fichiers destinés à Internet.

EXIF et logiciels

Les métadonnées EXIF sont facilement accessibles dans les logiciels Nikon, mais elles ne sont pas toujours directement lisibles quand on ouvre une photo dans un logiciel de retouche. Celui-ci les utilise pourtant, car elles le renseignent (du moins partiellement) sur certaines spécificités de l'image. Ainsi, Photoshop « lit » l'information concernant son espace colorimétrique et adapte le profil couleur pour un affichage optimal. D'autres, comme DxO Optics Pro ou certains correcteurs de bruit, exploiteront les caractéristiques d'optique, de mise au point et de sensibilité, par exemple pour une correction sur mesure… En trouvant ces informations dans les métadonnées, le logiciel va pouvoir appliquer un « profil de correction » adapté à la combinaison de ces différents paramètres, sans que l'utilisateur en soit directement informé et sans qu'il ait à paramétrer l'outil.

Les métadonnées d'ordre général sont assez universelles, cependant les logiciels Nikon sont les seuls à tirer profit de certaines informations spécifiques. À l'ouverture d'un fichier, Capture NX va ainsi tenir compte des réglages d'optimisation des images paramétrés sur le boîtier (voir « Exploiter l'optimisation des images » page 182) pour un affichage optimal ; par exemple, les images réalisées dans le mode Noir et blanc sont d'emblée affichées sans couleur. Les autres logiciels de développement ne sont pas à même de décoder ces informations et n'affichent les images qu'avec un jeu de corrections génériques (un fichier RAW, même réalisé dans le mode Noir et blanc du D80, apparaîtra en couleurs et imposera une étape de retouche supplémentaire). Si l'on travaille avec Capture NX, il est donc judicieux d'optimiser ces réglages dès la prise de vue.

Lire les données EXIF

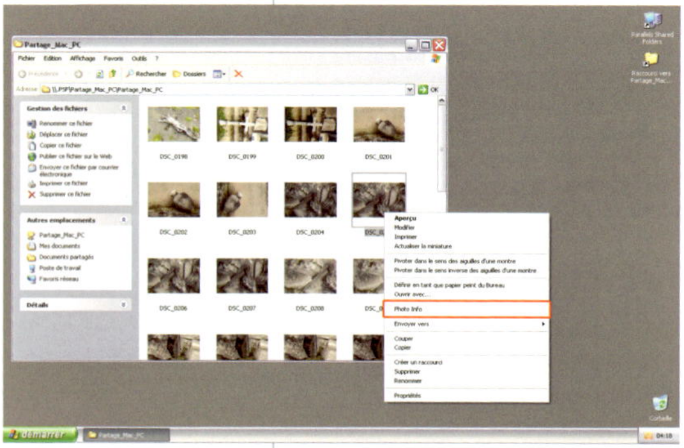

Pour afficher ces informations, la solution la plus simple consiste à faire appel à la palette dédiée dans PictureProject, mais l'utilisation de ce logiciel n'a rien d'obligatoire. Sur PC avec Windows XP, après un clic droit sur l'icône d'une image JPEG, il suffit de suivre les commandes Propriétés > Résumé > Avancé pour y accéder. Sur Mac, il faudra se contenter des quelques informations disponibles (taille, poids de fichier, espace colorimétrique, date de création, etc.) dans la commande Lire les informations du menu Fichier (après avoir sélectionné l'icône du fichier), ou bien utiliser un logiciel adapté disponible sur Internet (voir plus loin).

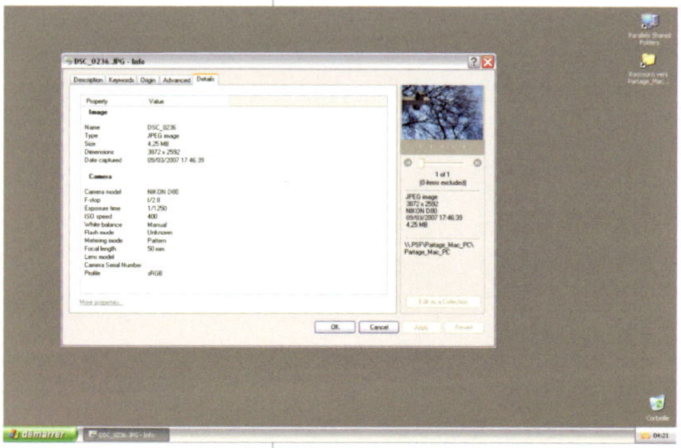

Photo Info intéressera sans doute certains utilisateurs de PC : cet additif gratuit au système d'exploitation XP ou Vista prend place comme menu contextuel. Non content de donner accès aux données EXIF des fichiers JPEG, TIFF ou RAW, il autorise l'annotation des images (voir la rubrique « Bien organiser l'archivage des fichiers ») et un tri grossier en fonction de critères comme la sensibilité ou la date de prise de vue, sans avoir à lancer un logiciel plus complet. Attention, Photo Info n'est disponible qu'en anglais.

Malheureusement, il est souvent impossible de copier-coller cette liste pour l'enregistrer sous forme d'un fichier texte. Pour éditer ces données et éventuellement en modifier certaines, il faut utiliser un utilitaire dédié qui permet alors de les enregistrer dans un fichier texte ou HTML par un simple copier-coller. Certains utilitaires autorisent une édition partielle des métadonnées (qui, dans leur grande majorité, restent cependant non modifiables), ce qui peut être pratique, par exemple pour changer la date ou l'heure d'une image quand elles sont erronées ; ce sont d'ailleurs généralement les seuls paramètres que l'on peut corriger.

Selon les versions des utilitaires et les boîtiers, les logiciels n'affichent pas les mêmes données, ni la même traduction des termes. Certains intitulés sont d'ailleurs fantaisistes : « durée d'ouverture » à la place de « vitesse d'obturation » par exemple. Notez enfin que rares sont ceux qui sauront lire les informations EXIF d'un fichier RAW du fait de sa spécificité.

Internet regorge de logiciels d'affichage des données EXIF, pour Mac comme pour PC, qui s'installent soit comme application indépendante, soit comme menu contextuel. On peut citer Exif Reader, Exif O Matic, Phototool Info, Exif Viewer… et cette liste n'est pas exhaustive. La plupart sont gratuits et légers ; il est donc facile de les télécharger pour les essayer.

Liste des informations EXIF du D80 affichées par PictureProject	
Boîtier	Balance des blancs
Date et heure de la prise de vue	Mode AF
Format et compression	Mode synchro flash
Taille d'image	Compensation du flash automatique
Objectif utilisé	Mode couleurs
Focale	Correction des tons
Mode d'exposition	Réglage de teinte
Mode de mesure de la lumière	Saturation
Vitesse/diaphragme	Netteté de l'image
Correction d'exposition	Commentaire de l'image
Sensibilité	Réduction du bruit
Optimisation images	Réduction du bruit ISO

Découvrir les « trucs » de pros

Qu'ils veuillent obtenir un rendu d'image original ou simplement améliorer la qualité technique de leurs photos, experts et pros savent faire preuve d'ingéniosité. Souvent, l'amateur croit que des domaines de prise de vue réputés complexes comme la photo de nuit ou la macro, ou que certains effets esthétiques sont réservés aux seuls pros. Ils sont en réalité accessibles au plus grand nombre moyennant quelques « trucs » et astuces pratiques et quelques accessoires spécifiques. On peut aussi détourner certains réglages de l'appareil à des fins artistiques, notamment la balance des blancs.

Paramétrer les Réglages personnalisés

Le D80 dispose de 31 Réglages personnalisés dont les options permettent d'adapter l'appareil à ses habitudes ou à ses goûts. Certaines, comme l'incrément d'exposition ou le sens de rotation des molettes, ne seront que rarement modifiées ; d'autres en revanche permettront d'adapter le boîtier à des conditions particulières de prise de vue. Bien qu'il n'y ait ni « bonne » ni « mauvaise » configuration, certaines options mal maîtrisées peuvent conduire à des résultats décevants. Aussi, si vous avez des doutes sur la configuration de votre D80 ou que vous l'avez acheté d'occasion, leur réinitialisation peut être la bienvenue. Elle permettra de réactiver la configuration par défaut du boîtier dont le détail est donné dans le mode d'emploi page 137.

Notez que tous ces Réglages personnalisés ne sont pas accessibles dans tous les modes de prise de vue : par souci de simplification, les Vari-programmes désactivent en effet certaines options « complexes » (voir mode d'emploi page 134). Notez aussi que l'on peut choisir d'activer ou non l'affichage de certaines de ces options *via* la personnalisation du menu (voir mode d'emploi page 101). On peut de la sorte alléger l'interface en ne conservant l'accès qu'aux fonctions estimées utiles et en masquant celles dont on n'a pas besoin ou dont la personnalisation a été effectuée et n'appelle pas de changement (sens de rotation des molettes, sens du bracketing par exemple). Nous avons choisi de détailler ici toutes les options ; après l'intitulé de la fonction, nous indiquons les modes dans lesquels elle est accessible.

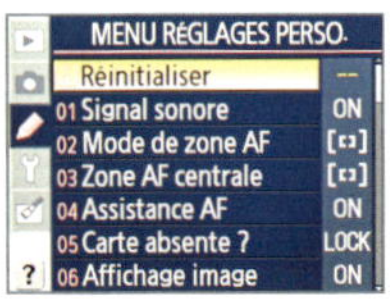

R Réinitialiser

Comme son nom l'indique, cette fonction permet de réinitialiser la configuration du D80 et de retrouver les « réglages usine » de l'appareil.

1 Signal sonore (tous les modes)

Par défaut, un témoin sonore atteste de la bonne exécution de la mise au point en AF ponctuel et de l'activation du retardateur. Le réglage actif est rappelé sur l'écran secondaire par l'icône d'une note de musique qui est barrée si l'option Désactivé est sélectionnée.

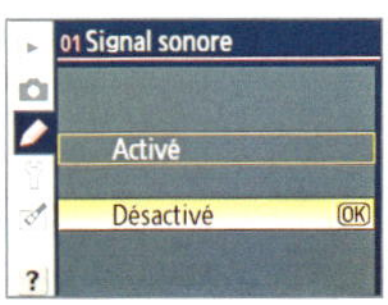

• Activé (par défaut) : bien que pratique en mode retardateur, le son est assez déplaisant et interdit de passer inaperçu, sauf à faire une mise au point manuelle.

• Désactivé : pas de confirmation sonore de la mise au point AF, le photographe peut donc travailler discrètement. En mode retardateur, l'illuminateur AF clignote entre la sollicitation du déclencheur et la prise de vue.

2 Mode de zone AF (tous les modes)

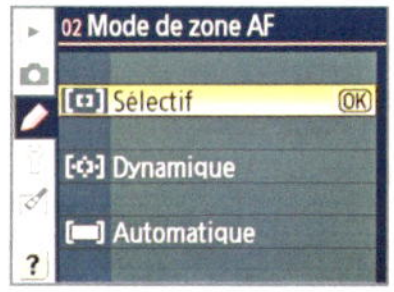

Permet de définir le mode de sélection de la zone de mise au point en mode AF. Le réglage actif est rappelé par l'icône correspondante sur l'écran secondaire.

- Sélectif (par défaut dans les modes P, S, A, M et Gros plan) : la zone de mise au point AF est sélectionnée manuellement avec le pad arrière. Idéal avec les sujets fixes ou quand on privilégie la technique du cadrage/décadrage.
- Dynamique (par défaut en mode Sport) : idem, mais l'appareil assure le suivi vers un autre collimateur si un déplacement du sujet est détecté. Idéal en photo sportive, photo animalière et photo d'enfants.
- Automatique (par défaut dans les modes Auto, Portrait, Paysage, Paysage de nuit et Portrait de nuit) : l'appareil détermine seul la zone de mise au point et l'utilisateur ne peut en changer. Un mode rassurant dans un premier temps mais qui montre vite ses limites en photo créative.

3 Zone AF centrale (tous les modes)

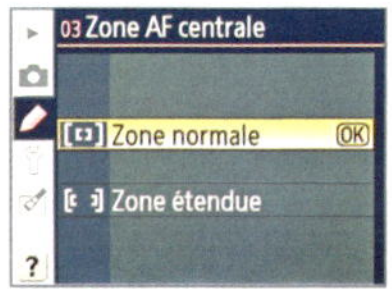

Autorise l'élargissement de la zone de mise au point centrale.

- Zone normale (par défaut) : la zone de mise au point centrale est de taille réduite, la même que celle des autres zones.
- Zone étendue (option non accessible en mode de zone AF Automatique) : la zone de mise au point centrale est élargie. On peut imaginer une meilleure détection, mais dans les faits on observe souvent un petit manque de précision et un très léger ralentissement de l'AF.

4 Assistance AF (tous les modes sauf Paysage, Sport et Paysage de nuit)

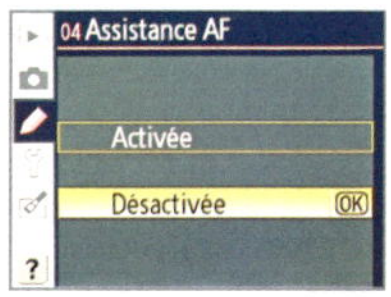

L'illuminateur AF secondaire peut émettre un faisceau lumineux quand la lumière vient à manquer pour faciliter le travail de l'AF (en mode Ponctuel) et éviter le patinage intempestif de l'automatisme.

- Activée (par défaut) : l'appareil émet un faisceau lumineux en cas de faible luminosité. Sa portée est limitée à quelques mètres.
- Désactivée : le faisceau est désactivé et le photographe peut travailler discrètement. Attention, si la luminosité de la scène est vraiment faible, l'AF peine à faire le point : la mise au point manuelle est préférable, surtout si le sujet est à plus de 3 m (le faisceau d'assistance AF ne sera alors d'aucun secours).

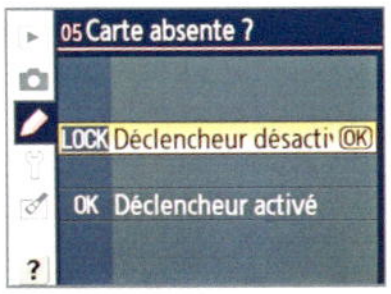

5 Carte absente ? (tous les modes)

Permet de déterminer le comportement de l'appareil s'il ne contient aucune carte.

• Déclencheur désactivé (par défaut) : le déclenchement est impossible en l'absence de carte mémoire dans le boîtier.

• Déclencheur activé : le déclenchement est possible même sans carte, les photos sont temporairement affichées sur l'écran arrière, mais pas enregistrées. (Gare aux étourderies...)

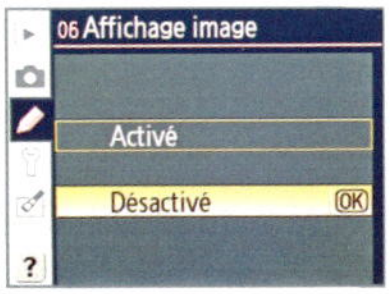

6 Affichage image (tous les modes)

Permet d'activer l'affichage temporaire de la dernière image réalisée.

• Activé (par défaut) : chaque photo est automatiquement affichée sur l'écran arrière quelques secondes après la prise de vue.

• Désactivé : l'affichage automatique est désactivé, on économise ainsi la batterie et les images restent accessibles à la demande avec la fonction Lecture.

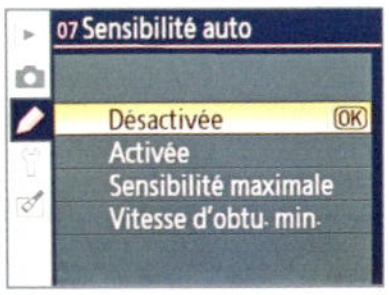

7 Sensibilité auto (modes P, S, A et M)

Le D80 peut déterminer automatiquement la sensibilité optimale en fonction de la luminosité de la scène visée et du couple vitesse-diaphragme. Même si l'intérêt de cette fonction est très discutable, il est possible d'en affiner certaines options.

• Désactivée (par défaut) : la sensibilité est déterminée par le photographe à l'aide de la commande idoine.

• Activée : la sensibilité sélectionnée est utilisée comme base, mais le D80 l'ajuste si les paramètres ne sont pas en mesure de donner une exposition optimale (en lumière continue comme au flash). L'option Sensibilité ISO maximale permet de limiter la plage des sensibilités accessibles à l'automatisme, par exemple pour limiter l'utilisation des sensibilités trop élevées. Mais elle ne garantit pas de résultats homogènes en termes de bruit dans l'image (deux images successives peuvent en effet être réalisées à deux sensibilités différentes) : on lui préfèrera une sélection manuelle de la sensibilité, le réglage étant très facilement accessible et simple à mettre en œuvre sur le D80.

8 Quadrillage (tous les modes)

Autorise l'affichage en surbrillance dans le viseur d'un quadrillage facilitant la composition et le cadrage.

• Activé : le quadrillage est affiché, c'est l'option que nous conseillons (voir « Connaître le viseur et ses limites » page 52).

• Désactivé (par défaut) : le quadrillage n'est pas affiché.

9 Avertissement viseur (tous les modes)

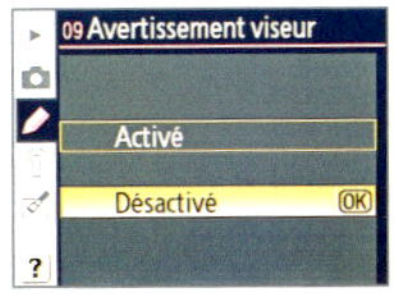

Autorise l'affichage des avertissements dans le viseur en cas d'utilisation du mode Noir et blanc, d'accumulateur faible et/ou d'absence de carte dans l'appareil.

- Activé (par défaut) : les pictogrammes présentés page 52 s'affichent le cas échéant dans le viseur, mais empiètent sur l'espace de cadrage. Si le déclenchement est interdit en cas d'absence de carte (Réglage personnalisé 5), l'option n'a d'intérêt que lors de l'utilisation du mode Noir et blanc (un témoin de charge de la batterie sur 5 niveaux est en effet disponible sur l'écran secondaire, cette info n'est donc pas indispensable dans le viseur).

- Désactivé : aucun affichage de rappel n'est disponible dans le viseur.

10 Incrément exposition (tous les modes)

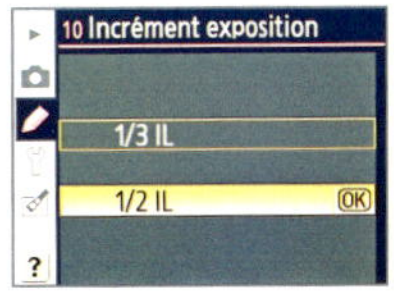

Permet de déterminer la précision de l'incrément entre deux valeurs de vitesse et de diaphragme consécutives. Ce réglage affecte aussi la précision du correcteur d'exposition.

- 1/3 IL (par défaut) : pas de 1/3 de valeur ; les modifications sont très subtiles.
- 1/2 IL : pas de 1/2 valeur, précision amplement suffisante dans la majorité des cas.

11 Correction exposition (modes P, S, A et M)

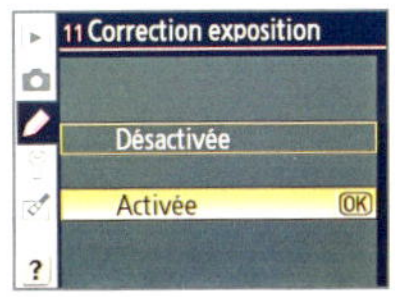

Permet de modifier l'accès au correcteur d'exposition.

- Désactivée (par défaut) : le correcteur s'active par une pression sur le touche idoine et par la rotation de la molette arrière.

- Activée : le correcteur d'exposition est activé par la rotation d'une des deux molettes en fonction du mode de prise de vue et du Réglage personnalisé 15 choisi. Cette option veut faciliter l'accès au réglage mais est peu pratique quand on change souvent de mode d'exposition.

Mode de prise de vue	**Réglage personnalisé 15 Désactivé**	**Réglage personnalisé 15 Activé**
P	Molette secondaire (avant)	Molette secondaire (avant)
S	Molette secondaire (avant)	Molette principale (arrière)
A	Molette principale (arrière)	Molette principale (arrière)
M	La correction d'exposition est activée par la commande idoine du boîtier et par rotation de la molette principale (arrière).	

Activation de la correction d'exposition en fonction du Réglage personnalisé 15.

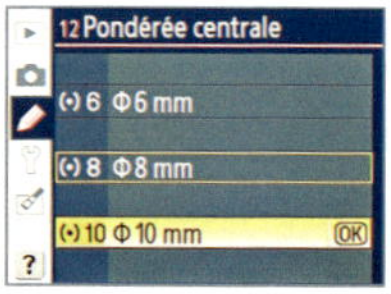

12 Pondérée centrale (modes P, S, A et M)

Le diamètre de la zone privilégiée par la mesure Pondérée centrale peut être modifié (voir « Adapter la mesure de la lumière » page 124). Plus le diamètre est réduit, plus la pondération du centre sera forte.

- Ø 6 mm : cercle de 6 mm de diamètre dans le viseur.
- Ø 8 mm (par défaut) : cercle de 8 mm de diamètre dans le viseur, matérialisé par le cercle au centre de celui-ci.
- Ø 10 mm : cercle de 10 mm de diamètre dans le viseur.

13 Réglage BKT auto (modes P, S, A et M)

Détermine le comportement du bracketing automatique.

- AE & flash (par défaut) : bracketing à la fois sur l'exposition et sur l'intensité du flash si celui-ci est utilisé.
- AE seulement : bracketing seulement sur l'exposition globale.
- Flash seulement : bracketing seulement sur l'intensité de l'éclair.
- BKT balance blancs : bracketing sur le seul réglage de balance des blancs.

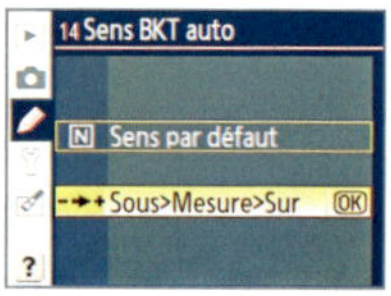

14 Sens BKT auto (modes P, S, A et M)

Détermine l'ordre de réalisation des images dans une séquence de bracketing.

- Sens par défaut : variations réalisées dans l'ordre : « normal », « sous-exposé », « surexposé ».
- Sous > Mesure > Sur : variations réalisées dans l'ordre : « sous-exposé », « normal », « surexposé » ; la sélection de l'image la mieux exposée est facilitée, c'est l'option que nous vous conseillons.

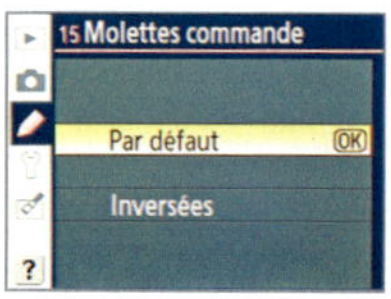

15 Molettes commande (modes P, S, A, M)

Permet d'inverser les fonctions des molettes avant et arrière du boîtier.

- Par défaut : la molette principale (arrière) est en charge de la sélection de la vitesse d'obturation ; la molette secondaire (avant) de la valeur d'ouverture.
- Inversées : les deux commandes sont inversées.

16 Commande FUNC (tous les modes)

Permet de déterminer la fonction accessible par pression sur la touche FUNC.

- Affichage sensibilité (par défaut) : la sensibilité est ponctuellement affichée dans le viseur à la place de la vitesse.

• Quadrillage : la pression sur la touche FUNC et la rotation de la molette arrière permettent d'afficher/masquer le quadrillage du viseur.

• Mode de zone AF : la pression sur la touche FUNC et la rotation de la molette arrière permettent de sélectionner le mode Zone AF. La sélection du collimateur est possible avec le pad arrière.

• Zone AF centrale : la pression sur la touche FUNC et la rotation de la molette arrière permettent de passer du mode Zone AF centrale normale au mode Zone AF centrale étendue.

• Mémorisation FV : permet de déclencher un pré-éclair de flash dont la puissance est mémorisée.

• Flash désactivé : permet de déconnecter ponctuellement le flash (intégré ou externe) même si ce dernier est allumé.

• Mesure Matricielle : permet de passer ponctuellement en mesure Matricielle.

• Pondérée centrale : permet de passer ponctuellement en mesure Pondérée centrale.

• Mesure Spot : permet de passer ponctuellement en mesure Spot.

17 Éclairage (tous les modes)

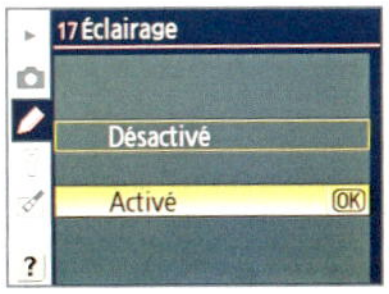

Permet d'activer l'éclairage de l'écran secondaire.

• Désactivé (par défaut) : l'écran ne s'allume que si l'interrupteur général est poussé dans sa position extrême.

• Activé : l'écran secondaire s'allume tant que le système de mesure est actif mais il sollicite davantage la batterie.

18 AE-L/AF-L (tous les modes)

Détermine la fonction affectée à la touche AE-L/AF-L.

• Mémorisation AE/AF (par défaut) : la pression sur la touche AE-L/AF-L mémorise l'exposition et la mise au point.

• Mémo AE seulement : la pression sur la touche AE-L/AF-L ne mémorise que l'exposition. Idéal en mesures Spot et Pondérée centrale.

• Mémorisation AF : la pression sur la touche AE-L/AF-L ne mémorise que la mise au point. Idéal quand on utilise la technique du cadrage/décadrage.

• Mémo AE temporisée : la mesure d'exposition est mémorisée jusqu'à une nouvelle pression sur la touche AE-L/AF-L.

• Autofocus : la pression sur la touche AE-L/AF-L déclenche la mise au point autofocus. La pression à mi-course sur le déclencheur n'assure alors que la mesure de l'exposition.

• Mémorisation FV : la pression sur la touche AE-L/AF-L ne mémorise que l'exposition au flash (avec un flash intégré ou un flash externe) jusqu'à ce qu'une seconde pression annule cette mémorisation.

• Choix zone de MAP : la pression sur la touche AE-L/AF-L combinée à la rotation de la molette arrière permet de choisir le mode de zone de mise au point.

• Mémo AE-AF/Zone AF : la pression sur la touche AE-L/AF-L mémorise exposition et mise au point. Une seconde pression combinée à la rotation de la molette avant permet de sélectionner la zone de mise au point.

• Mémo AE/Zone AF : la pression sur la touche AE-L/AF-L ne mémorise que l'exposition. Une seconde pression combinée à la rotation de la molette avant permet de sélectionner la zone de mise au point.

• Mémo AF/Zone AF : la pression sur la touche AE-L/AF-L ne mémorise que la mise au point. Une seconde pression combinée à la rotation de la molette avant permet de sélectionner la zone de mise au point.

• AF/Zone AF : la pression sur la touche AE-L/AF-L active la mise au point autofocus. Une seconde pression combinée à la rotation de la molette avant permet de sélectionner la zone de mise au point.

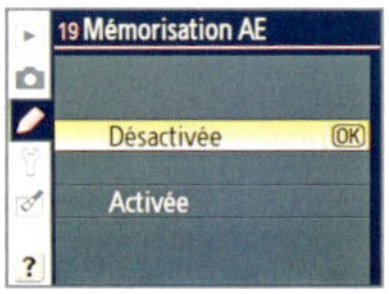

19 Mémorisation AE (tous les modes)

Détermine si la pression à mi-course sur le déclencheur mémorise ou non la mesure de l'exposition.

• Désactivée (par défaut) : l'exposition n'est pas mémorisée. Réglage idéal pour la technique du cadrage/décadrage.

• Activée : l'exposition est mémorisée. Pratique en mesures Spot ou Pondérée centrale quand on réalise une mesure sur un élément qui n'est pas nécessairement le sujet de la photo.

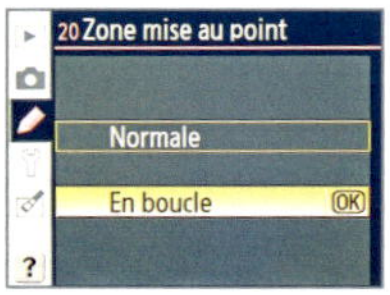

20 Zone de mise au point (tous les modes)

• Facilite la sélection manuelle des collimateurs AF.

• Normal (par défaut) : passage d'un collimateur à un autre uniquement entre collimateurs adjacents, délimité par les zones de mise au point externes : pour passer du collimateur le plus en haut vers celui du bas, repasser par le milieu ; idem avec les capteurs latéraux.

• En boucle : pour passer du collimateur à l'extrême gauche vers celui de droite, une pression vers la gauche suffit, plus besoin de passer par les collimateurs intermédiaires.

21 Éclairage zone AF (tous les modes)

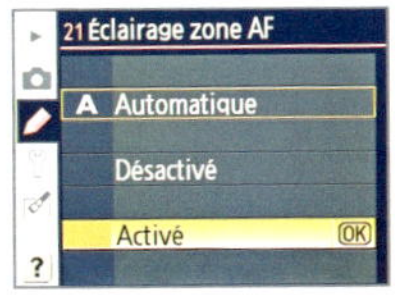

Utile pour visualiser la zone de mise au point active dans le viseur.

- Automatique (par défaut) : la zone s'affiche en rouge si le boîtier estime cela nécessaire pour créer un contraste avec la luminosité de l'arrière-plan, sinon en noir.
- Désactivé : la zone de mise au point n'est pas affichée en surbrillance.
- Activé : le collimateur actif est en rouge quelle que soit la luminosité ambiante. En cas de très forte luminosité, sa lecture est parfois difficile : préférer l'option automatique.

22 Flash intégré (modes P, S, A et M)

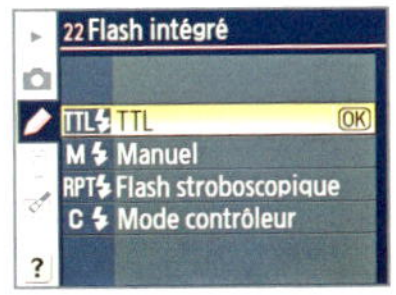

Détermine le mode de fonctionnement du flash intégré.

- TTL (par défaut) : cet automatisme détermine la mesure de l'intensité nécessaire à l'éclair du flash (voir « Maîtriser le flash intégré » page 136).
- Manuel : la puissance du flash intégré est déterminée par le photographe entre la pleine puissance et 1/128 de puissance. Cette dernière option est très pratique pour déclencher des flashs de studio en mode esclave sans cordon et sans que l'éclair du flash intégré ne soit visible sur le sujet (voir « Bien utiliser un flash externe » page 144).
- Flash stroboscopique : le flash émet une salve d'éclairs dont on peut modifier la puissance, le nombre et la fréquence. Utile dans quelques applications scientifiques ou ludiques.
- Mode contrôleur : le flash intégré pilote différents groupes de flashs externes grâce au Système d'éclairage créatif de Nikon (voir « Bien utiliser un flash externe »).

23 Avertissement flash (modes P, S, A et M)

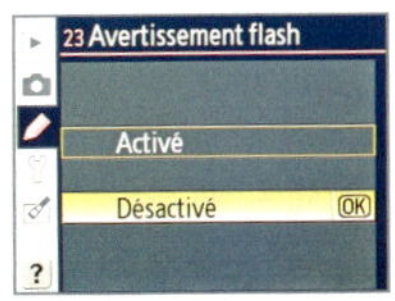

Détermine si le D80 recommande l'utilisation du flash quand la lumière vient à manquer.

- Activé (par défaut) : le témoin de flash clignote dans le viseur quand l'appareil détermine un manque de lumière.
- Désactivé : même si la luminosité de la scène est faible, le D80 ne suggère pas l'utilisation du flash.

24 Vit. Obturation flash (modes P, S, A et M)

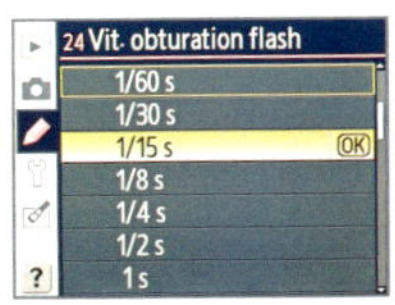

Permet de sélectionner la vitesse de synchronisation du flash par défaut, entre 1/250 et 1/60 s. Quand on travaille en synchro lente, une vitesse de 1/15 s est un bon compromis pour harmoniser l'ambiance et le flash sans risquer des flous de bougé trop prononcés.

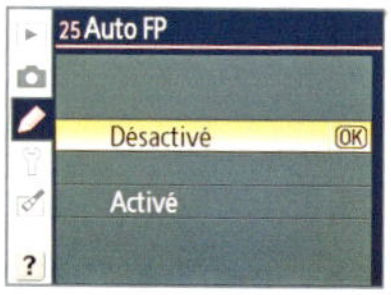

25 Auto FP (modes P, S, A et M)

Détermine si le mode de synchro FP est sélectionné automatiquement ou non avec les flashs externes compatibles.

• Désactivé (par défaut) : la synchro haute vitesse n'est pas sélectionnée automatiquement et le flash fonctionne en synchro classique, la vitesse d'obturation par défaut est celle choisie au Réglage personnalisé précédent.

• Activé : sélectionnera la vitesse maximale en modes P et A. Si un flash autorisant la synchro FP est monté sur le D80, ce mode sera automatiquement activé. Idéal pour faire du fill-in en plein jour.

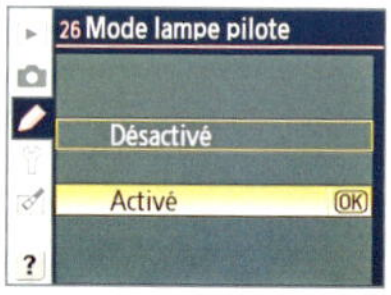

26 Mode lampe pilote (modes P, S, A et M)

Le bouton de test de profondeur de champ peut activer le mode Lampe pilote du flash intégré ou des flashs externes disposant de cette fonction.

• Activé : une pression sur le bouton déclenche une salve d'éclairs stroboscopiques qui permet de visualiser l'effet de la lumière émise et de juger de la qualité de l'éclairage.

• Désactivé (par défaut) : le bouton de test de profondeur de champ retrouve sa fonction « normale », c'est-à-dire la fermeture momentanée du diaphragme à l'ouverture de travail pour juger dans le viseur de l'étendue de la plage de netteté.

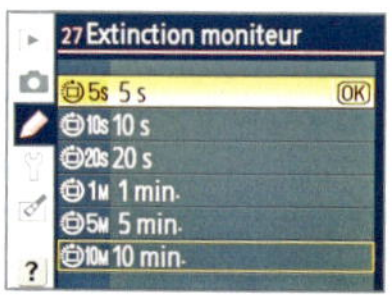

27 Extinction moniteur (tous les modes)

Lorsqu'il n'est pas sollicité, l'écran arrière s'éteint pour économiser la batterie. Il est possible de choisir le délai de cette extinction en cas d'inactivité : 10 s (idéal), 20 s (par défaut), 1 min, 5 min ou 10 min. Quel que soit le réglage sélectionné, c'est le délai de 10 min qui sera actif si le D80 est utilisé avec l'adaptateur secteur EH-5.

28 Arrêt mesure auto (tous les modes)

Détermine la durée pendant laquelle elle est activée sur l'appareil : 4 s (amplement suffisant), 6 s (par défaut), 8 s, 16 s ou 30 min. Dans ce dernier cas, la mesure d'exposition reste active et affichée ; elle n'est annulée que par une nouvelle mesure ou une mise hors tension de l'appareil.

29 Retardateur (tous les modes)

Permet de régler le délai entre la sollicitation du déclencheur et la prise de vue en mode retardateur : la prise de vue a lieu 2 s, 5 s, 10 s (par défaut) ou 20 s après la sollicitation du déclencheur.

30 Télécommande (tous les modes)

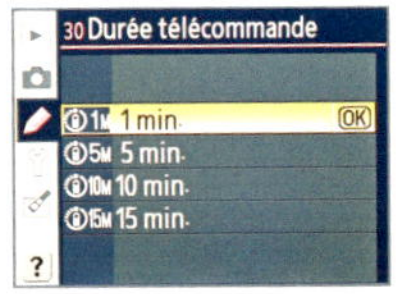

Permet de régler le délai d'attente d'un signal issu de la télécommande optionnelle. Passé un délai de 1 min (par défaut), 5 min, 10 min ou 15 min, l'appareil n'est plus déclenchable à distance.

31 Temp. Miroir levé (tous les modes)

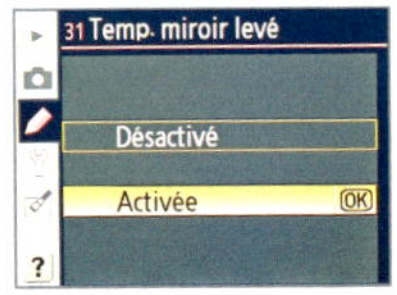

Permet d'introduire un délai de 0,4 s entre la pression sur le déclencheur et la prise de vue effective. Très utile en macro et en photo de nuit pour stabiliser l'appareil sur un trépied et réduire le flou de bougé dû au mouvement du miroir et des autres pièces mobiles.

- Désactivé (par défaut) : le déclenchement est instantané.
- Activé : le déclenchement intervient après un temps de latence de 0,4 s quand on sollicite le déclencheur.

32 Accus/piles MB-D80 (tous les modes)

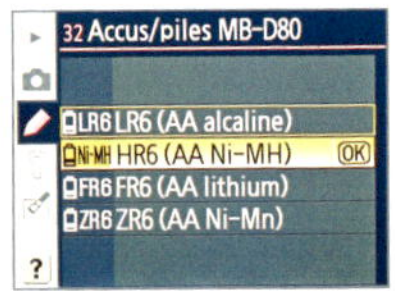

Permet d'indiquer au boîtier la source d'alimentation disponible dans la poignée optionnelle MB-D80. Si un ou deux accumulateurs EN-EL3e sont utilisés (préconisé par Nikon), aucun paramétrage n'est nécessaire.

- LR6 (AA Alcaline) (par défaut) : si vous utilisez la poignée-alimentation avec des piles LR6 AA Alcalines.
- HR6 (AA Ni-MH) : si vous l'utilisez avec des accumulateurs HR6 (AA Ni-MH).
- FR6 (AA Lithium) : si vous l'utilisez avec des piles ou des accumulateurs FR6 (AA Lithium).
- ZR6 (AA Ni-Mn) : si vous l'utilisez avec des accumulateurs ZR6 (AA Ni-Mn).

Nettoyer efficacement son capteur

Malgré tout le soin que l'on peut prendre de son appareil, il arrive malheureusement que les photos soient marquées de taches plus ou moins gênantes, systématiquement placées aux mêmes endroits d'une photo à l'autre. Elles sont causées par de minuscules poussières, impossibles à voir à l'œil nu, qui se posent à la surface du capteur et sont d'autant plus visibles que le diaphragme est fermé.

La nature et la teinte de la zone concernée sur l'image ont aussi une influence sur la visibilité de ces poussières : on les distinguera bien plus facilement sur une photo prise en studio, sur fond blanc avec un diaphragme fermé, que sur des photos de concert réalisées dans une ambiance intimiste, à pleine ouverture. En revanche, le phénomène reste aussi sensible en couleurs qu'en noir et blanc.

Les raisons de l'arrivée de ces poussières sur le capteur sont diverses. On pense en premier lieu à une infiltration lors des changements d'objectifs, mais même sans jamais changer d'objectif, on peut se voir confronté au problème. En effet, les mouvements du miroir, l'usure de petites pièces mobiles, celle des bouchons d'objectifs en plastique sur la baïonnette métallique du boîtier ou de l'optique, peuvent créer de minuscules copeaux qui sont attirés par la surface du capteur, très électrostatique.

Le D80 ne dispose pas de système mécanique intégré protégeant le capteur de ces poussières (comme sur les Olympus E-1, E-300, E-500 et E-330 ou Canon EOS 400D ou 1D Mark III) ; la seule solution consiste donc à nettoyer manuellement sa surface une fois le défaut constaté sur les photos. Notez cependant que, moyennant l'utilisation du logiciel optionnel Capture NX, le D80 peut faciliter la correction des poussières sur les images. Comme nous allons le voir, cette option n'affranchit pourtant pas le photographe d'un nettoyage physique du

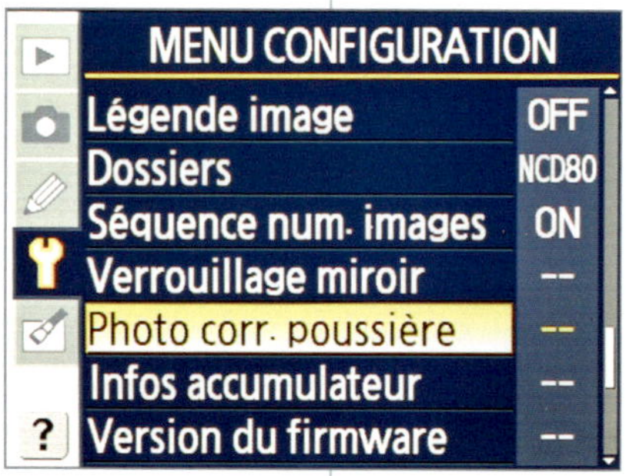

Le menu Configuration du D80 propose l'option Photo corr poussière (photo de correction des poussières). Elle invite l'utilisateur à prendre une image d'un sujet uni, blanc, photographié à une distance de 10 cm. La photo réalisée sert de référence de localisation des poussières, mais elle n'est exploitable que dans Capture NX. Lui seul sera en mesure d'analyser cette image après transfert et de « soustraire » les poussières à une image ou à un lot d'images avec la fonction Dust Off.

capteur, opération malheureusement incontournable pour qui utilise un reflex numérique, quels qu'en soient la marque et le modèle. Nombre de forums d'utilisateurs s'enflamment à la simple évocation du sujet et les méthodes de nettoyage du capteur sont sujettes à polémique.

Ce qu'il ne faut pas faire

Il est inutile d'espérer chasser les poussières avec un simple pinceau soufflant. L'opération ne fait que les repousser dans des recoins inaccessibles et s'avère la plupart du temps totalement inefficace (même si cette procédure est celle que conseille Nikon dans le mode d'emploi du D80…).

Il est par ailleurs fortement déconseillé d'utiliser une bombe d'air sous pression, d'une part parce que la pression est beaucoup trop élevée (donc dangereuse) pour le capteur comme pour les lamelles de l'obturateur, d'autre part parce que bien souvent ce type d'aérosol a tendance à « cracher » une partie du gaz propulseur sous forme liquide, ce qui crée bien plus de taches que cela n'en enlève.

Matériel et solutions

Le nettoyage du capteur peut se faire faire dans certains magasins ou en SAV. L'opération est alors réalisée par des professionnels formés et rodés à l'opération, avec un matériel adéquat ; Nikon le propose sans rendez-vous à l'Espace Nikon, boulevard Beaumarchais à Paris. L'opération est facturée une vingtaine d'euros.

La solution de nettoyage GreenClean commercialisée par JCN fait appel à un aérosol spécial avec un embout stérile en forme de trompette (assez efficace et facile à utiliser) qui permet d'aspirer les poussières sèches déposées à la surface du capteur, et à des bâtonnets nettoyants. Ces derniers sont sujets à controverse : ils s'utilisent par paire, l'un étant enduit d'une solution de nettoyage, l'autre, sec, étant destiné à essuyer la surface du capteur après le passage du premier. En pratique, le bâtonnet humide est trop imbibé pour que le second essuie correctement le capteur, et crée donc plus de taches qu'il n'en enlève. Je déconseille pour cette raison leur utilisation et ne retiens dans ce kit que l'aérosol et son ingénieux « aspirateur ».

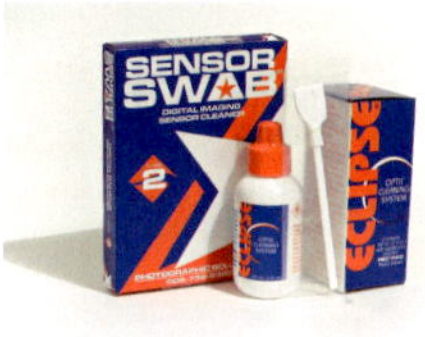

La solution Eclipse et les bâtonnets stériles Sensor Swab, commercialisés par Reidlimaging, sont chers mais leur efficacité est reconnue depuis des années. Il existe aussi des kits de voyage complétés par d'autres accessoires de nettoyage des objectifs et de l'appareil lui-même ; ils sont présentés dans une pochette élégante et pratique, facile à glisser dans son sac.

Cependant, les possesseurs d'appareils numériques sont nombreux à nettoyer eux-mêmes les capteurs. Si l'on consulte certains forums sur Internet, on constate que chacun y va de son astuce, plus ou moins fantaisiste et plus ou moins dangereuse. Certains utilisent des Post-It, d'autres modifient des allume-gaz pour décharger l'électricité statique du capteur… Inutile de préciser qu'aucun des dommages éventuels causés par une de ces méthodes n'est couvert par la garantie du boîtier.

Il existe des solutions spécifiques (GreanClean, SensorSwab, etc.) qui pour la plupart se composent d'un liquide de nettoyage et de bâtonnets doux spéciaux. Ces kits sont adaptés à la surface du capteur qui, bien que protégée par une vitre, reste un élément particulièrement fragile. Le remplacement d'un capteur détérioré est facturé à prix d'or par le SAV Nikon ; mieux vaut donc se contenter de solutions sans doute coûteuses (puisqu'un nettoyage avec le kit SensorSwab revient environ à 6 ou 7 euros) mais dont l'efficacité et la fiabilité ont été éprouvées depuis des années.

Comment faire ?

En premier lieu, faites un diagnostic de l'état du capteur afin de constater l'ampleur du phénomène. Si vous avez d'ores et déjà observé des poussières sur vos images, cette étape n'est pas primordiale ; elle vous aidera cependant à les repérer plus facilement et pourra faciliter la retouche des images tachées.

Le principe consiste à réaliser une photo qui mette en évidence ces fameuses poussières. Pour cela, visez un sujet uni de couleur claire, uniformément éclairé : un beau ciel bleu ou une feuille de papier blanc par exemple. Cadrez le plus serré possible de façon à ce que la feuille couvre tout le champ et décalez la mise au point pour produire une image floue : l'éventuelle texture du sujet visé ne risque pas ainsi d'interférer avec les poussières ou les taches présentes sur le capteur.

Pour bien faire apparaître les défauts, diaphragmez aux alentours de f/16 (aller plus loin ne sert à rien puisqu'on n'utilisera jamais de telles ouvertures). Réglez le contraste et la netteté de l'appareil au maximum (comme les poussières sont immobiles sur le capteur, elles seront nettes même sur une photo floue et l'accentuation de la netteté les rendra encore plus faciles à repérer) et compensez éventuellement l'exposition (+ 1,5 ou + 2 diaphragmes) pour éviter que la feuille ne soit rendue par un gris qui ne facilite pas la lecture. Transférez ensuite l'image sur un ordinateur et affichez-la à 100 % dans un logiciel de retouche. Observez-en toute la surface en augmentant le contraste de quelques points si nécessaire, mais sans aller trop loin pour ne pas faire apparaître des poussières qui ne seront jamais perceptibles en conditions normales de prise de vue. Un capteur ne sera jamais parfaitement propre ; l'essentiel est que les photos ne présentent pas de poussières visibles.

Pour diagnostiquer l'état de son capteur, il est intéressant de réaliser une photo floue, avec un diaphragme fermé, d'un sujet uni et uniformément éclairé. En accentuant le contraste de l'image dans un logiciel de retouche et en l'observant agrandie à 100 %, on peut facilement distinguer les poussières présentes sur le capteur et les repérer, comme ici, en les entourant de rouge sur un calque. Cette opération facilitera la retouche. Un second diagnostic, une fois le nettoyage effectué, permet de vérifier l'efficacité de ce dernier.

Si l'image diagnostic présente des taches noires, un nettoyage s'impose. Cette méthode est la seule valable, car les poussières sont si petites qu'elles sont parfaitement invisibles à l'œil nu sur la surface du capteur. Par ailleurs, comme nous allons le voir plus loin, cette « cartographie » des poussières va faciliter la retouche des images déjà réalisées.

Le nettoyage du capteur se fait obturateur ouvert. Sa fermeture intempestive en cas de panne de batterie, alors que le nettoyage n'est pas terminé, serait particulièrement préjudiciable à la santé de l'obturateur, voire à celle du capteur. Notez que si la batterie n'est pas totalement chargée, le D80 interdira l'accès à la fonction de nettoyage : elle restera grisée. Assurez-vous donc toujours que l'accumulateur est plein et opérez loin de toute agitation, fenêtres fermées. Une lampe de poche rendra service pour éclairer le fond de la chambre noire de l'appareil sans que vous ayez besoin d'incliner ce dernier vers la lumière en risquant de l'exposer à de nouvelles poussières. Enfin, ne vous lancez jamais sans avoir lu la notice de votre solution de nettoyage. Notez aussi qu'il peut être judicieux de réaliser une « maquette » pour s'entraîner : un élément plat et lisse de la taille du capteur collé au fond d'une pile de caches diapo fera parfaitement l'affaire.

Une fois l'appareil monté sur trépied, allumez le boîtier et activez la commande Verrouillage miroir (voir mode d'emploi pages 106 et 125). Pressez ensuite à fond sur le déclencheur, ce qui ouvre l'obturateur et relève le miroir : ils resteront dans cette position jusqu'à ce que l'appareil soit mis hors tension. C'est uniquement à ce moment que l'on peut, délicatement, retirer l'objectif. Procédez toujours dans cet ordre, car l'activation de l'obturateur et du miroir appareil ouvert créerait un appel d'air qui attirerait les poussières sur le capteur.

Faites tomber une goutte de solution sur le bâtonnet de nettoyage, en évitant tout contact avec l'embouchure du flacon (cela risquerait d'y déposer des poussières). Passez-le doucement à la surface du capteur avec un mouvement lent et régulier, dans un sens puis dans l'autre, comme vous le feriez avec un pinceau plat. Le liquide hautement volatile s'évapore instantanément. Il ne reste plus ensuite qu'à replacer l'objectif puis à mettre le boîtier hors tension, ce qui entraîne la fermeture de l'obturateur et le retour du miroir en position de visée.

L'utilisation de l'aérosol « aspirateur » GreenClean appelle les mêmes mises en garde et les mêmes précautions d'usage. La lecture du mode d'emploi est indispensable. Mais attention, évitez de faire entrer en contact l'embouchure de l'aspirateur et le capteur lui-même. Il est également conseillé, pour garantir une meilleure efficacité, d'opérer par petites pressions successives plutôt qu'en une seule pression longue. Notez cependant que cet « aspirateur » ne donne de bons résultats qu'avec les poussières sèches ; d'autres, plus grasses, nécessiteront l'emploi des Sensor Swab et de la solution Eclipse. Pour ma part, j'utilise les deux systèmes en parallèle : j'assure régulièrement un nettoyage préventif des bouchons, de la baïonnette, du fût des objectifs et de la chambre reflex avec l'aspirateur, et je réserve l'utilisation des SensorSwab au nettoyage du capteur quand je remarque des poussières grasses à sa surface. Pour finir, une nouvelle photo diagnostic à f/16 et sa comparaison avec la première permet de vérifier l'efficacité du nettoyage. Il peut arriver que deux nettoyages soient nécessaires.

Que faire des photos tachées ?

Il n'existe malheureusement que peu de solutions efficaces hormis le classique « coup de tampon » du logiciel de retouche : on copie une zone « propre » de l'image, la plus ressemblante possible de la zone à corriger, et on la colle en lieu et place de la poussière. L'opération est assez efficace, mais longue et fastidieuse. Et même si les poussières sont localisées au même endroit d'une photo à l'autre, la retouche par lots *via* des scripts automatisés est difficilement envisageable. Une poussière

Si les images présentent des poussières, leur retouche au tampon est obligatoire, image par image. Conserver le calque sur lequel elles sont entourées est alors pratique. Il suffit de le superposer à l'image à retoucher pour visualiser très rapidement là où il faut intervenir, même quand les poussières sont subtiles et ne se détachent pas aussi bien sur un ciel bleu que sur notre exemple. Réaliser une image diagnostic régulièrement et la conserver permet ainsi de perdre le moins de temps possible lors de la phase de retouche.

sera facile à corriger dans un beau ciel bleu uni, mais plus difficile dans des feuillages ou sur un visage par exemple. Par ailleurs, la zone de référence doit être choisie avec soin. C'est donc image par image qu'il faut reprendre les photos… sauf si l'on utilise la fonction Dust Off et que l'on réalise régulièrement des images de diagnostic (voir « Développer ses fichiers RAW avec Capture NX » page 286).

L'image réalisée au moment du diagnostic du capteur est alors une aide précieuse qui permettra de ne pas oublier certaines poussières lors de la retouche. Le principe est simple : on crée un calque (avec un logiciel comme Photoshop, PaintShop Pro ou Gimp, qui sont les seuls à les gérer) que l'on superpose à l'image diagnostic et on entoure chacune des poussières d'une couleur bien visible, avec un outil de dessin. On a aussi intérêt à indiquer par un ou deux repères les contours de ce calque (en noircissant un coin par exemple, comme sur l'image ci-contre, pour faciliter son positionnement sur les images à corriger. Comme les poussières sont toujours localisées au même endroit, il suffit ensuite de superposer ce calque à une photo pour en repérer facilement les défauts et savoir ainsi rapidement où intervenir. La seule précaution à prendre concerne les images verticales quand le calque de repère est horizontal (ou l'inverse) : si la rotation n'est pas appliquée dans le bon sens, les repères seront mauvais.

Idéalement, il faudrait réaliser une image diagnostic après chaque changement d'objectif pour tenir compte des éventuelles nouvelles poussières pouvant atteindre le capteur à ce moment-là ou lors des deux ou trois déclenchements suivants. Dans la pratique c'est bien difficile, mais je vous conseille tout de même d'utiliser cette astuce régulièrement, car si les poussières se multiplient souvent, elles ne disparaissent que très rarement ! Pour ma part, je réalise ce type d'image à la fin de chaque série ou reportage, systématiquement avant de transférer les fichiers sur mon ordinateur, et je la conserve dans un dossier avec les images correspondantes. Cette image diagnostic n'éliminera pas les poussières de la surface du capteur, mais elle permettra de perdre un peu moins de temps à nettoyer les photos en postproduction. Sur une série importante, le gain en rapidité et en efficacité est très appréciable.

Reste que mieux vaut prévenir que guérir… Pour éviter au maximum les poussières, il est conseillé de prendre quelques précautions lors de l'utilisation de son boîtier. La première est la plus évidente : c'est de le conserver dans un endroit propre, sec et couvert. L'utilisation des bouchons est indispensable. Il est aussi recommandé d'éviter tant que possible les changements d'objectif dans des conditions « hostiles », en extérieur ou lorsque le vent se lève. Enfin, lors de ces changements, pensez à mettre l'appareil hors tension, notamment à cause de l'électricité statique, et à l'orienter vers le bas avant de démonter l'optique, pour qu'aucune poussière ne tombe à l'intérieur.

Utiliser la RefCard

Parmi les accessoires utiles, la charte RefCard est d'une aide précieuse pour obtenir un rendu optimal tant en termes d'exposition et de contraste que de colorimétrie, que ce soit en couleurs ou en noir et blanc, en studio ou en extérieur. Les pros photographient couramment ce type de charte avant une série d'images, parfois même ils l'y intègrent pour disposer d'une référence. En effet, les caractéristiques de couleur et de densité de chacune de ses plages (du noir au blanc) étant connues, il suffit de vérifier ensuite dans un logiciel de retouche (*via* la palette Infos et l'outil Pipette) que ces valeurs sont bien restituées sur les photos avant d'y appliquer éventuellement une correction de couleur, de luminosité ou de contraste.

La vérification de la plage noire permet d'éviter les pertes d'informations dans les ombres, la plage blanche gère les hautes lumières et les plages grises, en complément des deux autres, permettent de déterminer le contraste. Chaque plage étant lue et interprétée en RVB (ou en Lab), l'équilibre chromatique de l'image est respecté de façon objective (car le gris est neutre et sert de référence colorimétrique), même si le sujet est difficile à travailler, et ce, quelles que soient les conditions de prise de vue.

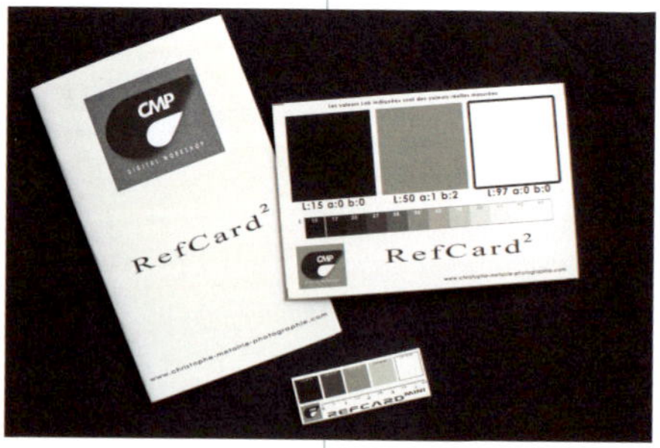

La RefCard^{2} (8 × 12 cm) de CMP offre une gestion simple, rapide et efficace de l'exposition, du contraste et des couleurs. En photographiant cette référence, il est très simple de corriger ensuite une image avec les outils d'un logiciel de retouche ; on évite ainsi les erreurs d'appréciation visuelle (et on gagne un temps précieux). La RefCard^{mini} (5,5 × 2 cm) est parfaitement adaptée à la photo de petits objets et dispose d'une échelle graduée.

Valeurs Lab et valeurs RVB

Sur la RefCard^{2} et sur la RefCard^{mini}, les valeurs cibles de chaque plage sont mesurées au spectrophotomètre et indiquées en mode Lab. Ce mode code chaque plage en termes de luminosité (L), de teinte selon l'axe vert-rouge (a) et de teinte selon l'axe bleu-jaune (b) ; il diffère du mode RVB, mais ses avantages sont certains. C'est un mode couleur « absolu » et universel : à une couleur physique donnée ne correspond qu'une valeur Lab unique, alors qu'en RVB, les valeurs dépendent de l'espace colorimétrique choisi (sRGB, Adobe RGB, Prophoto RGB). Cependant, tous les logiciels de traitement ou de conversion ne disposent pas d'affichage des valeurs Lab ; il est donc impératif de les convertir en RVB.

Les tableaux suivants indiquent les correspondances de chaque plage de la RefCard^{2} et de la RefCard^{mini} dans les trois espaces couleur les plus utilisés. Les valeurs a et b de chaque plage présentent un écart pratiquement imperceptible par rapport à la neutralité absolue (moins de 2 points), considéré ici comme nul. La gamme est donc donnée pour neutre et les valeurs RVB correspondantes sont alors identiques (quel que soit le profil couleur, une même proportion de rouge, de vert et de bleu donne un gris neutre). Dans la pratique, on considère qu'un écart de 3 ou 4 points par rapport à ces références est négligeable en RVB. Quand on travaille en Lab en revanche, un écart de plus de 2 points est perceptible : cette échelle s'étendant de 0 à 100 et celle des espaces RVB de 0 à 255, un écart de 3 points en Lab est ainsi multiplié par 2,5 une fois l'image convertie en RVB. En Lab, la précision est donc de mise.

RefCard²												
Valeurs Lab	15	23	32	41	46	50	55	64	73	82	91	97
Valeurs sRGB	38	55	75	96	109	119	131	155	179	204	229	246
Valeurs Adobe RGB	42	57	76	97	108	118	130	153	178	202	228	246
Valeurs Prophoto RGB	28	41	59	78	90	99	112	137	164	192	223	244

RefCard^{mini}					
Valeurs Lab	15	32	50	77	97
Valeurs sRGB	38	75	119	190	246
Valeurs Lab	15	32	50	77	97
Valeurs sRGB	38	75	119	190	246

En extérieur

En paysage ou en reportage, l'utilisation la plus simple de la RefCard consiste à réaliser deux images, l'une avec la charte et l'autre sans. Pour la première, tenez la RefCard dans votre main et photographiez-la devant votre sujet. Son orientation doit être la plus perpendiculaire possible à l'objectif (attention aussi à ne pas faire d'ombre sur la charte en la tenant). Sélectionnez le mode Manuel du D80 (ou un autre mode à condition de mémoriser l'exposition avant de déclencher) et réalisez une mesure Spot de la lumière en visant la plage grise de la charte, étalonnée sur le gris à 18 % (voir « Adapter la mesure de la lumière » page 124). L'exposition sera ainsi la meilleure possible. Ensuite, sans modifier les paramètres de prise de vue, réalisez la seconde image, sans la charte.

Évitez les mesures Pondérée centrale et Matricielle car, si la petite taille de la charte (8 × 12 cm) est un avantage certain en termes de mobilité et de confort d'utilisation, elle est ici un réel inconvénient. La mesure Pondérée centrale est délicate, voire risquée, car elle est effectuée sur une zone plus large que la zone de référence et englobe des éléments qui peuvent fausser l'exposition. La mesure Matricielle, quant à elle, va réaliser une moyenne de la luminosité de la charte et de l'arrière-plan qui sera ici source d'erreur.

Les conditions de prise de vue doivent bien sûr être rigoureusement identiques pour les deux images : paramètres de vitesse, diaphragme, balance des blancs, ainsi que les éventuelles corrections de teinte ou de contraste. Évitez absolument la balance des blancs automatique, le bracketing, et privilégiez le mode Manuel ou la mémorisation de l'exposition. Attention aussi aux lumières fluctuantes ou très dirigées qui rendent l'opération difficile.

Réalisez toujours la photo avec la charte en premier, pour profiter de la fiabilité de la mesure de la lumière réalisée sur la plage grise à 18 %. Une fois les fichiers transférés sur l'ordinateur, il suffit d'ouvrir simultanément les deux images, de vérifier les valeurs de la charte à la pipette et d'appliquer les corrections *ad hoc* (comme indiqué sur le mode d'emploi de la charte) avant de les reporter sur la seconde image. Sur des photos enregistrées en JPEG, l'opération est à la fois rapide, simple et efficace grâce à Photoshop et à la puissance de ses calques. Il en est de même sur un fichier RAW si le logiciel de développement comporte une pipette de mesure et que l'on utilise les équivalences Lab-RVB (voir tableaux de la page précédente).

En studio

Avec la fréquentation croissante des sites d'enchères sur Internet, un photographe même amateur est de plus en plus souvent amené à photographier des objets. Plus ses images seront de bonne qualité, plus les objets auront de chances de trouver acquéreur. Or, la cellule de l'appareil a tendance à être mise en défaut dès que l'on utilise un fond blanc qui conduit à une sous-exposition. Inversement, un objet noir sera bien souvent surexposé. Malgré une interprétation correcte de la mesure de la lumière, il est donc difficile de « caler » correctement ses images ou de développer ses fichiers RAW, notamment pour la couleur. Dans ce cas, la RefCard permet d'obtenir facilement de très bons résultats en termes de densité, de contraste, d'exposition et de couleurs.

En photo d'objets comme en reproduction de documents, photos ou tableaux, il est toujours facile de cadrer un peu plus large que la normale pour intégrer la charte et ne prendre ainsi qu'une seule image. Conserver la charte dans le cadre au moment de livrer son client permet aussi de prouver que le rendu est optimal. Mais si la lumière est constante, on peut parfaitement opérer comme en extérieur en prenant deux photos (avec et sans charte).

Les deux images ci-contre sont extraites d'un test commandé par une créatrice de bijoux. Photographié pratiquement ton sur ton, ce collier est très difficile à rendre, et l'analyse de l'histogramme de l'image n'est pas suffisante : il est ramassé au centre en raison de la densité du pendentif et du fond, et ses trois composantes R, V et B sont en plus fortement décalées du fait de la teinte de l'image. Rien ou presque ne permet de voir si les ombres sont enterrées ou non, et le graphique n'offre aucune indication valable sur la densité générale

Ces deux prises de vue montrent bien l'intérêt de la RefCard^{mini} en studio. Quand le sujet ne dispose pas de référence neutre, le développement du fichier est délicat. La première photo a été traitée au jugé : si on la compare à celle optimisée à l'aide de la charte, on voit qu'elle est trop contrastée et un peu trop claire ; les couleurs sont aussi trop froides et tirent vers le vert. Le rendu de la seconde est plus juste et fidèle. Il a été de plus bien plus facile et rapide à obtenir grâce à la charte de référence.

Création Eliz'art, http://elizart.free.fr

et le contraste. De plus, il m'a été impossible de conserver les pièces pour disposer d'une référence visuelle et faciliter le traitement des fichiers ; il a donc été plus commode d'utiliser la RefCard^{mini} et de « doubler » chaque photo en appliquant à la photo prise sans charte les corrections déterminées avec la première. Les images ont été enregistrées en format RAW et développées avec Camera Raw 3.6 (dans Photoshop CS2). J'ai aussi développé « à l'aveugle » une des photos sans charte ; la comparaison des images parle d'elle-même.

Étalonner (sommairement) son appareil avec la RefCard^2

La RefCard^2 peut servir à étalonner l'appareil pour les prises de vue en JPEG. C'est moins précis bien sûr qu'avec une charte Color Checker de GMB ou une RefCard Pro, mais la différence de prix entre les chartes n'est pas négligeable. De plus, si la RefCard^2 n'autorise qu'un étalonnage sommaire, ce dernier a l'avantage d'être simple à mettre en œuvre.

Installez-vous sous une lumière naturelle abondante, en milieu de journée pour éviter tout problème de balance des couleurs dû à un soleil trop bas. Cadrez la charte en plan serré et faites une mesure Sélective de la lumière sur la plage de gris avant de déclencher. Pour ne pas fausser les mesures, veillez à ne pas faire d'ombre dessus avec l'appareil (ce qui n'est pas si simple quand on s'approche beaucoup). Recommencez l'opération en augmentant et éventuellement en réduisant la valeur du réglage de contraste de votre boîtier (voir « Exploiter l'optimisation des images » page 182). Une fois les images transférées sur ordinateur, vérifiez-les une à une, sans les corriger, puis sélectionnez sur l'appareil le réglage qui a donné la photo la plus proche de la référence de la charte. Votre boîtier sera alors (sommairement) étalonné en contraste : si les photos à venir sont bien exposées, elles auront un rendu harmonieux.

Maîtriser les filtres utiles

Quelles que soient leur nature et leur couleur, les filtres s'opposent au passage de tout ou partie de la lumière. Ils permettent ainsi de réduire la quantité de lumière atteignant le capteur, d'en modifier la qualité (couleur, etc.) ou encore de la dévier pour créer des effets spéciaux.

Un filtre laisse passer la lumière de sa propre couleur et bloque sa complémentaire. Ainsi, un filtre jaune retient une partie de la lumière bleue. Certes, quelques fonctions numériques du boîtier permettent de s'affranchir de l'utilisation de certains filtres, comme ceux de conversion de couleur, mais l'utilisation de ces accessoires n'est pas à négliger pour autant, soit parce qu'aucun logiciel ou aucune retouche ne peut les remplacer, soit parce que l'on ne souhaite pas passer trop de temps en post-traitement.

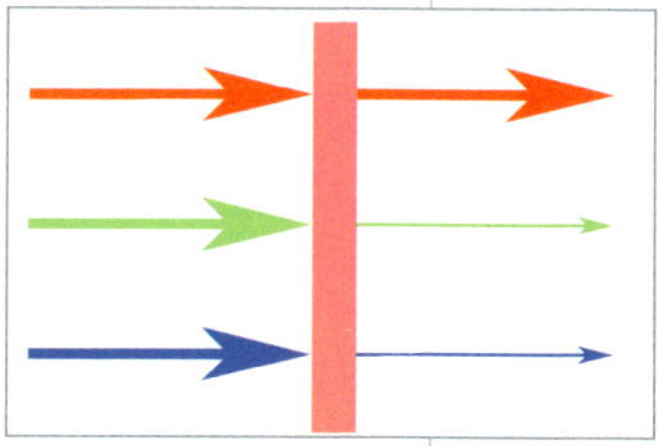

Le filtre rouge bloque ici une partie du bleu et du vert. Un filtre gris neutre laissera passer plus ou moins de lumière selon sa densité, sans en modifier la couleur.

Choisir la bonne monture

Il existe deux grands types de montures de filtres : les filetées que l'on visse directement sur la monture de l'objectif et les carrées qui s'installent dans un porte-filtres spécial. Si l'on utilise plusieurs objectifs de différents diamètres, les montures filetées imposent d'acheter un filtre pour chacun d'entre eux. Les filtres carrés et le porte-filtres (chez Cokin) seront alors plus économiques, car il suffira d'un simple adaptateur pour les monter. En revanche, leur emploi et leur installation ne sont pas aussi confortables : ils ne tiennent pas bien en place une fois l'appareil dans le sac (leur forme n'est pas pratique) et empêchent l'utilisation du pare-soleil. Le porte-filtres, lui, autorise bien le montage d'un pare-soleil optionnel, mais son efficacité n'est pas aussi bonne que celle d'un accessoire adapté à l'objectif. Les filtres carrés sont assez salissants et souvent électrostatiques ; disposer d'une bombe d'air sec pour en chasser les poussières n'est pas superflu. Aucun des deux systèmes n'est donc universel ; on peut aussi parfaitement envisager de travailler avec les deux en parallèle, en fonction du filtre et de la fréquence de son utilisation.

En argentique, une monture de filtre trop épaisse peut créer du vignetage avec les objectifs grands-angles. Heureusement, il existe des filtres et des porte-filtres spécialement adaptés. Notez que, du fait de la conversion de focales du D80, l'épaisseur de la monture n'est plus aussi critique qu'en 24 × 36 mm. Le seul cas où un filtre à monture fine est nécessaire est lors de l'utilisation d'un super grand-angle.

Préférez toujours des filtres de marques réputées (Hoya, BW, Tiffen), avec traitement anti-reflet multicouche (pour limiter le flare, voir la rubrique dédiée page 72). Leur qualité et leur propreté jouent un rôle important dans la netteté de l'image : avec un mauvais filtre ou un filtre sale, même le meilleur des objectifs donnera des photos décevantes.

Le filtre anti-UV

Si certains estiment le filtre anti-UV indispensable, d'autres le jugent néfaste, notamment à la netteté de l'image, arguant qu'il n'a pas été pris en compte dans le calcul optique et qu'il induit de ce fait des pertes de qualité. L'argument se vérifie avec d'excellentes optiques et des filtres bas de gamme... Le phénomène n'est lié ni au D80, ni même au numérique. Le filtre incolore absorbe les radiations ultraviolettes, mais si la controverse est vive, tout le monde ou presque s'accorde à reconnaître que son effet est très subtil, voire difficilement perceptible. Ce filtre est par ailleurs un bon moyen de protéger la lentille frontale des objectifs ; dans des conditions difficiles (pollution, embruns, pluie, etc.), il est assez rassurant de savoir que son objectif n'est pas nu.

En prise de vue « classique » avec un filtre propre et de bonne qualité, il est bien difficile, même en comparant des tirages grand format, de voir si oui ou non un filtre anti-UV a été utilisé. Le piqué de l'image est aussi bon, même dans les lointains, et si pertes optiques il y a, elles ne sont pas perceptibles à l'œil nu.

La nuit et dans certaines situations de fort contraste, les choses sont différentes. Quand on dispose une source lumineuse dans le champ cadré, il arrive que le filtre multiplie les risques d'apparition de flare sous certaines incidences de lumière. La source de lumière crée alors un reflet parasite plus prononcé que quand le filtre n'est pas en place. Aussi est-il préférable de le retirer. Cela n'éliminera pas le flare (dont une part est liée à l'objectif lui-même), mais il sera limité. Avant de faire des photos de nuit, il est conseillé de réaliser un test, par exemple en cadrant un réverbère dans un coin de l'image (comme ci-contre), pour voir si la présence du filtre induit ou non une augmentation du flare.

La nuit, même un filtre haut de gamme avec traitement multicouche peut amplifier le flare de l'objectif et créer des effets disgracieux (en haut). Sans filtre, le défaut est présent, mais dans une moindre mesure (en bas). Ce type d'image est un test impitoyable ; sur des photos plus classiques, le phénomène est moins marqué, mais il reste sensible.

Les indispensables filtres gris

Le filtre gris s'oppose au passage de la lumière sans en modifier la couleur : à diaphragme égal, le temps de pose avec filtre est donc plus long que sans. Chaque filtre induit un coefficient de multiplication du temps de pose qui dépend de sa densité : un filtre portant la mention « ×2 » impose de multiplier par deux la durée de l'exposition (ou d'ouvrir d'une valeur de diaphragme) ; avec un filtre affichant « ×8 », on devra la multiplier par 8 ou ouvrir son diaphragme de 3 valeurs. On trouve des filtres de coefficient de 0,3 à près de 10 diaphragmes !

Ces filtres permettent d'utiliser des temps de pose très longs, même en plein jour, ou de ne pas trop fermer son diaphragme ce qui évite les problèmes de diffraction (voir « Éviter la diffraction » page 118). Leur utilité est aussi avérée en studio quand la puissance des flash est trop forte. Avec certains de ces filtres comme le ND400 de Hoya, on peut réduire la quantité de lumière de près de 10 valeurs de diaphragme : on multiplie la durée de l'exposition par 500 environ. Le trépied est bien entendu de mise, mais le rendu d'un sujet en mouvement (petit cours d'eau, bord de mer) est superbe : le sujet est restitué par des volutes cotonneuses du plus bel effet. On regrettera juste que l'augmentation de ce temps de pose soit propice à la montée de bruit, ce qui implique une correction logicielle systématique.

Notez que l'utilisation de filtres aux forts coefficients (à partir de ×4) ne facilite ni la visée, ni le travail de l'autofocus qui peut même devenir inopérant si le filtre est trop dense. Dans ce cas, il faudra réaliser la mise au point sans filtre et la mémoriser avant de le remettre en place et de déclencher. Notez aussi que certains filtres appelés « gris neutre » ne le sont pas complètement en réalité : ils donnent parfois une dominante magenta-rouge à l'image. Il peut alors être nécessaire de faire une mesure de balance des blancs personnalisée avec le filtre pour éviter les mauvaises surprises.

Autre filtre gris indispensable : le dégradé. Il fonctionne sur le même principe mais, au lieu de s'opposer uniformément au passage de la lumière, il ne le fait que sur une portion de la scène et de façon dégradée. Le plus usuel est le dégradé linéaire (de haut en bas), très utile pour les photos de paysage. Il existe aussi des dégradés circulaires (du centre vers les bords), mais ils ne servent qu'à compenser le vignetage de certaines optiques et ne sont généralement utilisés que par quelques pros. La correction du vignetage sur un fichier RAW comme sur un JPEG étant assez simple, l'intérêt de ces filtres est donc moindre qu'en diapo. Cependant, leur utilisation limite le temps de retouche et évite la montée de bruit à la périphérie de l'image quand on « ré-éclaircit » un vignetage prononcé. En bloquant une partie de la lumière, dans un ciel très clair par exemple, le filtre dégradé linéaire réduit le contraste ciel-sol, ce qui évite de cramer les hautes lumières. Le dégradé permet un effet progressif pour que l'utilisation du filtre ne crée pas de zone de démarcation.

L'efficacité du filtre dégradé gris est bien meilleure que celle d'un filtre Photoshop, car aucun logiciel ne peut inventer de l'information dans une zone très surexposée. En général, ce type de filtre

On pourrait croire que c'est sur la première image qu'un filtre dégradé a été utilisé, mais non, le ciel était loin d'être uniforme. J'ai utilisé un filtre dégradé gris à l'envers pour densifier le bas de l'image et réduire le contraste entre le haut et le bas du cadre. En visualisant l'effet du filtre dans le viseur, et moyennant quelques essais avec différentes ouvertures, j'ai pu obtenir un fond beaucoup plus homogène qui a permis au nuage de mieux se détacher.

a une monture rotative, ce qui permet d'adapter l'effet au cadrage de l'image. Mais c'est en monture carrée qu'il est le plus pratique à utiliser car, en plus de la rotation, on dispose alors d'une certaine marge de manœuvre en hauteur en le faisant coulisser dans le porte-filtres ; on peut ainsi le faire rentrer plus ou moins dans le champ pour en doser subtilement l'effet.

Le filtre polarisant

C'est un grand classique en argentique. Si on limite son effet à la seule amélioration de la saturation et à l'assombrissement du ciel bleu, il n'est guère utile en numérique. En effet, une légère sous-exposition et une bonne gestion du paramètre de saturation (voir « Adapter la mesure de la lumière » page 124 et « Exploiter l'optimisation des images » page 182) offrent un résultat assez comparable ; on peut aussi très facilement contrôler et modifier la saturation des couleurs dans un logiciel de retouche.

Mais là n'est pas sa seule mission. La lumière est une onde électromagnétique qui se propage dans toutes les directions ; le filtre polarisant limite ses directions de propagation, ce qui a pour effet de réduire (voire d'éliminer) certains reflets sur les surfaces non métalliques. Cet effet est intéressant et précieux sur l'eau, le verre, les vernis, mais il permet aussi d'éviter que certaines zones de l'image ne soient « délavées », ce qui arrive assez fréquemment avec les feuillages ou le sable qui ont tendance à briller par grand soleil. L'intensité de l'effet est tributaire de l'incidence de la lumière et de l'orientation du filtre. Pour le visualiser, il faut le faire pivoter dans sa monture, œil au viseur. Attention avec les objectifs dont la lentille frontale tourne au moment de la mise au point : l'emploi d'un polarisant devient complexe, car ces optiques décalent sa position. Mieux vaut alors réaliser la mise au point avant le réglage du filtre.

Détourner la balance des blancs

Que ce soit directement en prise de vue ou au moment de convertir un fichier RAW, le réglage de la balance des blancs peut être un outil créatif – au même titre que le choix de la vitesse et du diaphragme – permettant d'interpréter et de « décaler » les couleurs d'une image. En argentique, il n'est pas rare qu'en photo de mode ou en portrait on utilise en lumière du jour des films prévus pour une exposition sous une lumière tungstène afin d'obtenir un rendu original ou particulier, certains allant même jusqu'à développer des films diapo dans les chimies de traitement négatif (et parfois l'inverse) pour modifier les couleurs. En numérique, c'est en détournant le réglage de la balance des blancs que l'on va par exemple pouvoir donner à la peau un rendu de porcelaine.

Balance Tungstène en lumière du jour

Appliquer une balance des blancs Tungstène à une image réalisée en plein jour donne une dominante bleutée, celle-là même qui doit normalement compenser la dominante chaude d'une lumière tungstène. Évidemment, l'effet ne se prête pas à tous les types de photos et la dominante est souvent trop prononcée (l'image est trop froide et souvent trop dense). Sur un portrait ou sur un nu par exemple, on arrivera à donner à la peau un rendu diaphane et irréel en prenant la précaution de surexposer d'un diaphragme environ et en augmentant éventuellement la luminosité en retouche (pour réduire la dominante et la densité de l'image).

On peut choisir de réaliser ses images en RAW ou directement en JPEG ; ici encore, c'est la première solution qui offre le plus de souplesse et de possibilités d'interventions sur l'exposition et la luminosité générale de l'image, mais surtout sur la température de couleur et le contraste. On obtient ainsi un rendu plus subtil qu'avec un simple réglage de balance des blancs et une prise de vue en JPEG. Au moment de développer le fichier, il suffit dans un premier temps de choisir une température de couleur comprise entre 2 700 et 3 200 K environ – du moins pour notre effet de balance Tungstène en lumière du jour, mais d'autres interprétations sont permises – et d'éclaircir la photo avec les curseurs d'exposition et de luminosité, en veillant à ne pas « cramer » les zones les plus claires.

On pourra ainsi multiplier les essais de réglages à l'infini et enregistrer différentes versions d'une prise de vue, par exemple une normale et une autre simulant l'effet de tungstène en lumière du jour. Si les photos ont été faites dans des conditions de lumière stables, il sera très facile et très rapide d'appliquer ces corrections à toute une série d'images grâce aux commandes de traitement par lot de DxO Optics Pro ou de Photoshop.

En JPEG, moyennant quelques essais, on peut trouver assez vite un paramétrage d'exposition et de balance de blancs satisfaisant : une surexposition d'un diaphragme, voire de deux, est une bonne base. On pourra aussi utiliser cette astuce sous des éclairages artificiels pour un rendu encore plus « décalé ». On évitera bien entendu les éclairages tungstène et les lumières plutôt chaudes pour s'intéresser aux tubes fluo, plus froids. On peut ainsi très facilement créer des atmosphères étonnantes et originales.

Avec un réglage de balance des blancs Tungstène et un éclairage type lumière du jour, on peut obtenir des teintes et des couleurs surprenantes dignes de certaines photos de mode. Ici, c'est lors du traitement d'un fichier RAW dans Camera RAW de Photoshop CS2 qu'une balance des blancs volontairement décalée a été choisie. Cet effet est très bien adapté au portrait et au nu, mais rien n'empêche de l'utiliser dans d'autres circonstances où le rendu se rapproche de celui d'une nuit américaine.

Jouer avec le flou

On distingue plusieurs types de flous, d'origines diverses : sujet en mouvement, bougé du photographe, profondeur de champ réduite… Même si ce phénomène est souvent apparenté à un défaut technique, une photo floue n'est pas systématiquement ratée ; le flou est d'ailleurs un fantastique outil créatif quand il est bien maîtrisé, et de nombreux photographes tels Dolorès Marat, Bernard Plossu, Claude Gassian ou Michael Ackerman (pour ne citer qu'eux) l'utilisent avec maestria.

Un outil créatif

Un premier plan flou grâce à une faible profondeur de champ donnera, par exemple, du relief à l'image et simulera la troisième dimension dont elle est par nature dépourvue. Un flou de bougé provoqué par une vitesse d'obturation lente peut traduire une sensation de mouvement et ajoute une dimension temporelle à la photo. Le flou peut aussi modifier la lecture, donc le sens d'une image, et son interprétation ; le reportage en *available light* ou certaines atmosphères intimistes se marient d'ailleurs très bien avec.

Les solutions techniques sont nombreuses pour réaliser des images floues : on peut au choix décaler la mise au point, utiliser un diaphragme très ouvert pour minimiser la profondeur de champ, sélectionner un temps de pose très long, bouger l'appareil pendant que l'obturateur est ouvert, ou encore utiliser des filtres dédiés comme les filtres « soft » qui « cassent » la netteté. Mais réaliser un flou esthétique n'est pas si simple ; il faut notamment avoir en tête que trop floue, l'image sera illisible, et que si l'effet n'est pas assez prononcé, il sera identifié comme une erreur technique et non comme un parti pris esthétique.

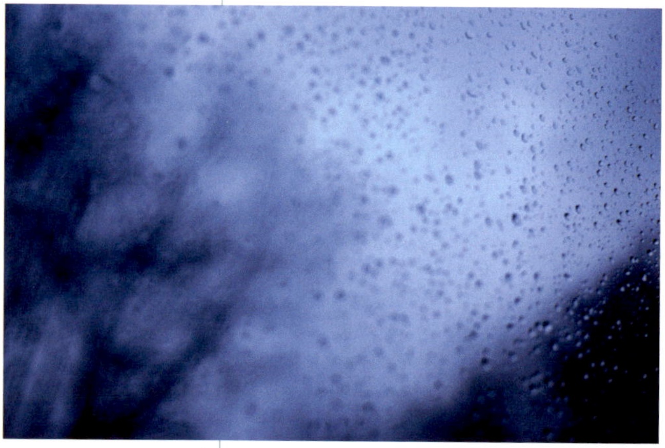

On peut décider de réaliser des photos intégralement floues, à la limite de l'abstraction, ou encore de marier flou et net dans la même image… Tout est affaire de goût, de sensibilité et d'esthétique. Ici, le flou permet de transcender un sujet pour le moins anodin. La photo a été réalisée à travers une vitre sous la pluie : malgré le temps maussade, le flou et les gouttes d'eau peuvent avoir leur charme.

De nombreux paramètres interviennent. Le flou obtenu est généralement l'interaction entre la vitesse d'obturation, la vitesse de déplacement du sujet (ou du photographe) et leur direction. Notez que la distance de mise au point a aussi son importance : dans certains cas, on la décalera volontairement, c'est ce que l'on appelle « défocaliser ». Notez aussi que le numérique permet de modifier la sensibilité à chaque photo afin d'atteindre encore plus facilement certaines valeurs de vitesse et/ou de diaphragme, même si les conditions de lumière imposent d'autres paramètres : en réduisant au maximum la sensibilité, on accède aux vitesses d'exposition lentes ou, au contraire, on peut utiliser un diaphragme très ouvert limitant la profondeur de champ.

Plusieurs essais sont souvent nécessaires avant d'obtenir un effet convaincant, mais en numérique on n'hésite pas à déclencher. De plus, grâce aux informations EXIF, on peut facilement retrouver quelle vitesse, quel diaphragme et quelle sensibilité ont été utilisés afin d'analyser et interpréter ces informations (voir la rubrique dédiée page 204). C'est en confrontant les paramètres de prise de vue avec l'effet produit sur l'image que l'on acquiert de l'expérience, car il n'existe aucune recette : aucun couple vitesse-diaphragme ne marche à tous les coups.

Le flou de profondeur de champ

C'est sans doute le flou le plus simple à mettre en œuvre et à identifier. C'est lui qui permet, en portrait par exemple, d'attirer l'attention sur le sujet bien net (souvent les yeux du modèle). Plus l'ouverture de diaphragme est grande, plus ce flou est prononcé de part et d'autre du plan de netteté et plus il est important quand on s'en éloigne. Autrement dit, un élément situé à 5 mètres en arrière du sujet net sera plus flou qu'un élément situé seulement à 3 mètres.

En règle générale, cet effet est d'autant plus marqué que la focale de l'objectif utilisé est longue. Il sera donc plus facile d'isoler un sujet net sur un fond flou avec un 200 mm qu'avec un 35 mm. De même, plus la mise au point est proche, plus la profondeur de champ est courte : le flou sera d'autant plus prononcé que le sujet est proche. Ainsi, en réalisant des photos en macro à pleine ouverture, on peut créer des images poétiques originales, à la limite de l'abstraction.

Intégrer un premier plan flou permet de donner un peu de profondeur à l'image. Ici, ce sont des herbes sèches rendues floues par l'utilisation d'une grande ouverture (f/1,4) qui donnent son originalité à ce portrait.

Une grande ouverture de diaphragme permet de réduire la profondeur de champ et d'isoler un sujet sur un fond flou. L'effet est très utile pour faire ressortir un visage, en portrait notamment, ou pour réaliser des photos plus originales voire abstraites. Plus l'ouverture est grande et le plan de mise au point proche, plus on réalise des images étonnantes…

Le bougé du photographe

Il existe deux types de flous de bougé au rendu très différent : celui induit par le mouvement du photographe et celui provoqué par le sujet. Dans le premier cas, toute la photo sera floue puisque l'appareil bouge : l'image d'un point est alors un trait, plus ou moins long en fonction de la durée de l'obturation et plus ou moins droit selon le sens et la régularité du mouvement. Le cas le plus typique est celui de l'utilisation d'un objectif de longue focale (au-delà de 100 mm) : avec une vitesse d'obturation trop lente, l'inévitable tremblement du photographe se répercute sur l'image.

Pour réaliser un tel effet, on utilisera souvent des vitesses lentes voire très lentes (1/60 s, 1/15 s, 1/2 s, etc.) face à des sujets en mouvement (à travers la fenêtre d'un train ou d'une voiture par exemple), ou même en se déplaçant face à un sujet immobile. C'est le type de flou le plus facile à obtenir, mais il reste difficile à maîtriser de façon esthétique et impossible à anticiper ; là encore, de nombreux essais sont souvent nécessaires pour obtenir une image satisfaisante.

Le bougé du sujet

Le flou se manifeste ici par des volutes plus ou moins prononcées qui restituent le mouvement du sujet (seul le sujet mobile est flou, le reste de l'image est net). L'effet dépend à la fois de la vitesse de déplacement du sujet et de la vitesse d'obturation, mais l'angle de déplacement du sujet par rapport au photographe joue aussi. En effet, à vitesse de déplacement et d'obturation constantes, un sujet sera plus flou si on le photographie de côté que de face.

Plus le mouvement est rapide et le temps de pose long, plus la volute sera large et claire. Avec un long temps de pose (1/4 s par exemple, si on veut suivre un marcheur), on obtient souvent des images assez fantomatiques où le sujet en mouvement est en partie transparent. En amplifiant cet effet avec des temps de pose de plusieurs secondes, on peut même arriver à gommer les éléments mobiles d'une image. On peut par exemple réaliser une photo de la Place de l'Étoile sans aucun véhicule, même à l'heure de sortie des bureaux ! Dans ce cas, on utilisera un trépied pour que l'appareil reste bien stable pendant la pose. Des filtres de densité gris neutre permettront d'augmenter la durée d'exposition (voir « Maîtriser les filtres utiles » page 230).

On utilise les mêmes astuces et accessoires face à de l'eau en mouvement. Sur la photo, le paysage immobile sera bien net, seule l'eau qui coule sera floue, ce qui lui donnera un aspect doux et d'autant plus « cotonneux » que le temps de pose est long.

Entre chien et loup, j'ai voulu suggérer ici la course du jogger tout en conservant un arrière-plan net. J'avoue avoir eu de la chance, je n'ai déclenché qu'une fois au moment où le personnage se détachait au mieux du fond : la vitesse sélectionnée était convenable, le flou est là mais reste subtil, et l'image est lisible.

La technique du filé

Le filé est un autre effet de mélange entre le flou et le net. À l'inverse du flou de bougé du sujet, c'est le sujet mobile qui est net. Tout le reste est flou, ce qui est rendu par des traînées plus ou moins longues selon la vitesse du sujet et la vitesse d'obturation ; leur orientation est celle du déplacement du sujet. Pour obtenir un bon filé, il suffit de l'accompagner dans son mouvement de façon régulière, sans à-coups, avec une vitesse d'obturation assez lente (entre 1/125 et 1/15 s).

Le filé est assez difficile à réaliser car l'équilibre entre la vitesse de déplacement du sujet, sa direction et la vitesse d'obturation est difficile à trouver. Comme on peut rarement modifier la vitesse du sujet, on agit sur le temps de pose. Plus il est long, plus l'effet sera visible et plus les traînées seront prononcées. Attention, les risques de flou sur le sujet lui-même seront également plus importants.

Notez que seuls les déplacements rectilignes et réguliers peuvent donner des effets intéressants. Un mouvement anarchique comme celui d'un VTT dans un chemin chaotique est impossible à suivre et ne donnera au final qu'un flou de bougé inesthétique. Par ailleurs, il est plus facile d'obtenir de bons résultats quand on utilise de longues focales et que l'on est assez loin de son sujet. Pour vos premiers essais, un 200 mm sera un choix intéressant.

Pour photographier ce pigeon en plein vol, j'ai utilisé une vitesse assez lente, de l'ordre de 1/30 s, et j'ai accompagné le mouvement de l'oiseau pendant l'exposition. La chance a voulu qu'il ne batte pas des ailes et qu'il soit assez net sur l'image. Le fond, lui, montre un effet de filé du plus bel effet et renforce la sensation de mouvement et de vitesse.

Installez-vous le long d'une route bien droite et dégagée. L'œil au viseur, accompagnez le mouvement d'un véhicule qui se rapproche et ne déclenchez que quand il passe devant vous, tout en continuant de suivre son mouvement alors qu'il s'éloigne. On travaille le plus souvent à main levée, mais on peut parfaitement utiliser un trépied ou un monopode, l'important étant que le mouvement de la rotule soit fluide et parallèle au déplacement du sujet. En revanche, méfiez-vous de l'autofocus qui peut poser problème : soit il perd le point, soit il a du mal à suivre le sujet. Nous vous conseillons plutôt de prédéfinir la mise au point sur le point de passage du sujet et de débrayer l'AF.

Toujours plus flou

Les techniques créatives pour obtenir des images floues sont nombreuses. On peut bien entendu intercaler entre l'objectif et le sujet un élément qui vienne « casser » la netteté. Certains utilisent des filtres spéciaux (dits « soft »), d'autres un classique filtre anti-UV enduit de vaseline. On peut aussi adoucir le rendu d'un objectif en le couvrant d'un collant ou d'un bas, choisir des objectifs dédiés comme le Lens Babies (pour un effet un peu à la David Hamilton, voir la rubrique suivante), ou réaliser des images à travers des vitres, des vases, des verres et des bouteilles plus ou moins transparents ou plus ou moins propres… L'effet de flou est alors garanti, mais comme il est tributaire de l'ouverture (à cause de la profondeur de champ), on a souvent intérêt à multiplier les essais.

Même si cela peut sembler paradoxal, en paysage aussi on aura souvent recours à des astuces pour obtenir du flou, notamment face à de l'eau en mouvement ou lors de journées de grand vent. En utilisant un trépied et un filtre de densité neutre, on peut considérablement allonger la durée d'exposition et gommer les éléments en mouvement. Il devient alors très facile de lisser le rendu de l'eau ou de suggérer l'effet du vent dans des feuillages ou dans un champ.

Ici le flou de bougé et une conversion en noir et blanc volontairement très contrastée m'ont permis de donner à l'image une ambiance inquiétante très « polar »… La scène réelle était pourtant d'une très grande banalité, seule la façon dont elle a été photographiée lui donne cette dimension dramatique.

Ces deux exemples ont été réalisés de nuit à quelques minutes d'intervalle. Sur le premier, dans un bus non éclairé, le flou est à la fois dû à une défocalisation volontaire et à l'emploi d'un temps de pose d'une vingtaine de secondes pour capter le peu de lumière ambiante disponible. Sur le second, dans la rue, le sujet était mobile et j'ai déclenché en le suivant. Le temps de pose a atteint deux secondes et le flou du mouvement du sujet se mêle assez heureusement à celui provoqué par mon propre déplacement. Ces deux images sont bien entendu une sélection, les autres tentatives s'étant montrées moins fructueuses.

Découvrir les Lensbabies

Le Lensbaby est un objectif original et ludique qui permet de réaliser des images assez poétiques en jouant sur le mouvement de bascule et le flou. Grâce à une monture à soufflet, l'accessoire donne en effet la possibilité de rompre le parallélisme entre le plan du capteur de l'appareil et celui des lentilles. Le but n'est pas ici une application rigoureuse et « technique » de la loi de Scheimpflug (voir « Découvrir décentrement et bascule » page 254) mais bien son détournement à des fins artistiques.

Si on le compare à un objectif « classique », on peut dire que le Lensbaby est « techniquement mauvais » dans la mesure où son piqué est faible, sa distorsion et son vignettage sont peu corrigés, ses aberrations chromatiques demeurent assez présentes (voir annexes)... Mais ce sont justement ces défauts qui intéresseront les photographes créatifs car les images faites avec un Lensbaby sortent clairement de l'ordinaire !

Les Lensbabies distribués par Bogen Imaging existent en deux versions, la 2.0 (une lentille) et la 3G (deux lentilles), qui utilisent un jeu de disques aimantés en guise de diaphragme et procurent un effet similaire ; leur confort d'utilisation est pourtant très différent. Notez que leur focale est d'environ 50 mm ; des compléments optiques « télé » et « grand-angle », et des bonnettes « macro » sont disponibles en option.

Lensbaby 2.0 et 3G

La différence principale entre les versions « 2.0 » et « 3G » est que la dernière dispose d'un système de « verrouillage ». À l'aide de trois vis, celui-ci permet de gérer facilement et précisément le mouvement et surtout de pouvoir le « bloquer », ce qui est très pratique sur trépied, mais aussi à main levée. Déverrouiller le système en libère les mouvements.

La version 2.0 ne dispose pas de ce blocage et, au repos, le soufflet conserve donc le parallélisme entre la lentille et le capteur. La gestion de la bascule et de la mise au point est donc totalement manuelle et s'effectue en pressant plus ou moins les côtés de la monture avant, ce qui n'autorise pas toujours une grande précision (notamment pour la mise au point) ni une grande efficacité, il faut l'avouer.

Le verrouillage de mouvement offert par le Lensbaby 3G nous le fait préférer à la version 2.0, malgré un prix plus élevé (200 Euros environ). Il dispose en outre d'une rampe hélicoïdale pour affiner la mise au point. Celle-ci se fait toujours en augmentant ou réduisant la longueur du soufflet, comme avec la version 2.0, mais avec ici bien plus de souplesse et d'efficacité.

En pratique

L'utilisation du Lensbaby (version 2.0 ou 3G) s'apparente un peu à celle d'un objectif sans microprocesseur : boîtier et objectif ne peuvent en aucun cas communiquer (voir « Utiliser des objectifs sans microprocesseur » page 76). Le mode Manuel est donc de mise et, sans aucune aide à l'exposition, on devra souvent opérer par essais-erreurs en analysant l'histogramme de l'image. Notez aussi que la visée se fait ici à ouverture réelle ; elle sera donc d'autant plus lumineuse que le diaphragme utilisé est « ouvert ». Moyennant l'utilisation d'un trépied et de la version 3G, on peut parfaitement réaliser son cadrage, déterminer mise au point et bascule sans diaphragme avant de mettre le disque désiré en place et de déclencher, ce qui est impossible avec la version 2.0, l'accessoire reprenant sa position d'origine sitôt la pression sur sa monture relâchée.

En autorisant des flous contrôlés, le Lensbaby permet de réaliser des images originales, parfois poétiques, mais toujours ludiques… En plus d'explications sur son utilisation, le site Internet www.lensbabies.com propose une intéressante galerie d'images. (Photo Benjamin Effosse)

Oser la photo de nuit

La photo de nuit est une discipline qui peut effrayer mais qui, moyennant quelques précautions et un peu d'anticipation, n'a rien de très compliqué et peut assez facilement donner des résultats spectaculaires. L'arrivée du numérique a, de plus, grandement facilité sa pratique.

À chacun son style

En photo de nuit, on trouve les photographes « posés » qui anticipent, repèrent les lieux, reviennent plusieurs fois au crépuscule, sortent leur trépied, cadrent au cordeau et shootent diaphragme fermé, à la sensibilité la plus basse, avec relevage du miroir, télécommande ou retardateur pour limiter les vibrations et profiter de la meilleure netteté possible... Et les *street photographers* qui préfèrent les images spontanées, à main levée, le plus souvent à pleine ouverture avec une sensibilité élevée pour éviter les temps de pose longs et les flous de bougé trop prononcés.

Il n'y a pas de bonne ni de mauvaise école, tout est affaire de sensibilité, de patience et de philosophie. Mais si les réactions de chaque photographe sont différentes, ils doivent tous composer avec les mêmes contraintes d'exposition, de contraste et de couleurs.

Même s'il m'arrive de faire des photos de nuit posées type « carte postale », je préfère de loin les ambiances de reportage et la photo intuitive à main levée. Je ne sors jamais sans un appareil, mais plus rarement avec un trépied ! Peu m'importe que la photo soit un peu floue si elle restitue une atmosphère intéressante, qu'elle soit poétique, dramatique ou inquiétante. En ville, en réglant le boîtier sur 400 ou 800 ISO et avec un objectif lumineux, on peut assez facilement se passer de trépied.

Exposition et contraste

Le point le plus délicat en prise de vue nocturne est sans conteste l'exposition. Il n'est pas rare d'avoir dans son cadre à la fois une source lumineuse et une zone totalement dans l'ombre ; en plus de créer un contraste excessif que la dynamique du capteur n'est pas toujours à même de restituer, cette disparité piège l'automatisme d'exposition.

Oubliez la mesure Matricielle de la lumière : préférez autant que possible la mesure Spot et choisissez soigneusement la zone sur laquelle elle va être effectuée. Il est toujours utile de faire plusieurs essais, mais sachez qu'on obtient souvent de bons résultats sur le mur d'un bâtiment moyennement éclairé. Vous pouvez aussi sélectionner la mesure Pondérée centrale à condition de l'interpréter avec le correcteur d'exposition ; cette méthode demande un peu d'entraînement, mais elle peut s'avérer plus rapide et plus pratique pour les photos prises sur le vif.

Attention, estimer l'exposition sur l'écran arrière du D80 est périlleux, car il est très brillant et affiche souvent l'image avec un rendu flatteur – la photo sera bien souvent plus terne, voire sous-exposée. Il est indispensable de vous familiariser avec l'histogramme (voir la rubrique dédiée page 198). Sachez également que, là encore, travailler au format RAW donne une certaine souplesse tant en termes de réglage d'exposition que de balance des blancs. En JPEG, réduire le contraste dans l'interface du boîtier peut aussi éviter certains problèmes, mais malheureusement, avec le D80, les hautes lumières ont souvent tendance à percer, plus encore la nuit qu'en plein jour.

Lorsque les temps de pose atteignent plusieurs secondes, un solide trépied est évidemment indispensable ; on peut même le lester avec son sac photo pour plus de sûreté. Pour limiter les vibrations internes, il est également conseillé d'utiliser la commande de relevage manuel du miroir avant le déclenchement, offerte par le Réglage personnalisé 31 *Temp. Miroir levé* (voir mode d'emploi page 99), ainsi qu'une télécommande à distance. À défaut, et si le sujet est fixe, le retardateur rendra sensiblement le même service.

Même avec une exposition soignée, il est fréquent que les hautes lumières crament. Sous des éclairages artificiels apparaît aussi le phénomène de « clipping » qui crée des aplats colorés disgracieux dans les très hautes lumières. Réaliser des photos de nuit avec le D80 n'est pas toujours facile du fait de sa dynamique un peu juste.

Balance des blancs

Le réglage de la balance des blancs est également un paramètre critique. Les éclairages nocturnes ont chacun leur température de couleur aux dominantes plus ou moins prononcées et plus ou moins agréables. Il est donc impossible d'obtenir une image neutre, surtout quand les sources sont mélangées – cas fréquent en ville où se mêlent sources à vapeur de mercure ou de sodium, tubes fluo et tungstène des vitrines et des enseignes… Ce n'est finalement pas très grave, car l'œil est habitué à ces dominantes sur les photos de nuit.

La balance des blancs donne une grande latitude dans l'interprétation des couleurs de l'image prise de nuit et peut métamorphoser un sujet banal, comme sur cet exemple. En RAW, on l'appliquera au moment de la conversion, ce qui autorise un réglage plus fin et plus subtil que celui du boîtier. On peut aussi très facilement développer son fichier plusieurs fois avec plusieurs réglages pour obtenir des variantes colorées chaudes, neutres ou froides.

Évitez le réglage automatique de la balance des blancs car, comme dans le cas des lumières crépusculaires (voir « Utiliser simplement la balance des blancs » page 166), l'automatisme montre là ses limites et donne généralement un rendu décevant. Passez plutôt en mode Ensoleillé ou Incandescent (selon vos goûts). Pour plus de souplesse dans la gestion de la température de couleur, travaillez en format RAW afin de mieux maîtriser le réglage de la balance des blancs et les couleurs des photos au post-traitement.

Paradoxalement, la balance des blancs a aussi une influence sur le rendu des images en noir et blanc. Le « placement » des gris dépend du réglage choisi, de même que le contraste qui peut fortement varier. Là encore, travailler en RAW permet d'obtenir d'excellents résultats.

En travaillant en format RAW, j'ai pu appliquer des réglages d'exposition et de balance des blancs différents sur certaines zones de cette image. Pour cela, j'ai développé un premier fichier en privilégiant le rendu du Louvre, puis un second « calé » sur celui de la pyramide. Il m'a ensuite suffit de les combiner dans Photoshop. Notez qu'avec le D80, on aura souvent recours à cette astuce pour augmenter artificiellement la dynamique du capteur. Il suffit de réaliser deux images du même point de vue en privilégiant l'exposition des lumières sur l'une et celle des ombres sur l'autre avant de les fusionner en ne gardant de chacune que la partie correctement exposée (voir encadré page 135).

S'initier à la macro

Les compacts numériques, proposant une mise au point à 1 cm, ont largement contribué à relancer l'intérêt du grand public pour la prise de vue macro, qui était jusque-là affaire de spécialistes. Certes, le D80 n'est pas un de ces compacts, mais en combinant la mise au point rapprochée autorisée par la majorité des objectifs modernes (entre 20 et 50 cm) et la conversion de focale due au format de son capteur, il permet déjà de réaliser des plans serrés intéressants. Pour aller plus loin (ou plus exactement pour se rapprocher un peu plus !), on utilise des accessoires spécifiques, plus ou moins pratiques, plus ou moins chers et plus ou moins efficaces...

Le rapport de grandissement

La macro se caractérise par le rapport entre la taille de l'image du sujet sur le film ou le capteur et sa taille réelle ; c'est le rapport de grandissement. En situation de prise de vue normale (portrait, paysage, reportage, etc.), la taille de l'image est toujours inférieure à celle du sujet et le rapport est du type 1 : X (où X est supérieur à 1, sa valeur exacte dépendant à la fois de la taille du sujet visé et de la distance de prise de vue). On ne devrait théoriquement parler de « macrophotographie » (terme cher aux puristes) qu'à partir du moment où ce rapport atteint 1:1, autrement dit à partir du moment où la taille de l'image est égale à celle de l'objet. Les rapports supérieurs (2:1 par exemple, qui indique que l'image est deux fois plus grande que le sujet) répondent bien entendu à la même appellation.

En deçà du rapport 1:1, l'appellation « macro » n'est qu'un abus de langage, souvent entretenu par les constructeurs d'optiques qui annoncent comme macro des objectifs simplement dotés d'une mise au point courte, mais qui n'atteignent pas le rapport 1:1. On devrait plutôt parler de « mode gros plan » ou de « proxiphotographie », même si le terme est moins vendeur.

Certes, le 18-200 mm n'est pas à proprement parler un objectif macro, mais grâce à sa mise au point rapprochée et à la conversion de focales du boîtier, il permet de réaliser des gros plans intéressants comme sur ces sachets de sucre attestant du patriotisme américain.

Un objectif (macro ou non) a une certaine amplitude de mise au point, mais en deçà d'une certaine distance propre à chaque optique (sa distance minimale de mise au point), il lui est impossible de fournir une image nette. Le recours à des outils dédiés (objectifs macro ou accessoires tels que les bonnettes ou les tubes allonge, comme nous allons le voir plus loin) est alors indispensable.

Les bonnettes

Les bonnettes dites « macro » ou « close-up » sont la solution la plus économique pour s'initier à la proxiphoto. Cependant, ce n'est ni la plus souple, ni la plus efficace en pratique.

La bonnette s'utilise comme un simple filtre. C'est en réalité une lentille convergente plus ou moins puissante (cette puissance s'exprime en dioptries) qui permet de s'approcher plus ou moins du sujet à la manière d'une loupe. La distance minimale entre l'appareil et le sujet (et par conséquent le cadrage de l'image) est donc fixée par la puissance de la bonnette : plus cette puissance est grande, plus la distance est courte, et inversement. Le rapport de grandissement que l'on peut atteindre avec une bonnette est en général assez limité et, en termes de qualité optique, cet accessoire entraîne des pertes plus ou moins importantes (netteté, aberrations géométriques et/ou chromatiques). Ces défauts sont supportables pour une utilisation occasionnelle sur une optique de haut vol, mais sur un zoom d'entrée de gamme, ils sont assez visibles, les bords de l'image présentant alors une netteté plus que relative.

Les tubes allonge

Comme son nom l'indique, le tube allonge (appelé aussi « bague allonge ») est un simple tube, généralement long de 10, 20 ou 30 mm, qui s'intercale entre le boîtier et l'objectif, qu'il soit macro ou non. Sa mission est d'augmenter le tirage optique (distance entre l'objectif et le capteur ou le film), ce qui a pour conséquence de réduire la distance de mise au point minimale et d'augmenter artificiellement le grandissement de l'objectif. Le gain est d'autant plus important que le tube est long et que la focale de l'objectif monté est courte. On peut obtenir des rapports assez élevés, dépassant 1:1, mais au prix d'une perte de luminosité non négligeable qui atteint fréquemment plusieurs diaphragmes. La clarté de la visée en souffre et les temps de pose assez longs imposent souvent l'utilisation d'un trépied.

L'autre inconvénient de ces tubes est que la distance entre le sujet et l'appareil devra être d'autant plus courte que le rapport de grandissement est grand ; autrement dit, pour obtenir un grandissement élevé, il faut souvent s'approcher beaucoup, ce qui n'est pas toujours très pratique. L'éclairage du sujet peut ainsi poser problème puisque l'objectif en est très proche et il arrive même qu'il lui fasse de l'ombre. Ces tubes ne facilitent donc pas l'approche de

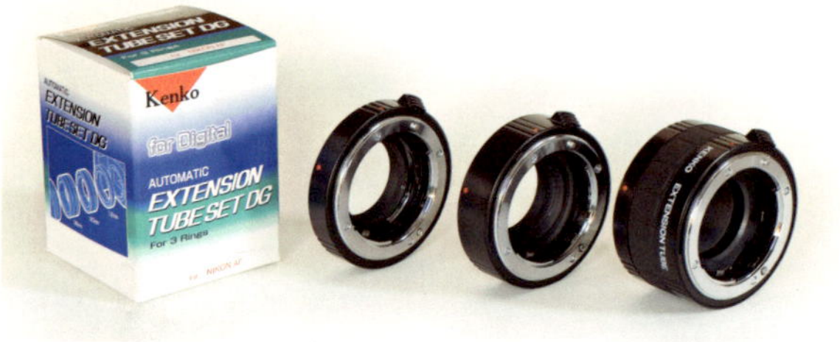

Chez les constructeurs indépendants, le prix des tubes allonge reste raisonnable. Ici, le kit Kenko comprend trois bagues de 12, 20 et 36 mm, utilisables conjointement ou de façon indépendante. De quoi s'initier à la macro avant d'éventuellement investir dans une optique dédiée.

sujets vivants et farouches, sauf si on les utilise avec un objectif de longue focale, mais le grandissement est alors moindre.

Les tubes allonge ont pourtant de nombreux adeptes du fait de leur simplicité d'emploi et de leur coût relativement faible comparativement à des solutions macro dédiées. En effet, un jeu de trois tubes de 12, 20 et 36 mm coûte environ 150 euros, alors qu'un objectif macro coûte entre 2 et 6 fois plus. Un autre avantage de ces tubes est qu'ils n'induisent aucune perte optique puisqu'ils ne contiennent pas de lentilles. On peut les monter un par un ou les coupler (pour un effet plus prononcé) sur des zooms ou des focales fixes en monture Nikon AF.

Les objectifs macro

Les objectifs dits « macro » sont bien entendu la solution la plus performante, mais ils sont assez chers. Le calcul de leur formule optique leur assure à la fois une amplitude de distance de mise au point très étendue et des performances optiques élevées, même sur de forts rapports de grandissement.

Ces objectifs atteignent pour la plupart le rapport 1:1 direct (c'est-à-dire sans accessoire optionnel de type tube ou bonnette), voire plus, et ils sont bien sûr utilisables avec un ou plusieurs tubes allonge pour un grandissement encore plus élevé.

On trouve généralement trois types d'objectifs macro, caractérisés par leur focale. Il existe donc selon les constructeurs des 50 ou 60 mm, des 90 ou 100 mm et des 180 ou 200 mm macro. Le choix d'une focale plutôt qu'une autre est davantage imposé par la distance de prise de vue que par le rapport de grandissement qui est peu ou prou le même avec ces différentes focales. En effet, à rapport de grandissement égal, la distance de prise de vue est d'autant plus grande que la focale est longue ; on devra donc s'approcher deux fois plus du sujet avec un 50 mm qu'avec un 100 mm.

L'influence sur la perspective de l'image n'est pas négligeable. On pourrait penser que disposer de la focale la plus longue possible est souhaitable pour ne pas risquer d'effrayer un insecte par exemple, mais la pratique n'est pas si évidente. Les 200 mm macro, en plus d'être très chers, sont lourds et encombrants. Le 100 mm s'avère être le meilleur compromis, le 50 mm imposant souvent de s'approcher à moins de 10 cm du sujet.

La conversion de focale induite par la taille du capteur du D80 (voir « Comprendre objectifs et focales » page 62) ne change pas la donne : un 50 mm macro offrira une focale apparente et un cadrage proches de ceux d'un 85 mm, mais le « comportement » de l'optique en termes de distance de prise de vue restera celui d'un 50 mm. Notez que bien qu'estampillés « macro », ces objectifs sont parfaitement utilisables en prise de vue classique (ils conviennent bien aux portraits notamment).

En 2005, Nikon a annoncé et commercialisé un nouvel objectif dédié à la macro, le premier doté du système VR de stabilisation optique. Bien qu'assez chère, lourde et encombrante, cette optique de 105 mm est un fantastique outil, parfaitement adapté au D80 et très attendu par les nikonistes férus de macro. (Document Nikon)

Et la lumière ?

En macro, quand on est très proche du sujet, l'éclairage de ce dernier peut devenir problématique. Si on est en extérieur et que l'on dispose de suffisamment de lumière et d'assez de recul pour ne pas projeter d'ombre sur le sujet, la gestion de la lumière n'est pas plus compliquée qu'en photo classique ; on retrouve à la fois les mêmes pièges et les mêmes astuces pour s'en sortir (voir « Apprivoiser la lumière » page 120, « Adapter la mesure de la lumière » page 124 et « Interpréter la mesure de la lumière » page 132).

C'est lorsque la lumière vient à manquer que l'exposition devient plus difficile. Si l'on ferme le diaphragme pour disposer de la meilleure profondeur de champ possible, les temps de pose ont tendance à s'allonger. De plus, mieux vaut privilégier les sensibilités basses pour obtenir une bonne qualité d'image ; aussi, pour éviter les flous de bougé, on aura souvent besoin d'un trépied ou d'un appui stable.

Une autre solution consiste à ré-éclairer la scène. Le flash intégré n'est ici d'aucun secours, à la fois parce que le sujet est trop proche et parce que sa lumière est trop dure et inesthétique. Certains photographes rivalisent d'ingéniosité pour fabriquer des accessoires visant à diffuser sa lumière, mais même si ceux-ci sont parfois efficaces, le problème de la direction de l'éclair (parallèle à l'axe optique) reste entier et la lumière, bien que diffusée, reste plate. On aura donc recours à un flash externe classique ; le Système d'éclairage créatif de Nikon sera alors très pratique (voir « Bien utiliser un flash externe » page 144).

Le système flash SB-R1C1 est des plus ingénieux. Compatible avec le Système d'éclairage créatif du D80, il peut piloter plusieurs flashs SB-R200 installés sur une platine fixée à l'objectif. L'utilisateur peut modifier le ratio de puissance entre les différents flashs et moduler ainsi très simplement sa lumière. Il est aussi possible de piloter sans fil d'autres flashs Nikon SB-R200, SB-600 ou SB-800 en complément des deux SB-R200 du kit. (Document Nikon)

La solution idéale en macro reste tout de même le flash dédié. Moins puissant, mais aussi moins polyvalent qu'un flash cobra, le flash macro ou annulaire (comme le système SB-R1C1 de Nikon) comporte différents tubes éclair disposés autour de l'objectif. On peut ainsi très facilement créer une lumière douce qui enveloppe le sujet pour obtenir une image modelée. On peut aussi choisir de n'utiliser qu'un unique tube pour créer un effet de lumière plus latéral, ou encore régler la puissance des tubes indépendamment les uns des autres. Malheureusement, ce genre de flash très spécifique est très coûteux, et de ce fait réservé à quelques photographes experts.

Soyez créatif !

Quand on entend « macro », on pense irrémédiablement aux insectes et aux petites fleurs. On a tous en tête des images bien nettes, bien définies et fourmillantes de détails. Mais ces deux sujets, s'ils se prêtent parfaitement à l'exercice, ne sont bien entendu pas les seuls à être intéressants. Et même si en général on privilégie les faibles ouvertures de diaphragme pour exploiter au mieux la profondeur de champ dont on dispose, rien n'interdit d'enfreindre ces règles.

Les sujets se prêtant à la macro sont bien plus nombreux qu'on ne le croit ; en s'approchant de près de certains objets familiers, on peut être surpris de la vision qui nous est offerte. On peut aussi explorer les possibilités de la pleine ouverture et jouer avec la netteté de l'image, son graphisme et, pourquoi pas, avec l'abstraction pour réaliser des images originales, douces et poétiques.

Même en macro, il peut être intéressant de jouer avec les grandes ouvertures et les faibles profondeurs de champ. Cela m'a permis ici de réaliser une photo assez dynamique d'un simple parterre de fleurs après la pluie.

Selon le type d'option et le matériel choisi, le grandissement de l'image est différent. Le 50 mm f/1,8 AF-D autorise certes d'assez bons gros plans d'objets, mais il est limité avec les sujets de très petite taille (photo 1). Cependant son utilisation avec des tubes allonge de 12, 20 et 36 mm autorise des grandissements bien supérieurs (photos 2, 3 et 4). On peut aussi combiner plusieurs tubes pour encore augmenter le grandissement (photo 6), mais attention au flou de bougé et à l'obscurcissement de la visée qui ne facilite pas la réalisation de la mise au point. Un objectif macro tel que le 55 mm Micro-Nikkor permet d'atteindre en direct un rapport intéressant (photo 5).

Découvrir décentrement et bascule

On trouve 2 objectifs PC actuellement, le PC-Nikkor 28 mm f/3,5 (décentrement sur 11 mm) et le PC-Nikkor 85 mm f/2,8D (décentrement sur 12 mm et possibilité de bascule sur +/- 8°). En occasion, on peut encore dénicher le 35 mm f/2,8. Attention, certains PC-Nikkor très anciens sont incompatibles avec le D80 (voir liste en annexe). (Documents Nikon)

Nikon propose des objectifs spéciaux dits « PC » (*Perspective Control*) autorisant des mouvements de décentrement et de bascule. S'ils imposent un fonctionnement entièrement manuel sur le D80, comme tout objectif sans microprocesseur, ils offrent des possibilités de gestion du plan de netteté et de la perspective très poussées – un peu comme les chambres photographiques grand format utilisées en photo d'architecture ou de publicité –, de même que des possibilités créatives étendues. Leur utilisation est assez simple et offre de bien meilleurs résultats qu'une correction de perspective dans un logiciel.

La gestion du diaphragme ne peut être assurée par le boîtier comme avec un objectif classique, aussi devra-t-on impérativement utiliser le mode Manuel. Notez que les PC-Nikkor anciens imposent un travail à diaphragme réel (cadrage et mise au point à pleine ouverture et fermeture manuelle à la valeur de travail avant de déclencher). La mesure devra se faire indépendamment car ces objectifs sans CPU ne peuvent pas communiquer avec le boîtier (voir « Utiliser des objectifs sans microprocesseur » page 76).

Décentrement et perspective

Quand le plan du film ou du capteur et celui du sujet ne sont pas parallèles, les lignes verticales de l'image sont déformées et convergent en un point de fuite. L'exemple le plus classique se rencontre en photo d'architecture car, pour que l'intégralité d'un bâtiment entre dans le champ cadré, on est souvent obligé d'incliner l'appareil vers le haut. Pour éviter ce problème, il faut maintenir le plan du film ou du capteur parallèle à la façade. C'est le principe du décentrement : une partie de l'objectif se déplace de quelques millimètres vers le haut pour décaler le point de vue. Le décentrement permet aussi d'éliminer les éléments gênants d'un premier plan (par exemple l'ombre du photographe en paysage), chose impossible avec les outils qu'offrent les logiciels comme Photoshop.

Utilisé en latéral, le décentrement permet de réaliser des panoramiques. Une fois le point de vue déterminé et l'exposition calculée (sans décentrement), on réalise deux images, l'une avec un décentrement maximal à gauche, l'autre avec un décentrement maximal à droite. Le mouvement se faisant par translation rectiligne parallèlement au plan du capteur, si le cadrage n'inclue pas de premier plan trop proche, la perspective reste la même d'une photo à l'autre. Le montage en est facilité : il suffit de raccorder les deux vues en les faisant se chevaucher (voir « Choisir au mieux ses objectifs » page 66).

Je souhaitais avoir un point de vue au niveau de la tablette du meuble et mettre en valeur ce Bouddha dans une sorte d'arche. Sans décentrement, la forte contre-plongée déforme le sujet ; en décentrant de quelques millimètres pour conserver le plan du capteur parallèle au sujet, la perspective « normale » est préservée, les verticales ne convergent plus.

Bascule et plan de netteté

En conditions normales, le plan du capteur, le plan optique et le plan de netteté sont parallèles. La netteté offerte par la profondeur de champ se répartit alors sur différents plans parallèles en avant et en arrière de ce plan de netteté. Un mouvement de bascule va rompre ce parallélisme et modifier considérablement la répartition de la netteté.

La loi de Scheimpflug permet d'optimiser cette dernière en l'adaptant à la disposition des plans de l'image, par exemple pour que le plan de netteté passe par deux éléments importants sans nécessairement être parallèle à celui du capteur. On pourra l'appliquer en prise de vue rapprochée, avec le 85 mm, quand la gestion de la mise au point est critique et que la profondeur de champ est faible.

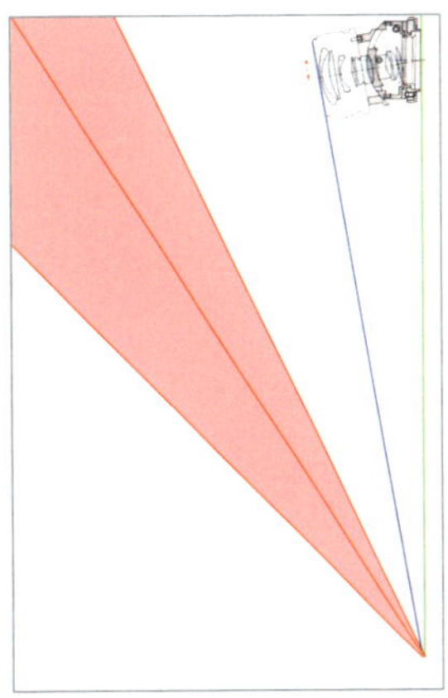

La loi de Scheimpflug montre que si le plan du capteur (en vert) et le plan optique (en bleu) sont sécants, alors le plan de netteté (en rouge) passe par l'intersection des deux premiers. Sur cette fourchette photographiée avec le PC Nikkor 85 mm, le résultat est plus probant avec une bascule que sans.

Aller plus loin grâce aux logiciels

En argentique, rares sont les photographes qui réalisent eux-mêmes le travail de laboratoire, surtout en couleurs. En numérique, il est difficile d'ignorer cette étape. Si traiter ses fichiers impose d'acquérir de nouvelles connaissances et compétences, c'est toutefois une aubaine pour les créatifs et les perfectionnistes qui veulent maîtriser le rendu de leurs images. Les logiciels de plus en plus élaborés permettent aussi le rattrapage de certains défauts, voire de petites erreurs de prise de vue. Bien maîtrisés, ils vous aideront à obtenir le meilleur de votre appareil, notamment en exploitant le potentiel des fichiers RAW.

- *Transférer ses images avec PictureProject*
- *Récupérer des photos effacées*
- *Bien organiser l'archivage des fichiers*
- *Développer ses fichiers RAW avec Photoshop Elements*
- *Développer ses fichiers RAW avec Photoshop Lightroom*
- *Développer ses fichiers RAW avec Capture NX*
- *Corriger ses images avec DxO Optics Pro*
- *Convertir ses fichiers RAW au format DNG*
- *Étalonner son appareil avec Photoshop*

Transférer ses images avec PictureProject

PictureProject est un utilitaire multi-usage (transfert, catalogage, retouche ou partage des images) fourni avec le D80. Seul l'aspect transfert sera abordé ici ; les options de catalogage seront développées plus loin dans la rubrique « Bien organiser l'archivage des fichiers » page 262.

Paramétrer les préférences

Une fois installé, PictureProject se lance automatiquement dès que l'on connecte le D80 ou que l'on insère une carte mémoire dans un lecteur externe (sur PC du moins car, sur Mac, le logiciel semble nécessiter un démarrage manuel). Attention, pensez bien à désactiver l'option d'effacement automatique des fichiers sur la carte une fois le transfert réalisé, car il est prudent de conserver ses fichiers sur sa carte tant que l'on n'est pas certain que le transfert s'est correctement passé ; il sera toujours temps ensuite de la formater sur le D80.

L'interface se compose d'une fenêtre unique. Explorez les préférences en cliquant sur l'onglet du même nom. Un panneau composé de trois onglets (Général, Destination du transfert, Renommer les photos) permet alors de modifier les options de transfert et de faciliter l'archivage ultérieur en annotant les fichiers, en les renommant, en éliminant certaines images ou en préparant directement un classement et un sous-classement.

L'onglet Général propose les options les plus usuelles telles que la rotation automatique des images cadrées verticalement et l'incorporation du profil ICC pendant le transfert pour que le logiciel tienne compte des choix réalisés en termes de gestion du mode couleur (voir « Choisir son espace couleur » page 196). L'option d'incorporation d'un aperçu des images RAW associe une vignette à chaque fichier NEF mais n'est fonctionnelle que dans PictureProject : le système d'exploitation de l'ordinateur affichera toujours une icône générique des fichiers. On peut aussi commencer à trier les images pour les regrouper par date de prise de vue notamment.

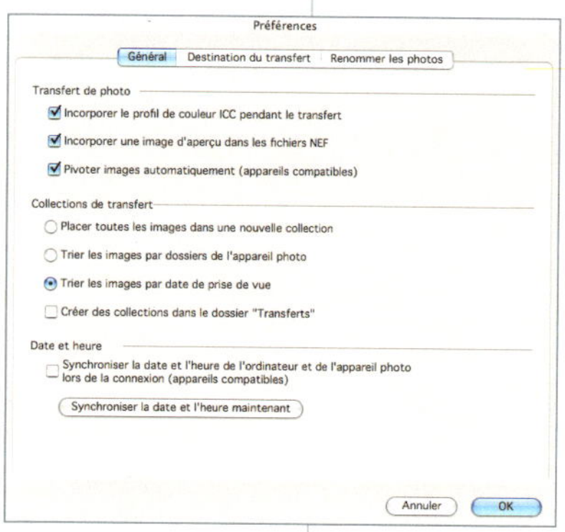

Si on utilise aussi PictureProject pour l'archivage, l'option « Placer toutes les images dans une nouvelle collection » fait gagner un temps précieux.

En utilisant l'option idoine, j'ai généré la création d'un nouveau dossier sur mon disque dur à chaque transfert. Préfixe et suffixe du nom de fichier m'indiquent clairement le sujet des prises de vue ainsi que leur lieu ; on peut bien sûr adopter d'autres critères.

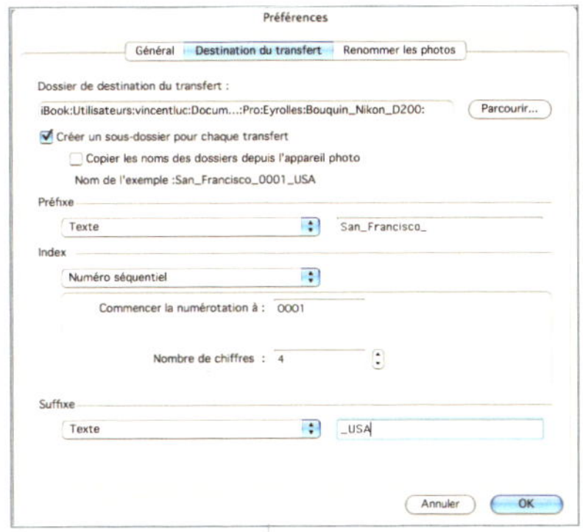

L'onglet Destination du transfert permet de déterminer où seront enregistrées les images transférées. Le logiciel propose un dossier par défaut, mais il est possible d'en sélectionner un autre, voire de choisir un disque dur externe.

L'onglet, Renommer les photos, permet de remplacer ou d'accompagner le numéro de fichier de type DSC_xxxx par un substantif plus intuitif. Évitez les lettres accentuées, les espaces, les signes de ponctuation et les noms trop longs qui posent problème lors du partage des fichiers. Renommer ou non ses fichiers est souvent source de débat ; pour ma part, je n'utilise que rarement cette option, dans la mesure où l'annotation par lots n'est possible que si toutes les images transférées ont un caractère commun. Je préfère indexer correctement les fichiers en leur annotant des mots-clés dans un logiciel de catalogage, ce qui me permet de les retrouver très rapidement.

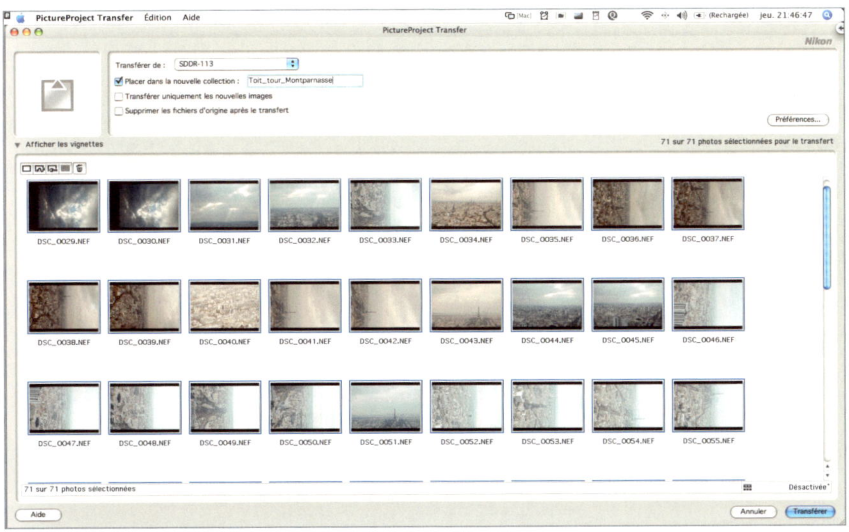

PictureProject permet de visualiser les vignettes des images de la carte. On peut les trier par date, par dossier ou par type (JPEG ou RAW) et réaliser des transferts successifs assez rapides dans différents dossiers avec des jeux d'annotations propres à chacun. On pourra aller plus loin avec un logiciel de catalogage plus puissant, mais ce n'est pas une obligation ; tout est affaire d'organisation personnelle et d'habitudes.

Récupérer des photos effacées

Quand on efface par mégarde le contenu de sa carte mémoire, tout n'est pas nécessairement perdu. Certains logiciels permettent de récupérer les images supprimées ; bien souvent en anglais, ils restent d'un emploi assez intuitif. Certains (comme ici Photorecovery) sont capables de retrouver sélectivement les fichiers en fonction de leur format et savent reconnaître les fichiers RAW.

Nul n'est à l'abri d'une mauvaise manipulation et il arrive que l'on efface par mégarde une ou plusieurs images de sa carte mémoire, sur l'appareil ou depuis son ordinateur. Parfois aussi les cartes « plantent »... Les causes de ces dysfonctionnements sont nombreuses, mais il est parfois possible de récupérer ses photos grâce à un logiciel adapté.

Écriture et effacement des données sur la carte

Comme nous l'avons vu dans la rubrique « Choisir et utiliser ses cartes mémoire » page 12, les données sont ordonnées par la FAT (ou table d'allocation) lors de l'enregistrement. Au moment du transfert ou de l'écriture des fichiers, un élément de l'appareil ou de l'ordinateur (le contrôleur) interroge la FAT pour connaître l'état et le contenu de la carte afin de rassembler les informations réparties sur différents clusters et « recomposer » les images.

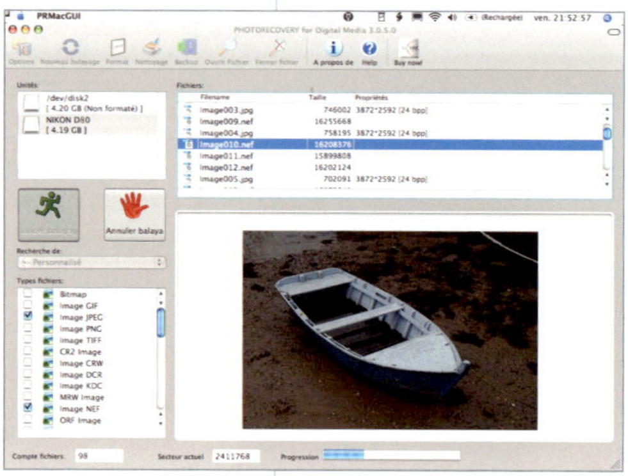

Inversement, quand une photo est effacée, seule sa localisation est supprimée de la FAT : les données restent présentes sur la carte, mais les clusters concernés sont déclarés disponibles pour l'enregistrement. S'il arrive un problème lors de l'écriture (le plus souvent quand le contrôleur du boîtier est interrompu, par une mise hors tension accidentelle par exemple), la FAT est alors dite « corrompue ». Les photos sont présentes sur la carte mais impossibles à localiser. Un formatage de la carte (sur l'appareil ou l'ordinateur) réinitialise la FAT, mais avant que de nouvelles informations « écrasent » les anciennes, celles-ci sont encore présentes, même si elles ne sont pas directement accessibles.

Des logiciels spécialisés

Ces logiciels analysent le contenu de la carte et non la FAT (supposée corrompue) et recherchent des indices très particuliers, comme les signatures de fichiers qui codent les formats (TIFF, JPEG, parfois même RAW). Ils sont capables de reconstruire tout ou partie de la table d'allocation des fichiers et de récupérer des photos (en les renommant selon une nomenclature propre à chacun). Mais les informations doivent être complètes : aucun des clusters codant une partie de la photo n'aura dû être utilisé pour stocker de nouvelles données. En cas d'effacement accidentel, il est donc impératif de ne pas continuer à utiliser la carte.

Certains logiciels sont gratuits (Lexar Image Rescue, Convar Smart Recovery, Exif Untrasher...) ou commercialisés à un tarif démocratique (File Salvage, Xzeos Media Recover, Photorecovery, Flash File Recovery...). Leurs performances étant différentes, l'utilisation de plusieurs d'entre eux peut s'avérer nécessaire ; malheureusement, aucun ne peut garantir de retrouver tout le contenu d'une carte. Pour les télécharger, on peut lancer différentes requêtes dans Google, à la fois en français et en anglais.

Tous offrent un fonctionnement très intuitif : il suffit d'indiquer la localisation du dossier supposé contenir des données corrompues (sur la carte, dans un dossier nommé « DCIM ») et de sélectionner un dossier de destination pour les données récupérées. La recherche sera bien entendu d'autant plus longue que la capacité de la carte est élevée...

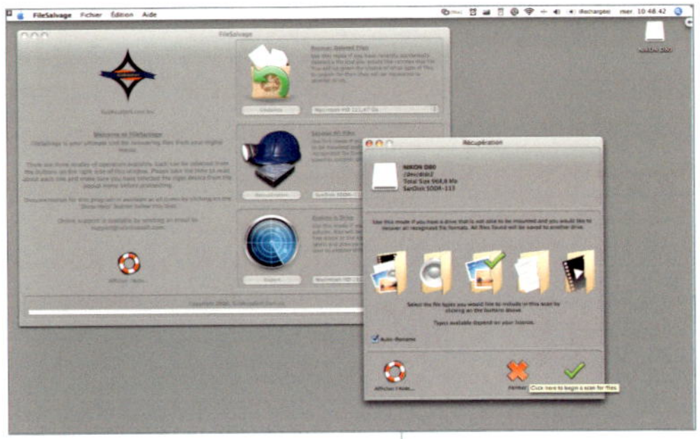

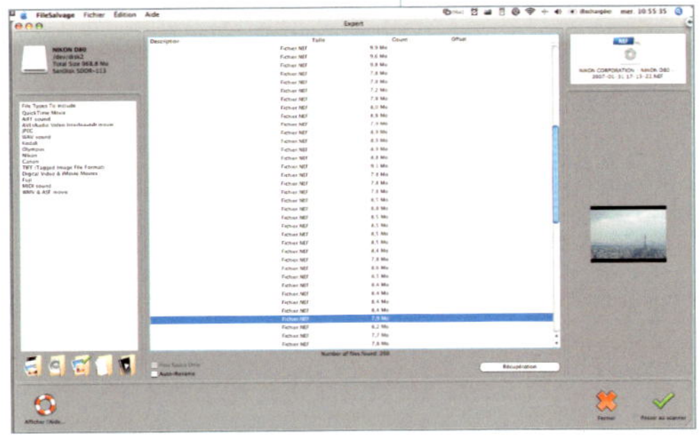

FileSalvage autorise sur Mac une récupération intégrale ou sélective du contenu d'une carte ou d'un disque dur et reconnaît de très nombreux formats image, son, vidéo, etc. Le comportement erratique constaté sur la version 4 (qui identifiait et sauvegardait les fichiers RAW Nikon comme des TIFF et imposait de changer manuellement l'extension avant de pouvoir convenablement ouvrir l'image) a été réglé et la version 5 du logiciel est parmi les plus efficaces que nous ayons eu l'occasion d'essayer. Une version démo est disponible sur le site http://www.subrosasoft.com

Quand la FAT est corrompue, il arrive que la carte n'apparaisse pas sur le bureau une fois l'appareil connecté. Un lecteur de cartes mémoire est alors indispensable (il est d'ailleurs vivement conseillé dans les autres cas). Si le système d'exploitation ne reconnaît pas la carte, il affiche un message d'erreur proposant de la formater, de l'éjecter ou de l'ignorer. Choisissez la première option : le système recrée la FAT et l'indique comme vide. La carte est donc accessible et l'opération de formatage n'agissant que sur la table d'allocation, elle ne réduit pas les chances de récupérer des images ; seul un formatage dit « bas niveau » efface le contenu de ses clusters, mais cette option n'est offerte que par de rares logiciels. En cas de problème grave, mieux vaut faire jouer la garantie de la carte en contactant son constructeur.

Sachez enfin que le format des fichiers a une importance notable sur les performances de ces logiciels : ils sont souvent très efficaces avec les JPEG alors que les chances de retrouver des fichiers RAW sont moins nombreuses. Une fois ses images récupérées, il est conseillé d'effacer « proprement » sa carte. Un formatage bas niveau tel que celui offert par SD Card Formatting Software (voir page 17) va alors parfaitement ré-initialiser la table d'allocation et le contenu de la carte.

Bien organiser l'archivage des fichiers

En numérique, on a tendance à déclencher plus qu'en argentique. Les photos s'accumulent rapidement sur l'ordinateur et, sans un peu de discipline et de méthode, stocker, archiver, classer et surtout retrouver ses photos devient un véritable casse-tête.

Dans un premier temps, on peut se contenter d'un simple classement par dossiers et sous-dossiers sur son disque dur. Mais encore faut-il que ce support soit fiable, pérenne et qu'on y retrouve facilement un fichier lisible : si en argentique, le vieillissement des images est progressif, en numérique, il se traduit par un support illisible du jour au lendemain, souvent sans raison apparente. Aucune solution ni support n'est actuellement en mesure de garantir la conservation optimale des fichiers ; l'archivage se résume donc à limiter les risques au maximum.

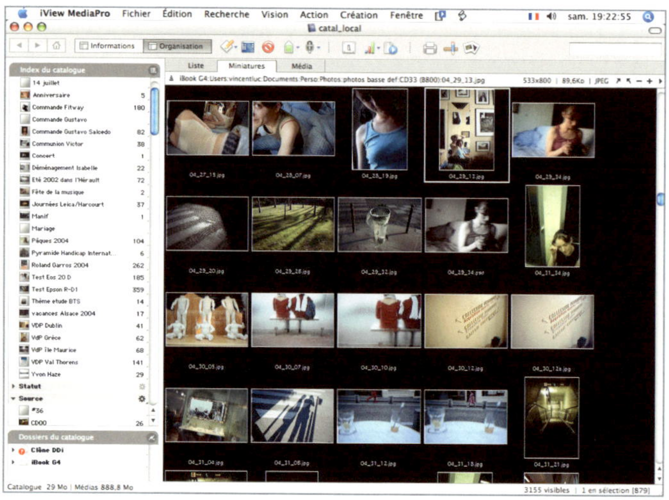

L'archivage et le classement des images ne sont pas aussi simples qu'on pourrait le croire. Le choix des formats d'enregistrement et celui du ou des supports de stockage sont très importants, et conditionnent en grande partie les chances que l'on a de pouvoir retrouver ses images d'ici quelques années. Mettre au point un système logique et raisonné est très important car, en numérique, une photo qui n'est pas légendée est une photo perdue. Heureusement, il existe des logiciels adaptés qui permettent d'archiver, d'annoter et surtout de retrouver ses images.

Penser à long terme : un principe de précaution

L'archivage en numérique est source de discussions dans de nombreux forums sur Internet et d'inquiétude pour bien des photographes. On peut actuellement numériser un tirage vieux de près de 150 ans, mais rares sont ceux qui peuvent encore lire les disquettes, Zip ou Jazz qu'ils utilisaient encore il y a seulement 5 ans…

Il est très important de dissocier les notions de « stockage » et « archivage ». Le premier reste temporaire, exactement comme celui effectué sur ses cartes mémoire avant que leur contenu ne soit transféré sur son ordinateur. L'archivage, lui, est définitif. Il consiste à assurer la conservation et la lisibilité des images à l'avenir. Mais se contenter de son disque dur est risqué, car non seulement ce support vieillit et s'use, mais en plus il est toujours à la merci d'un crash ou d'un virus. Malheureusement, aucune solution n'est encore idéale et les supports et technologies évoluent très vite. Malgré les efforts des constructeurs, les nouvelles générations de supports et normes sont souvent incompatibles avec les anciennes et on ne dispose que de très peu de recul quant à la pérennité des standards actuels… et pratiquement aucune idée des caractéristiques de ceux à venir. Rien ne prouve en effet que les outils de demain seront capables de lire les formats d'aujourd'hui. L'évolution des supports et de leur connectique impose déjà de recopier ses « archives » à chaque nouveau média. Ce n'est qu'à ce prix que l'on pourra transmettre un patrimoine sous forme numérique. L'archivage « à terme » est donc actuellement impossible et la stratégie à mettre en place consiste, à défaut de faire bien, à faire au « moins mal », autrement dit un stockage à moyen terme…

Par rapport à l'argentique, la photo numérique offre la particularité d'être « dupliquable » à l'infini sans perte de qualité ; une aubaine sur laquelle se base tout son système d'archivage. En multipliant les supports de sauvegarde, on réduit les risques de pertes. Dupliquer ses images sur des supports amovibles (tels le CD ou les disques durs externes) est impératif. Si un problème intervient sur un des supports, on disposera ainsi d'au moins une copie de secours.

Quels fichiers archiver ?

Cette question en apparence naïve ne l'est pas tant que cela. Pour qui n'utilise que le format JPEG et ne retouche pas ses images, la réponse est immédiate. Mais pour qui s'adonne au format RAW et à la retouche, elle est moins évidente. Faut-il ne conserver que les fichiers bruts, un peu comme des négatifs ? Que les fichiers retouchés et optimisés ? Tous ?

Si les supports d'archivage n'autorisent pas tous la même conservation potentielle (comme nous allons le voir plus loin), les formats d'enregistrement de l'image non plus ! Comme pour les supports, rien n'assure en effet que tous les formats actuels seront encore utilisés dans quelques années. Rassurez-vous, le JPEG est un standard normalisé et certifié ISO *(International Standard Organisation)*, de même que le TIFF ; on est donc en droit d'en attendre une certaine pérennité. Les formats RAW en revanche ne sont pas standardisés et les inquiétudes quant à la « lisibilité » future des fichiers sont assez grandes et légitimes.

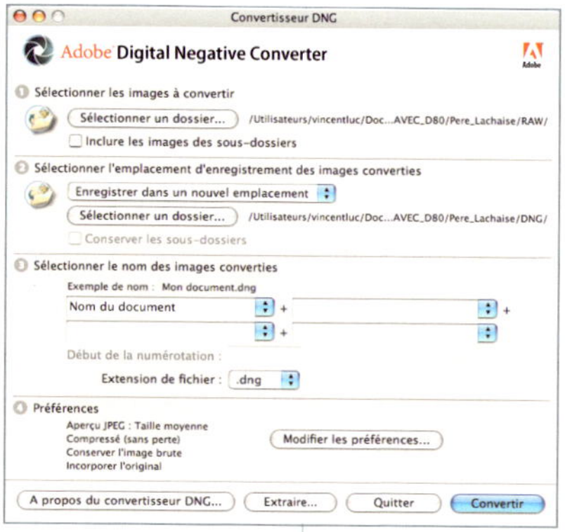

Pour archiver vos fichiers RAW, je vous conseille vivement l'emploi de DNG Converter et d'incorporer le fichier brut d'origine. Même si cela complique la gestion des archives, conserver par ailleurs et sur un autre support ses fichiers NEF est sécurisant.

Devant la pression de nombre de photographes, Adobe tente d'installer le format DNG comme un standard qui sera compatible avec toutes les versions à venir de Photoshop, notamment, et qui présente tous les avantages du RAW en termes de souplesse de traitement. En l'état actuel des choses (avril 2007), encore trop peu d'appareils numériques l'ont adopté en mode natif (Leica, Pentax) ; quelques dos numériques pro l'utilisent aussi. Tous les autres, y compris le D80, doivent se contenter, faute d'accords commerciaux pour des raisons de secret industriel et de brevets techniques, d'un logiciel de conversion des fichiers RAW en DNG (voir « Convertir ses fichiers RAW au format DNG » page 302). Ce logiciel à la fois simple et gratuit est actuellement la seule solution préventive pour assurer la lisibilité des archives à l'avenir.

Nous vous conseillons cependant d'archiver, pour chaque image, un fichier DNG en intégrant le fichier NEF et une version convertie dans un format directement exploitable et standardisé (JPEG ou TIFF). Conservez à la fois les fichiers « bruts » et ceux ayant subi une retouche, aussi minime soit-elle. Ne perdez pas de vue qu'au fur et à mesure de l'évolution de vos connaissances et de vos compétences, vous deviendrez de plus en plus critique sur le rendu de vos photos, aussi est-il sage de garder ses originaux pour une éventuelle correction ultérieure. Ceci sans compter sur les performances des logiciels qui sont meilleures à chaque nouvelle génération et permettent souvent de corriger certains défauts des images mieux que les versions précédentes.

Choisir son ou ses supports

Les fichiers image sont assez lourds, aussi la première des qualités que l'on recherche dans un support de stockage est une capacité importante. Les disques durs intégrés à nos ordinateurs sont de plus en plus « gros » et l'information y est facilement accessible, mais ils n'offrent pas un niveau de sécurité suffisant ; ne pas disposer d'autre support est dangereux.

Il est impératif de copier ses images sur un ou plusieurs supports externes amovibles que l'on choisira en fonction de leur capacité, de leur coût et de ses besoins. En effet, un photographe qui ne prend que quelques centaines de photos par an n'a pas les mêmes besoins que celui qui réalise le même volume d'images en quelques jours. Dans un cas comme dans l'autre, la question du ou des supports mérite une étude sérieuse. Vous trouverez dans les pages suivantes, pour vous aider, un descriptif des principaux supports actuels.

Le CD-Rom

Utiliser le CD-Rom comme support d'archivage est un des premiers réflexes du photographe tant il est pratique et simple. Son utilisation est largement facilitée par les logiciels comme PictureProject, qui propose une sauvegarde simple sur CD en quelques clics de souris. Le CD est par ailleurs un support universel : difficile en effet de trouver un Mac ou un PC récent qui ne soit pas équipé d'un graveur ou tout au moins d'un lecteur. Notez aussi que la majorité des lecteurs DVD de salon est capable de lire des CD-Rom de photos JPEG.

Le CD-Rom a l'avantage d'être un support dit « optique » : les données qu'il contient ne sont pas sensibles aux champs magnétiques. De plus, il n'y a pas de contact physique entre le lecteur et le disque lors de la lecture, ce qui limite l'usure. Pour autant, ce n'est pas un support éternel, contrairement à ce qu'ont bien voulu faire croire ses premiers fabricants, dans les années 1980. Par ailleurs, il faut bien différencier les CD-Rom pressés que l'on trouve dans le commerce (musique ou logiciels) des CD-Rom que l'on peut « graver » chez soi. Dans un cas comme dans l'autre, le CD-Rom est un disque de polycarbonate pelliculé d'une surface réfléchissante en argent, en or ou en alliage d'argent. Cette couche fait office de miroir pour le laser lors de la lecture et, contrairement à une idée répandue, c'est bien elle (la surface du dessus) qui est la plus fragile. Sur cette surface réfléchissante, l'information est restituée grâce à des alvéoles (créant ainsi deux états correspondant aux « 0 » et aux « 1 » du codage informatique binaire).

La différence entre un CD-Rom pressé et un CD-Rom gravé est que ce dernier comporte une couche supplémentaire avant la surface réfléchissante. C'est dans cette couche constituée de colorants que les alvéoles sont créées et que l'information est stockée : au moment de la « gravure », un laser brûle localement la matière et crée les alvéoles. On comprend sans peine que la qualité de la gravure est tributaire de la qualité de cette matière et de ces colorants, comme de la qualité de la surface réfléchissante. Les meilleurs composants sont souvent les plus chers, et les CD-Rom vierges bas de gamme sont loin d'offrir les garanties de conservation d'un disque haut de gamme type Gold. Quand bien même ils le feraient, la résistance d'un CD-Rom aux polluants atmosphériques, qui peuvent attaquer à la fois les colorants et la surface réfléchissante, à l'humidité et à la lumière, ne dure au mieux qu'une quinzaine d'années d'après les spécialistes.

La capacité du CD-Rom est assez restreinte, atteignant selon les références 650 ou 700 Mo, soit environ 150 à 200 photos en JPEG. Certes, le support est pratique, léger et facile à emporter, mais il reste assez coûteux et surtout astreignant à utiliser, en particulier pour les gros consommateurs d'images et les utilisateurs du format RAW. De plus, transférer le contenu de dizaines de CD sur un nouveau support est pénible mais inévitable, ne serait-ce que par précaution. Reste que le CD est pratique, notamment parce qu'il permet de multiplier les sauvegardes. Un CD illisible est toujours un problème, mais en cas de plantage on ne perd « que » 700 Mo d'images.

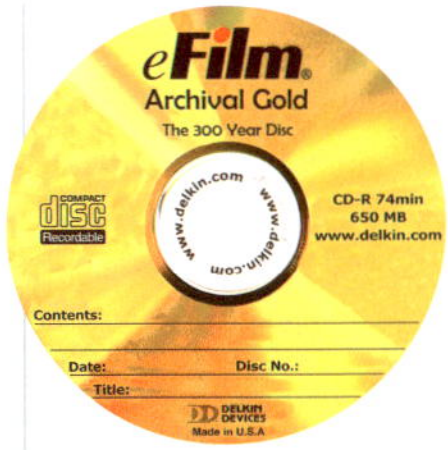

Même si utiliser le CD-Rom est simple et rassurant, l'employer comme seul support de stockage n'est pas assez sécurisant car il est plus fragile qu'on le croit. Pour assurer la meilleure conservation possible de vos CD, préférez toujours des médias type Gold, comme ce CD Delkin justement destiné à l'archivage des photos. Ces supports sont plus chers que des disques d'entrée de gamme, mais c'est le prix d'une meilleure fiabilité.

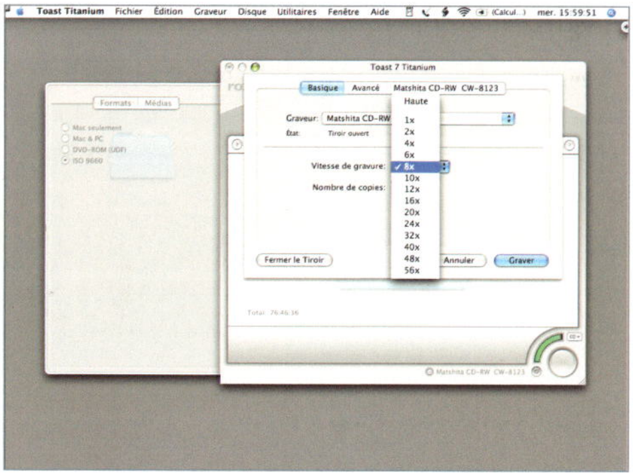

On recommande souvent de graver ses CD d'archive à la vitesse la plus basse pour limiter les risques d'erreurs, mais attention, en vitesse lente (×1) le moteur assurant la rotation du disque n'a pas toujours une régularité irréprochable ; préférez une vitesse intermédiaire, celles trop élevées posant aussi parfois problème. Une fois les CD gravés, conservez-les à la verticale, dans leur boîte d'origine, à l'abri de l'humidité et de la poussière. Il est aussi conseillé de noter la date de leur gravure et de les dupliquer préventivement sur un nouveau support tous les 5 ans environ.

Quelques conseils de gravure

La qualité de la gravure dépend également du bon fonctionnement du graveur lui-même. Vérifiez régulièrement, en consultant le site Internet de son constructeur, que son firmware (le logiciel interne) est le plus récent. Certaines corrections apportées par les mises à jour peuvent être très importantes.

Lors de la gravure à proprement parler, choisissez dans les préférences de votre logiciel un format de gravure normalisé et universel Mac et PC (type ISO 9660), laissez votre ordinateur se consacrer exclusivement à cette tâche et gravez vos CD d'archive à une vitesse moyenne, le risque d'erreur augmentant avec la vitesse de la gravure. Enfin, évitez absolument de graver des fichiers compressés : leur gestion est souvent source de problèmes faute de disposer de l'utilitaire adéquat pour décompresser les données. Évitez aussi, tant que possible, les noms de fichiers et de dossiers trop longs et comportant des espaces, caractères accentués ou signes de ponctuation, car ils ne sont pas lisibles par tous les types d'ordinateurs.

Résistez ensuite à la tentation d'écrire sur la surface du disque ou alors choisissez un feutre sans solvant. Dans le même ordre d'idées, évitez les étiquettes ou l'impression directe sur les disques, car les solvants de certaines colles ou encres peuvent les altérer irrémédiablement.

Le DVD-Rom

En théorie et en simplifiant un peu, le DVD-Rom est une sorte de « super CD-Rom ». Il reprend les avantages du disque optique de 12 cm de diamètre tout en offrant une capacité presque sept fois supérieure, grâce à des alvéoles plus petites permettant de stocker plus de données sur une surface équivalente. Il s'est largement démocratisé depuis quelques années et certains voient en lui le support idéal, d'autant que l'on trouve de plus en plus facilement des disques type Gold destinés à l'archivage. Il existe un nombre non négligeable de types de DVD-Rom enregistrables, régis par des normes concurrentes, chacune tentant de s'imposer comme un standard universel.

Malgré ses qualités, le DVD-Rom a du mal à convaincre car la guerre des standards qu'il traverse rappellent à certains la lutte entre la cassette VHS et sa concurrente, la Betamax, qui n'a finalement pas réussi à s'imposer – ce qui a laissé un goût amer à tous ceux qui y ont cru. L'histoire du Vidéo CD est un peu la même… De plus, il semblerait d'après les premières études que la pérennité du DVD-Rom soit moindre que celle d'un bon CD-Rom. Les récents DVD DL dits « double couche » offrant une capacité encore plus grande ne semblent pas changer la donne en termes de pérennité. Il en va de même avec ses nouvelles évolutions comme le DVD Blue Ray ou le DVD HD qui, en plus d'être commercialisés à de prix prohibitifs, sont encore trop « jeunes » pour offrir le recul suffisant à l'estimation de leur conservation.

Les CD/DVD peuvent être conservés à l'abri de la lumière et de la poussière par un dispositif comme le DiskStakka d'Imation. Cette sorte de « juke box » peut en abriter une centaine et il est possible d'en empiler 5 pour encore accroître la capacité de stockage sans trop occuper d'espace.

Les disques durs

Même en créant plusieurs partitions sur son disque dur, ne conserver qu'une sauvegarde de ses images et de ses autres fichiers importants est déraisonnable. Si en cas de problème bénin, seule une partie du disque partitionné est affectée et que les informations contenues dans les autres restent facilement exploitables, en cas de problème physique sur le disque dur ou de panne informatique grave, en revanche, c'est l'intégralité du disque et de ses partitions qui est atteinte. Pour prévenir cette catastrophe, dupliquer ses données sur un ou plusieurs disques différents est une solution simple, relativement peu coûteuse et assez fiable.

Un disque dur est constitué de différents disques empilés les uns sur les autres et tournant à une vitesse oscillant entre 4 200 et 15 000 tours par minute selon les modèles. Ces disques magnétiques et leur mécanique étant particulièrement fragiles, ils sont enfermés dans les boîtiers hermétiques à l'abri des poussières et de la lumière. Le disque dur est l'un des supports qui offre le meilleur rapport capacité/prix : sa capacité se compte souvent en centaines de Go et, pour peu que le disque soit correctement hiérarchisé et organisé, l'information est facilement accessible.

On utilisera le plus souvent des disques externes dotés d'une interface rapide type USB 2.0, FireWire ou FireWire 800. En plus de débits élevés (respectivement 480, 400 et 800 Mbit/s), ces deux interfaces autorisent un branchement et un débranchement « à chaud » du périphérique, entendez par là qu'il n'est pas nécessaire de redémarrer l'ordinateur à chaque connexion ou déconnexion du disque dur externe.

Le disque dur externe est l'un des supports de stockage les plus faciles à utiliser. À la fois peu volumineux et d'une grande capacité, il reste assez léger et facile à transporter. Par ailleurs, l'accès aux images est facile et le coût raisonnable de ce type de support permet de multiplier les sauvegardes pour une sécurisation accrue des images.

Bien que magnétique, le disque dur reste un support assez fiable et pérenne, mais il n'est pas pour autant exempt de défauts et n'assure pas lui non plus une conservation éternelle. Un disque dur s'use, parfois même il refuse de laisser accès à l'information qu'il contient. Le principe de stockage est assez voisin de celui d'une carte mémoire (voir la rubrique précédente) : il peut arriver que seule la table d'allocation des données soit endommagée et que les données elles-mêmes soient récupérables grâce à un utilitaire *ad hoc* ou une entreprise spécialisée, mais sans garantie.

Les systèmes RAID

Pour limiter encore les risques, le principe est toujours le même : dupliquer les données sur différents supports. Le système « RAID » permet d'automatiser l'opération. Il existe différentes installations basées sur l'utilisation de plusieurs disques et d'un contrôleur adapté, soit pour sécuriser des sauvegardes de données, soit pour accroître leur rapidité d'accès, chacune correspondant à un niveau : RAID 0, RAID 1, RAID 2, etc.

Dans un boîtier externe RAID, on trouve en réalité deux disques durs identiques et un contrôleur. Selon les modèles, on peut choisir le mode RAID 0 ou RAID 1, le dernier assurant automatiquement la copie du contenu d'un des disques sur le second. Attention, dans cette configuration, un système annoncé pour 1 To n'a qu'une capacité utile de 500 Go. (Document LaCie)

Le plus intéressant ici est le RAID 1, qui fait appel à deux disques identiques se comportant comme un seul. Tout fichier copié par le système d'exploitation de l'ordinateur est dupliqué sur chacun des disques sans que l'utilisateur n'ait à s'en soucier. Si l'un des deux a un problème, l'information reste disponible sur le second et peut être « restaurée », après réparation ou changement du disque endommagé. La probabilité de panne simultanée sur les deux disques étant pour ainsi dire nulle, la sécurisation des données est assez bonne. Auparavant réservés aux seuls experts et aux disques internes, les systèmes RAID 1 se démocratisent, même si leur prix peut sembler élevé pour l'amateur. Le défaut du système est que l'information ne se trouve pas dans deux endroits physiques.

Et l'archivage en ligne ?

Il n'est bien entendu pas question de penser utiliser les quelques Mo d'espace « offerts » par les fournisseurs d'accès Internet, mais le principe de la sauvegarde en ligne est de plus en plus séduisant, fiable et sécurisé. Avec son système Snapfish (http://www.snapfish.fr), HP offre par exemple un espace de stockage illimité et gratuit à condition que l'utilisateur commande un minimum de tirages par an sur le labo en ligne associé. Bien que Snapfish doive encore progresser, notamment pour faciliter le chargement des images et leur rapatriement en cas de problème, il mérite une certaine attention.
Il existe aussi des prestataires spécialisés, payants ou pas, le plus souvent aux États-Unis car la pratique est bien plus courante outre-Atlantique qu'en France. On peut notamment citer Mediamax (http://www.mediamax.com) qui propose des tarifs très intéressants (gratuit jusqu'à 25 Go, puis entre 5 et 30 dollars par mois selon la capacité) avec un système de synchronisation de contenus et d'accès contrôlé aux fichiers.

On peut facilement, et à moindre frais, pallier ce problème en réalisant du RAID 1 « à la main ». Il suffit d'utiliser deux disques externes et d'y dupliquer ses fichiers en conservant un disque chez soi près de son ordinateur, l'autre sur son lieu de travail ou dans un coffre de banque... De nombreux photographes (dont je fais partie) utilisent de cette façon jusqu'à trois ou quatre jeux de disques pour limiter au maximum les risques (un en consultation à proximité de l'ordinateur, un au coffre, le(s) autre(s) en archive(s) délocalisée(s)).

En cas de problème ou de transfert sur un nouveau disque (pour suivre l'évolution de la connectique par exemple, car rien ne prouve que les standards actuels comme l'USB ou le FireWire resteront universels), transférer le contenu d'un disque vers un autre est très simple et bien plus rapide que le transfert de DVD ou *a fortiori* de CD, et ne nécessite que très peu d'intervention humaine.

Classer et retrouver ses images

Si l'archivage et le choix des supports sont très importants, celui du mode de classement l'est tout autant : des images non classées sont clairement perdues. Libre à chacun d'organiser dossiers et sous-dossiers comme bon lui semble, il n'existe en la matière ni bonne ni mauvaise méthode. Certains créeront des dossiers chronologiques selon les événements (anniversaires, vacances, etc.), d'autres préféreront les dossiers thématiques (bords de mer, portraits, paysages urbains...). L'important est de s'astreindre à une discipline et de s'y tenir. Certains auront conservé des habitudes argentiques et réaliseront avec Photoshop, Photoshop Lightroom ou avec l'excellent Proof Printer (www.proofprinter.com) des planches contact qu'ils imprimeront pour faciliter la sélection et la recherche des photos, même sans l'ordinateur. D'autres enfin mixeront plusieurs de ces solutions, quitte parfois à dupliquer des fichiers dans différents dossiers. Dans ce cas, l'archivage risque cependant de devenir compliqué et peut être simplifié par l'emploi d'un logiciel adapté. Le plus important est de s'astreindre à l'annotation IPTC des fichiers, ces métadonnées personnalisables sont des plus importantes pour retrouver ses images, on peut considérer un fichier non annoté comme perdu (voir plus loin)...

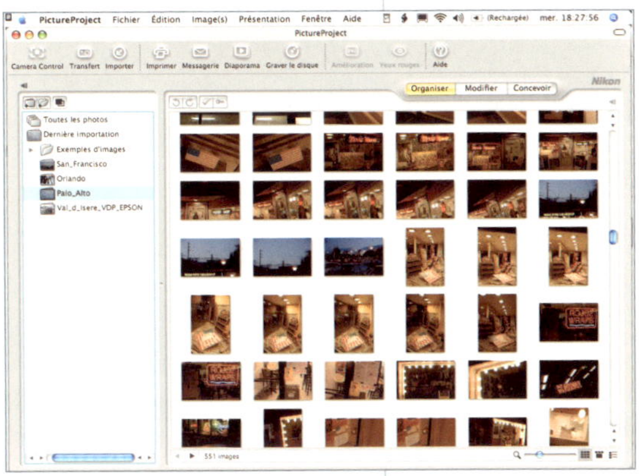

Trier ses images avec un logiciel comme PictureProject ou un catalogueur plus abouti permet de faciliter la gestion de ses archives. Le nombre d'images allant forcément en augmentant, un minimum d'organisation s'impose dès les premières prises de vue.

Utiliser ou non un logiciel ?

Investir ou non dans un logiciel de catalogage tient du confort et des habitudes de travail de chacun. Attention toutefois à ne pas confondre ces logiciels (iView MediaPro, Cumulus, Portfolio, etc.) avec de simples « viewers » qui se contentent d'afficher le contenu d'un dossier, comme le font d'ailleurs Mac OS ou Windows.

Leur premier avantage est d'autoriser des accès multiples aux images sans pour autant multiplier inutilement les fichiers. Au lieu de dupliquer l'image dans autant de dossiers thématiques, ils annotent le fichier avec ces caractéristiques : elles sont donc contenues dans les métadonnées de l'image, pas sous forme de données EXIF mais de données IPTC.

Les données IPTC sont lues et éditables par nombre de logiciels (comme Photoshop, dans le menu Fichier > Infos, par exemple, ou *via* les métadonnées de Lightroom ou Bridge) et peuvent servir à attacher un nombre impressionnant de caractéristiques à une seule et même image. Bien entendu, plus le logiciel de catalogage est puissant, plus on peut entrer de mots-clés. On peut parier qu'à

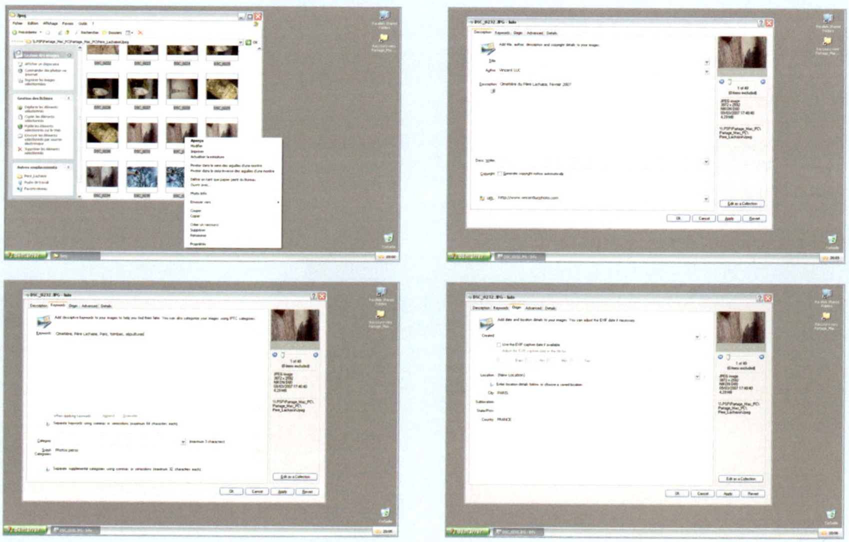

Sur PC, il est assez facile d'annoter ses images avec Photo Info. Il s'agit d'un additif au système XP ou Vista qui permet, via un menu contextuel, l'annotation des images une à une ou par lots. On peut aussi enregistrer des jeux de préréglages et ainsi faciliter la saisie de certaines données communes (auteur, lieu, description, etc.) avant de se concentrer image par image à la saisie de mots-clés. Photo Info est compatible avec les fichiers JPEG, TIFF, mais aussi avec les RAW Nikon et Canon ; il est de plus gratuit.

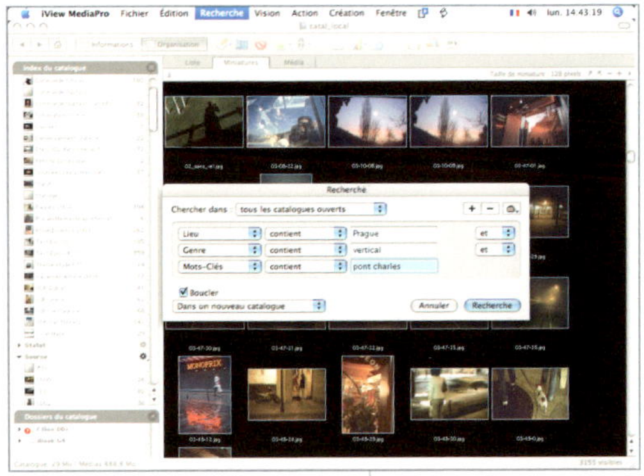

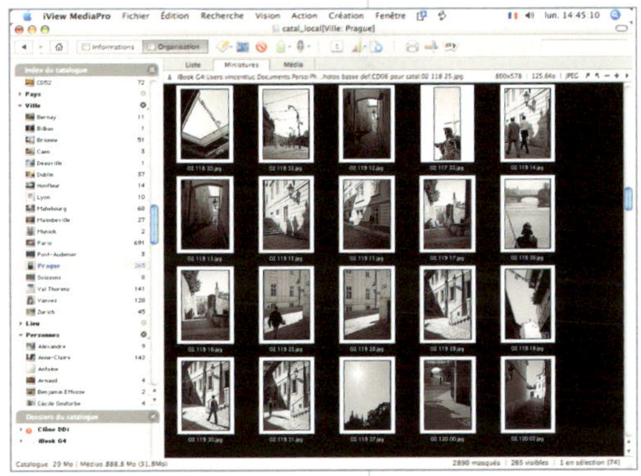

La gestion poussée des mots-clés et des champs IPTC permet aux logiciels de catalogage de faciliter considérablement l'archivage et surtout la recherche des images. Il est alors possible de réaliser des recherches très puissantes et, si les images sont correctement annotées, de les retrouver très simplement. Ici, ne sélectionner que mes images de Prague en noir et blanc et cadrage vertical n'a pris que quelques secondes à iView Mediapro.

l'avenir, les systèmes d'exploitation pourront tirer parti de ces données, comme la fonction Spotlight de Mac OS X Tiger, et faciliter ainsi considérablement la recherche des photos.

Même si l'étape d'annotation est en partie automatisable, car souvent réalisable sur des lots d'images et simplifiée par des logiciels comme Photoshop Lightroom, elle est rébarbative. Elle est néanmoins indispensable quand le nombre de photos empêche de se souvenir de chacune d'entre elles et de son contexte. Avec un bon logiciel et un peu de rigueur, on peut en un tournemain retrouver une image ou un lot d'images par recherche simple ou croisée sur des critères tels que des mots-clés, des dates, des événements, des lieux et même certains paramètres techniques tels que la taille du fichier.

Le cas de PictureProject

Comme nous l'évoquions dans la rubrique « Visualiser et transférer ses images » (page 34), ce logiciel livré avec le D80 dispose de nombre de fonctionnalités facilitant archivage et catalogage des images. Dans bien des cas, elles seront suffisantes pour la gestion des archives familiales, mais les utilisateurs les plus ambitieux ou ceux qui doivent gérer de grandes quantités de photos se tourneront plutôt vers des catalogueurs comme iView Mediapro, Portofio ou Cumulus, ou encore vers une solution plus « intégrée » combinant catalogage et traitement des fichiers, à l'image de Photoshop Lightroom d'Adobe ou d'Aperture d'Apple.

Quoi qu'il en soit, si vous ne disposez pas d'un autre outil, les fonctionnalités de PictureProject sont nombreuses et méritent que l'on s'y intéresse ; le mode d'emploi disponible sur le CD est d'ailleurs assez bien fait.

PictureProject dispose de fonctionnalités de catalogage et de recherche assez poussées. L'annotation des fichiers est primordiale car, au fur et à mesure que la bibliothèque d'images se remplit, la gestion des photos devient difficile, voire impossible. C'est dans l'onglet Mots-clés, à droite de l'écran, que se personnalisent ces annotations. PictureProject permet de créer des critères personnels (famille, amis, paysage, etc.) facilitant le classement des images.

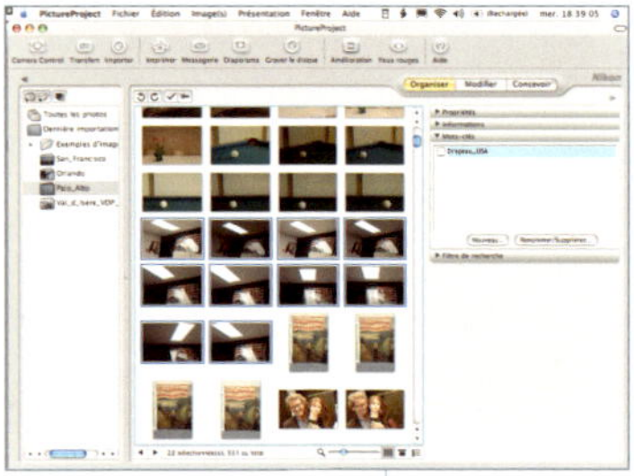
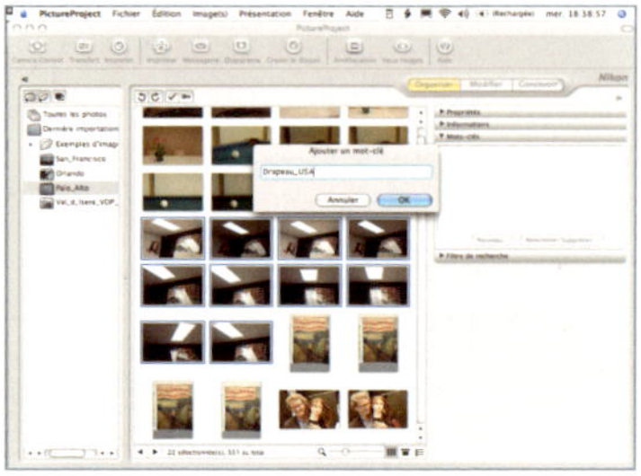
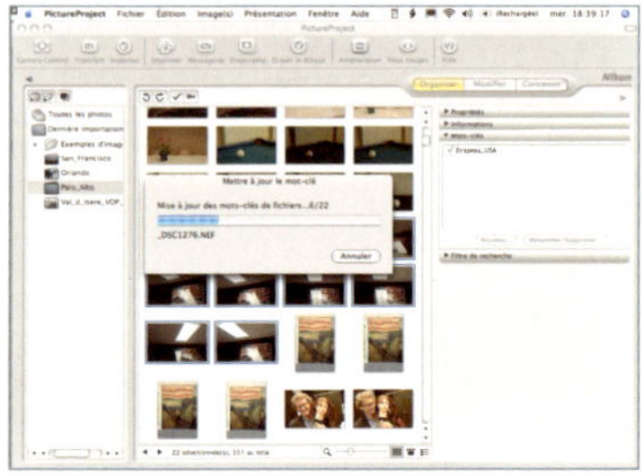

PictureProject est un logiciel assez intéressant, à la fois simple et puissant. L'annotation des images est réalisable par lots avec des jeux de mots-clés personnalisables. En plus de ses fonctions de catalogage, le logiciel dispose de nombreux outils de création, retouche et impression.

L'application des mots-clés est simple et rapide, dans la mesure où elle peut se faire sur un lot de photos, et peut s'avérer assez précise : il est en effet possible d'appliquer plusieurs mots-clés à une seule et même image.

On regrettera tout de même que la recherche n'autorise d'utiliser qu'un unique mot-clé malgré une annotation multicritère des fichiers. Même si l'on peut combiner cette recherche par mot-clé à d'autres paramètres, comme la date de prise de vue ou de transfert, le nom du fichier ou les éventuels mots-clés qu'autorise le logiciel, ils ne permettent pas de réaliser de recherche aussi poussée qu'un vrai logiciel de catalogage. Reste que PictureProject sera suffisant pour la majorité des utilisateurs.

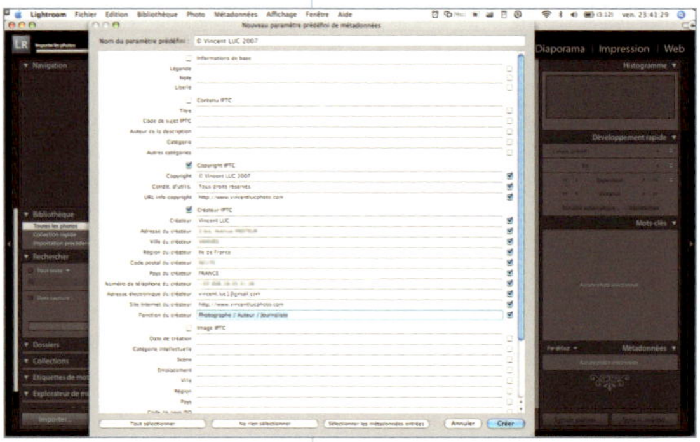

La gestion des métadonnées et des critères de recherche de Photoshop Lightroom est très performante. Dès l'import, il est possible d'annoter tout ou partie de ses images avec un jeu de champs IPTC (enregistré au préalable) et avec des mots-clés. Moyennant un peu de réflexion et de préparation, on peut être très efficace en un minimum de temps. Le logicel « tout en un » permet par ailleurs un suivi des photos sur tout le flux de travail, de l'import à l'impression en passant par le développement des fichiers RAW.

Faciliter l'archivage dès la prise de vue

Le D80 permet de personnaliser les dossiers d'enregistrement des images sur sa carte mémoire, en vue de faciliter leur classement (voir mode d'emploi page 105). Ainsi, il est assez simple de créer un dossier portant le nom de chaque ville traversée lors d'un voyage itinérant par exemple, ou de regrouper dans un dossier spécial des photos destinées à un assemblage numérique ou un montage HDR.

En choisissant l'affichage par dossier lors du transfert, PictureProject séparera automatiquement les images grâce à ce critère et l'on gagnera un temps précieux. Il est aussi possible d'adjoindre à chaque fichier, avec la commande Légende image (voir mode d'emploi page 104), quelques commentaires qui seront enregistrés dans les informations de fichiers et qui seront lus par les logiciels Nikon et certains outils de catalogage. En revanche, on ne peut pas (du moins sous PictureProject 1.6) lancer de recherche sur ce critère.

La fonction Légende image du menu Configuration permet de faciliter l'archivage en annotant les images avec un texte qui sera enregistré dans les informations EXIF et reconnu par les logiciels. Cette information est directement enregistrée avec chaque image, dès la prise de vue.

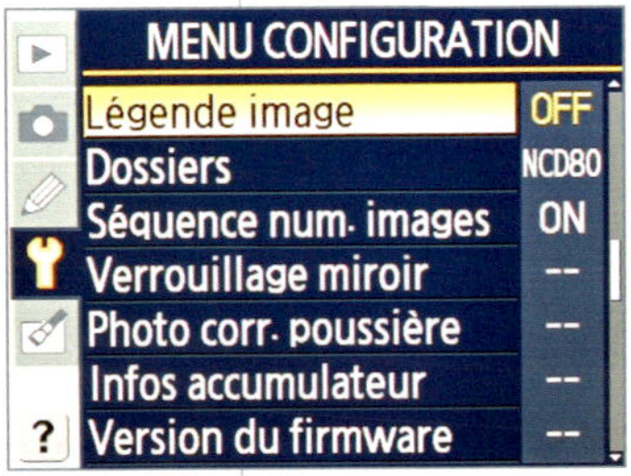

Renommer ou non ses fichiers

Bien que l'opération soit réalisable sur un lot d'images avec nombre de logiciels, pour beaucoup de photographes, renommer ses fichiers est une perte de temps. Cela peut cependant faciliter l'archivage en donnant aux images un nom plus explicite que la nomenclature du D80. On évitera les noms de fichiers trop longs, les caractères spéciaux et les signes de ponctuation qui peuvent ne pas être reconnus par certains systèmes.

Je ne renomme pratiquement jamais mes images, préférant les annoter avec les champs IPTC pour en faciliter la recherche. Notamment pour mes travaux personnels, je préfère conserver le code et la numérotation des appareils, ce qui permet de savoir avec précision le nombre de déclenchements réalisés et l'ordre dans lequel les images ont été prises. En cas de modification du nom, je conserve toujours ce code.

Il n'y a que dans le cadre d'une production professionnelle que je renomme parfois les fichiers avec une nomenclature personnelle et un nouveau numéro d'ordre de séquence. Les fichiers livrés sont ainsi plus « présentables », sans saut de numérotation. En conservant le nom d'origine, un client indécis voyant les noms de fichiers passer de DSC_8492 à DSC_8496 pourra réclamer les trois images écartées de la sélection. Par précaution, il est conseillé de conserver dans ses archives une copie des fichiers livrés avec leur numéro d'origine, en plus du nouveau nom, pour en faciliter la recherche ou la correction si le client la juge opportune.

Développer ses fichiers RAW avec Photoshop Elements

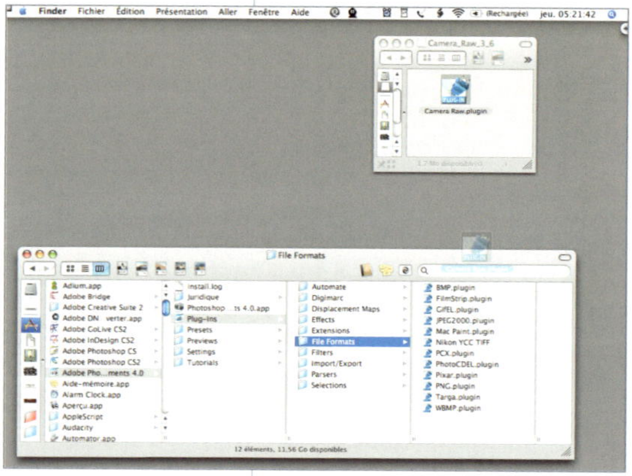

Depuis sa version 3.0, Photoshop Elements dispose d'un moteur de conversion des fichiers RAW qui nécessite une « base de données » propre à chaque appareil pour décoder correctement les images brutes ; les mises à jour de cette base sont assez fréquentes (pour intégrer les nouveaux appareils) et disponibles gratuitement en téléchargement sur le site Internet d'Adobe, sous l'appellation « Adobe Camera Raw Converter ».

Photoshop Elements autorise le traitement des fichiers RAW depuis sa version 3, car il dispose d'une version simplifiée de Camera Raw Converter (ACR), le module de « développement » d'Adobe. Même si elle n'est pas aussi perfectionnée que celle de Photoshop CS2 ou CS3, c'est une alternative intéressante à Capture NX qui présente par ailleurs l'avantage d'être compatible avec les fichiers DNG.

Module externe et plug-in

Depuis sa version 3.0, ACR est compatible avec Photoshop CS2 et Elements 3.0, même si les fonctionnalités offertes par les deux logiciels sont différentes. La première mise à jour d'ACR à autoriser le traitement des fichiers RAW du D80 est la 3.6. Les versions antérieures sont donc incapables de les traiter, sauf si on les convertit en DNG (voir « Convertir ses fichiers RAW au format DNG » page 302). Notez aussi qu'il est alors possible de traiter ces derniers avec Photoshop CS qui, avec ACR 2.4, reconnaît les fichiers DNG – alors qu'il est incompatible avec les fichiers RAW du D80.

Si vous n'avez jamais téléchargé ACR dans Photoshop Elements ou CS2, il est probable que la version installée dans votre logiciel soit antérieure à la 3.6, ce qui est facile à vérifier *via* la commande Fichier > Ouvrir. Sélectionnez un fichier .nef du D80 : si un message d'erreur dit que la lecture est impossible, la mise à jour d'ACR s'impose. Adobe en propose le téléchargement gratuit après une simple inscription (www.adobe.com/products/photoshop/cameraraw.html). Pour l'installer à la place de l'ancienne version, quittez Photoshop Elements, naviguez jusqu'au dossier Applications (sous Mac) ou Program Files (sur PC) > Adobe Photoshop Elements 4.0 (ou 5.0) > Plugins > File formats, placez le fichier existant dans la corbeille, puis glissez le nouveau à sa place et relancez Photoshop Elements.

Une interface simple mais complète

Dans Photoshop Elements 4.0 ou 5.0, l'interface d'ACR se présente sous forme d'une unique fenêtre assurant à la fois réglages et aperçu de l'image. Bien que l'on dispose de nombre de réglages et d'outils de correction, il est impossible de développer plus d'un fichier à la fois, le traitement par lots restant une des exclusivités d'ACR dans Photoshop CS2 (comme le recadrage, les courbes, l'étalonnage des couleurs ou la correction du vignetage, notamment).

1. *Outil Loupe* **2.** *Outil Main* **3.** *Outil Pipette point gris* **4.** *Outil Rotation* **5.** *Zone image* **6.** *Pourcentage d'affichage* **7.** *Profondeur de couleur* **8.** *Commandes de validation, d'annulation, d'enregistrement des modifications et d'aide* **9.** *Outils de correction de l'image* **10.** *Histogramme* **11.** *Affichage des valeurs RVB* **12.** *Affichage des valeurs écrêtées dans les ombres et les hautes lumières* **13.** *Aperçu.*

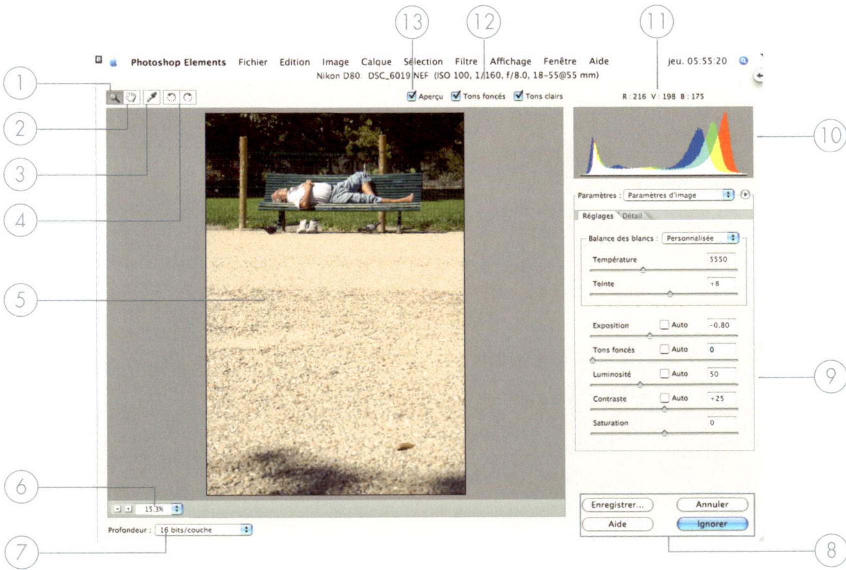

Les paramètres essentiels

Une fois la photo ouverte dans ACR, paramétrez la profondeur de couleur. Le mode 16 bits est préférable car il autorise un plus grand nombre de nuances, mais les fichiers ainsi codés ne sont pas faciles à exploiter et à partager : tous les logiciels ne savent pas les traiter. Photoshop Elements est capable de réaliser quelques opérations sur ce type d'images, mais nombre de filtres seront inaccessibles et il faudra convertir les fichiers en 8 bits (ce qui est

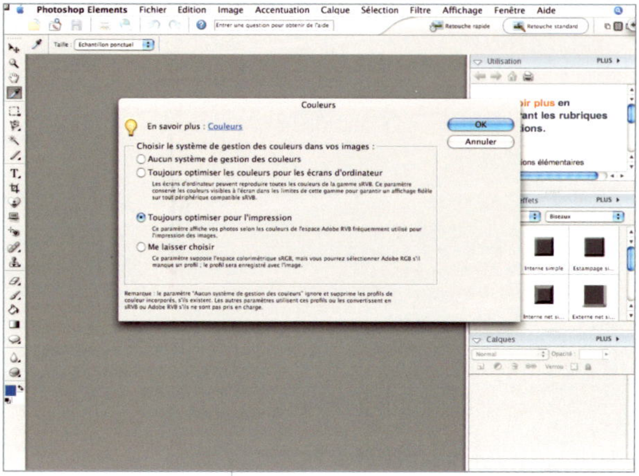

Le réglage du mode couleur dans Photoshop Elements a une importance capitale car c'est lui qui va déterminer l'espace colorimétrique (sRGB ou Adobe RGB) dans lequel sera enregistrée l'image. Le paramétrage du menu Édition > Couleur est impératif pour éviter certains déboires.

possible dans le logiciel). Concrètement, choisissez le mode 16 bits si vous prévoyez de faire de nouvelles retouches sur les photos une fois qu'elles seront converties (notamment en noir et blanc) et ne les passez en 8 bits que lorsque les corrections auront été effectuées. Il est conseillé de vérifier ensuite que les cases Aperçu, Tons foncés et Tons clairs sont bien cochées.

La fonction Aperçu assure une prévisualisation en temps réel des corrections ; on pourra à loisir l'activer et la désactiver pour comparer l'image avec et sans modifications. Les deux fonctions suivantes permettent d'afficher en surbrillance sur l'image les zones « bouchées » (en bleu) ou « cramées » (en rouge). Mieux vaut donc les laisser activées en permanence : on visualise ainsi immédiatement les zones critiques de la photo et on peut adapter ses réglages en conséquence pour éviter les pertes d'informations.

Notez que même si Photoshop Elements ne dispose pas d'un moteur de conversion des couleurs comparable à celui de Photoshop CS ou CS2, ACR peut générer des fichiers dans différents espaces colorimétriques (voir « Choisir son espace couleur » page 196). Malheureusement, ce paramétrage ne se fait pas directement ni très clairement : il dépend du mode couleur choisi dans les préférences de Photoshop Elements.

Ainsi, si l'option Aucun système de gestion des couleurs est sélectionnée, aucun réglage de gestion des couleurs n'est spécifié dans ces préférences : les fichiers RAW convertis n'incorporeront pas de profil. L'option la plus intéressante pour l'expert reste Optimiser pour l'impression, qui utilise l'espace Adobe RGB ; mais attention, Photoshop Elements n'est pas capable de convertir ensuite les images produites en sRGB. Il peut donc s'avérer intéressant d'utiliser le mode Toujours optimiser les couleurs pour les écrans d'ordinateur qui, lui, utilise l'espace sRGB, plus universel. Sachez aussi que la modification de ces réglages est appliquée immédiatement, vous n'avez pas besoin de redémarrer le logiciel. Il est donc assez facile de développer successivement deux versions du même fichier, l'une en Adobe RGB pour retouche et impression, la seconde en sRGB, pour Internet par exemple.

Traiter facilement un fichier

Sur chaque image ouverte par ACR, le logiciel applique par défaut des réglages automatiques ; s'ils sont souvent plutôt corrects, ils ne valent pourtant pas une gestion manuelle des paramètres. Chaque curseur a son importance et son effet sur l'image : en décaler un peut modifier le rendu global de la photo et imposer des corrections sur une autre. Mieux vaut donc procéder dans l'ordre. Dans un premier temps, il est conseillé de remettre tous les réglages à zéro (sauf la luminosité qui reste à 50) afin de visualiser au mieux l'information disponible sur le fichier brut.

La première chose à faire est d'affiner l'exposition. On pourra assez facilement corriger une exposition perfectible mais, en raison du gamma des images brutes (voir page 290), on aura plus de facilité à assombrir une image qu'à l'éclaircir. Dans ce dernier cas, il arrive souvent que le bruit de l'image (voir « Modifier la sensibilité » page 174 et « Limiter le bruit numérique » page 176 devienne plus visible. ACR peut d'ailleurs, dans une certaine mesure, récupérer certaines zones légèrement cramées si au moins une des couches (celle du rouge, du vert ou du bleu) contient une information ; mais attention, si ces zones sont totalement brûlées, le logiciel ne saura pas inventer l'information qui n'existe pas...

On privilégie d'abord l'allure de l'histogramme au rendu général de l'image, le réglage des autres paramètres servant justement à améliorer l'aspect de la photo. On corrige ensuite la balance des blancs, soit en utilisant l'outil Pipette automatique, si l'image dispose d'une référence grise dont on est sûr (si on clique sur la photo d'une charte gris neutre, l'outil calcule la correction idéale), soit en utilisant le curseur ou directement une valeur numérique de température de couleur. Le résultat est dans ce cas bien plus subtil qu'avec les réglages génériques censés s'adapter aux sources de lumière usuelles (tungstène, tube fluo, ciel couvert, etc.). Si une balance des blancs manuelle a été réalisée à la prise de vue, le réglage Tel quel doit donner une photo neutre.

À ce stade, l'image est souvent douce, voire plate et peu saturée, mais c'est normal. En augmentant la valeur du réglage Tons foncés, on peut contrôler le niveau des ombres de la photo (et donc son contraste). Cette cor-

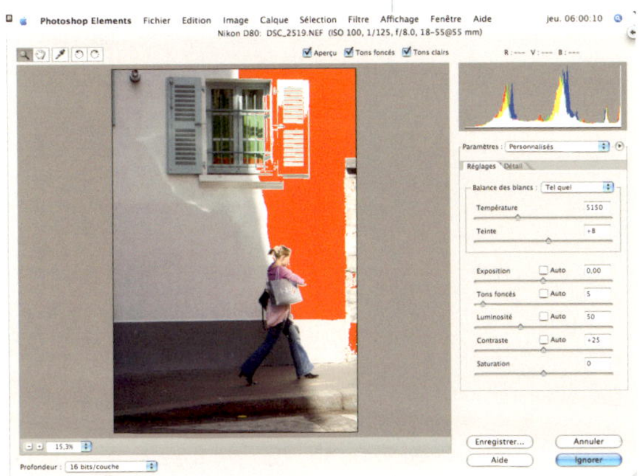

L'affichage des zones cramées en rouge et des zones bouchées en bleu permet de visualiser très facilement les zones critiques. En jouant avec les curseurs d'exposition et de tons foncés, et en s'aidant de l'affichage de l'histogramme, on peut « placer » au mieux les valeurs de son image et parfois rattraper certaines erreurs d'exposition du D80.

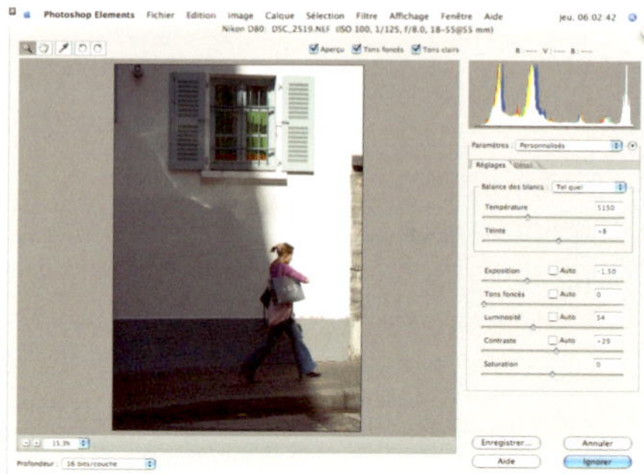

Le réglage d'exposition permet de décaler l'histogramme vers la gauche ou vers la droite. Il vaut mieux généralement le placer au milieu du graphique, en vérifiant qu'aucune zone n'est saturée, dans les ombres comme dans les hautes lumières. Ici, j'ai pu rattraper une surexposition assez prononcée en conservant un bon rendu d'image.

rection nécessite une attention particulière car son effet est assez violent. Nous vous conseillons de ne pas trop augmenter cette valeur, quitte à ce que l'image ne contienne finalement pas de noir et à en modifier les niveaux plus subtilement dans Photoshop une fois qu'elle sera convertie. On peut encore peaufiner en jouant de la luminosité et du contraste, éventuellement de la saturation, mais avec d'infinies précautions. En effet, comme pour le réglage Tons foncés, celui de la saturation peut induire des pertes assez fortes. Mieux vaut souvent le laisser à sa valeur moyenne.

À ce stade, densité, contraste et couleurs doivent être satisfaisants. En revanche, l'image est encore un peu « molle » car elle n'a subi aucune accentuation de netteté. Celle proposée par ACR est loin de faire l'unanimité : son paramétrage ne fait appel qu'à un seul curseur. Ce réglage manquant de subtilité, on lui préfèrera largement (du moins tant que c'est possible) une accentuation plus précise dans Photoshop grâce aux différents réglages de gain, rayon et seuil. Avec un peu de maîtrise, on obtient ainsi de très bons résultats.

Si toutefois vous ne pouvez ou ne souhaitez pas effectuer cette accentuation dans Photoshop, nous vous conseillons de conserver un réglage de netteté aux alentours de 20 à 30 points en en contrôlant l'effet sur une image affichée à 100 % dans ACR. Aller plus loin crée plus de défauts qu'autre chose et donne un effet trop prononcé, avec des contours marqués d'une sorte de halo blanc et assez disgracieux.

Enfin, pour paramétrer lissage de luminance et de réduction du bruit de la couleur, mieux vaut afficher l'image à 100 ou à 200 %. Leur réglage vise à réduire le bruit de l'image (respectivement le bruit monochromatique et le bruit coloré). Autant dire qu'à 100 et 200 ISO,

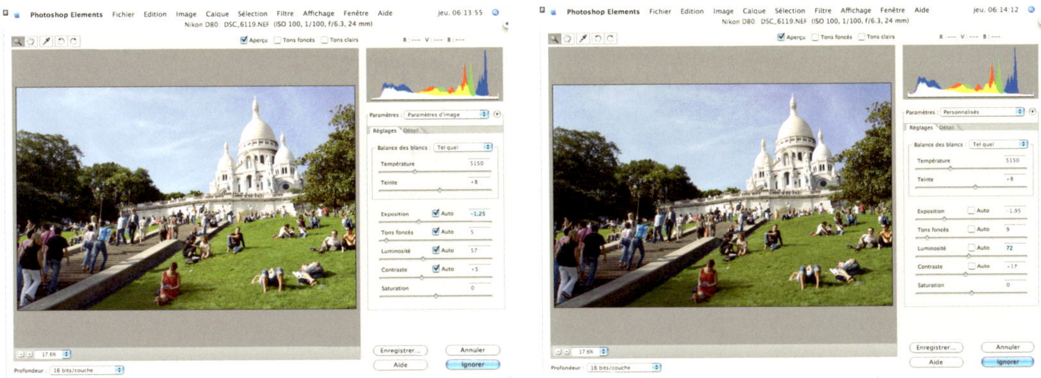

Les résultats par défaut de Photoshop Elements sont généralement assez bons, mais on peut toujours aller plus loin en personnalisant les réglages. Ici, le contraste de la scène a piégé ACR dont l'automatisme a eu tendance à trop « ouvrir » les ombres. En réduisant l'exposition et en augmentant un peu le contraste, le résultat est plus flatteur et restitue mieux l'ambiance estivale.

on pourra assez facilement les oublier, ce n'est qu'au-delà qu'ils peuvent avoir un intérêt. Mieux vaut se limiter aux valeurs comprises entre 12 et 15, car des valeurs plus élevées peuvent entraîner des pertes dans les plus fins détails et parfois provoquer une surprenante modification de certaines teintes brunes.

Notez que, bien entendu, ces réglages sont tributaires de chaque image, de la sensibilité utilisée et de la correction d'exposition appliquée. Il n'y a donc pas de paramétrage qui fasse merveille à chaque fois et les tâtonnements sont souvent la seule solution pour s'en sortir, mais pouvoir travailler ses images une à une pour en tirer le meilleur est une aubaine.

Aller encore plus vite

Même en version « light » dans Photoshop Elements, Camera Raw Converter dispose de fonctionnalités intéressantes. Il est ainsi possible de remplacer les paramètres par défaut d'ACR par un jeu de réglages personnalisés qui sera appliqué à la place des corrections automatiques, à l'ouverture de chaque image.

Une fois votre image affichée dans ACR et les paramètres réglés sur des valeurs moyennes, cliquez sur le petit triangle à droite de l'onglet des paramètres et sélectionnez Définir les paramètres par défaut de l'appareil. Ces réglages moyens seront appliqués à chaque fois que vous ouvrirez un fichier issu du D80. Comme les images brutes sont assez douces et nécessitent systématiquement une augmentation de contraste, on peut aussi enregistrer cette modification. Il sera toujours temps de l'affiner image par image pour un rendu plus subtil, mais cette petite automatisation peut faire gagner un temps précieux.

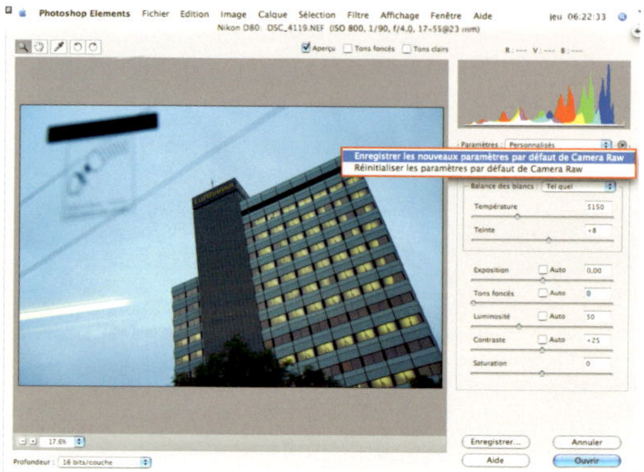

Si les réglages par défaut ne vous donnent pas entière satisfaction et que vous les modifiez systématiquement dans les mêmes proportions, sachez que vous pouvez enregistrer de nouveaux paramètres par défaut. Il suffit de décaler un ou plusieurs des curseurs et de cliquer sur le triangle à droite de l'onglet Paramètres pour enregistrer ces réglages personnalisés comme nouveaux réglages par défaut. C'est très utile, notamment quand on a une série d'images réalisées dans des conditions similaires.

Quand les photos s'y prêtent, par exemple si elles ont été réalisées en studio dans des conditions d'exposition maîtrisées, on peut appliquer les mêmes corrections à un ensemble d'images. Il ne s'agit pas d'un traitement par lots sans intervention de l'utilisateur comme l'autorise Photoshop CS2 ou 3, mais plutôt d'un traitement semi-automatisé : on applique manuellement des corrections à une image représentative de la série et, lors de l'ouverture des suivantes, on sélectionne dans le menu Paramètres le réglage Conversion précédente. On gagne encore un temps précieux sans avoir à modifier ses réglages par défaut.

Et en noir et blanc ?

Soyons clair, Camera Raw Converter dans Photoshop Elements n'est pas le meilleur outil pour développer ses fichiers RAW en noir et blanc. On lui préfèrera souvent Capture NX qui offre une meilleure gestion de l'image, notamment grâce aux courbes, au paramétrage de l'Optimisation d'image et aux différents réglages de tons et de filtres dont est dépourvu ACR. Avec lui, il faut souvent se contenter de réduire à zéro la saturation et de jouer sur les tons foncés, la luminosité et le contraste pour tenter d'obtenir un rendu correct. Paradoxalement, on se servira aussi beaucoup du réglage de balance des blancs qui, selon la température de couleur sélectionnée, permettra de « placer » ses gris. Ces réglages restent malheureusement un peu trop linéaires et sont loin d'offrir le confort et le rendu d'une courbe en S, comme dans Capture NX.

ACR permet de dégrossir assez convenablement le travail, mais il est courant que le rendu reste trop doux, même avec un réglage de contraste poussé au maximum. Il faudra donc presque systématiquement reprendre les photos dans Photoshop, sans garantie d'ailleurs d'obtenir un rendu satisfaisant du fait des pertes de qualité qu'engendre l'opération. Là encore, il est vivement conseillé de travailler en mode 16 bits pour profiter du maximum de nuances possible et de ne convertir ses fichiers en 8 bits qu'une fois leur retouche achevée.

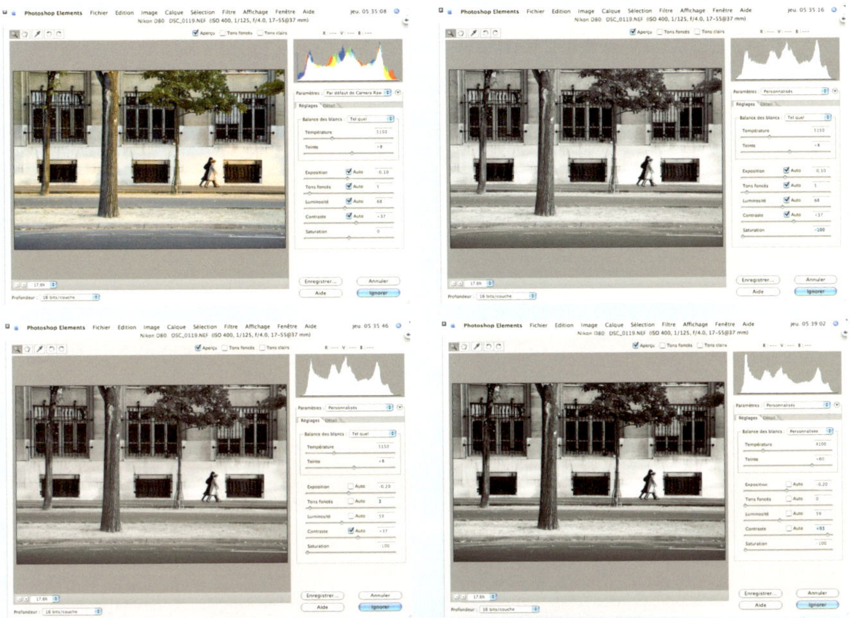

Photoshop Elements permet de réaliser d'assez bonnes conversions en noir et blanc, mais il est difficile d'obtenir un résultat idéal du premier coup ; peaufiner le rendu globalement et localement sur certaines zones précises (comme ici sur les trottoirs du premier plan) reste de mise.

Développer ses fichiers RAW avec Photoshop Lightroom

Photoshop Lightroom (ou plus simplement « Lightroom ») est un logiciel d'un genre nouveau bâti autour de la notion de « flux de travail ». Issu d'un développement récent et ayant profité d'une longue phase de « bêta-tests publics », il est parfaitement adapté à la gestion d'images numériques. Il accompagne en effet le photographe du transfert de ses fichiers sur son disque dur à leur impression ou à leur mise en ligne, en passant par leur tri, leur annotation et évidemment le développement des fichiers RAW au travers de cinq modules liés et communicants. L'articulation du logiciel autour d'une « bibliothèque » des images, notamment, offre un vrai confort de travail permettant pour ainsi dire de s'affranchir de l'utilisation d'un autre outil (sauf pour le photomontage). Vous pourrez découvrir ce logiciel par vous-même, puisqu'une version d'évaluation est disponible en téléchargement sur le site Internet d'Adobe ; elle autorise 30 jours d'utilisation gratuite. De nombreux sites et blogs récents (moyennant une simple recherche *via* Google) vous aideront à vous familiariser avec elle.

Nous ne traiterons ici que sommairement du développement des fichiers RAW et des spécificités qu'offre Lightroom à ce sujet par rapport à Photoshop Elements ou à Camera RAW ; vous saurez tout sur les autres modules du logiciel et sur la façon de bien les utiliser en lisant l'excellent ouvrage de Martin Evening (voir bibliographie en annexe).

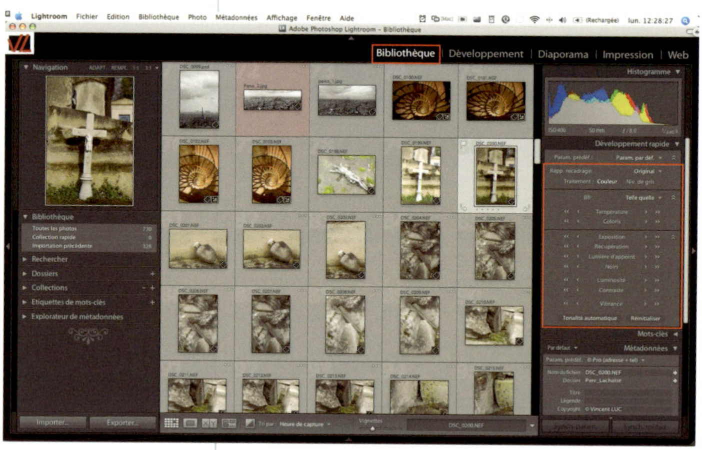

Dans Lightroom, il est possible d'annoter ses images dès leur import dans la Bibliothèque, et de leur appliquer des modifications si nécessaire : corriger les images avec un étalonnage personnalisé réalisé avec Photoshop CS (voir la rubrique dédiée page 304) ou appliquer toute autre modification pré-enregistrée, comme une conversion systématique en noir et blanc.

Un outil puissant et efficace

Le module de développement des fichiers RAW de Lightroom est basé sur le module Camera RAW de Photoshop CS3 qui est l'un des plus rapides et efficaces du marché. Il est compatible avec plus de 150 formats RAW différents (dont celui du D80 bien entendu) et offre un fonctionnement très intuitif pour qui est déjà familiarisé avec ACR – dont les options sont reprises dans Lightroom. La plupart des outils disponibles ont d'ailleurs évolué pour une utilisation encore plus simple ; ainsi, les courbes ou les outils de correction chromatiques offrent-ils dorénavant un fonctionnement possible en Teinte, Saturation et Luminance (en plus des options « classiques »).

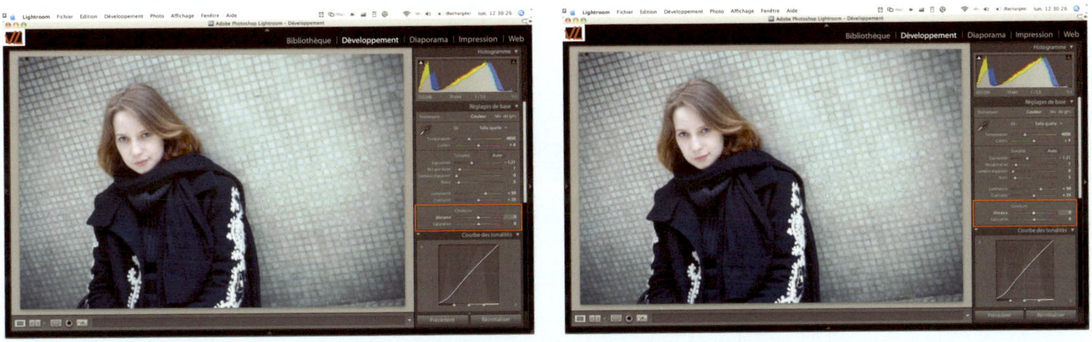

Le nouvel outil Vibrance permet d'augmenter ou de réduire la saturation des teintes les plus « pures », sans intervenir sur les couleurs les plus douces. Outre les applications créatives qui en découlent, ceci est très utile en photo de nuit pour éviter l'écrêtage de certaines couleurs (qui est très courant en lumière artificielle). L'effet est subtil à l'écran mais sensible sur l'histogramme et sur l'image imprimée.

Notez que là encore, les corrections sont dites « non destructrices » : elles sont seulement consignées dans un fichier « side car » comme instructions de développement et ne sont réellement appliquée que lors de l'export des fichiers dans un format usuel (TIFF, PSD ou JPEG). Le choix de l'espace colorimétrique des fichiers en sortie se fait dans les préférences du logiciel.

L'une des forces de Lightroom est que l'on peut rapidement et facilement appliquer des corrections à des fichiers sans avoir besoin de les éditer un à un. En effet, le module Bibliothèque donne accès dans sa partie droite, sous forme de simples curseurs, à nombre des outils disponibles dans le module Développement. On peut donc apporter en un tournemain quelques modifications sur un lot d'images, par exemple pour corriger ou affiner un réglage de balance des blancs ou opérer une conversion en noir et blanc grossière, ce qui reste délicat dans

Lightroom instaure une nouvelle gestion des courbes. Elles sont directement éditables, mais on dispose aussi de curseurs permettant une gestion plus intuitive et plus souple des quarts de tons dont la limite est, elle aussi, paramétrable. L'outil affiche également (en gris sur la courbe) la proportion « raisonnable » d'intervention (avant apparition de cassures de tons).

Bridge et ACR. Par ailleurs, il est très simple d'enregistrer avec Lightroom des jeux de paramètres personnalisés que l'on peut appliquer aux images à n'importe quel moment, même lors de leur import dans la Bibliothèque.

Lightroom dispose d'excellents outils de comparaison, soit pour visualiser l'effet « avant/après » d'une correction, soit pour choisir la meilleure photo d'une série, par exemple. Le contrôle des étapes de correction de l'image est aussi très abouti pour un logiciel qui n'est qu'en version 1, puisqu'il propose, en plus d'un historique, l'enregistrement d'instantanés et de copies virtuelles. On peut donc à loisir réaliser différentes versions indépendantes de ses images sans pour autant avoir à exporter ses fichiers en TIFF, PSD ou JPEG. Ces variations d'un même original sont automatiquement « empilées » sur le fichier de départ dans la Bibliothèque : comme elles sont en réalité codées par un fichier .xmp, elles n'encombrent pas les disques durs.

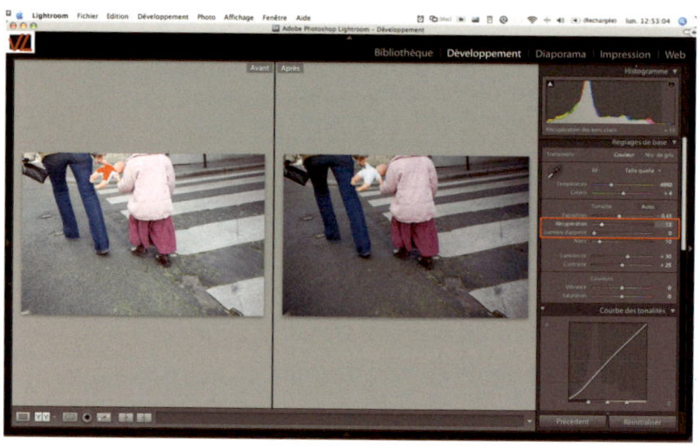

Parmi les nouveaux outils de développement, Récupération et Lumière d'appoint proposent un fonctionnement assez proche de la commande Tons clairs/Tons foncés de Photoshop. Le premier permet de récupérer certaines zones cramées (ici en rouge sur l'image de gauche) avec une bonne efficacité tandis que le second peu facilement éclaircir les ombres.

Et en noir et blanc ?

Si Lightroom ne reconnaît pas le réglage Optimisation images Noir et blanc du D80, il offre d'excellentes conversions monochromes grâce à la souplesse d'une sorte de mélangeur de couches (inspiré de celui de Photoshop) allié à la facilité d'une conversion automatique.

Cette conversion automatique va bien plus loin qu'une simple désaturation des couleurs et permet, dans l'onglet dédié, de « placer » ses gris. Une palette propose alors différents curseurs correspondant aux principaux domaines de couleurs que sont le rouge, le vert et le bleu, mais aussi à des couleurs moins « conventionnelles » dans un système RVB, comme le jaune, le orange, le bleu-vert, le pourpre et le magenta. Étant donné que l'on peut régler la densité de toutes ces couleurs, il est très facile d'éclaircir ou assombrir certaines teintes de l'image d'origine pour mieux dissocier les gris. (On veillera juste à ne pas trop éclaircir les bleus pour ne pas faire monter le bruit.)

La nouvelle gestion des conversions en noir et blanc est efficace et intuitive ; elle permet notamment de « placer ses gris » avec une facilité sans pareil. Lightroom dispose en outre d'un outil permettant de modifier indépendamment la teinte et la saturation des tons clairs et des tons foncés pour réaliser des virages et des bichromies des plus subtils. Ces paramètres (comme tous les autres) sont enregistrables et peuvent être réutilisés très facilement, directement à partir du module Bibliothèque.

Développer ses fichiers RAW avec Capture NX

Bien que PictureProject permette de réaliser quelques retouches sommaires sur les fichiers RAW des appareils Nikon, un logiciel plus performant est indispensable pour profiter des avantages et de la souplesse d'un fichier brut. Si Capture NX n'est pas le plus simple d'emploi, il est sans doute mieux adapté à certaines spécificités du format NEF que d'autres logiciels généralistes comme Camera Raw Converter, Photoshop Lightroom, Capture One ou Bibble.

Nikon persiste à considérer le logiciel comme un accessoire du boîtier au même titre qu'un flash ou qu'un objectif, aussi Capture NX n'est-il vendu qu'en option (environ 200 €), alors que la quasi-intégralité des concurrents de Nikon livrent gratuitement ce type de logiciel avec leurs appareils. On peut le regretter, mais il faut tout de même reconnaître que cet utilitaire est bien plus puissant et évolué que ceux offerts par Canon, Pentax ou Olympus... Il dispose en outre de technologies originales et exclusives, telles les U point (voir plus loin), ainsi que de calques de réglages et d'outils de sélection autorisant des corrections locales sur l'image.

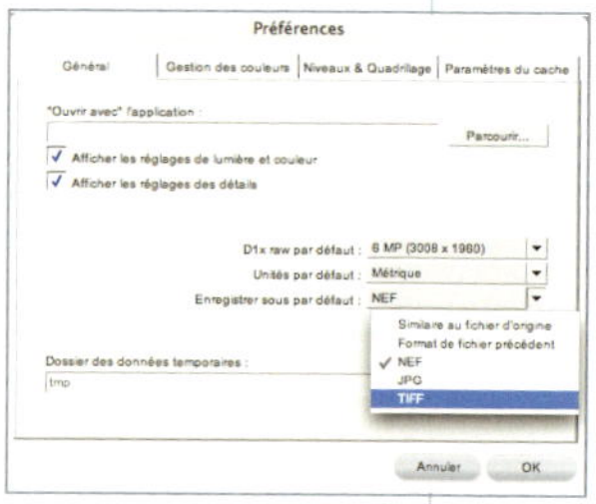

Un ouvrage entier serait nécessaire pour bien décrire toutes les subtilités de Capture NX, notre propos est donc ici de vous proposer une simple initiation au traitement avec ce logiciel ; nous espérons qu'elle éveillera votre curiosité et vous donnera envie de télécharger une version d'essai (limitée à 30 jours) sur le site Internet de Nikon. Pour aller plus loin dans l'apprentissage, notez que Nikon assure des stages de formation à Paris par l'intermédiaire de la Nikon School.

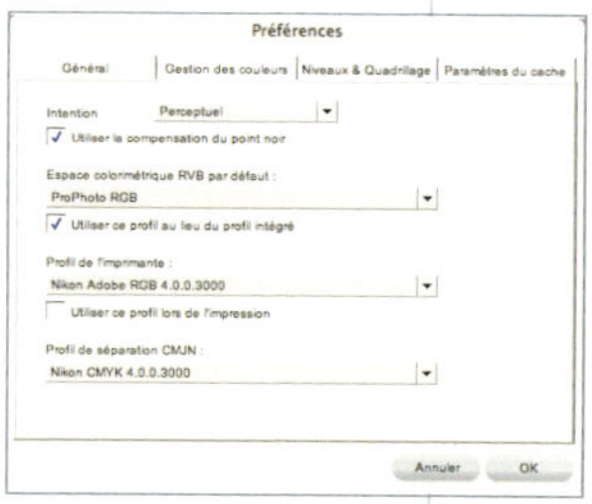

Avec Capture NX, on peut pratiquement se passer de Photoshop. Même s'il peut traiter des fichiers JPEG et TIFF, nous nous limiterons ici à son utilisation avec le format RAW, solution bien préférable pour limiter les pertes. En effet, certains outils modifient considérablement les données et disposer du maximum d'informations possible permettra de réduire les risques d'apparition de cassures de tons ou d'artefacts.

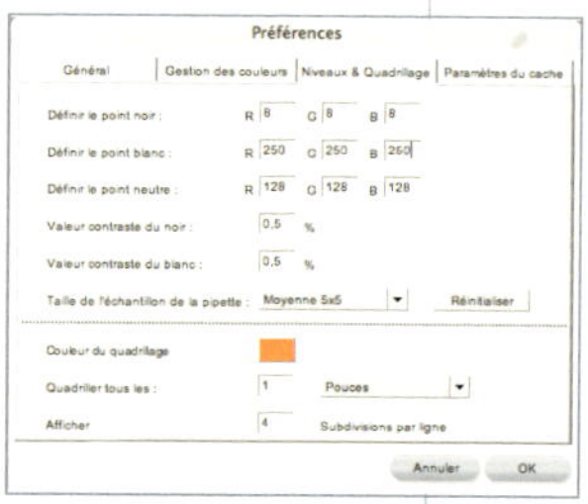

Le paramétrage des préférences permet, entre autres, de sélectionner le profil colorimétrique qui sera appliqué aux images et un format d'enregistrement par défaut : travailler en NEF permettra toujours de revenir sur les corrections apportées (stockées sur des calques lisibles uniquement par Capture, les paramètres de développement étant directement stockés dans le fichier NEF et non sur un « side car » .xmp comme avec les autres logiciels). Pour l'archivage, on préférera le TIFF ou le JPEG pour leur universalité. Attention, pensez à placer la pipette en échantillonnage 5 × 5, moins sujet aux erreurs qu'une mesure ponctuelle.

Une interface plus sobre et fonctionnelle

L'interface de Capture NX abandonne le bleu de la version précédente comme couleur de fond au bénéfice d'un gris plus sobre et plus sérieux. Le logiciel gagne aussi en simplicité et en lisibilité grâce à des volets escamotables qui regroupent ses principales fonctions.

Leur utilisation est simple : il suffit de cliquer sur le « - » pour les réduire et sur le « + » pour les afficher. Les outils sont par ailleurs regroupés d'une façon beaucoup plus logique que dans Capture 4.4 : la gauche de l'interface concerne les fonctions de gestion des images (sélection, annotation, tri), la droite est dédiée aux outils de diagnostic et au processus de retouche. La barre d'outils, quant à elle, est disposée sur le haut de l'écran.

Toutes les palettes et volets sont instantanément masqués si l'on appuie sur la touche Tabulation du clavier et réapparaissent lors d'une seconde pression. On peut ainsi exploiter au mieux la surface de son écran, même quand il est de petite taille.

1. *Navigateur et accès aux vignettes images* **2.** *Répertoire de fichiers et arborescence du disque dur* **3.** *Paramètres de l'appareil et infos EXIF* **4.** *Informations IPTC* **5.** *Affichage du profil couleur de l'image* **6.** *Zone image* **7.** *Histogramme et affichage des infos RVB* **8.** *Liste des modifications et corrections apportées à l'image* **9.** *Vue globale et zoom* **10.** *Outils de sélection (Pinceau, Lasso, Dégradé, Remplir/Supprimer)* **11.** *Outils U Point (Création d'un point de contrôle, Point de contrôle des yeux rouges)* **12.** *Outils de points de contrôle (Pipettes de point noir, gris, blanc)* **13.** *Outils d'édition (Rotation, Redressement, Recadrage)* **14.** *Outils d'affichage (Sélection directe, Main, Loupe).*

Bien démarrer avec Capture NX

Capture NX possède un explorateur de fichiers intégré qui permet un accès à l'arborescence du disque dur ou des vignettes du contenu d'un dossier. La taille de ces vignettes (comme celle de la fenêtre) est modifiable pour une sélection plus facile. Le logiciel permet un marquage des fichiers par étiquettes personnalisables et offre de comparer plusieurs images sélectionnées grâce à la fonction du même nom dans le menu Affichage.

Contrairement à Capture 4.4, Capture NX ne permet pas de télécharger directement le contenu d'une carte mémoire du logiciel. On rapatriera donc les images sur le disque dur avec un lecteur, en utilisant ou non PictureProject. Dans tous les cas, il reste conseillé de les regrouper par thème ou par événement. En effet, Capture NX intègre certaines fonctions de tri et d'annotation des fichiers qui, appliquées sur un lot d'images, peuvent faire gagner un temps précieux dans la sélection et dans l'archivage.

Ouvrir un fichier pour le développer dans Capture NX est très simple : il suffit d'utiliser l'explorateur de fichiers et de double-cliquer sur l'image désirée pour qu'elle apparaisse dans l'interface. Vous remarquerez sans doute que l'opération n'est pas aussi rapide qu'avec des logiciels comme ACR de Photoshop, Capture One ou Bibble : Capture NX est gourmand en ressources informatiques, ce qui le rend assez lent même avec des processeurs rapides et des ordinateurs bien dotés en mémoire vive. Cependant, quand il affiche une barre de progression de « rendu » à l'ouverture d'un fichier, il analyse l'image bien plus en profondeur que ses concurrents. Il est en effet le seul à savoir lire certaines des données EXIF propres aux appareils Nikon, notamment les données concernant le paramétrage Optimisation images réalisé sur le boîtier.

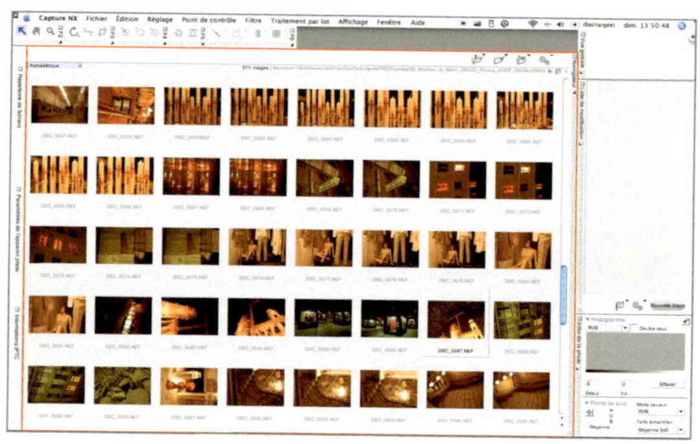

Voilà pourquoi il est important, même en RAW, de régler correctement le contraste, la saturation, la netteté et la teinte puisque ce sont ces paramètres qui déterminent le traitement de base utile à l'affichage. Certes, il est toujours possible de modifier ces réglages (c'est d'ailleurs tout l'intérêt du format RAW !), mais cela impose une nouvelle étape de traitement et ralentit encore le travail.

Capture NX vérifie aussi l'objectif utilisé, l'ouverture de travail et la distance de mise au point afin de corriger automatiquement certains défauts optiques comme les aberrations chromatiques (du moins avec les objectifs Nikon). La sensibilité et le paramétrage d'une éventuelle correction de bruit programmés sur le boîtier sont eux aussi appliqués sans que l'utilisateur

Pour faciliter l'archivage, Capture NX permet l'ajout de champs IPTC, via le volet dédié sur la gauche de l'interface (lieu et conditions de prise de vue, auteur, etc.), de même que l'adjonction de mots-clés. L'outil étant accessible depuis l'explorateur, vous pouvez annoter sommairement un lot de fichiers avec une description commune avant d'affiner cette description image par image.

en soit clairement averti ; mais là encore, il reste possible de modifier ses choix dans le logiciel. Tout ceci a pour but de réduire au maximum les corrections « basiques » et répétitives en post-traitement, afin que le photographe puisse se concentrer sur des tâches plus créatives et plus intéressantes.

On peut facilement intervenir sur les paramètres Optimisation images sur la partie gauche de l'interface. Sur la droite, la Liste des modifications regroupe tous les outils de base nécessaires au traitement des fichiers. Le triangle précédant chaque intitulé autorise la modification du réglage concerné tandis que le « V » qui le suit permet d'afficher/masquer son effet.

Traiter facilement un fichier

La Liste des modifications (à droite) propose un menu déroulant de tous les paramètres de correction classiques et témoigne de leur activation sur l'image par un V bleu à droite de chaque intitulé (ceci atteste d'ailleurs des corrections automatiques appliquées à l'ouverture du fichier). C'est grâce à cette liste et à ses outils que l'on déterminera dans un premier temps, pour la globalité de l'image, exposition, balance des blancs, contraste, mais aussi réduction du bruit, vignetage, masque flou et autres ; on pourra d'ailleurs visualiser l'effet d'une correction en activant/masquant celle-ci ou en utilisant l'outil de comparaison Avant/Après.

Les outils sont disposés dans un ordre assez logique. Par défaut, les paramètres Optimisation images sélectionnés sur le boîtier sont appliqués par Capture NX, mais il restent modifiables en cas d'erreur, d'oubli, ou tout simplement pour mieux adapter ces réglages à sa photo.

Il faut impérativement s'aider de l'histogramme pour vérifier que les corrections n'induisent pas de pertes. On utilisera aussi la fonction Double seuil qui permet de visualiser les zones écrêtées de l'image : les lumières cramées sont alors affichées en blanc, les ombres bouchées en noir.

Sachez que si une correction d'exposition de ± 0,7 passe facilement inaperçue, il vaut mieux ne pas éclaircir les images au-delà. En effet, par nature, les fichiers RAW ont un gamma de 1 : la réponse fournie par le capteur est directement proportionnelle à la quantité de lumière reçue. On a donc assez peu de « réserve d'information » dans les ombres, mais bien plus dans les lumières (à condition qu'elles ne soient pas cramées). En revanche, l'œil humain ne répond pas à la lumière de façon linéaire : il est plus sensible aux différences de niveaux dans les zones sombres que dans les zones claires ; sa vision correspond à un gamma de 2,2.

Pour présenter un rendu fidèle à ce que l'œil perçoit, les images brutes doivent donc subir une correction qui va en quelque sorte « étirer » les niveaux des ombres et « resserrer » les hautes lumières. Attention cependant, car si l'on étire trop les ombres, on risque de faire apparaître des

Le dégradé et l'image de gauche correspondent à ce que l'œil perçoit, celui de droite à ce que l'appareil a enregistré en RAW. Leurs gammas sont différents (2,2 environ pour l'œil et 1 pour la photo brute). L'appareil enregistre avant conversion en gamma 2,2 bien plus de nuances dans les hautes lumières que dans les ombres. Si densifier une image RAW est pratiquement sans conséquence, l'éclaircir étire davantage l'information dans les ombres et fait monter le bruit ; on peut aussi voir apparaître des cassures de tons.

cassures puisque c'est là que le fichier est le plus pauvre en modelé. Notez aussi que la compression appliquée par le D80 sur les fichiers RAW réduit malheureusement la dynamique dans les hautes lumières et en conséquence la possibilité de « récupérer » de l'information dans les zones cramées.

Maîtriser les courbes

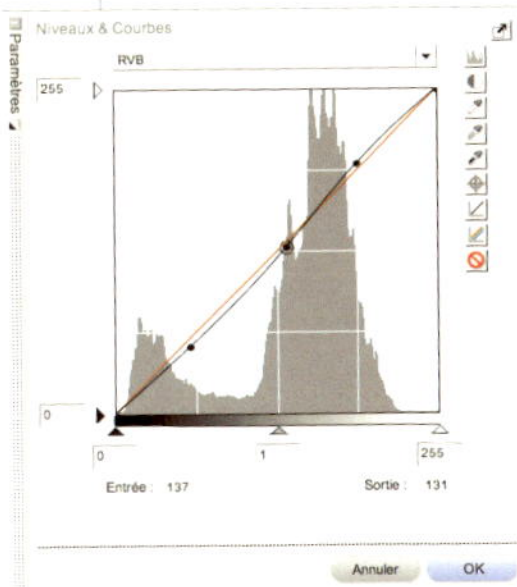

Les outils Courbes et Histogramme sont affichés dans la même fenêtre de Capture NX. On peut les paramétrer en fonction de ses compétences, de ses habitudes ou de ses goûts. La position des curseurs noir, gris et blanc de l'histogramme est modifiable ; le curseur noir permet de « placer » les noirs, le blanc gère le niveau de sortie des hautes lumières et le gris agit sur le gamma de l'image (sur son contraste, en quelque sorte).

L'outil Courbes de Capture NX est proche d'un outil Courbes classique, mais il est original et s'avère indispensable une fois qu'on le maîtrise. Il est difficile d'en décrire précisément tout le fonctionnement et rien ne vaut une pratique personnelle pour bien en comprendre les mécanismes. Rappelez-vous quoi qu'il en soit que plus la pente est élevée, plus l'augmentation du contraste est forte.

Pour corriger une image, on clique sur cette courbe pour créer de nouveaux points et en modifier l'allure, par exemple lui donner une forme de S (en noir et blanc notamment) : cela adoucit le contraste des ombres et des lumières tout en accentuant celui des valeurs moyennes, le rendu est alors souvent plus réaliste et plus fidèle. Pour éviter les corrections trop prononcées, il est conseillé de visualiser leur effet avant et après en activant et en désactivant la correction, mais aussi en surveillant l'histogramme. La courbe est disposée sur un calque dont on peut modifier l'opacité pour un effet plus subtil. Notez aussi que toutes les modifications apportées à l'image dans Capture sont éditables, on peut facilement corriger une étape ou en supprimer une sans avoir besoin de repartir du fichier totalement brut.

À ce stade, l'image doit avoir un rendu satisfaisant en termes de densité et de couleurs. On peut bien entendu aller plus loin : Capture NX permet d'ajouter de nouvelles étapes à la correction des images. Chacune d'entre elles est là encore appliquée sur un calque dont on peut modifier le mode de fusion et l'opacité pour un effet encore plus subtil. Il est aussi possible d'appliquer la majorité des corrections (couleur, densité, contraste, netteté etc.) sur des zones locales, soit en utilisant les outils de sélection du logiciel, soit en profitant de la technologie U point.

La technologie U Point

La technologie U Point (à prononcer à l'anglaise…) est certainement la nouveauté la plus intéressante de Capture NX, car elle autorise des corrections sélectives, un peu à la manière des masques de Photoshop. Mais en plus d'offrir cette opportunité directement sur un fichier RAW (et donc de limiter considérablement les pertes, notamment dans la modification des couleurs), son utilisation est bien plus facile, rapide et intuitive que celle des masques en question. Pour autant, ces derniers (qui sont disponibles dans NX) gardent un intérêt pour des corrections très localisées ou avec des formes très particulières.

Le principe est simple : il s'agit de poser un « point de contrôle » sur une zone de l'image, de déterminer l'étendue de son effet et d'appliquer la correction souhaitée à une amplitude donnée avec un simple curseur (dont l'intitulé est en anglais). Si on peut toujours disposer un grand nombre de points de contrôle sur l'image, leur gestion devient assez complexe au-delà de quatre ou cinq ; mais, on aura rarement besoin d'autant de points si les corrections globales sont convenablement établies.

Il existe quatre sortes de U Point et chacun offre un type de correction différent que l'on détermine dans la palette correspondante (avec des valeurs numériques pour plus de précision) ou par simple décalage du curseur. On peut donc choisir de n'appliquer des corrections qu'en mode TSL, RVB ou CLS, ou de laisser accès pour chaque point à toutes les corrections possibles.

Paramètres en mode TSL :

- **H (Hue)** : modifie subtilement la teinte, un réglage positif tire vers l'ambre, un réglage négatif vers le cyan ;
- **S (Saturation)** : modifie la saturation, un réglage positif accentue la vivacité des couleurs, un réglage négatif tire vers les teintes plus pastel ;
- **B (Brightness)** : modifie la luminosité, un réglage positif éclaircit la zone, un réglage négatif la densifie.

Paramètres en mode RVB :

- **R (Red)** : modifie les couleurs selon un axe cyan (-)/rouge (+) ;
- **G (Green)** : modifie les couleurs selon un axe magenta (-)/vert (+) ;
- **B (Blue)** : modifie les couleurs selon un axe jaune (-)/bleu (+).

Paramètres en mode CLS :

- **B (Brightness)** : modifie la luminosité, un réglage positif éclaircit la zone, un réglage négatif la densifie ;
- **C (Contrast)** : modifie le contraste, un réglage positif l'augmente, un réglage négatif l'adoucit ;
- **S (Saturation)** : modifie la saturation, un réglage positif accentue la vivacité des couleurs, un réglage négatif tire vers les teintes plus pastel.

Paramètres en mode Tout :

- on retrouve les paramètres des trois modes précédents (H, S, B, C, R, G, B) ;
- **W (Warmth)** : paramètre supplémentaire qui modifie la « chaleur », un peu à la manière de la balance des blancs ou des filtres colorés ; un réglage positif tire vers des teintes plus chaudes, un réglage négatif les refroidit.

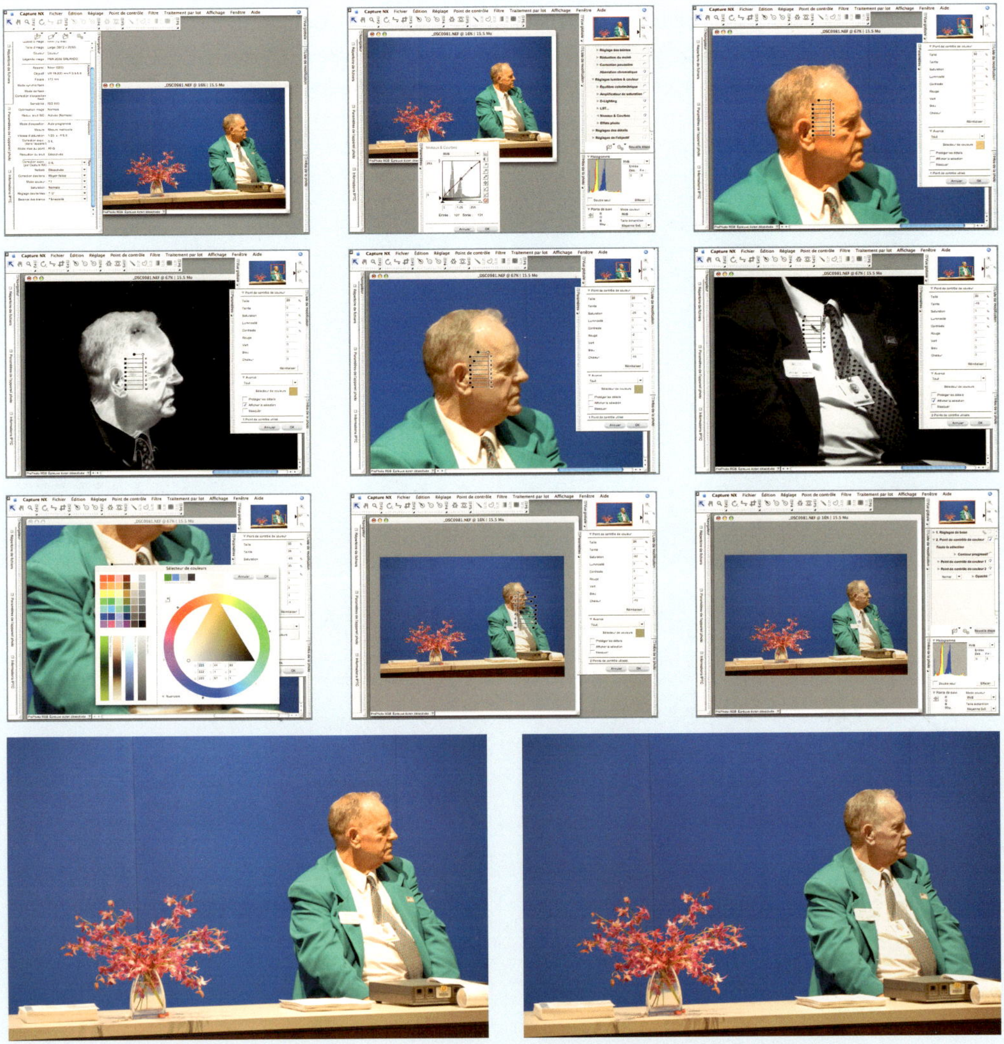

Une fois les retouches globales apportées, ce visage conservait une teinte inesthétique à cause de l'éclairage artificiel. J'ai voulu garder la saturation du fond et du bouquet, aussi ai-je placé un U Point pour appliquer une correction locale. J'ai ensuite réduit la saturation et modifié quelque peu la teinte en vérifiant que la correction ne « bavait » pas sur le reste de l'image, puis j'ai utilisé un second point au niveau de la chemise pour remplacer un blanc trop clair par un léger gris (sélectionné à l'aide du nuancier). Le résultat (à droite) est bien plus agréable et ces corrections sont plus simples à appliquer ici que dans Photoshop avec des masques.

Chaque point dispose d'un premier curseur (sans nom) qui permet de régler l'étendue de la zone de correction ; celle-ci étant difficile à visualiser, on utilisera l'option de la palette qui permet son affichage à la manière de celui des masques de Photoshop : les zones blanches sont celles où la correction est active, les zones noires sont épargnées. L'affichage dynamique de la correction permet un paramétrage simple et rapide.

Capture NX et le noir et blanc

Si l'option Optimisation images Noir et blanc et tous les filtres virtuels du D80 sont disponibles pour convertir ses fichiers RAW en noir et blanc, NX permet d'aller encore plus loin avec les options Effets photo. En sélectionnant Conversion en noir et blanc dans le menu idoine, on peut gérer très finement le « placement » de ses gris.

Cette commande (à ne pas confondre avec la commande Effet photo Noir et blanc) offre de simuler l'utilisation d'un filtre de contraste comme ceux que l'on utilise en noir et blanc argentique, mais ici le photographe dispose d'une liberté sans pareille. Un curseur permet de sélectionner très subtilement la teinte du filtre,

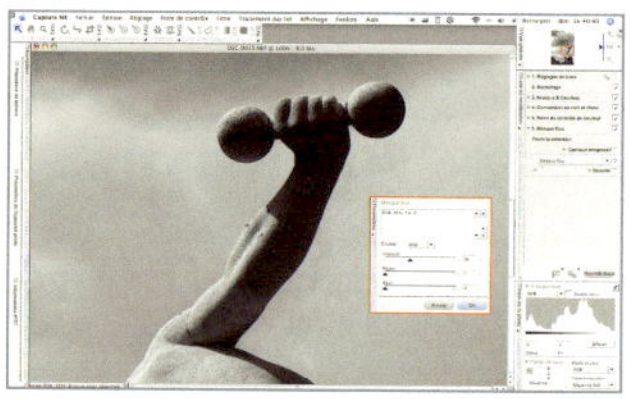

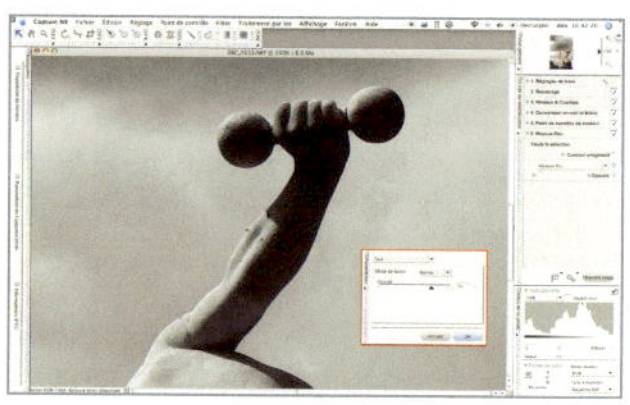

La commande Conversion en noir et blanc, combinée à l'utilisation de deux U Point visant à densifier et à contraster différemment le rendu de la statue et du ciel, font ici merveille. J'ai aussi utilisé ici une accentuation de la netteté et une courbe en S en en réduisant l'opacité pour un résultat plus subtil, ne nécessitant aucune retouche ultérieure dans Photoshop.

du rouge au bleu et en continu, un autre la densité de l'effet. Il est aussi possible de modifier la luminosité et le contraste de l'image dans cette même fenêtre. On peut également modifier la gestion des gris grâce à l'éditeur LST mais au prix d'un fonctionnement plus complexe et après de nombreux tâtonnements.

Les autres points clés du logiciel

Capture NX propose de nombreux outils qui facilitent la gestion du flux de travail et la correction des images. Le sujet est plus que vaste, aussi avons-nous choisi de seulement évoquer les autres points forts du logiciel, en espérant donner envie à ses utilisateurs de réaliser leurs propres essais.

• **Gestion des couleurs et impression** : Capture NX dispose d'un moteur de conversion des couleurs et peut lancer une impression avec un profil personnalisé sans passer par Photoshop ; il permet aussi une mise en page assez poussée des images avec ou sans affichage des données EXIF (en pleine page ou sous forme de planches index).

• **Application de corrections dans le navigateur** : grâce à l'enregistrement de corrections types, le navigateur peut appliquer certains paramètres sur un lot d'images sans avoir à les ouvrir une à une, un peu à la manière de Bridge dans Photoshop.

• **Contrôle des versions** : le logiciel permet de mémoriser différents jeux de paramètres de traitement d'une même image ; ces versions sont reconnues par PictureProject qui propose le choix de la version (noir et blanc ou couleur, par exemple) à l'ouverture.

• **Filtre passe-haut** : la netteté des contours peut être accentuée avec un filtre passe-haut appliqué en mode de fusion Incrustation. Cette commande complète celle de Masque flou de Capture 4.4 et peut s'appliquer de façon globale ou locale.

• **Filtre et masques** : en plus des U Point, Capture NX propose des outils de correction locale avec gestion des calques, modes de fusion et masques de correction sélective.

• **Flou gaussien/bruit/grain** : Capture NX autorise l'application de flous gaussiens de bruit et de grain (facilitant considérablement la retouche de portraits par exemple), de façon globale ou locale, avec ou sans calque et masque de fusion. Il est possible d'utiliser le pinceau avec gestion du diamètre et de la dureté du contour de l'outil.

• **Recadrage** : cet outil permet la gestion du ratio hauteur/largeur et la correction de l'assiette de l'image ainsi que sa composition *via* l'affichage d'une grille.

• **Correction distorsion géométrique** : les déformations en barillet et en coussinet peuvent être réduites avec cet outil par l'intermédiaire d'un contrôle visuel avec une grille de référence. Seules les distorsions irrégulières (dites « en moustache ») posent problème car elles mêlent distorsion en coussinet et en barillet.

Corriger ses images avec DxO Optics Pro

Concevoir un objectif d'appareil photo est un casse-tête pour les constructeurs : impossible en effet de réaliser un zoom de forte amplitude doté d'une grande ouverture et d'une excellente qualité optique sans induire de déformation géométrique sur l'image. Un objectif doit en plus être léger, peu encombrant et bien entendu d'un prix abordable... Pour suivre ce cahier des charges, les fabricants sont obligés de faire de nombreux compromis, mais certaines imperfections qui passaient inaperçues en argentique s'avèrent flagrantes en numérique, ce qui complique encore leur tâche.

Certains défauts optiques sont plus gênants que d'autres ; le vignetage, par exemple, reste acceptable s'il est peu marqué et peut même efficacement « fermer » une photo. En revanche, une distorsion géométrique sera fâcheuse, car elle transforme une ligne droite en courbe et déforme fortement l'image. Selon les modèles d'objectifs ou de zooms, ces défauts (et bien d'autres) sont plus ou moins prononcés et plus ou moins visibles. Il est possible cependant de les corriger assez efficacement avec un logiciel adapté.

De toutes les fonctionnalités offertes par DxO Optics Pro, la correction des défauts géométriques est la plus spectaculaire. Le logiciel redonne à la photo une qualité quasi parfaite en éliminant les aberrations géométriques des objectifs compatibles et permet aussi d'harmoniser le piqué entre le centre et les bords de l'image, toujours moins définis. Même si cet exemple ne permet pas de vérifier ce dernier point, on voit assez clairement sur la mire les performances de la correction géométrique. L'image de gauche, non corrigée, présente une distorsion en tonneau qui disparaît grâce au traitement automatique du logiciel. (Mire © Vincent Luc)

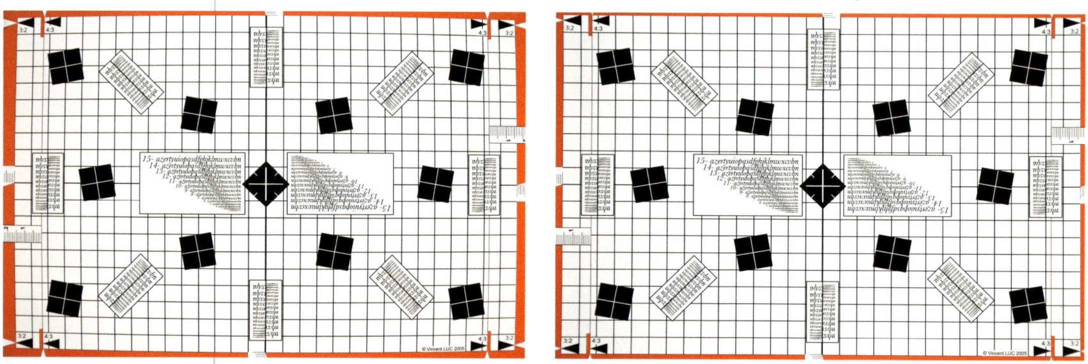

Des corrections sur mesure

DxO est une entreprise française qui s'est spécialisée dans la caractérisation et la correction logicielle des défauts optiques. Le logiciel DxO Optics Pro assure une optimisation sur mesure tenant compte des caractéristiques propres à chaque optique. D'autres paramètres, comme la focale, la distance de mise au point, l'ouverture de diaphragme ou la sensibilité de l'appareil, sont également pris en compte. Pour cela, le logiciel va chercher les informations sur la prise de vue stockées dans les métadonnées de l'image et applique la correction adaptée qu'il trouve dans une base de données, sans que l'utilisateur n'ait à intervenir.

Les caractéristiques (donc les défauts et qualités) d'un objectif sont liées non seulement à l'optique et à sa formule, mais aussi au capteur de l'appareil sur lequel il est monté. Le comportement d'un objectif donné sera différent sur un D80 et sur un D40 par exemple, même si ces deux boîtiers ont un capteur de même taille. Le rôle de DxO Optics Pro est de corriger très précisément les défauts de chaque objectif pour optimiser les qualités du couple optique-capteur. Le traitement concerne non seulement la correction des défauts géométriques, comme la distorsion, l'optimisation de la netteté entre le centre et les bords de l'image, la correction des aberrations chromatiques et l'élimination du vignetage, mais aussi la réduction du niveau de bruit de l'image et l'optimisation de sa dynamique, la réduction du purple fringing, etc.

DxO Optics Pro est composé d'un moteur de correction (DxO Correction Engine, que l'on trouve dans le kit de démarrage), qui contient les caractéristiques des boîtiers, et d'un module de correction (une sorte de base de données) spécifique à un objectif. Pour corriger des photos prises avec un autre objectif, il faudra télécharger sur le site Internet de DxO le module optique correspondant, qui sera automatiquement intégré à la base de données. En plus des principales références Nikon, on y trouve de nombreux objectifs de constructeurs indépendants tels Sigma, Tokina ou Tamron ; par ailleurs, les mises à jour des modules optiques sont fréquentes pour intégrer de nouvelles références, et elles sont gratuites.

DxO Optics Pro permet de corriger de nombreux défauts de l'image, des aberrations géométriques et chromatiques en passant par la gestion du bruit et l'harmonisation du piqué entre le centre et les bords. Le logiciel est proposé en 3 versions selon la nature des boîtiers supportés. Le D80 est disponible sur la version Standard et l'utilisateur peut télécharger gratuitement un nombre illimité de modules de correction en fonction des optiques dont il dispose. Une version d'essai du logiciel est téléchargeable sur le site www.dxo.com. (Documents DxO)

Un logiciel puissant

Le logiciel existe en version Mac et PC et autorise le traitement d'images par lots – c'est d'ailleurs une de ses grandes forces. Même si la version 4.1 a apporté des progrès sur ce point, on regrettera tout de même qu'elle soit encore relativement lente et si gourmande en ressources informatiques. La rapidité de traitement est bien entendu tributaire de la puissance de l'ordinateur, mais aussi du nombre de corrections appliquées et de leur intensité. DxO Optics Pro a la réputation d'être un logiciel de développement de fichiers très lent comparativement à Camera Raw ou à Photoshop Lightroom par exemple, mais il ne faut pas perdre de vue que les corrections qu'il offre sont bien plus poussées. Notez que moyennant un certain apprentissage et une personnalisation de quelques paramètres, DxO permet de corriger très efficacement les images – à défaut d'être très rapide. Sur bien des points, l'outil reste sans réelle concurrence ; on tolérera donc plus facilement son manque de vélocité.

L'enregistrement des fichiers corrigés peut se faire en JPEG et/ou en TIFF (8 ou 16 bits). DxO Optics Pro est compatible avec les fichiers RAW qui peuvent être exportés au format DNG en vue d'une conversion ultérieure avec un autre outil, comme ACR. Capture NX, en revanche, ne sait pas tirer parti du DNG : il refusera d'afficher les fichiers et de les traiter.

Un autre des avantages de DxO est qu'au moment de l'export du ou des fichiers, on peut enregistrer plusieurs versions de la même image. On peut donc assez facilement paramétrer le logiciel pour qu'il exporte, à partir d'un même dossier source, un dossier d'images basse définition destiné à l'éditing ou à Internet (en JPEG avec un profil sRGB), une série destinée à d'éventuelles retouches et à l'impression (en pleine définition, TIFF 16 bits et profil Adobe RGB), ainsi qu'un dossier de fichiers destinés à l'archivage (en DNG par exemple). Les possibilités sont très étendues ; depuis sa version 4, le logiciel mérite vraiment son qualificatif de « pro ».

Premiers pas et utilisation

L'interface de DxO Optics Pro propose dans un premier temps trois niveaux de fonctionnement (Automatique, Avancé, Expert). Si elle est d'un accès simple, le paramétrage du logiciel, lui, reste encore relativement complexe.

Le mode Automatique est totalement autonome. Il prend en charge les images JPEG ou RAW et les corrige sans intervention de l'utilisateur avant de les enregistrer en JPEG dans leur dossier d'origine. Notez que les fichiers avant correction sont conservés et que les versions corrigées (lors d'une exportation en JPEG), pour les en différencier, sont notées « DxO. jpg » ou « DxO_raw. jpg », selon qu'elles sont issues d'un fichier JPEG ou RAW. Ce mode est confortable à utiliser et peut permettre d'obtenir rapidement un lot d'images « présentables » avant d'affiner manuellement les réglages des meilleures photos de la série.

Les utilisateurs des versions précédentes peuvent être déroutés. DxO Optics Pro 4 a en effet changé la gestion des images qui repose dorénavant sur des « projets ». Le flux de travail est articulé en 5 onglets (Sélectionner, Organiser, Améliorer, Traiter et Afficher). Le premier onglet, présenté ici, permet d'explorer le disque dur et de sélectionner les images du projet (enregistrable) qui peuvent provenir de différents dossiers.

Cela dit, nous privilégierons le mode Expert aux possibilités bien plus abouties et à la plus grande souplesse. Avec lui, il est très simple d'activer ou de désactiver une ou plusieurs options : ainsi, si les photos sont parfaitement exposées, on aura tout intérêt à déconnecter le DxO Lighting pour ne profiter, par exemple, que des corrections géométriques et de celles concernant les aberrations chromatiques latérales (franges colorées sur les contours francs qui apparaissent souvent dans les coins d'une photo prise au grand-angle), ou encore de la réduction du purple fringing. De la même façon, on pourra ou non souhaiter corriger le vignetage optique dans les coins de l'image.

Convertisseur RAW ?

DxO Optics Pro est parfaitement à même de traiter des fichiers RAW et de les convertir dans un format plus universel (JPEG ou TIFF), avec un assez bon niveau de qualité. On retrouve dans le mode Expert du logiciel tous les outils nécessaires à un bon développement des fichiers RAW (histogrammes, courbes, gestion de la balance des blancs, décalage de l'exposition, gestion des couleurs et de la saturation, etc.), avec la possibilité de corriger automatiquement et efficacement les défauts optiques – ce qui est impossible dans Capture NX avec des objectifs de constructeurs indépendants.

DxO Optics Pro est aussi capable de récupérer avec une bonne efficacité certaines zones cramées en cas de surexposition de l'image. Le paramétrage de cette fonction est d'ailleurs assez intuitif, mais le résultat reste tributaire des qualités du capteur et du boîtier. Cette fonction peut parfois sauver certaines photos que d'autres logiciels ne permettraient pas d'exploiter aussi efficacement, mais avec le D80, le *clipping* subsiste (voir page 245).

Même si DxO Optics Pro dispose de tous les outils nécessaires au développement des fichiers RAW, on lui préférera des outils moins ambitieux mais plus simples à utiliser. Il est en revanche irremplaçable pour la gestion fine de la géométrie de l'image et l'harmonisation du piqué, ou la réduction du bruit. On peut choisir d'exporter ses fichiers en format DNG et de les convertir ensuite, avec ACR par exemple.

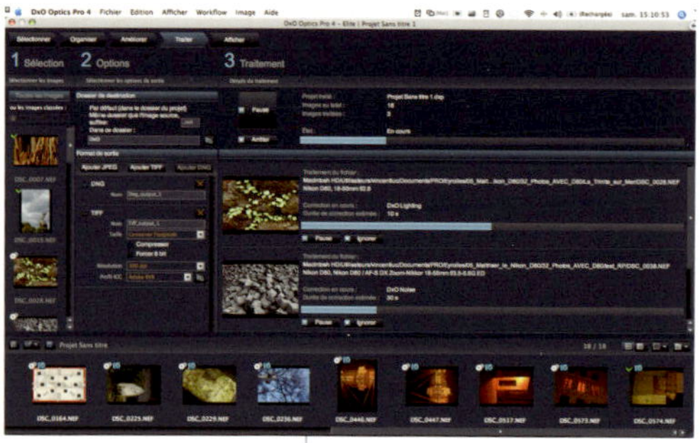

Une fois les corrections appliquées, il est conseillé d'enregistrer le projet et de le conserver pour des corrections ultérieures. On peut ensuite exporter les images en les enregistrant dans un format plus usuel – on peut d'ailleurs créer plusieurs copies d'une même image en JPEG, TIFF et RAW, et ce dans des dossiers séparés au besoin. Le traitement par lots est long, mais très puissant.

Mais attention, la puissance de calcul nécessaire au logiciel pour la conversion des fichiers RAW est très élevée et le traitement souvent très long. Une fois les images à traiter regroupées dans un projet, on a tout intérêt à enregistrer ce dernier. On pourra déterminer ses corrections, manuelles et/ou automatiques, image par image ou sur un lot. Elles seront effectuées sur les aperçus, avec possibilité de comparer avant/après avec souplesse. Ces corrections ne seront, là encore, réellement appliquées aux fichiers bruts qu'au moment de l'export vers un format plus usuel. Pour gagner du temps, on traitera ses images dans l'onglet Améliorer ; une fois que tous les paramètres seront convenablement calés, on lancera le traitement effectif dans l'onglet du même nom (éventuellement la nuit puisqu'il est très long). On pourra aussi enregistrer plusieurs jeux de presets personnalisés appliquant certaines corrections et pas d'autres. Rassurez-vous, DxO est livré avec un mode d'emploi assez bien fait...

DxO FilmPack

Nouveauté intéressante de DxO 4.1 (encore améliorée avec la version 4.2), l'option DxO FilmPack est malheureusement payante. Il s'agit d'un moteur de conversion de couleurs et de rendu qui permet de simuler le rendu procuré par une vingtaine de films argentiques à partir d'un fichier numérique (RAW, JPEG, TIFF...). On peut donc retrouver avec son D80 le rendu mythique des Fuji Velvia, Kodachrome ou Tri-X. Les principaux films diapo, négatif couleur et noir et blanc sont disponibles. Certains rendus manquent de finesse, mais avec une gestion raisonnée de la personnalisation des presets, on peut obtenir de très bons résultats.

Ce même module propose aussi d'étonnantes matrices de grain. Très dubitatif dans un premiers temps, j'ai tout de même été séduit par cet effet, très réaliste et subtil. De quoi redonner un peu de « matière » à l'image pour ceux qui trouvent le rendu numérique trop lisse. Notez aussi que cette matrice de grain est indépendante du rendu film choisi : on peut donc appliquer le grain d'un film donné sur le rendu couleur d'un autre, ce qui est très intéressant en noir et blanc notamment. On peut aussi parfaitement envisager de développer ses fichiers bruts avec un autre logiciel, moins puissant mais plus intuitif et rapide, et n'appliquer dans DxO que cette matrice de grain *via* un preset personnalisé.

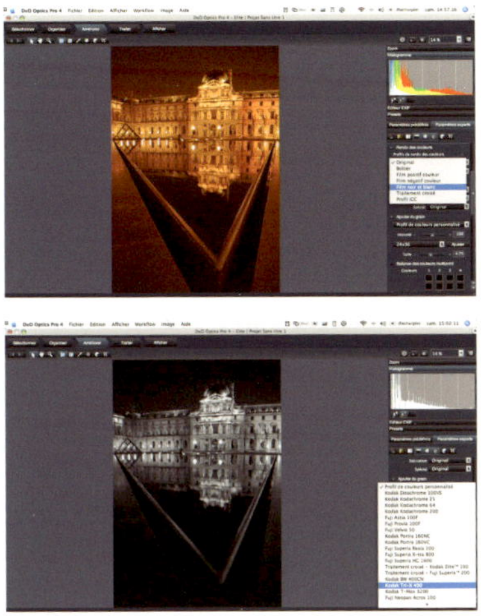

DxO FilmPack facilite la conversion en noir et blanc. Différents « profils » sont disponibles et simulent le rendu des principales références de films, ce qui permet de choisir facilement celui qui donne le meilleur résultat avant d'affiner ses courbes et son exposition. On peut ensuite appliquer une matrice de grain indépendante de l'effet film. Ici, c'est le noir et blanc « Fuji Accros 100 » qui donnait les meilleurs résultats, mais j'ai appliqué le grain typique du Kodak Tri-X. La structure de grain est de loin la plus réaliste de celles que j'ai vues jusqu'alors.

Polémique ?

L'utilisation de DxO Optics Pro est sujette à polémique sur certains forums Internet. Nombreux sont les utilisateurs qui lui préfèrent un logiciel gratuit comme PTLens (http://epaperpress.com/ptlens/). Ce dernier est cependant loin d'offrir les mêmes fonctionnalités, et beaucoup d'intervenants de ces forums semblent oublier que les finalités des deux outils sont différentes.

PTLens est disponible en version plug-in (pour Photoshop ou PaintShop Pro) ou en version *stand-alone*. Sa différence principale avec DxO, outre le fait qu'il soit spécialisé dans les seules corrections optiques, est qu'il n'est ni automatisé, ni applicable sur un lot d'images. La correction de la distorsion se fait aussi à partir d'une base de données ou *via* une complexe caractérisation personnelle des défauts de son optique, mais PTLens impose une intervention manuelle, contrairement à DxO qui offre une meilleure productivité. Par ailleurs, PTLens ne permet pas une gestion du flux de travail aussi poussée que DxO.

Malgré tout, certaines optiques très prisées par les photographes ne sont pas disponibles dans les modules de DxO. Pour elles, PTLens est alors une alternative intéressante. Notez qu'il n'est malheureusement pas compatible Mac, mais que la société Kekus (www.kekus.com/index.html) commercialise pour une somme modique un utilitaire similaire, nommé « LensFix », qui lui est compatible. Sachez enfin que Photoshop CS2 et CS3 disposent aussi d'un outil de correction géométrique de l'image très puissant, mais sa gestion et son paramétrage sont entièrement manuels (outil Correction de l'objectif, dans le menu Filtre) et il ne va pas aussi loin que DxO.

Convertir ses fichiers RAW au format DNG

On l'a vu, le format RAW présente des avantages techniques en termes de qualité d'image, mais de nombreux utilisateurs s'interrogent sur sa pérennité et la compatibilité des futurs logiciels avec les formats anciens. Même si Capture NX est toujours à même de lire et de convertir les fichiers RAW des précédents reflex numériques de Nikon, rien ne prouve que dans 5, 10 ou 20 ans, cela reste le cas.

Adobe a réagi en créant un format baptisé « DNG » (pour *Digital Negative*) qui offre tous les avantages du RAW en termes de dynamique et de souplesse de traitement (modification de l'exposition, des couleurs, etc.). Il bénéficie par ailleurs d'une certaine universalité car c'est un format dit « ouvert et documenté », ce qui signifie qu'il est facile pour un éditeur, quel qu'il soit, d'en connaître les spécificités et de l'intégrer dans ses logiciels. Le but d'Adobe est que le DNG s'impose comme un « RAW universel » et qu'il soit intégré comme format d'enregistrement dans les appareils numériques. La marque s'étant engagée à l'utiliser dans les prochaines moutures de Photoshop (depuis la version CS), les fichiers DNG seront donc lisibles à l'avenir. Les applications tirant parti du DNG sont de fait de plus en plus nombreuses (logiciels de développement, catalogueurs, etc.).

DNG Converter

Le module Camera Raw Converter de Photoshop Elements (à partir de sa version 3) ou de Photoshop (à partir de sa version CS) propose de convertir les fichiers RAW en DNG, mais on peut, pour plus de rapidité, faire appel à un utilitaire spécial appelé « DNG Converter ». Le but de l'opération est d'assurer aux images la meilleure pérennité possible, mais ce n'est pas le seul.

DNG Converter permet de choisir le dossier source contenant les fichiers à traiter, le dossier de destination des fichiers convertis et de définir quelques préférences (compression ou non, gestion des noms des fichiers, conservation ou non du fichier RAW original, inclusion d'un aperçu JPEG...). La compression offerte est sans pertes : on peut l'utiliser sans crainte pour la qualité des images (comptez entre 7 et 10 Mo par fichier).

Je conseille de convertir systématiquement les fichiers bruts au format DNG et d'utiliser – même si cela augmente le poids de fichier d'une dizaine de Mo – l'option Conserver l'image brute qui encapsule le fichier RAW d'origine dans le fichier DNG. On garde ainsi le fichier source à disposition, par exemple pour le traiter avec Capture NX qui n'accepte malheureusement pas les fichiers DNG. Comme la conversion par lots se fait sans intervention de l'utilisateur (sauf pour le paramétrage de base déterminant le dossier d'enregistrement des fichiers, par exemple), l'opération sollicite peu le photographe et peut s'effectuer en tâche de fond.

Quand on modifie un fichier DNG ou un fichier RAW avec Camera Raw dans Photoshop ou dans Bridge, le fichier brut reste intact. Les corrections sont consignées dans un fichier texte séparé surnommé « side car » (il porte en effet le même nom que le fichier brut mais avec l'extension .xmp), enregistré soit dans la base de données de Camera Raw, soit dans le même dossier que l'image (solution que l'on paramètre dans les préférences de Camera Raw Converter). Si l'image est séparée de son *side car*, les corrections sont perdues ; il est donc impératif de déplacer conjointement les deux éléments quand on les duplique ou quand on les archive. En DNG en revanche (comme en NEF avec Capture NX), le fichier .xmp est encapsulé au fichier brut, un peu comme si l'icône du fichier DNG était en réalité un dossier contenant à la fois l'image codée en DNG, le fichier .xmp et éventuellement le brut d'origine et l'aperçu JPEG. Partage, déplacement et archivage sont de fait considérablement simplifiés.

Convertir ses fichiers DNG peut avoir une autre utilité. Le module Camera Raw Converter de Photoshop CS n'est malheureusement pas compatible avec les fichiers NEF du D80, et la version 3.6 de ce module, qui elle l'est, n'est utilisable qu'avec Photoshop CS2 (ou avec Photoshop Elements à partir de sa version 4, mais dans ce cas avec un nombre de fonctionnalités limité). La seule solution pour pouvoir profiter des avantages du format RAW du D80 avec Photoshop CS est donc de convertir les fichiers bruts en DNG : vous pourrez alors les développer dans Camera Raw Converter 2.4 de Photoshop CS aussi simplement que n'importe quel fichier RAW compatible, avec le même niveau de qualité.

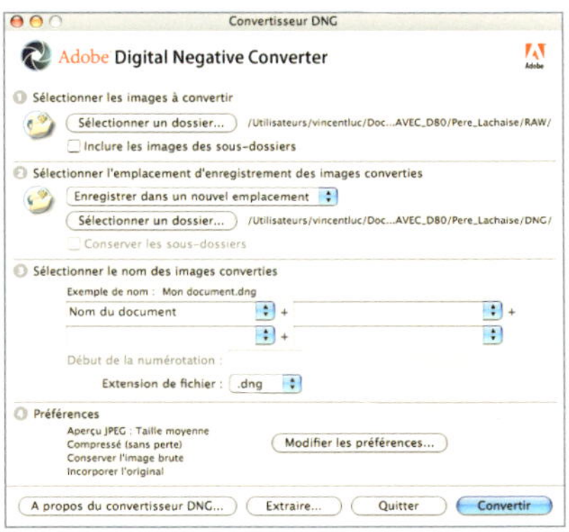

DNG Converter est distribué gratuitement sur le site Internet d'Adobe. Son interface très simple, en français, permet de convertir rapidement les fichiers bruts du D80. En activant l'option idoine, il est possible d'intégrer le fichier NEF lui-même dans le fichier DNG. Même si cette option alourdit le fichier (comptez alors entre 17 et 20 Mo par image), elle permet d'allier les avantages des deux systèmes : le DNG sera toujours exploitable, pérenne et universel, et l'on pourra aussi extraire le fichier NEF pour le traiter avec Capture NX ou un autre logiciel compatible.

Étalonner son appareil avec Photoshop

Même si le rendu des couleurs du D80 est assez juste et subtil, on peut le perfectionner et « étalonner » l'appareil pour un résultat encore plus fidèle. L'opération n'a rien d'indispensable mais permet de rattraper certains décalages de teinte et saturation pour tendre vers un rendu idéal. On va pour cela travailler en format RAW et tirer parti des fonctionnalités avancées de Camera Raw Converter de Photoshop CS, CS2 ou CS3, par exemple celles de l'onglet Étalonner. Certes, dans les versions CS2 et CS3, ACR dispose déjà de réglages par défaut adaptés au D80, mais il ne s'agit que de profils génériques. Cette rubrique a pour objet de vous aider à réaliser un ou plusieurs profil(s) personnalisé(s) qui tienne compte des spécificités de votre boîtier et de vos optiques : il n'est pas rare en effet que les objectifs aient un rendu coloré qui leur soit propre, certains étant plus « chauds » que d'autres.

Attention : étalonner son appareil n'est pas la garantie d'un résultat parfait ni même flatteur. Cela permet juste d'obtenir un très bon rendu « techniquement parlant », mais rien n'interdit d'appliquer par la suite des corrections subjectives pour affiner l'image et la rendre plus agréable à l'œil.

L'indispensable charte Color Checker

Que vous décidiez d'investir dans le grand ou le petit modèle, ou que vous vous fassiez prêter cet accessoire, l'emploi d'une charte colorée GMB Color Checker 24 plages est indispensable. La ColorChecker utilisée ici est conçue et réalisée avec précision (les teintes des 24 patchs colorés ne sont pas choisies au hasard) et sa fabrication lui assure des couleurs justes et stables, parfaitement maîtrisées et mesurées afin de pouvoir servir de référence – et c'est bien là son intérêt.

Nombreux sont les photographes et les testeurs à utiliser cette référence pour vérifier la justesse de rendu d'un appareil ou la qualité de traitement d'un film ou d'un tirage, par exemple. Si, quand on les « lit » avec la pipette de Photoshop, les couleurs testées ne sont pas identiques à la référence (ou au moins très proches), c'est qu'un problème est intervenu à une étape du traitement de l'image. Sur le même principe, il s'agit ici de comparer les caractéristiques de la charte avec une photo prise avec le D80, afin de déterminer les corrections à apporter pour améliorer le rendu et tendre vers la référence.

Nous avons utilisé ici une charte Color Checker et employé une méthode d'étalonnage que l'on doit à Bruce Fraser. En photographiant cette charte et en analysant les écarts entre les couleurs produites sur l'image et les valeurs de référence, on peut établir des corrections très fines pour parfaire le rendu coloré du boîtier.

Avant de commencer, il faut télécharger un fichier de référence des couleurs de la charte à l'adresse : www.colorremedies.com/realworldcolor/downloads.html. Sélectionnez le fichier Macbeth Color Checker LAB et téléchargez-le ; il se présente sous forme d'une archive zippée qu'il suffit de décompresser pour disposer de l'image de la charte au format TIFF.

Photographier la charte

Réalisez la prise de vue de préférence à la lumière du jour (l'idéal étant de travailler avec deux flashs identiques disposés à 45° de part et d'autre de la charte), en vous assurant que cette dernière est stable et qu'aucun élément situé dans le champ ne crée de reflet ou n'est surexposé. Notez que nombre d'appareils « réagissent » différemment selon la nature de l'éclairage, et le D80 ne déroge pas à la règle : si l'on travaille souvent sous des lumières artificielles (prise de vue sous éclairage tungstène en studio par exemple), on aura tout intérêt à réaliser un étalonnage à la fois en lumière du jour et en lumière artificielle. Dans ce cas, faites systématiquement une mesure personnalisée de la balance des blancs (voir « Personnaliser la balance des blancs » page 170). Même si vous travaillez en RAW et qu'elle n'est pas réellement appliquée à l'image, cette balance des blancs sera « taguée » sur le fichier, ce qui facilitera son traitement puisque ACR saura lire cette information et en tirer parti pour l'affichage par défaut. Surveillez aussi précisément l'exposition : une mauvaise photo donnera à coup sûr un mauvais étalonnage.

Photographiez la charte sous une lumière stable et équilibrée en veillant à laisser assez d'espace autour pour éviter des erreurs dues au vignetage. L'exposition doit être précise ; un bracketing par tiers de diaphragme peut donc s'avérer utile pour choisir après coup la photo la mieux exposée.

On peut photographier la charte plein cadre pour une analyse plus facile (cadrer plus large permet aussi de s'affranchir d'un éventuel vignetage), mais il est également intéressant de disposer d'une autre référence visuelle plus intuitive à interpréter, comme les teintes chair d'un visage. L'essentiel est que la charte soit uniformément éclairée et qu'aucun élément plus clair ou plus brillant que le patch blanc de la charte ne soit présent dans l'image et ne vienne fausser les mesures (notamment dans le paramétrage de l'exposition et du réglage de lumière dans ACR) : si vous photographiez un personnage, par exemple, évitez qu'il porte des vêtements blancs. Une fois la mise en place du sujet et de la charte contrôlée, il ne reste qu'à prendre la photo en format RAW.

Préparer le traitement

La reconnaissance et l'exploitation des fichiers bruts du D80 n'est pas automatique dans Photoshop CS2 (contrairement à CS3), car le module ACR (version 3.6) n'est pas installé d'origine ; c'est à l'utilisateur de le télécharger et de l'installer (voir « Développer ses fichiers RAW avec Photoshop Elements » page 274). Il ne l'est pas non plus dans Photoshop CS, et ACR 3.1 ne fonctionne pas avec cette version qui refuse par conséquent d'ouvrir les RAW du D80. Le calibrage de l'appareil est pourtant possible avec Photoshop CS, moyennant une étape supplémentaire : l'astuce consiste à convertir les fichiers NEF du D80 en fichiers DNG (à l'aide de DNG Converter, voir « Convertir ses fichiers RAW au format DNG » page 302) puisque le DNG, lui, est directement exploitable par ACR dans Photoshop CS. La procédure d'étalonnage est la même avec CS, CS2 ou CS3, à quelques subtilités d'interface près, et la qualité des résultats est similaire.

(Par souci de clarté, nous avons préféré utiliser CS2 pour réaliser les saisies d'écran de ce livre, la version CS3 n'étant encore disponible qu'en version bêta et en anglais au moment du bouclage.)

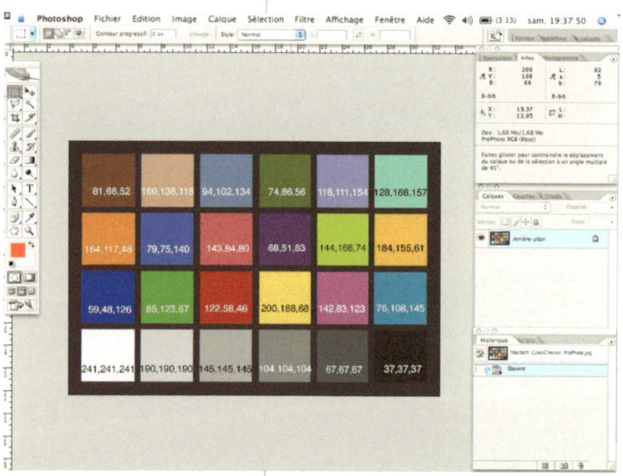

La première étape consiste à ouvrir le fichier de référence de la charte Color Checker dans Photoshop et à le convertir du Lab (son mode couleur d'origine) vers l'espace de travail que vous avez déterminé dans les préférences couleur de Photoshop (Adobe RGB ou sRGB, en général). Pour cela, allez dans le menu Image > Mode > Convertir en profil et choisissez votre espace de travail. Une fois l'image convertie, placez l'outil Pipette de Photoshop sur chaque plage de

Une fois la référence convertie dans votre espace colorimétrique de travail, notez les valeurs de chaque couleur (lues avec l'outil Pipette et la palette Infos de Photoshop) pour faciliter les corrections à venir.

couleur pour en connaître les valeurs. Ces dernières apparaissent dans la palette Infos. Notez qu'il vaut mieux utiliser la pipette en mode Moyenne 5 × 5 pixels, car la mesure ne se fait pas sur un unique pixel mais sur un carré de 5 × 5 pixels afin d'éviter les erreurs et les pixels aberrants (bruit, entre autres). Reportez ensuite les valeurs sur la référence grâce à un calque de texte, puis réduisez l'affichage de la charte de façon à pouvoir visualiser sur l'écran à la fois la référence et le fichier à traiter.

Réglages de base

À ce stade, vous devez disposer à l'écran de la référence légendée et de l'image à corriger. Grâce aux différents réglages d'ACR, il faut harmoniser cette image à la référence : on s'en approchera au maximum, mais chercher une équivalence numérique parfaite est utopique et inutile. En deçà d'un certain seuil (qui varie d'une couleur à une autre), l'œil est en effet incapable de différencier deux nuances proches. Un décalage de quelques points n'a donc rien de catastrophique ; on évitera juste de dépasser 5 ou 7 points.

La première chose à vérifier est que l'espace colorimétrique de la référence et celui de destination de l'image convertie sont bien les mêmes : le premier est déterminé dans les préférences couleur de Photoshop, le second dans le coin en bas à gauche de la fenêtre d'ACR sous (l'étonnante) appellation « Distance ». On effectue ses corrections en se contentant dans un premier temps des réglages offerts par l'onglet Réglages. En s'aidant des valeurs numériques (de la référence et de l'image en cours de traitement), on modifie le réglage de l'exposition jusqu'à obtenir une équivalence satisfaisante entre les plages blanches des deux chartes.

On clique ensuite sur le gris le plus clair de la charte avec l'outil Balance des blancs (la pipette grise en haut à gauche de la fenêtre) avant de modifier le réglage de luminosité pour ajuster au mieux les valeurs des deux gris intermédiaires sur l'image à corriger. On peut enfin affiner le rendu des nuances les plus sombres et le contraste général de l'image avec les onglets Tons foncés et Contraste.

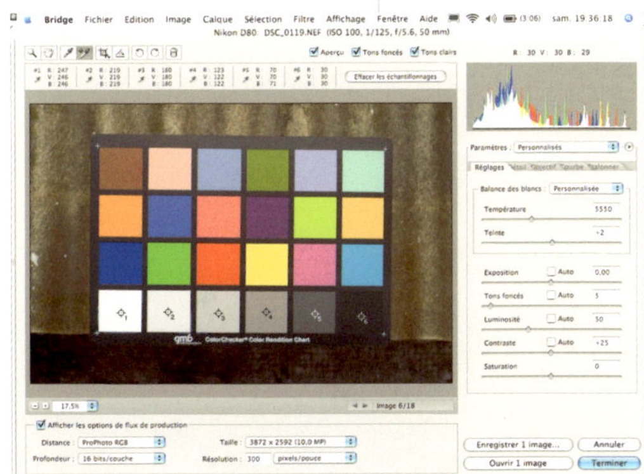

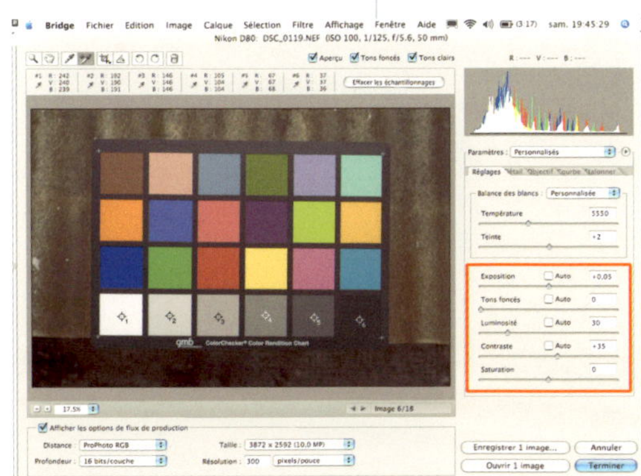

Il faut correctement régler dans un premier temps la dynamique et la densité de l'image. Des points d'échantillonnage sur les plages grises assurent un certain confort, mais n'évitent pas quelques tâtonnements pour rapprocher les valeurs de celles de la charte de référence.

Attention aux courbes dans CS2 et CS3

Dans Photoshop CS2, évitez la modification des courbes qui risque de compliquer les corrections aux étapes qui suivent. Nos tests avec la bêta de CS3 n'ont pas montré d'amélioration de qualité quand on joue avec les réglages de teinte, de saturation et de vibrance ; cela reste à confirmer avec la version définitive, mais nous déconseillons *a priori* l'utilisation de ces outils (un bon étalonnage des canaux Rouge, Vert et Bleu autorise déjà une amélioration sensible du rendu et des couleurs). Dans le même ordre d'idées, veillez à ne pas utiliser la récupération des hautes lumières, préférez faire une nouvelle prise de vue, les résultats seront plus fiables.

On peut s'aider en disposant sur la photo à corriger quelques points d'échantillonnage des couleurs (grâce à une sorte de pipette qui peut afficher simultanément les mesures de plusieurs points sur l'image) et en comparant les informations avec les valeurs de référence de la charte.

À ce stade, les tâtonnements sont nombreux, la modification d'un paramètre entraînant souvent le décalage d'un autre… Bien qu'agaçant, ceci est parfaitement normal ; l'important est d'obtenir une équivalence correcte de densité et de dynamique (entre la charte et l'image en cours d'étalonnage) pour faciliter le travail ultérieur, même si le rendu est encore assez « plat ». Il est conseillé de ne pas modifier la saturation de façon globale. Avec les trois curseurs dédiés du menu d'étalonnage (voir ci-après), la précision sera bien plus grande et permettra de travailler couche par couche en rouge, vert et bleu.

L'onglet Étalonner

Une fois densité et contraste général réglés, on peut passer sur l'onglet Étalonner d'ACR (dans Photoshop CS, il ne s'affiche que si vous activez l'option Avancé juste au-dessus de l'histogramme de l'image). Cet onglet propose différents curseurs : le premier gère la teinte des tons foncés et les six autres la teinte et la saturation de chacune des trois composantes Rouge, Vert et Bleu.

Vérifiez d'abord la teinte des ombres en utilisant la pipette sur la plage noire de la charte. Elle doit être neutre, c'est-à-dire que les valeurs de rouge, de vert et de bleu doivent être équivalentes. Si ce n'est pas le cas, un réglage positif du curseur qui gère la teinte des tons foncés fera virer l'image vers le rouge ; un réglage négatif donnera plutôt du vert. Normalement, la neutralité de cette plage noire est assez juste à ce stade, et si une correction est encore nécessaire, elle devrait être minime (sinon, mieux vaut passer par l'onglet Réglages vu précédemment).

Pour régler teinte et saturation dans chaque composante, armez-vous de patience et concentrez-vous sur les plages rouge, verte et bleue de la charte. Placez sur chacune deux points

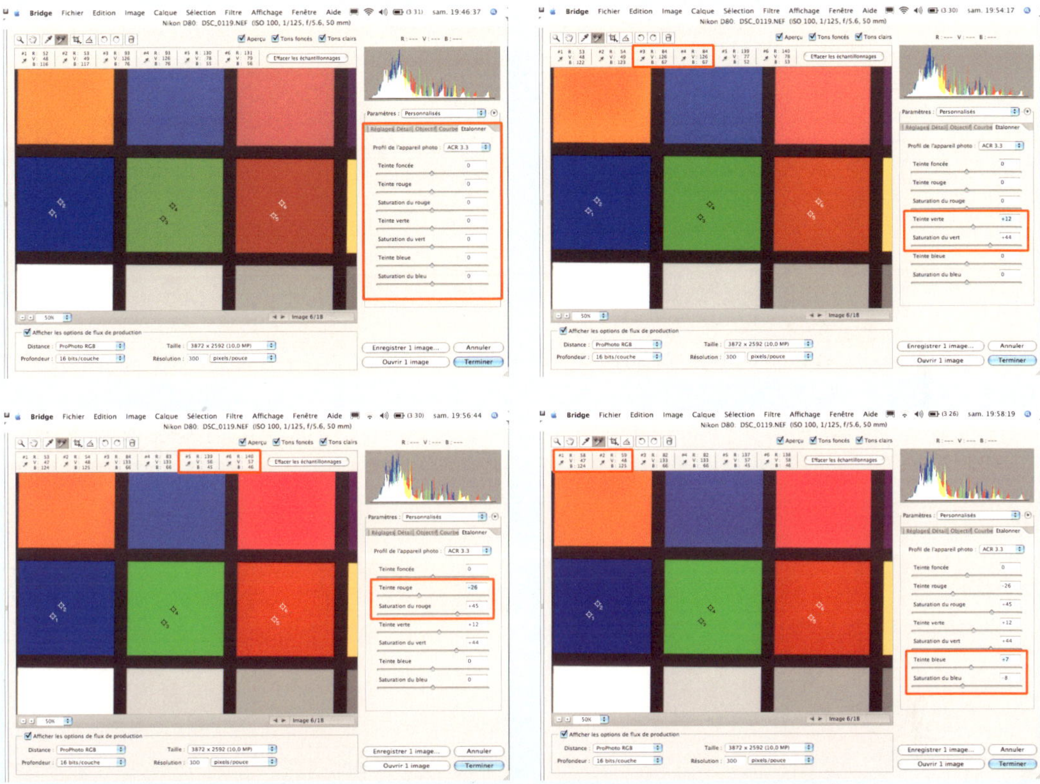

Même si elle semble complexe à première lecture, la logique de réglage de la teinte et de la saturation de chaque couleur est assez simple. On tolérera quelques points de décalage entre la référence et la charte photographiée. Avec un peu de patience et quelques tâtonnements, on peut obtenir de très bons résultats.

d'échantillonnage de couleur : ils donneront des valeurs voisines mais légèrement différentes (faites-en une moyenne pour plus de précision). La logique des corrections n'est pas toujours évidente et une modification sur une couleur a toujours un effet indésirable sur les deux autres, ce qui entraîne quelques minutes de tâtonnements nerveux…

La plage verte est la plus critique, car c'est la couleur à laquelle l'œil est le plus sensible. Comparez visuellement les teintes de la plage verte de référence et celles de la charte à étalonner ; il est utile de s'aider des valeurs numériques pour comprendre la logique de correction. Un réglage de teinte positif sur la couche verte modifie les valeurs numériques du bleu et du rouge de cette même couche : le bleu augmente tandis que le rouge diminue. Inversement, quand on adopte un réglage de teinte verte négatif, la valeur de bleu diminue tandis que celle de rouge augmente. La valeur de vert, elle, doit rester stable.

Il est aussi nécessaire de corriger la saturation de la couche verte. Là encore, seules les valeurs du bleu et du rouge seront modifiées. Une augmentation de la saturation du vert réduit d'autant les valeurs de rouge et de bleu alors qu'un décalage négatif les augmente dans les mêmes proportions.

Ne perdez pas de vue que les valeurs RVB des plages disponibles sur le fichier sont issues de moyennes et que votre propre charte peut présenter un très léger décalage par rapport à cette moyenne. Il ne sert à rien d'essayer d'obtenir une équivalence numérique parfaite : c'est pratiquement impossible. Mieux vaut comprendre la logique de cette correction et les interactions entre les couches pour tendre vers les valeurs de la référence.

Une fois la couche verte grossièrement calée, passez à la couche rouge, puis à la couche bleue en procédant par petites touches : vous remarquerez sans doute que la modification d'une couche a toujours un effet sur les deux autres, mais avec un peu de patience et en opérant par dichotomie, on peut arriver à des résultats assez proches de la référence.

Enregistrer ses réglages

Une fois ce paramétrage effectué, il suffit de cliquer sur l'onglet d'enregistrement des réglages et de sélectionner l'option « Enregistrer le sous-ensemble de paramètres » pour le mémoriser. L'écran suivant propose la sélection des paramètres de ces sous-ensembles ; dans le cas présent, seul l'onglet Étalonner est à activer. Il faut impérativement décocher tous les autres avant de valider faute de quoi tous les réglages seraient enregistrés de concert, ce qui entraînerait de nombreuses déconvenues. Les paramètres d'exposition, contraste, tons foncés, etc., n'ont en effet été appliqués ici que pour atteindre plus facilement une équivalence entre les deux chartes. En aucun cas ces paramètres ne seront valables pour d'autres images – seul l'étalonnage des couleurs le sera.

Pour appliquer ces réglages sur les images qui suivent, il suffit de faire défiler les options du menu Paramètres et de choisir l'intitulé correspondant à l'étalonnage enregistré. Densité, contraste et dynamique resteront paramétrables manuellement ; les couleurs, elles, seront corrigées automatiquement. Bien entendu, ce réglage peut être affiné et corrigé en fonction de vos goûts et des résultats que vous aurez obtenus après quelques nouvelles conversions de fichiers, mais ne perdez pas de vue qu'à moins d'être correctement et régulièrement calibré, l'affichage d'un écran est trop imparfait pour que vous puissiez parfaitement juger de corrections subtiles.

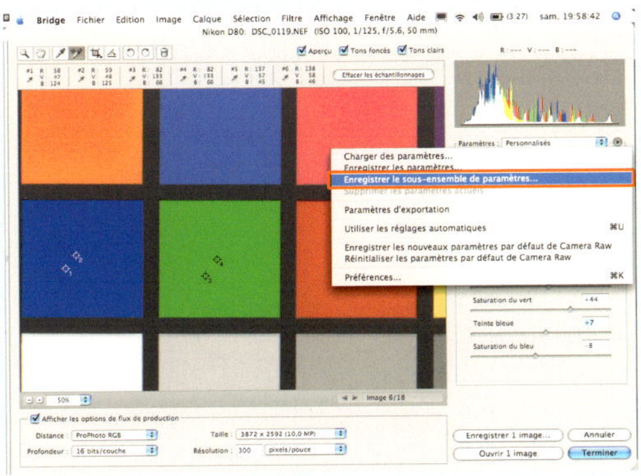

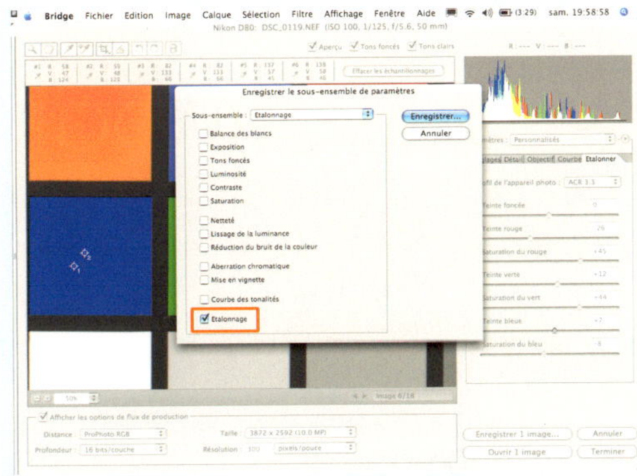

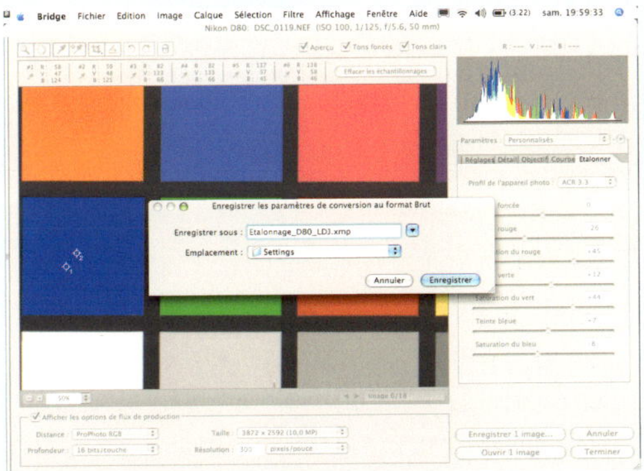

Il est conseillé de donner un nom assez explicite au réglage (boîtier, optique et type de lumière utilisés par exemple) pour savoir facilement à quoi correspondent les paramètres avant de les appliquer. Les perfectionnistes réaliseront sans doute un étalonnage par type de lumière pour mieux affiner encore le rendu en lumière du jour et en tungstène, mais cela n'est en aucun cas une obligation. En revanche, il est conseillé de réaliser cet étalonnage pour chacun de ses objectifs (à une seule focale dans le cas d'un zoom).

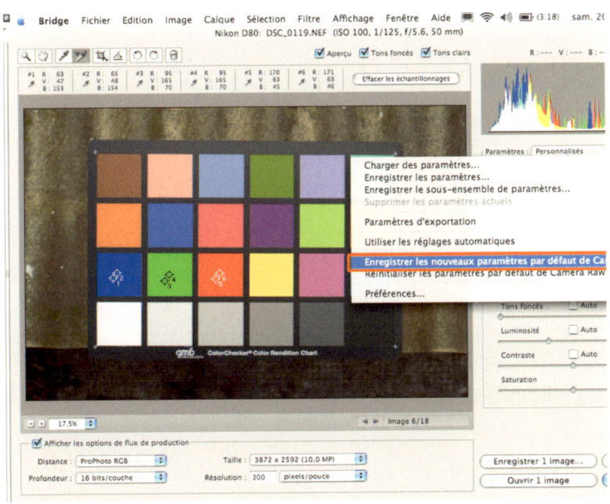

Il est possible de faire appliquer automatiquement cet étalonnage à Photoshop en remplaçant les valeurs par défaut, dès qu'une photo du D80 est ouverte. Une fois tous les paramètres de correction à des valeurs moyennes, appliquez l'étalonnage puis cliquez sur le triangle d'options de la palette. Sélectionnez ensuite « Enregistrer les nouveaux paramètres par défaut de Camera RAW ».

Accessoires incompatibles avec le D80

Le D80 a beau présenter une compatibilité mécanique étendue avec des objectifs et accessoires Nikon anciens, certains d'entre eux ne doivent pas être montés sur le boîtier qui risque dans certains cas de se voir sérieusement endommagé.

Accessoires et objectifs incompatibles avec le D80 :

- téléconvertisseur AF TC-16A ;
- objectifs non AI (montures F) ;
- objectifs nécessitant l'unité de mise au point AU-1 (400 mm f/4,5 ; 600 mm f/5,6 ; 800 mm f/8 ; 1 200 mm f/11 ;
- fisheye (6 mm f/5,6 ; 8 mm f/8 ; OP 10 mm f/5,6) ;
- 21 mm f/4 (ancien modèle) ;
- bagues K2 ;
- ED 180-600 mm f/8 (numéros de série entre 174031 et 174180) ;
- ED 360-1 200 mm f/11 (numéros de série entre 174031 et 174127) ;
- 200-600 mm f/9,5 (numéros de série entre 280001 et 300490) ;
- objectifs pour le F3AF (80 mm f/2,8, 200 mm f/3,5 ; téléconvertisseur TC-16) ;
- PC 28 mm f/4 (numéros de série 180900 ou antérieur) ;
- PC 35 mm f/2,8 (numéros de série entre 851001 et 906200) ;
- PC 35 mm f/3,5 (ancien modèle) ;
- 1 000 mm f/6,3 Reflex (ancien modèle) ;
- 1 000 mm f/11 Reflex (ancien modèle, numéros de série entre 142361 et 143000) ;
- 2 000 mm f/11 Reflex (numéros de série entre 200111 et 200310).

Décrypter les tests de la presse spécialisée

Choisir un objectif est toujours délicat. Une fois ses besoins déterminés en termes de focale (fixe ou zoom) et d'ouverture, il reste difficile de se fixer sur une marque et un modèle car, si leurs fiches techniques peuvent sembler équivalentes, un objectif n'est jamais idéal et résulte toujours d'un compromis. Il est donc nécessaire de déterminer celui qui nous convient le mieux grâce aux tests de la presse spécialisée. *Réponses Photo* et *Chasseur d'images*, notamment, sont là pour vous aider à condition de comprendre les paramètres pris en compte, car la note attribuée à chaque optique testée ne doit pas être votre seul critère d'achat.

Même si les logiciels corrigent de plus en plus les défauts optiques, il est bon de noter que certains sont pratiquement impossibles à corriger manuellement. En revanche, quelques aberrations se « rattrapent » facilement en post-traitement, ce qui permet de pondérer l'importance d'un défaut par rapport à un autre lors de la consultation des tests publiés ou disponibles sur Internet. Un tableau récapitulatif à la fin de cette annexe vous aidera à déterminer les points les plus critiques dont il est bon de tenir compte avant d'investir.

Attention

Vérifiez toujours que les tests que vous consultez ont été réalisés avec un D80 (ou un D200 équipé d'un capteur sensiblement identique). Il est en effet assez courant que les optiques offrent des performances différentes selon le boîtier sur lequel elles sont montées. La plupart du temps, les différences restent assez subtiles, mais elles peuvent dans certains cas être significatives.

Le piqué et la netteté

C'est sans doute une des qualités principales que l'on recherche dans une optique. Le piqué caractérise la sensation de netteté et de « croustillant » que l'on peut ressentir en observant l'image. Un objectif doté d'un faible piqué (on le dit « mou » dans le jargon) donnera des images dont les plus fins détails ne sont pas correctement restitués… quand ils ne sont pas tout bonnement imperceptibles. Cette sensation de netteté est tributaire de l'ouverture de diaphragme aussi, dans les tests, les journalistes publient toujours ces résultats en fonction de ce paramètre, sous forme de courbes ou d'histogrammes.

Vous remarquerez que, pour chaque ouverture, les mesures sont réalisées à la fois au centre et sur les bords de l'image. En effet, les lois de l'optique font qu'il est assez aisé d'obtenir de bons résultats au centre, mais que ceux-ci se dégradent vers la périphérie de la photo. Plus qu'un piqué atteignant des records, il est conseillé de rechercher les objectifs les plus homogènes possibles. Dans la grande majorité des cas, les résultats progressent à mesure que l'on ferme le diaphragme avant de décroître au-delà d'une certaine valeur. Le piqué dans les coins suit peu ou prou la même logique.

Quoi qu'en disent certains, la correction de netteté par logiciel ne fait pas de miracle. Si l'on peut assez facilement accentuer artificiellement la sensation de piqué (voire tendre à homogénéiser les bords et le centre avec les corrections offertes par DxO Optics Pro), une accentuation logicielle (dans le boîtier ou en postproduction) ne pourra malheureusement que corriger un manque de micro-contraste et faire ressortir certains détails – et en aucun cas « inventer » des éléments que l'objectif n'a pas pu restituer. De plus, une accentuation logicielle non maîtrisée « signe » les photos et ajoute plus de défauts qu'elle n'améliore le rendu.

Notez que les focales fixes présentent souvent un meilleur piqué que les zooms et que ces derniers ont des performances différentes selon la focale utilisée. C'est pourquoi on trouve dans ce cas différents graphiques correspondant aux principales focales du zoom testé.

Ces essais sur mire montrent la restitution de la netteté. Le premier détail correspond à celui d'une bonne optique au piqué élevé, le second à celui d'un objectif de piètre qualité : l'image est molle et les fins détails ne sont pas restitués. (Mire © Vincent Luc)

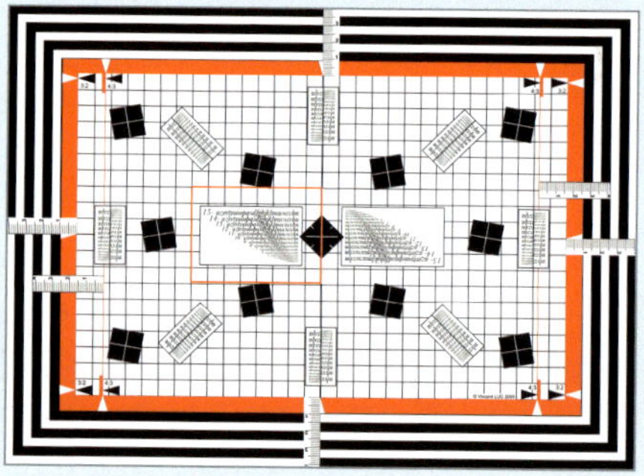

La distorsion

La distorsion est un défaut qui affecte la géométrie de l'image. Dans l'absolu, si elle est absente et que l'on photographie de face un objet ou un monument aux lignes parallèles, celles-ci doivent être parfaitement parallèles sur la photo.

La distorsion va transformer une ligne droite en courbe. (Attention cependant à ne pas confondre la distorsion et la modification de la perspective : cette dernière est naturelle, elle intervient dès lors que le plan du capteur et celui de la face du sujet ne sont pas parallèles et conduit à l'obtention de fuyantes sur l'image). Souvent présente sur les grands-angulaires et sur les zooms, la distorsion peut se manifester sous différentes formes : en barillet (ou tonneau) ou en coussinet. Certaines optiques montrent même une combinaison des deux défauts : on parle alors de distorsion « en moustache ». Dans la majorité des cas (reportage, portrait, photo animalière, etc.), la distorsion passera inaperçue. Mais dès que le cadrage laisse apparaître des lignes (graphisme, architecture, etc.), elle peut se montrer très gênante.

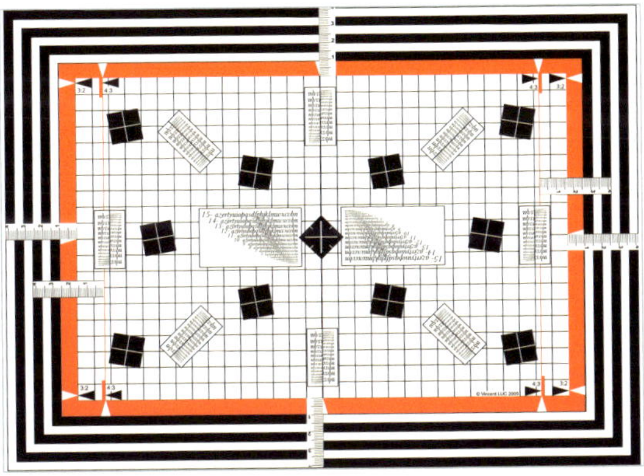

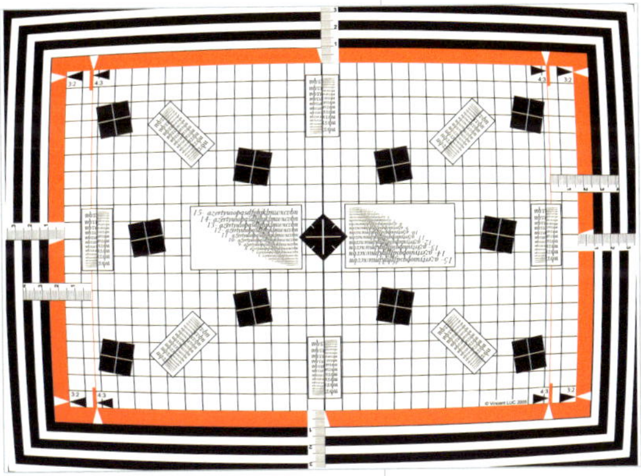

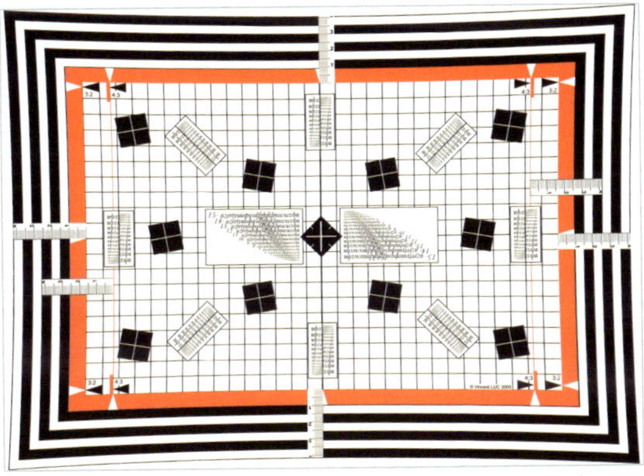

La première mire présente une géométrie idéale, la seconde montre l'effet d'une distorsion en barillet, la dernière celui d'un déformation en coussinet. Il arrive que les deux effets soient mêlés, on parle alors de « distorsion en moustache ».
(Mire © Vincent Luc)

Dans les tests optiques, la distorsion est généralement exprimée en pourcentage. On considère qu'en deçà de 1 %, elle est pratiquement imperceptible, qu'elle est moyenne à 2 % et qu'au-delà de 3 %, elle est gênante. Une valeur positive indique une distorsion en barillet ; une valeur négative une distorsion en coussinet.

La correction de ce défaut est possible avec des outils comme le filtre Correction de l'objectif de Photoshop CS2 ou CS3, mais ces retouches restent manuelles et assez sommaires, inefficaces sur une distorsion en moustache par exemple. D'autres outils, comme PT Lens, permettent une correction semi automatisée moyennant une caractérisation de l'objectif, mais sur un zoom la distorsion est tributaire de la focale utilisée, ce qui complique la tâche. Ainsi, il arrive qu'on obtienne en position grand-angle une distorsion en coussinet qui se transforme progressivement en barillet au fur et à mesure que la focale s'allonge, rendant sa correction manuelle complexe. La seule façon de redonner simplement et efficacement une géométrie idéale à l'image est l'utilisation du logiciel DxO Optics Pro, à condition bien sûr que l'objectif à corriger soit intégré dans sa base de données (voir « Corriger ses images avec DxO Optics Pro » page 296).

Les aberrations chromatiques

Les aberrations chromatique se manifestent par une frange colorée sur les contours du sujet (souvent verte d'un côté, magenta de l'autre, voire bleu-jaune dans les cas les plus prononcés). Elles sont assez fréquentes à la périphérie de l'image, sur des objectifs grands-angles comme sur des longues focales ou des zooms, et sont dues à des défauts de réflexion et de transmission du verre. En simplifiant le phénomène, on peut dire que les principales composantes de la lumière (le bleu, le vert et le rouge) ne convergent pas en un même point, ni sur un même plan, car l'indice de réfraction du verre est tributaire de la longueur d'onde (donc de la couleur) de la lumière. L'image bleue a ainsi tendance à se former en avant de l'image verte, elle-même formée en avant de l'image rouge. Les lentilles asphériques et les verres à faible dispersion (dits « ED » chez Nikon) réduisent ce décalage entre les images, mais celui-ci est rarement nul.

En pratique, le phénomène est très courant et déjà bien connu en photo argentique. Mais si la diffraction dans les couches du film a tendance à « lisser » son effet et le rendre moins perceptible, il est couramment flagrant en photo numérique, et ce d'autant plus que l'on travaille à grande ouverture. L'aberration chromatique s'amenuise généralement quand on ferme le diaphragme.

Sa correction sur les images est possible si l'on travaille en format RAW. En effet, la plupart des logiciels de développement disposent d'outils adaptés et faciles à utiliser grâce à un contrôle visuel de leur effet. Sur des fichiers JPEG, la réduction est plus complexe puisque l'image a été convertie et compressée ; des pertes de netteté sont donc assez courantes.

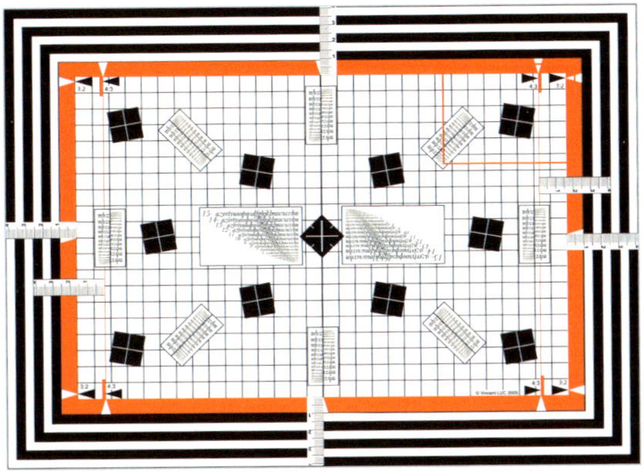

Les aberrations chromatiques sont très visibles non seulement sur la mire, mais aussi sur les images quand un contour ou un élément tranche avec un fond (un fil électrique sur un ciel bleu par exemple). Le premier exemple présente une aberration chromatique convenablement corrigée, le second montre un défaut prononcé. (Mire © Vincent Luc)

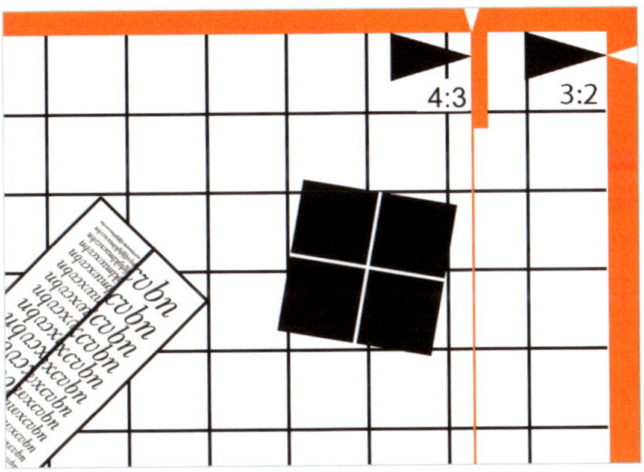

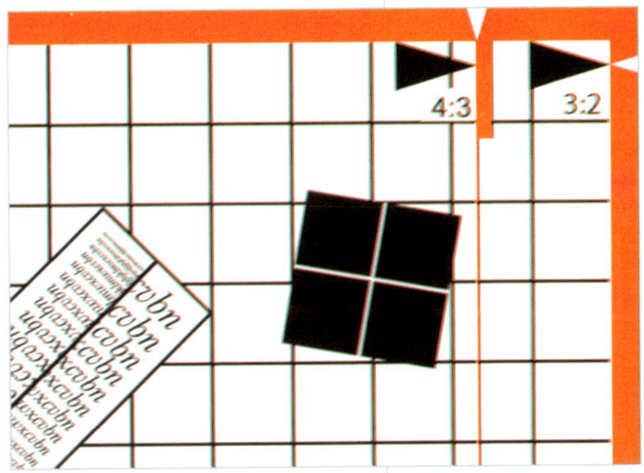

Malgré tout, *via* des algorithmes complexes, DxO Optics Pro autorise une réduction automatisée très efficace si sa base de données dispose du couple objectif-boîtier considéré.

Si la correction logicielle fonctionne efficacement dans la majorité des cas, l'utilisation d'objectifs à décentrement et bascule pose problème. En effet, lorsque les mouvements de décentrement et/ou bascule sont employés, le décalage des images en bleu, vert et rouge devient alors irrégulier et n'est plus centré par rapport à l'image. Il se trouve d'autant plus marqué que le décentrement et/ou la bascule sont importants. Les aberrations peuvent donc être très prononcées sur un côté de l'image et pratiquement absentes sur l'autre. Dans ces conditions, aucun outil n'est encore en mesure d'assurer une correction efficace et la seule solution reste une longue et fastidieuse phase de retouche manuelle. Ceci est très gênant, notamment quand on réalise des panoramiques avec un objectif à décentrement.

Le vignetage

Ce que l'on appelle « vignetage » est une réduction de la luminosité des coins de l'image. C'est un des défauts les plus classiques des objectifs : plus l'ouverture de diaphragme est grande, plus son effet est visible. Le vignetage est réputé gênant en paysage, mais étant donné que l'on privilégie souvent la profondeur de champ, donc un diaphragme assez fermé, il est très souvent négligeable. De plus, il reste assez facile à corriger avec la majorité des logiciels de retouche (manuellement ou de façon automatisée).

Le vignetage peut aussi être dû à un pare-soleil inadapté ou, avec un très grand-angle, à une monture de filtre trop épaisse qui occulte les bords du champ. Dans ce cas, la seule solution est le recadrage, car ce type de vignetage est trop prononcé pour être efficacement réduit par un logiciel. Il est évidemment nécessaire, une fois le défaut constaté, de démonter le filtre ou le pare-soleil inadapté.

Pour bien des photographes, ce « défaut » n'en est pas vraiment un. Cet assombrissement des coins est en effet souvent intéressant pour « fermer » l'image. Il est d'ailleurs assez courant qu'on accentue volontairement le vignetage sur les photos pour concentrer le regard du spectateur sur le sujet.

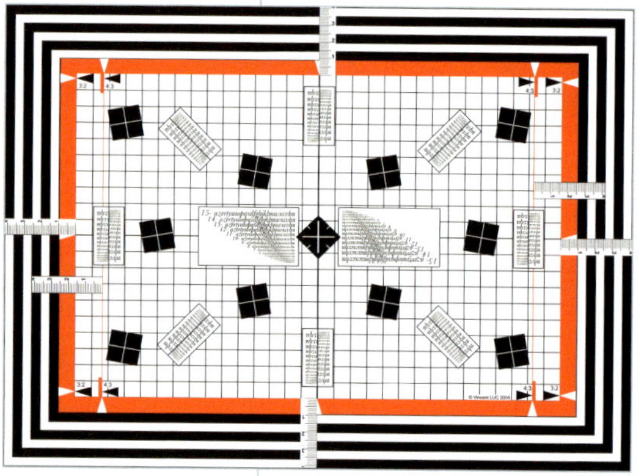

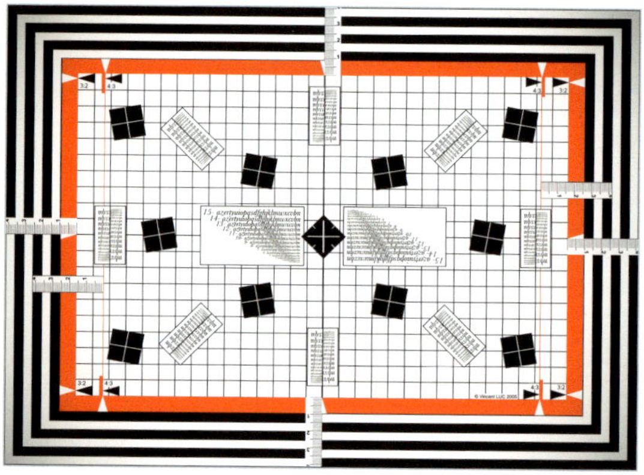

Quand on utilise un objectif à pleine ouverture, il arrive souvent que les coins de l'image soient assombris : c'est le vignetage. Notez qu'avec un D80, il est réduit avec les optiques en monture « classique » puisque le petit capteur n'exploite que le centre de l'image projetée. Avec les objectifs DX, dont le cercle de couverture est plus petit, le défaut reste cependant courant. (Mire © Vincent Luc)

Traitement de surface des lentilles et flocage interne

Ce point ne figure que très rarement dans les tests, car sa caractérisation et la quantification des défauts sur les images sont très difficiles. Le traitement de surface comme le flocage interne et les « chicanes » de l'objectif visent à réduire au maximum les réflexions de lumière parasite aboutissant au flare. Sachez seulement que le numérique est sur ce point bien plus exigeant que l'argentique. Certaines optiques un peu anciennes, pourtant satisfaisantes sur un reflex argentique, peuvent ainsi donner des résultats décevants.

Les traitements de surface et autres revêtements dits « multicouches » ont énormément progressé depuis quelques années. Notez juste que, quel que soit le constructeur, un objectif « optimisé pour le numérique » dispose d'un traitement *a priori* plus efficace qu'un objectif ancien. Quoi qu'il en soit, pour limiter le flare, même avec un objectif moderne, l'utilisation d'un pare-soleil adapté est indispensable.

En photo de nuit, quand une source lumineuse est située dans le champ, il arrive assez fréquemment qu'elle produise des reflets gênants. Si le traitement des surfaces des lentilles et le flocage interne sont efficaces, ils seront limités, mais dans le cas contraire, leur effet se montrera très ennuyeux et pourra se trouver amplifié par l'utilisation d'un filtre anti-UV (voir « Maîtriser les filtres utiles » page 230).

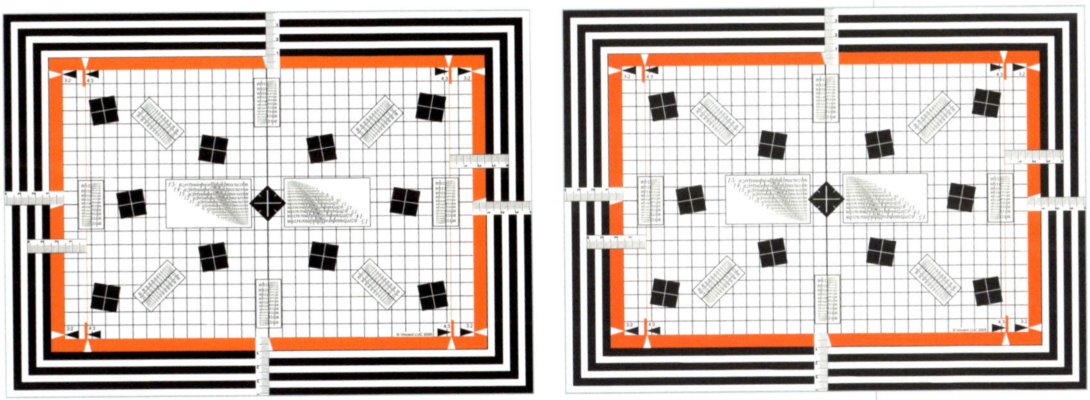

Un traitement de surface déficient ou non optimisé pour le numérique peut laisser apparaître un taux de flare prononcé et des aberrations chromatiques élevées. Le contraste peut se voir assez réduit du fait de la plus forte influence de la lumière parasite sur les zones les plus denses. (Mire © Vincent Luc)

Défaut optique	Possibilité de correction en JPEG	Possibilité de correction en RAW	Outil(s) préconisé(s)
Manque de piqué	Assez difficile	Assez difficile	L'outil Accentuation de Photoshop peut révéler certains détails, mais n'inventera pas l'information manquante. L'harmonisation du piqué centre/bord de DxO Optics Pro est unique et améliore l'homogénéité de l'optique mais ne fait pas de miracle si l'objectif est médiocre.
Distorsion	Moyenne	Élevée	La correction manuelle avec Photoshop ou PT Lens est satisfaisante, mais longue. Attention, sur un fichier JPEG on peut faire apparaître des défauts de compression. DxO Optics Pro propose la meilleure qualité de correction ; celle-ci est automatique avec les optiques compatibles.
Aberrations chromatiques	Moyenne	Excellente	En JPEG, la correction est assez délicate car elle modifie la structure même de l'image. En RAW, les résultats sont excellents. Pratiquement tous les logiciels de développement proposent un outil adapté, manuel ou automatisé comme dans DxO Optics Pro.
Vignetage	Moyenne	Élevée	La correction du vignetage reste délicate sur un fichier JPEG puisqu'elle ré-éclaircit le pourtour de l'image et laisse apparaître du bruit. En RAW, les résultats sont meilleurs ; pratiquement tous les logiciels proposent une correction de ce défaut.
Flare	Moyenne à nulle	Moyenne à nulle	Le flare uniforme peut se rattraper grâce à une gestion du niveau des ombres *via* l'histogramme d'un logiciel de retouche. Le flare non uniforme dû aux reflets des sources lumineuses en photo de nuit est, lui, pratiquement impossible à corriger.

Tableau récapitulatif des principaux défauts optiques et de leurs possibilités de correction logicielle.

Mettre son firmware à jour

Le firmware est le logiciel interne du boîtier. C'est lui qui détermine comment recueillir, interpréter et convertir toutes les informations que reçoit l'appareil lors de la mesure de l'exposition, de la balance des blancs, de la mise au point, etc. C'est aussi lui qui pilote le processeur de traitement de l'information issue du capteur, donc la gestion du bruit, de l'amplification du signal… C'est dire si cet élément est important, un peu comme l'est le système d'exploitation pour un ordinateur. Comme en informatique, il arrive que des bugs résiduels entraînent des dysfonctionnements de l'appareil, soit parce que l'empressement de la marque à commercialiser le boîtier n'a pas laissé le temps aux ingénieurs de totalement les corriger, soit parce que certains de ces dysfonctionnements éventuels n'ont pas été détectés.

Voilà pourquoi les constructeurs – Nikon comme les autres – proposent la mise à jour de ce firmware pour corriger certains bugs ou pour améliorer certaines performances de l'appareil, tant que celles-ci peuvent être corrigées de façon logicielle.

Consulter la version du firmware de son D80 via le menu Configuration (voir mode d'emploi page 108) est très simple. L'appareil contient en réalité deux firmwares : A est la version du firmware du processeur principal, B est la version du firmware du processeur Risc. Elles devront être mises à jour en deux temps.

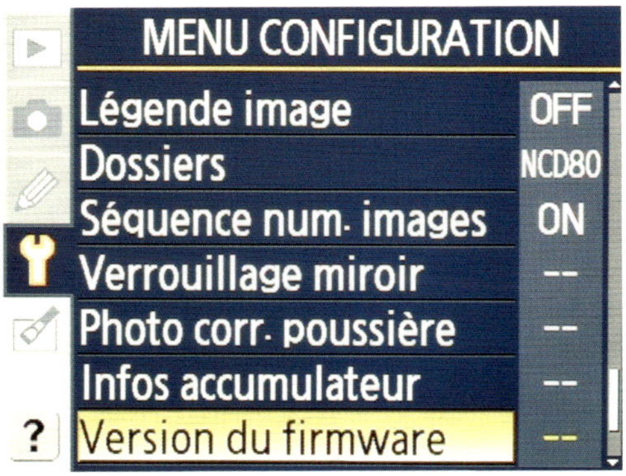

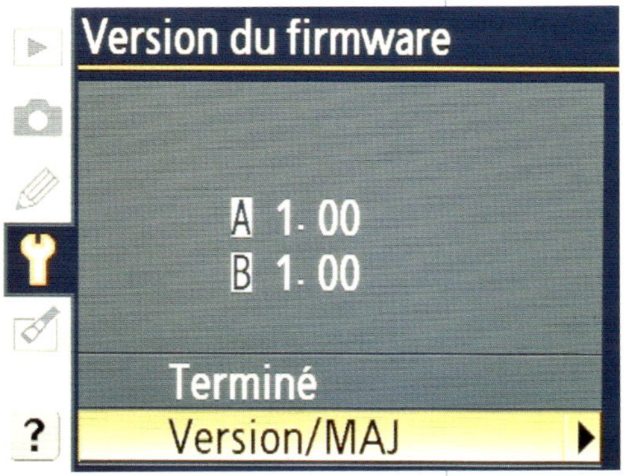

Quand mettre à jour ?

Avant une mise à jour, le premier point à contrôler est la version installée dans son appareil : elle est affichée dans le menu dédié du boîtier (voir mode d'emploi page 108). Chez Nikon, ce firmware est en deux parties, appelées « A » et « B », suivis d'un chiffre.

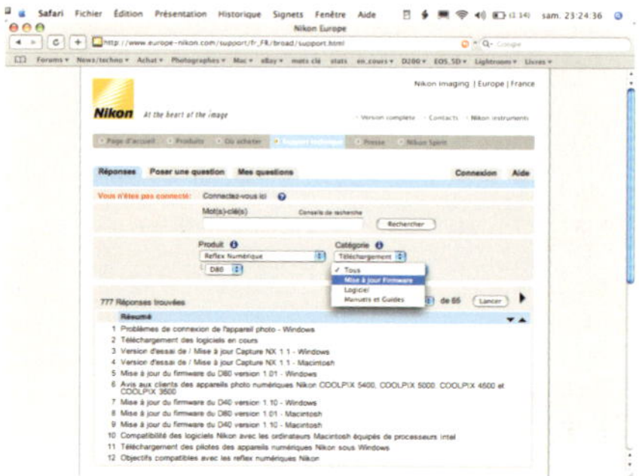

Pour savoir si une mise à jour du firmware de son appareil est disponible ou non, il suffit de s'inscrire sur le site Internet de Nikon et de consulter le Support technique, rubrique Téléchargements. Une fois enregistré, il ne vous reste qu'à sélectionner l'appareil concerné pour connaître la disponibilité ou non d'une mise à jour.

Sur le boîtier dont nous avons disposé pour écrire ce livre, on lisait :

Actuelle
A : 1.00
B : 1.00

Si la version installée dans votre boîtier est antérieure à celle disponible sur Internet, il est possible de la mettre à jour. Sur le site de Nikon, une page propre à chaque mise à jour liste les améliorations qu'elle apporte : elles peuvent aller de la simple correction de traduction de menus à des modifications plus poussées (voir encadré pour la version 1.01).

Notez que « rater » une version n'est pas grave, car les mises à jour contiennent toujours les modifications antérieures : on peut donc passer directement d'une version 1.01 à une version 1.03. Cette nomenclature à 3 chiffres indique l'importance de la version, un peu à la manière des chapitres et sous-chapitres d'un livre. Passer de la version 1.XX à la 2.XX est donc une progression majeure, qui peut modifier les performances de l'appareil de façon notable, alors que passer de la version X. X1 à la X. X2 est une mise à jour mineure qui ne corrigera sans doute que quelques bugs.

Améliorations apportées par la version 1.01 du firmware du D80

- L'indicateur analogique de l'état d'exposition (situé dans le viseur) précise désormais si la luminosité du sujet dépasse les limites du contrôle d'exposition de l'appareil photo. Cette indication s'affiche en mode Auto programmé (P), Auto à priorité vitesse (S) ou Auto à priorité ouverture (A) si le flash intégré est sorti.
- Amélioration des effets du traitement effectué lorsque l'option Réduction du bruit du menu Prise de vue est activée.
- Avant cette version 1.01, si l'utilisateur tentait de retoucher des images à l'aide du menu Retouche du D80 alors que ces images avaient déjà été modifiées sur ordinateur, l'appareil photo se bloquait dans certaines circonstances. Il est désormais impossible de retoucher depuis le boîtier les images préalablement modifiées sur ordinateur.
- Corrections d'erreurs présentes dans les menus anglais, polonais et suédois.

Comment mettre à jour ?

Le principe est assez simple et il ne faut pas s'effrayer du nombre de pages de mise en garde que peut contenir le site Internet de Nikon ! Réaliser cette mise à jour n'est pas anodin, mais si l'on prend les précautions d'usage, les risques de « plantage » ne sont pas si élevés et l'opération n'est pas plus compliquée que l'installation d'un logiciel sur un ordinateur.

Dans un premier temps, téléchargez le fichier de mise à jour pour le rapatrier sur votre ordinateur. Notez que même si votre D80 n'a rien à voir avec Windows ou Mac OS, le site de l'éditeur propose souvent deux versions du fichier, une pour Mac et une pour PC. Téléchargez bien la version qui correspond à votre système d'exploitation, sinon votre ordinateur ne pourra pas la décompresser. Sur Mac, l'opération est automatique ; sur PC, elle est manuelle (il faut double-cliquer sur le fichier exécutable téléchargé).

La mise à jour des deux firmwares doit impérativement se faire en deux fois, selon les instructions fournies sur le site. Une fois les fichiers téléchargés, on enregistre d'abord le premier sur une carte mémoire préalablement formatée dans l'appareil grâce au menu idoine (l'utilisation d'un lecteur de cartes n'est pas obligatoire mais elle reste conseillée ; on peut cependant passer par la connexion directe du boîtier sur l'ordinateur en mode USB Mass Storage). Il est impératif de n'enregistrer qu'un fichier à la fois à la racine de la carte, sans l'inclure dans quelque répertoire que ce soit. Il suffit ensuite d'insérer la carte dans l'appareil équipé de l'adaptateur secteur ou d'une batterie parfaitement chargée (l'opération sera d'ailleurs impossible si l'accu n'est pas plein) : une mise hors tension accidentelle de l'appareil en cours de mise à jour entraînerait en effet de sérieux problèmes que seul le SAV saurait résoudre en réinstallant un firmware complet dans l'appareil (un peu comme un PC qui refuse de démarrer et sur lequel il faut réinstaller Windows).

Une fois la carte dans l'appareil, il ne reste qu'à mettre ce dernier sous tension et à sélectionner l'onglet Version du firmware du menu Configuration. Le boîtier propose alors de passer d'une version à l'autre ; il ne reste plus qu'à valider pour que la mise à jour s'effectue.

Pendant la durée de la mise à jour (4 bonnes minutes), il est conseillé de ne toucher à rien avant d'y être invité. À la fin du processus, un message confirme le bon déroulé de l'opération. Il ne reste qu'à éteindre le D80 et à le rallumer. On peut ensuite reprendre les opérations pour la seconde partie du firmware (formatage de la carte, copie du second fichier de mise à jour sur la carte et mise à jour à proprement parler). Une fois l'appareil ré-éteint puis rallumé, il est possible de vérifier la version active dans le menu Configuration du boîtier, pour se rassurer.

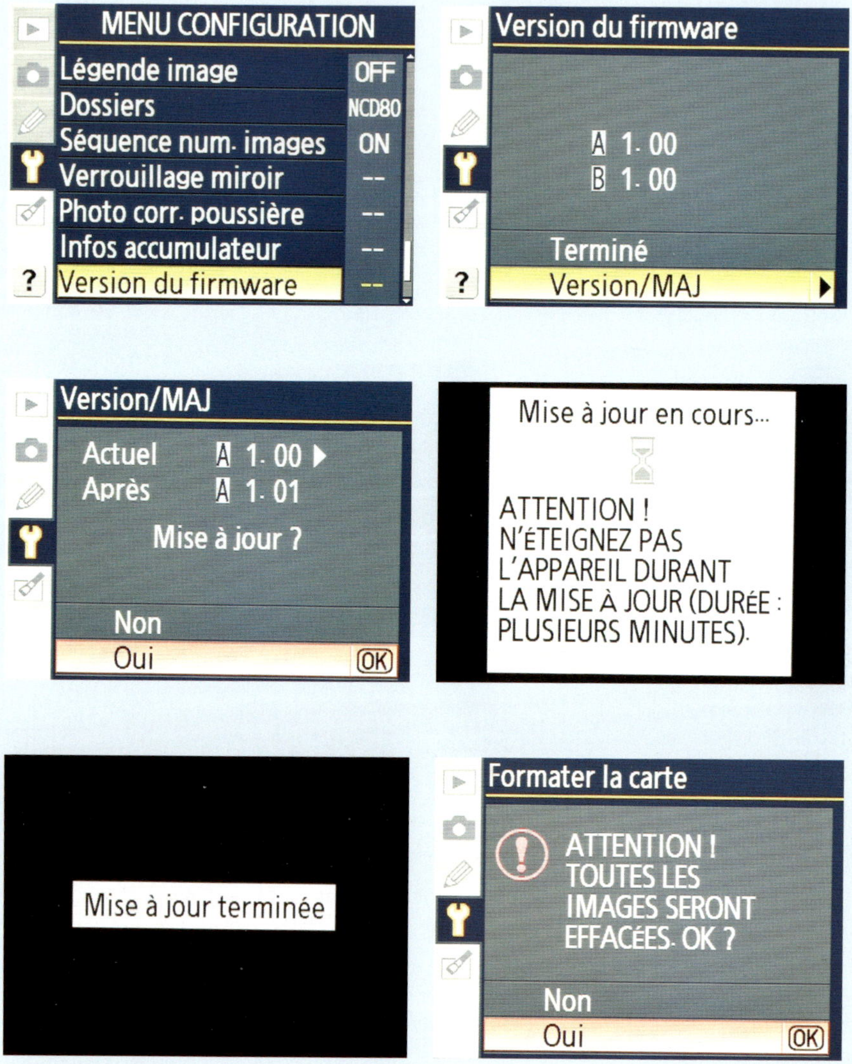

La mise à jour du firmware de son appareil n'est pas aussi compliquée que le laissent entendre les 8 pages de mise en garde disponibles sur le site de Nikon. L'opération est simple et à la portée de tous si on l'aborde étape par étape.

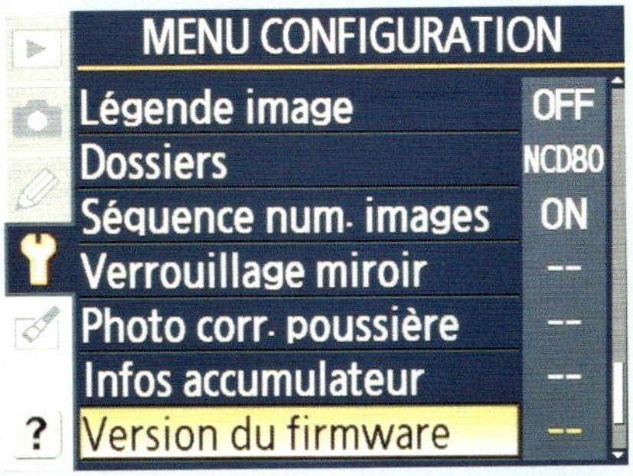
MENU CONFIGURATION
Légende image OFF
Dossiers NCD80
Séquence num. images ON
Verrouillage miroir --
Photo corr. poussière --
Infos accumulateur --
Version du firmware --

Version du firmware
A 1.01
B 1.00
Terminé
Version/MAJ

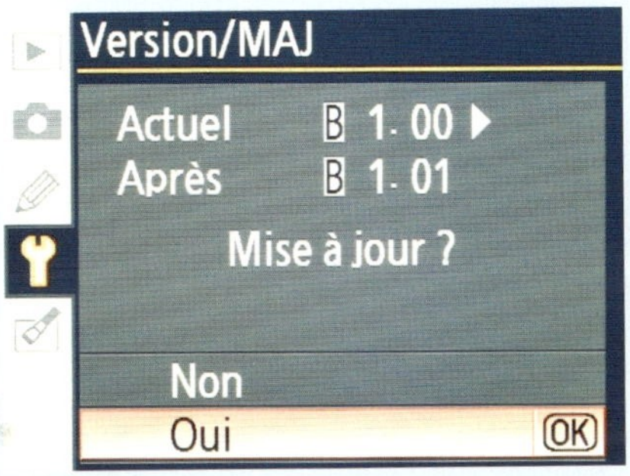
Version/MAJ
Actuel B 1.00
Après B 1.01
Mise à jour ?
Non
Oui OK

Mise à jour en cours...
ATTENTION !
N'ÉTEIGNEZ PAS
L'APPAREIL DURANT
LA MISE À JOUR (DURÉE :
PLUSIEURS MINUTES).

Mise à jour terminée

Version du firmware
A 1.01
B 1.01
Terminé OK
Version/MAJ

Fabriquer un réflecteur pour son flash cobra

Nous l'avons vu dans les deux rubriques dédiées, la lumière du flash reste très dure et son éclairage contrasté en raison de la petite taille de la source. Le seul moyen d'obtenir une lumière harmonieuse est de la diffuser ou de travailler « en indirect ». Le principe consiste à faire « rebondir » la lumière sur une surface plus grande que la tête du flash de façon à ce que ce soit cette lumière réfléchie qui atteigne le sujet et non la lumière directe du flash.

Le réflecteur devient alors en quelque sorte la source d'éclairage. Ceci n'est bien entendu possible qu'avec un flash externe à la tête orientable, en dirigeant celle-ci vers un plafond blanc, du moins quand il y en a un ; en extérieur ou quand le plafond est trop haut (ou s'il n'est pas blanc), l'utilisation d'un dispositif de substitution s'impose. On trouve assez facilement des accessoires dédiés, mais ils restent chers. On peut heureusement les fabriquer soi-même et en profiter pour optimiser le système, soit pour ne diffuser qu'une partie de la lumière, soit pour la colorer (par exemple pour harmoniser la température de couleur du flash et celle de la lumière ambiante).

Une réalisation facile et économique

Moyennant quelques découpes, un simple support blanc au format A4 permet de réaliser le réflecteur. Il suffira ensuite d'un banal élastique pour le mettre en place sur le flash dont on orientera la tête à la verticale. La surface réfléchissante, elle, sera inclinée à 45° par rapport à celle du flash pour rediriger la lumière vers le sujet ; des lamelles offrant une réflexion supplémentaire sur les côtés de la tête du flash permettront quant à elles d'optimiser le rendement en limitant les pertes de lumière.

Le choix du support est important. Si une feuille de papier fort de type Bristol ou Canson peut faire l'affaire, il sera parfois nécessaire de réaliser plusieurs tentatives avant de valider l'accessoire. En effet, comme nous l'avons évoqué à propos de la balance des blancs, les azurants optiques dont disposent certains papiers pour paraître plus blancs posent ici problème et auront pour effet de restituer une lumière très froide.

J'ai réalisé différents essais avant de me fabriquer une série de réflecteurs, et c'est finalement avec des papiers jet d'encre mats type Fine Art que j'ai obtenu les meilleurs résultats. Leur utilisation est par ailleurs très simple : si vous disposez d'une imprimante (attention à l'épaisseur du papier qui peut parfois poser problème), il vous suffit de télécharger sur Internet le gabarit correspondant à l'effet recherché (réflexion totale ou partielle, colorée ou non) et de l'imprimer pour disposer des repères de découpe et de pliure nécessaires à la réalisation du réflecteur.

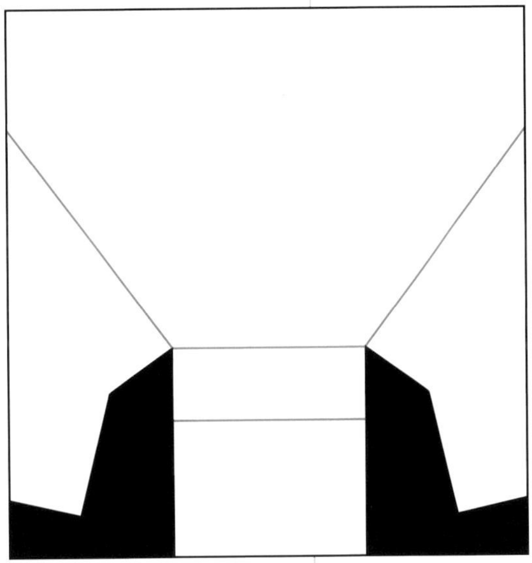

J'ai dessiné différents gabarits de réflecteurs pour flash cobra que vous pouvez télécharger à l'adresse www.vincentlucphoto.com/Livres-Eyrolles/complements.html. Imprimez le document sur un papier fort, évidez les parties noires et pliez selon les traits gris : vous disposerez ainsi d'un accessoire efficace à moindre coût. Vous trouverez aussi à cette adresse un guide de réalisation et d'utilisation des différents modèles ainsi que des illustrations des effets obtenus.

Quelques livres, revues et sites Internet pour aller plus loin

Voici une liste évidemment non exhaustive de livres, de revues et de sites Internet pour aller plus loin et vous accompagner dans votre pratique de la photo.

Ouvrages et revues

Réponses Photo

Tous les mois chez votre marchand de journaux. Des tests de matériel, des articles pratiques, des pas à pas de retouche, des listes d'expos, de concours et de livres, des conseils pratiques, des portfolios… *Réponses Photo* est le magazine des passionnés.

Le Photographe

Magasine « pro » de l'image, *Le Photographe* propose, en plus des tests, des portfolios et des dossiers techniques. Un point de vue sans langue de bois sur le marché de la photo et son évolution.

Chasseur d'Images et Photofan

Acteur « historique » de la presse photo, *Chasseur d'Images* s'adresse depuis près de 25 ans aux photographes passionnés et aux férus de tests et de techniques de prise de vue ou de retouche sur ordinateur, et publie dix numéros par an.

Citons aussi *Photofan*, un magasine plus ciblé « amateurs », réalisé par la même équipe de journalistes.

Développer ses fichiers RAW (2e édition)

La nouvelle édition (actualisée) d'un livre unique plein de conseils pour tirer le meilleur parti de ses fichiers RAW et de son logiciel de développement. Un ouvrage de Volker Gilbert aux éditions Eyrolles, ISBN 978-2-212-12083-7.

Photoshop Lightroom pour les photographes

La traduction française de cet ouvrage de Martin Evening n'est pas encore achevée au moment de boucler le livre que vous tenez dans les mains, mais j'ai pu consulter son édition originale en anglais et j'en recommande vivement la lecture. Pour tout savoir sur Lightroom et travailler au mieux avec ce logiciel d'un genre nouveau... À paraître aux éditions Eyrolles, ISBN 978-2-212-12097-4.

Netteté et accentuation avec Photoshop CS2

Tout sur l'accentuation, de ses principes à ses techniques... Un livre unique sur le sujet par l'éminent et regretté Bruce Fraser. Traduit aux éditions Eyrolles, ISBN 978-2-212-12050-9.

Photoshop Elements 5 pour les photographes

Pour s'initier simplement et efficacement à la retouche photo avec la version amateur du logiciel phare d'Adobe. Un ouvrage de Scott Kelby traduit aux éditions Eyrolles, ISBN 978-2-212-12078-3.

Photoshop CS2 pour les photographes

Au fil des versions, ce livre est devenu une référence pour la retouche photo. Écrit par un photographe pour des photographes, ce livre de Martin Evening est à la fois technique et concret. Traduit aux éditions Eyrolles, ISBN 2-212-11700-0. (À paraître : *Photoshop CS3 pour les photographes*.)

Camera Raw et Photoshop CS2

Pour tout savoir sur l'utilisation et l'optimisation du module de développement des fichiers RAW de Photoshop CS2. Un ouvrage de Bruce Fraser traduit aux éditions Eyrolles, ISBN 2-212-11755-8.

La photographie panoramique

La bible des passionnés de panoramique. Un livre de référence sur le sujet, de la prise de vue au tirage, en prise de vue directe ou par assemblage. Incontournable et très bien illustré. Par Arnaud Frich, aux éditions Eyrolles, ISBN 2-212-11354-4.

Cours de photographie numérique

Tout simplement la bible technique de la prise de vue numérique. Pour comprendre tous les phénomènes, même les plus complexes. Par René Bouillot, aux éditions Dunod, ISBN 2-10-005541-0.

Cours de traitement numérique de l'image

Pour tout comprendre sur les pixels, le traitement de l'image, sa dynamique et la gestion des couleurs. Par René Bouillot, aux éditions Dunod, ISBN 2-10-005540-2.

La pratique du reflex numérique

Le tout dernier ouvrage de René Bouillot, dans la parfaite continuité de la « bible » du reflex argentique, tout ce qu'il faut savoir et comprendre pour tirer le meilleur parti de son reflex numérique. Aux éditions VM, ISBN 2-212-67269-1. (2e édition à paraître.)

La macrophotographie

Matériel et technique, éclairage et composition pour maîtriser la prise de vue de fleurs, insectes et papillons. Par Paul Harcourt Davies, traduit aux éditions Eyrolles, ISBN 2-212-11390-0.

La gestion des couleurs pour les photographes

Pour tout comprendre de la délicate question de la gestion des couleurs, de la prise de vue à l'impression des images en passant par leur traitement sur ordinateur. Par Jean Delmas aux éditions Eyrolles, ISBN 2-212-11613-6. (2e édition à paraître.)

Pour celles et ceux qui voudraient se lancer...

Profession Auteur-Photographe « Les arcanes de la gestion »

Indispensable ! Toutes les bases nécessaires pour s'établir comme photographe auteur et apprendre à bien gérer son activité : de remplir un formulaire P0i à déclarer ses revenus en passant par la façon de mener un entretien avec un client et l'établissement d'un devis. Concret et pédagogique, l'ouvrage est toujours suivi et mis à jour par l'intermédiaire du site Internet de son auteur (www.edelamarre.com/gestion). Le livre est (entre autres) disponible à l'UPC ou par correspondance, chez Prophot et à la Photo Librairie (http://www.photolibrairie.fr/)

Comment travailler... chez soi

De comment bien préparer son espace de travail aux pièges qu'il faut éviter, ce livre fourmille de conseils et d'anecdotes pour travailler chez soi dans les meilleures conditions possibles. Cet ouvrage illustré de planches qui font écho au texte est plein d'humour, de sens pratique et de vécu ; il sera utile à tous ceux qui se lancent chez eux, comme à ceux qui veulent « juste » passer un excellent moment à sa lecture... Par Jean-Christophe Courte et Lukino aux éditions Eyrolles, ISBN 978-270-813-417-1.

Sites Internet

Nikon France

http://www.nikon.fr

Communauté francophone des utilisateurs de matériel Nikon : actualités, trucs et astuces

http://www.nikonpassion.com
http://www.pixelistes.com

Tests de cartes mémoire

http://www.robgalbraith.com (en anglais)

Correction des défauts géométriques de l'image

http://www.dxo.fr
http://epaperpress.com/ptlens (en anglais)
http://www.kekus.com (en anglais)

Logiciels de récupération d'images

http://www.datarescue.com (en anglais)
http://www.lexar.com (en anglais)
http://www.recoveryfiles.com (en anglais)
http://www.subrosasoft.com (en anglais)
http://www.bluem.net/dowloads/exif-untrasher_en/ (en anglais)
http://www.lc-tech.com/software/prwindetail.html (en anglais)

Solutions de nettoyage du capteur

http://www.reidlimaging.com
http://www.cleaningdigitalcameras.com (en anglais)
http://www.green-clean.at/english/fs_aerosol_uebersicht. htm (en anglais)
http://www.visibledust.com (en anglais)

Logiciels d'archivage et de catalogage

http://iview.free.fr
http://www.extensis.com/fr
http://www.xnview.fr

RefCard

http://www.christophe-metairie-photographie.com

Formation en ligne et actualité photo numérique

http://www.wisibility.com
http://volker.canalblog.com
http://www.arnaudfrichphoto.com/gestion-de-la-couleur/gestion-de-la-couleur.htm

Site personnel de l'auteur

http://www.vincentlucphoto.com

Index

L'ordre des numéros des pages a été établi en fonction de l'importance du sujet traité.

A

B

C

S

T

V

IMPRESSION, BROCHAGE

CHIRAT

42540 ST-JUST-LA-PENDUE
MAI 2007
DÉPÔT LÉGAL 2007 N° 5030

N° D'ÉDITEUR : 7640

IMPRIM'VERT

IMPRIMÉ EN FRANCE